国家学习

中国教育现代化演进叙事

（1840—2049）

高书国 著

广东高等教育出版社
Guangdong Higher Education Press
·广州·

图书在版编目（CIP）数据

国家学习：中国教育现代化演进叙事：1840—2049 / 高书国著. —广州：广东高等教育出版社，2021. 11
ISBN 978 - 7 - 5361 - 7138- 1

Ⅰ. ①国… Ⅱ. ①高… Ⅲ. ①教育现代化 - 研究 - 中国 -1840—2049 Ⅳ. G52

中国版本图书馆 CIP 数据核字（2021）第 215301 号

GUOJIA XUEXI：ZHONGGUO JIAOYU XIANDAIHUA YANJIN XUSHI 1840—2049

出版发行	广东高等教育出版社 地址：广州市天河区林和西横路 邮编：510500　营销电话：（020）87553335 http：//www.gdgjs.com.cn
印　　刷	佛山市诚铭印刷有限公司
开　　本	787 毫米 ×1 092 毫米　1/16
印　　张	21.25
字　　数	430 千
版　　次	2021 年 11 月第 1 版
印　　次	2021 年 11 月第 1 次印刷
定　　价	78. 00 元

中国正在从好学生变为好老师

序

国家学习理论

学习是一个吸收、消化、借鉴和创新的过程。国家学习是从国家体系到国家制度、以国家最高领导人到全民共同参与的一种群体式学习模式，国家学习包括生态性个人学习和非生态性组织学习，体现为一个国家、一个民族共同参与的学习思想、学习制度、学习过程和学习文化。“国家学习能力可分解为执政者回应民众要求的能力、适应环境变迁能力、公共政策制定能力、维系行政管理机构行动一致性等。国家学习与适应能力的理想治理体系具有强烈的学习动机，能制定符合公共利益的公共政策，能控制其行政管理系统有益地实施政策、履行职能、完成目标。”[①] 因此，组织性学习与非组织性学习相融合，系统学习与非系统学习相渗透，生态学习与非生态学习相衔接，从领袖到百姓，每个组织、每个机构、每个人，甚至每个细胞都在持续学习。

习之堂

中国曾是一个拥有2 300多年历史的封建帝国，具有稳定的社会结构和文化结构，并从深度和广度上深刻地影响到近代和当代社会与文化。中国古代提出，建国君民，教学为先，将国家建设发展与教育紧密相连。中国有以儒家思想为主导的国学，成为几千年中国正统思想的代表。孔子“知之为知之，不知为不知”的学习态度，荀子“学不可以矣”的终身学习思想，孙敬“头悬梁”、苏秦“锥刺骨”的学习精神，王阳明“学以至圣”的学习价值追求，深刻而持久地影响着我们的国家和民族。“尊师重傅”“学而不辍”成为中华民族的精神符号！

---

① 王锡锌．公共决策中的大众、专家与政府：以中国价格决策听证制度为个案的研究视角［J］．中外法学，2006（4）：462-483．

国家学习是一种集体性的国家行为，逐步成为一种国家文化。早在1956年，毛泽东同志在《论十大关系》一文中明确指出："我们的方针是，一切民族、一切国家的长处都要学，政治、经济、科学、技术、文学、艺术的一切真正好的东西都要学。但是，必须有分析有批判地学，不能盲目地学，不能一切照抄，机械搬运。他们的短处、缺点，当然不要学。对于苏联和其他社会主义国家的经验，也应当采取这样的态度。""外国资产阶级的一切腐败制度和思想作风，我们要坚决抵制和批判。但是，这并不妨碍我们去学习资本主义国家的先进的科学技术和企业管理方法中合乎科学的方面。""只有学会和熟练运用了这些原则，我们的国家才会富强起来。"

1980年1月16日，邓小平在中共中央召集的干部会议上意味深长地说，"我们的干部队伍，必须坚持社会主义道路"，"但是，只靠坚持社会主义道路，没有真才实学，还是不能实现四个现代化"，"在不断出现的新问题面前，我们党总是要学，我们共产党人总是要学，我们中国人民总是要学"。[①] 由此，我们足以领略伟人们的高远志向与博大胸怀，这也是国家学习最为重要的基础。长期以来，中国共产党人就是这样与全体人民共同持续不断地向别人学习，向敌人学习，向自己学习；向成功学习，更向失败学习。

建构主义学习理论认为，知识是个体在一定的情境下借助他人、利用必要的学习资料，通过意义建构的方式获得的。任何有机体观察、学习的过程都是在个体、环境和行为三者相互作用下发生的，学习不是通过练习与强化形成反应习惯，而是通过顿悟与理解获得期待。

"双涡轮"模式

所谓"双涡轮"模式，是指：在学习主体方面（内轮），由国家、组织、个人构成系统的学习主体，形成自身体系与

① 邓小平：要造成一种学习理论、学习实际的空气［EB/OL］.（2019-12-18）［2019-12-20］. http://cpc.people.com.cn/n1/2019/1218/c69113-31511876.html.

体系之间的学习动力机制；在学习方式方面（外轮），由学习、反思、改进形成不同层次的学习。学习主体与学习方式之间构成如同魔方一样的立体模型。每一个学习主体可以独立地进行学习、反思、改进，两个主体之间可以进行合作式学习、反思、改进，三个主体之间可以进行协同学习、反思、改进。三者之间相互独立、相互协同、相互影响，形成国家学习动力。现代学习理论认为，国家机构是一个生命有机体，不同机构之间、机构与人之间可以开展共同学习。

1. 国家学习是一个集体弃旧扬新的过程

国家理性是国家学习的必要前提，一是理性地认识自我的优势与不足，二是理性地进行选择性学习。常言道，知耻而后进。国家之耻，让中国从一个睡狮开始苏醒；民族之耻，让每一个中国人民从内心开始反思。中国教育现代化的进程是在帝国列强的欺压和经济社会发展的困境中艰难启程的。一个曾经世界第一的封建强国在对外战争中不断失败，给国家和人民带来奇耻大辱。中华民族忍辱负重，如同凤凰涅槃一般，视死如生，绝处逢生。

清朝后期，康有为（1858—1927）领导的维新变法运动，形成了以近代民主、自由、平等、民权等观念和原则为核心的国家价值和目标选择，先进的知识分子批判和抛弃了以“三纲五常”为核心的传统价值观念和专制政体。“十九世纪中叶以来，随着西学之东渐，中国传统法文化在价值观念、普遍性原则这个文化内核方面所发生的强烈震荡，并由此衍生出来的重建中国法文化系统的新方向和新规范。显然，这需要一个由怀疑到肯定，由拒斥到吸收，由被迫回应到自觉重建的艰难过程，其间既有因顽固势力的食古不化所带来的守旧与开新的对立和冲突，也有因文化传统的本能拒斥而导致的人们理智与情感的两难困境。”①

纠结，纠结，纠纠结是19世纪末到20世纪初中国国民心态的描述；曲折，曲折，曲曲折是中国教育现代化道路的典型特点。泱泱大国从物质上、文化上，以至精神上被外部世界侵入、打碎和碾压，中华民族陷入了前所未有的迷失、迷惑和迷茫。当一个国家什么都没有的时候，她只有一条路可走：反思、反思、再反思，学习、学习、再学习——通过自省自悟自醒，通过开发自我资源，实现自我转化和自我超越。

在现代化进程上，中国共产党表现出信念、追求与理论的坚定性。2014年9月24日，习近平在纪念孔子诞辰2 565周年国际学术研讨会暨国际儒学联合会第五届会员大会开幕会上发表讲话时指出：“要坚持古为今用、以古鉴今，坚持有鉴别的对待、有扬弃的继承，而不能搞厚古薄今、以古非今，努力实现传统文化的创造性转化、创新

① 赵明．康有为与中国法文化的近代化［J］．现代法学，1996（5）：21．

性发展，使之与现实文化相融相通，共同服务以文化人的时代任务。”中国正是在不断扬弃与继承、融合与创新中进步和发展，形成一种自我生成、持续学习机制，现代化能力逐步提升。

2. 国家学习是一个全民否定之否定的过程

国家学习是最大规模的群体学习。“群体学习是一种基于共同理念的非组织学习，是改善群体心智的重要战略工具。”[①]

中国传统教育适应了中国农业社会的发展，在1 500年发展历程中，中国的教育总体上代表了先进的教育生产力，培养了一代又一代国家精英，甚至以选拔精英为代表的科举考试制度和国家教育体系，对于当时的世界各国来说，当然也不可争辩是先进和成功的。同时，我们也无须讳言，英国工业革命后，中国没有产生成熟的资本主义经济，传统落后的农业生产方式没有催生先进的生产方式，更难以催生先进的教育方式。经济的落后必然导致教育的落后，曾经先进的科举考试制度和与之适应的教育体系也走到了穷困之境。

在世界与国家经历转折的时候，中国人不断学习。《现象学的观念》的作者胡塞尔在他1906年9月25日的日记中写道：“如果我能够称自己为哲学家，那么我首先提到的是我必须为自己解决这个一般的任务。我指的是理性批判，是逻辑理性和实践理性、普遍价值理性的批判。如果我不在大致的轮廓中弄清理性批判的意义、本质、方法、主要观点，如果我还没有设想、计划、确定和阐述它的一般纲领，我就不能真正而又真实地生活。”[②]在现代化的进程中，中国最先学习了日本，后来学习了德国、美国、苏联，改革开放后又以美国为学习对象，但是这种学习始终是一种“选择性学习”，即在国家制度优势的基础上，在知识、技术、微观制度方面对于发达国家进行选择性学习。

国家学习是一个外化与内化相结合的过程，整体国家在一种“自然领悟”中不断成长。在一个经济落后的发展中国家，这一过程不仅是一个理性变革过程，更是一个制度变革，甚至一场颠覆性革命或制度性改革过程。从洋务运动的师夷之长，到五四运动中的“打倒孔家店”；从“文化大革命”的打倒走资本主义道路的当权派，到“文革”之后的拨乱反正，我们的民族在一次又一次的否定中探索，又在一次又一次的否定中成长。在现代化制度性演变方面，中国从封建社会进入到资产阶级民主革命时期，再进入到新民主主义革命时期，现在正处于社会主义现代化建设时期，我们的国

① 高书国．群体定制：基于智慧互联的公共战略规划［M］．上海：华东师范大学出版社，2019：171．

② 胡塞尔．现象学的观念［M］．倪梁康，译．北京：商务印书馆，2017：17-18．

家在一次又一次的革命中实现了国家现代化制度的一次又一次提升。所有这些过程，都是一种国家学习、国家成长、国家发展的外化现代化与内化现代化紧密结合过程。

3. 国家学习是一个文化持续融合的过程

国家学习是一个中西方文化持续融合的过程。进入 21 世纪，东西方政治家和教育家蓦然发现：东方教育的优势，正是西方教育的缺陷；西方教育的长处，正是东方教育的不足。东西方国家观察对方的视角从主观到客观，从偏见到正视，从排斥到包容，从相互敌视到相互学习。对于学习，毛泽东等老一辈革命家不仅强调思想的重要性，更加注重方法上的科学性。在同音乐工作者的谈话中，毛泽东指出："应该学外国的东西，学了以后来研究中国的东西。如果先学了西医，先学了解剖学、药物学等等，再来研究中医、中药，是可以快一点把中国的东西搞好的。"①古为今用，洋为中用，领袖的学习策略为全体人民打开了一扇智慧之窗。在学习过程中，人类活动在冲突与协调中逐步实现适宜和融合，国家从学习中汲取营养成分，获得成长。这种融合主要体现在以下三个方面：

第一，在时间性上，历史、现实与未来学习融为一体。从近代到现代，再到当代，科举—学堂—学校是中国教育机构变化的逻辑曲线，中国教育从科举制度发展到学堂，从学堂到学校不断演变发展。以义务教育发展为例，从民国 1912 年第一次提出义务教育来看，至今整整经历了 100 多年的长期过程。教育发展不能割断历史，中国教育现代化的演进更不能割断历史。我们要充分肯定改革开放以来的成就，更不能忘记 100 多年的十几代人的共同努力。历史中孕育着现实与未来，未来中深藏着历史与现实，这便是中国国家学习的潜在内涵，更是中国教育现代化的时间逻辑。

第二，在空间性上，国家、地方与全民学习相互交织。政府是国家的重要组织机构，是最为重要的学习型组织，"学习型组织是活生生的有机体，不是机器"②。国家与地方组织机构作为一个有机的生命体，为维护生命力与创造力，需要不停地呼吸、学习和创新，更为重要的是这种组织性学习与公民的自主性学习相互交织；作为组织机构组成部分的"人"，不断持续地学习，其学习成果随时转化为组织的新知识、新文化和新制度。

第三，在层次性上，宏观、中观与微观学习协同推进。通过国家集体学习，国家授权于组织，赋能于个人。为个人成功而学习，为组织成功而学习，为国家成功而学习，形成多元化学习与集体创新机制。从这个意义上讲，国家学习需要共担责任、共

---

① 毛泽东．同音乐工作者的谈话［M］// 毛泽东著作选读：下册．北京：人民出版社，1986：748．

② 马奎特．学习型组织的顶层设计［M］．顾增旺，译．北京：工业机械出版社，2015：72．

享资源、共享成果。

具体而言，国家学习包括国家制度、国家科学、国家文化、生产方式和非生产方式学习，自上而下、自下而上的学习相互融合、相互影响、相互结合。

4. 国家学习是一个民族凝神聚力的过程

梁启超在《中国积弱溯源论》一文中对传统文化、国民心理进行了深刻分析，强调“爱国之心薄弱，实为积弱之最大根源”。中国和中华民族在不断的学习过程中，汲取了人类的智慧，并将之与中华智慧相结合，创造出一种以集体文化为核心、具有竞争力的新型制度和集体文化彻底改变了一盘散沙的局面。中国教育从世界教育的边缘，逐步走向世界教育舞台的中央。1997 年，新西兰作家戈登·德莱顿和美国女作家珍妮·特沃斯《学习的革命——通向 21 世纪的个人护照》一书出版，在世界引起很大影响。“在某种程度上，它是一场帮助任何一个人在一生中——从最早的岁月一直到 80 岁、甚至更长——更快、更有效、更愉快地学习的革命。”学习使中国更快、更早地进入 21 世纪。

学习永远是一个内化的过程和内生成长的过程，是一个民族凝神聚力的过程。“传统组织完成向学习型组织转型后必然会发生质的变化，这就像蝴蝶化蛹成蝶：幼虫经过自身的乳化、蜕变和羽化过程才能成为蝴蝶。在这一过程中，茧中的原生质通过重组，破坏幼虫的器官，形成新器官，化蛹成蝶，最终随风飞舞，形成自然界一道美艳的风景线。”①

国家在教育现代化体系建设进程中，整体规划、战略引领、组织协调、配置资源，发挥着不可替代的核心作用。

5. 国家学习是一个持续改进构建的过程

真正的学习是有用的学习，学以致用，永远是中国学习理论的最高准则。学习即理解，理解即思考。通过学习，不断提升自身素质和解决问题的能力，与时俱进，不断改进，持续创新。1840 年以来，中国持续地学习世界各国特别是西方发达国家的科学、文化和治理之道，国家从战略、规划与政策方面持续改进，机构从组织、行动与保障方面持续改进，14 亿多人民每天从自己的家庭、孩子和工作上持续改进，年复一年，日复一日，滴滴点点，学习、吸收和成长由涓涓细流汇成大江大河，形成了一种不断完善自我、提升自我、做最好的自我的内生动力。中华民族是勤奋的民族，中国政府是高效的政府，在改进中，中国从一个穷国变为一个人均 GDP 超过 10 000 美元的国家，从一个文盲大国变为一个人力资源大国，从一个科技弱国变为一个科技强国。即使是这样，我们也需要不断学习。正如毛泽东同志所说：“将来我们富强了，我

① 马奎特. 学习型组织的顶层设计［M］. 顾增旺，译. 北京：工业机械出版社，2015：70.

们一定还要坚持革命立场，还要谦虚谨慎，还要向人家学习，不要把尾巴翘起来。不但在第一个五年计划期间要向人家学习，就是在几十个五年计划之后，还应当向人家学习。一万年都要学习嘛！这有什么不好呢？”①

美国哈佛大学教授洛吉说：“集体主义文化将比个人主义文化占优势。现在的世界正在进入欧洲共同体、北美自由贸易区等联盟性的集体主义时代，这意味着世界正迈入以儒教为基础的东亚集体主义时代。”②中国在领袖与全体国民共同参与的学习中不断发展进步，国家综合实力持续增强，并成为世界第二大经济体，体制制度优势更加明显。进入 21 世纪，国家之间、民族之间文明互鉴，制度互学已经成为一种世界潮流。

“学习是组织取得可持续战略优势的唯一源泉。”③中国现代化既留下学习发达国家的因素及痕迹，又不完全是任何一个国家的单一理论和单一模式。2019 年 2 月 23 日，中共中央、国务院发布的《中国教育现代化 2035》明确提出：“到 2020 年，全面实现‘十三五’发展目标，教育总体实力和国际影响力显著增强，劳动年龄人口平均受教育年限明显增加，教育现代化取得重要进展，为全面建成小康社会做出重要贡献。在此基础上，再经过 15 年努力，到 2035 年，总体实现教育现代化，迈入教育强国行列，推动我国成为世界级学习大国、人力资源强国和人才强国，为到本世纪中叶建成富强民主文明和谐美丽的社会主义现代化强国奠定坚实基础。2035 年主要发展目标是：建成服务全民终身学习的现代教育体系、普及有质量的学前教育、实现优质均衡的义务教育、全面普及高中阶段教育、职业教育服务能力显著提升、高等教育竞争力明显提升、残疾儿童少年享有适合的教育、形成全社会共同参与的教育治理新格局。同样，“学习动力是一种重要的组织发展力量。中国是一个最为关注群体学习的国家，组织成员之间的沟通与交流常常会以会议或学习的方式进行，群体学习可以创设一个开放的渠道，创造组织群体共同思考的机会。”④这是第一个以现代化命名的教育中长期规划纲要，开启了新时代中国教育现代化的新征程。

宋朝时著名政治家、文学家韩愈曾说：“孔子之作《春秋》也，诸侯用夷礼则夷之，进于中国则中国之。”这种“中国之”的包容性和消化能力，是中国面对西方教育与文化入侵，师夷之长、化夷为我的战略核心能力。英国学者马丁·雅克认为：“中国从来都不是一个民族国家，中国人之所以自认为是中国人，不是因为民族的认同，而是对中国几千年文明成果的认同。……几千年的历史已经证明，中华文明具有强大

① 毛泽东．论十大关系［M］// 毛泽东著作选读：下册．北京：人民出版社，1986：743．

② 王冬桦．东西方道德教育比较研究［J］．比较教育研究，1996（4）：2．

③ 马奎特．学习型组织的顶层设计［M］．顾增旺，译．北京：工业机械出版社，2015：80．

④ 高书国．群体定制：基于智慧互联的公共战略规划［M］．上海：华东师范大学出版社，2019：172．

的耐久力和包容性，可以抵御任何外族侵略，化解任何外来文化于无形之中。”[①]5 000多年以来，面对激烈的社会转型，从奴隶社会到封建社会，从封建社会到资本主义社会，从资本主义社会到社会主义社会，一个又一个全新社会形态挑战，中华文化表现出巨大的文化韧性、文化包容与文化创新能力，在发展中传承，在传承中创新，既一脉相承，一以贯之——不丢根脉，又与时俱进，持续创新——枝叶繁茂，形成了富有时代精神、生命力与竞争力的中国特色社会主义现代化文化。

① 英国教授：中国明明是文明，却伪装成国家存在［N］．环球时报，2019-11-13．

前　言

2019年1月2日，习近平总书记在致中国社会科学院中国历史研究院成立的贺信中指出："重视历史、研究历史、借鉴历史是中华民族5 000多年文明史的一个优良传统。当代中国是历史中国的延续和发展。新时代坚持和发展中国特色社会主义，更加需要系统研究中国历史和文化，更加需要深刻把握人类发展历史规律，在对历史的深入思考中汲取智慧、走向未来。"[①] 英国首相丘吉尔曾经说：一个人或一个国家"要想走多远，就得回顾多远"。1840年以来，中国从一个封建社会国家沦落为半殖民地半封建国家，从一个长期战乱的国家到一个新的社会主义国家，从一个贫穷落后的农业化国家到一个比较先进的工业化强国，从一个人口负担繁重的大国到一个人力资源丰富的强国，长期以来，中国一直在痛苦地探寻实现国家现代化的道路，展现了一种崇尚文明、追求知识、不断改革创新的态势。

中国是四大文明古国之一，拥有5 000多年文明历史，是一个拥有14亿多人口的发展中大国。新中国建立70多年，特别是改革开放40多年，坚持面向现代化、面向世界、面向未来，中国教育现代化水平全面提升，人力资源开发水平持续提高，人

① 习近平致中国社会科学院中国历史研究院成立的贺信［EB/OL］.（2019-01-03）［2019-01-23］. http://www.xinhuanet.com/politics/2019-01/03/c_1123942672.htm.

均受教育年限从1949年的1年左右提高到2020年的9.91年，人民群众富裕程度快速提升，中国完成了人类历史上一场规模前所未有的现代化建设工程。美国著名学者罗博特提供的数据表明，发达国家人均受教育年限从1980年的8.86年提高到1990年的9.19年，又从2000年的9.76年提升到2010年的11.03年，[①]30年间其人均受教育年限共提高2.17年。与此同时，中国人均受教育年限则从1982年的5.33年提高到1990年的6.40年，而后又迅速地从2000年的7.79年提升到2010年的9.60年，近30年间提高了4.27年，几乎是发达国家平均水平的2倍。形象地说，过去40年西方发达国家教育与人力资源水平仍然不断提升，它们左脚迈了一步、右脚迈了一步；中国则是左脚迈一步，右脚迈一步，左脚又迈了一大步，中国以快于发达国家50%的速度实现战略追赶。更为重要的是，2010年中国有6.6亿城镇人口，人均受教育年限达到11.29年，超过发达国家人均受教育年限（11.03年）。2018年中国城镇人口规模达到8.31亿，相当于发达国家总人口（9.20亿）的90.32%；2035年中国城镇化率将达到75%，城镇人口规模将大大超过所有发达国家的总人口——中国将成为一个名副其实的教育强国和人力资源强国。作为一个学者，我对中国教育现代化历程与结果、经验与影响进行了系统研究和分析，发现在过去180年（1840—2020）历史进程中，从一个积贫积弱的旧中国，到一个独立自主发展的新中国，再到一个富裕强大的新时代中国，创造了人类社会发展和教育发展的最伟大成就，最终实现了对发达国家的战略追赶。可惜的是对于这一现象，社会科学界的学者们始终没有找到一个有说服力的理论和系统科学的解释。

1840年到2049年，是中国人民逃离愚昧与贫困的210年，更是中国人民实现教育强国百年梦想的210年。中国经历了弱国教育、大国教育和强国教育三个发展阶段，中国将成为富强民主文明和谐美丽的社会主义现代化强国。目前，中国正处在从教育大国迈向教育强国的关键历史节点，我们需要而且十分有必要更加自信地展现中国教育发展的历史真实、生动现实和未来前景。

法国总统拿破仑曾说：“中国是一只沉睡的狮子，当他醒来时全世界都会为之震惊，感谢上帝，所以就不要让他醒来。”当然中国的现代化进程无论有多么曲折与漫长，都有其自身的内在文化和发展逻辑，更有其无法改变的历史逻辑。中国从睡梦中

---

① Barro，Wha Lee. A new data set of educational attainment in the world，1950—2010［EB/OL］. https://www.researchgate. net/publication/46466968.

惊醒，进入国家与人民共同痛苦反思的阶段。中国人民将耻辱转化为内生动力，从灵魂深处实现自我内心的“现代化”革命。中国现代化道路以工业化与城镇化并行推进为引领，以现代化教育体系为基础，以人的现代化为保障，实现从农业社会向工业社会转型，从传统社会向现代社会转型。“现代人格的形成，不仅仅是教育的问题，它与整个社会体制与风气联系在一起。现代人的品格的形成，在很大程度上是制度在人心中的‘内化’过程。”①民族自觉、国家独立、人民自醒是中国现代化的思想动力、精神动力和内驱动力。

中国共产党对于历史教训的借鉴、历史趋势的把握和历史责任的担当，是世界任何一个政党都不可比拟的。2018 年 1 月 5 日，习近平总书记在学习贯彻党的十九大精神研讨班开班式上发表重要讲话时指出：“历史和现实都告诉我们，一场社会革命要取得最终胜利，往往需要一个漫长的历史过程。只有回看走过的路、比较别人的路、远眺前行的路，弄清楚我们从哪儿来、往哪儿去，很多问题才能看得深、把得准。”②国家副主席王岐山也曾强调：“历史、文化和哲学的考量是了解中国的一把钥匙。”③如何研究并展示这一漫长、艰辛而伟大的历史过程？多少年以来，学术界习惯于传统的思维模式，采取一种孤立、分割、对抗的态度，看待、评价甚至批判中国现代化过程中的某一个时段、某一个代表人物。我们需要一种系统的分析、整体的观点，甚至有时也需要一种对“批判的批判”的方法，重新研究、分析和评判中国现代化包括中国教育现代化的成功、模式与经验。中国的神秘令西方国家的政治家和学者眼花缭乱。读懂中国，只有中国人才能做到。中国的故事，需要中国人自己讲。

由于工作关系，我经常到全国各地出差。每次进入首都新机场，我都会产生一种异样的兴奋感觉，但是又不知道因什么而兴奋。2018 年夏天的一个傍晚，像往常一样，我拉着小行李箱在机场通往登机口的滚梯上不紧不慢地走着时，发现在我前面 10 米左右有一位身材修长的年轻小伙，同样拉着箱子走在滚梯外侧。我们几乎是以同样的步伐向前走。但是，不一会我就与他并行，走到滚梯的尽头，我已经反超出他五六

① 尹保云．什么是现代化：概念与范式的探讨［M］．北京：人民出版社，2001：121．

② 习近平在学习贯彻党的十九大精神研讨班开班式上发表重要讲话［EB/OL］．（2018-01-05）［2019-01-30］．http://www.gov.cn/zhuanti/2018-01/05/content_5253681.htm．

③ 王岐山：历史、文化和哲学的考量是了解中国的一把钥匙［EB/OL］．（2019-01-23）［2019-02-01］．http://www.xinhuanet.com/politics/2019-01/23/c_1124033188.htm．

米，走在了前面。与追赶小伙子的行程一连接，刹那间我脑洞大开——滚梯原理。中国教育现代化追赶从缘起，到过程，再到结果，如同“滚梯”一样，经历了一个长期演变的历史过程。进一步深入思考“中国滚梯”的构成，有六大板块：一是5 000年的优秀文化，二是半殖民地化的屈辱历史，三是中国共产党的坚强领导，四是矢志不渝的战略追求，五是国家学习的制度文化，六是持续不断的改革开放。在这中间，党的领导和国家学习是中国滚梯的核心板块。且国家学习是一切动力的内在源泉。学习，唯有学习，才能使中国变得再次强大！

深耕历史，找到中国崛起特别是中国教育现代化成功的钥匙，是本书的写作使命。这不是一部教育史，绝对不是。本书以1840年以来的历史为脉络，突破传统的研究方式，以宏观叙事的手法，以重大教育事件和重点教育人物（包括普通百姓的教育故事）为线索，以夹叙夹议的方式讲述中国从半殖民地半封建国家走向民族独立，从文化封闭到教育开放，从教育弱国到教育大国、再到教育强国的伟大实践。在写作中，我尝试着用历史实事和故事，讲述、重现和展示中国教育的历史和未来。通过深耕历史，找到中国崛起特别是中国教育现代化成功的钥匙，探求中国改革发展的内生动力、实践路径、成功经验、普遍模式和公共价值。

诚实地说，本书内容研究面临三个难题：首先，由于时代波澜起伏，不可能用一幅画表现如此漫长的历史画卷。其次，不可能靠一种色彩刻画丰富多样的全貌。再次，200多年风起云涌、沧海桑田，更不可能以一种风格描绘中国教育演变的生动画面。观察、描绘和分析中国200多年教育现代化的历史画卷，最佳的视角是，在运用历史长镜头的同时，增加对中国教育发展专题性深度研究，将国家整体现代化演进的历史逻辑与教育现代化的内在成长逻辑、战略逻辑紧密结合在一起，进行广泛、深入和透彻分析，以力图更加理性、更加全面和更加深刻地展示中国从一个落后的半殖民地半封建国家转变成为一个现代化强国，从一个文盲充斥的国家成长为一个现代化教育强国的历史进程。同时，本书既要重视其时间上的历史逻辑，更应重视其空间上的成长逻辑。从教育现代化缘起和动力两方面加以考察，本书将世界各国现代化模式划分为先发内源型、先发外源型、后发内源型和后发外源型四种模式。

此外，本书既是一个包含历史、现实与未来的画卷，也是一部中国教育现代化组曲。它将回顾、呈现和展望中国教育200多年发展演变的曲折辉煌历史。在研究方法上，本书有别传统的分析方法，而更多地运用讲述与描绘的手法，既注重历史的结论，更注重历史的过程；既展现外在形象，更挖掘内在机理。早期的美术实践给我留下的最深刻影响是用色彩和空间来看待世界。尽管从事教育政策和学术研究近40多年，我依然没有改变这种看事物的方式。“画面描绘”是描述性社会研究的一种重要形式，也是本书的主要形态。本书力图通过每一个历史情节来反映社会整体变迁的历史痕迹和深层价值。解构历史，而不是重构历史。通过社会转型的“中国滚梯理论”，揭示出中国社会转型的内在宏观逻辑与中国现代化成功的内在动力。把宏观社会学与微观社会学相互联系，不管是内部的矛盾还是内外部的冲突，都是社会转型中的必然过程和必然结果。本书最为核心的观点是，中国教育现代化是一种后发内源型现代化模式，其原因有两点：一是中国教育现代化起步晚，二是中国依靠自力更生实现了教育现代化。中国教育现代化的内生动力包括国家现代化过程中的经济成长的内在性、社会文化变革的内在性和人们思想观念变革的内在性。

本书包括绪论共九部分内容。其中绪论以“中国模式：教育现代化理论再构建”为题，将教育现代化分为先发内源型、先发外源型、后发内源型和后发外源型四种模式。第一章“迷失的东方巨狮：西方教育的洪水冲击（1840—1901）”，从大国之辱、失血中国龙到混血游戏、学堂之变，描绘了中国从强国到弱国、从先进到落后，又奋而自醒的历史过程，这是一个凤凰涅槃的现代化过程。第二章“战乱中挣扎：精英辈出与文盲大国（1902—1949. 9）”，以学习西方国家为线索，战乱中的中国教育现代化经历了五四运动、军阀割据、国民政府时期和红色苏区教育的成长过程，这是一个否定之否定的过程。第三章“独立探求：领袖与百姓共同探索学习（1949. 10—1976）”，讲述毛泽东开启了超英赶美的大国之梦，经历探索、曲折、动荡和辉煌，为一个发展中大国奠定了教育现代化的基础。第四章“改变命运：从人口大国到教育大国（1977—2000）”，中国如鲲鹏展翅，持续探索，持续学习，持续吸收能量，快速成长，形成了教育现代化“自我腾飞”的内生动力。第五章“加速追赶：全面提升教育发展水平（2001—2011）”，新世纪中国实现普及九年义务教育，进入高等教育大众化阶段，制定一系列教育规划纲要，在教育现代化道路上实现快速追赶，展示出内生型现代化的战略逻辑。第六章“教育新时代：从教育大国到教育强国（2012—2020）”，教育梦引领中国梦，中国人力资源开发竞争力进入第一梯队，中国教育治理展现出中国方案和中国智慧。第七章“整体跨越：最大规模的教育现代化实验（2021—2035）”，探寻第二年百年中国教育发展目标、发展路径。中国正在从一个好学生变为好老师，将更加自信地走向世界。第八章“王者之道：为世界教育提供成功模式（2036—2049）”，探索中国教育现代化对世界价值与贡献，展示四大基石、六大趋势和十大工具箱，预测第二个百年中国教育现代化发展趋势。

伴随历史的长河，在“中国滚梯理论”的统一框架下，各章有不同的人物，不同的主题，运用多样的色调和丰富的手法，追求历史，探寻中国教育现代化的演变历程。在选择素材的时候，与其说选择人物、选择故事，不如说是在选择历史的线条和颜色。本书的特点是有数据、有事实、有故事、有理论、有自信，力求从 200 多年的历史脉络中寻求中国教育发展的内在历史逻辑、战略逻辑、现实逻辑与未来逻辑，并力求用别人听得懂的语言把中国教育故事讲给世界政府官员、研究学者和普通百姓。所以，本书的价值不在于对教育历史的研究，而在于对中国教育现代化内在逻辑的理性思考和理论探索。

常言道，未来已来，远方不远。没有中国到不了的未来远方！

目录

绪论

中国模式：

教育现代化理论再构建

孔子之作《春秋》也，诸侯用夷礼则夷之，进于中国则中国之。

——韩愈

历史是一面镜子，通过这面镜子，我们可以看到过去的中国、现在的中国和未来的中国。中国，拥有 5 000 多年的文明历史。5 000 多年之中，中国用自己的文化塑造着自我，创造着未来，改变着世界。美国著名经济学家的研究显示，从 1400 年到 1820 年的 420 年间，世界最发达的经济中心在亚洲，特别是中国和印度。1820 年，中国人口约为 3.81 亿，占当时世界人口的 37%；按 1990 年国际元计算，GDP 为 2 290 亿元，占世界 GDP 总量的 33%。1820 年，印度总人口估计为 2.09 亿，占当时世界人口的 20.09%；同年印度 GDP 总量为 1 114 亿元，超过世界 GDP 总量的 16%。换言之，1820 年中印两国人口占世界的 57%，GDP 占世界的 49%，无疑说明两个国家在封建文明中的重要地位。在人类现代化的历史长河中，中国走过了一条什么样的现代化道路？中国在世界现代化进程中扮演着什么角色？

（一）现代化及其相关理论概述

现代化是一个不断演变发展的历史过程。现代化是现代性在物质的、制度的、观念的三个层面持续增长和相互拓展与作用的过程，是人类从传统社会到现代社会，从农业社会到工业社会的转变过程。

人类现代化的实践充分证明，现代化的思想内涵丰富，实践路径迥异，成功模式多样。一个国家或地区现代化性的成长过程是复杂的，现代性增长的时间更难以一个标准加以衡量。从这个意义上讲，需要从本源、议程、动力和贡献四个方面加以整体观察和全面分析现代化。

1. 传统西方现代化理论

传统现代化理论是西方社会学家建立的社会科学理论，集中反映西方的发展历史、学术思想和价值观念。以早期工业化、城镇化为代表的西方现代化进程始于英国，而现代化理论研究则是第二次世界大战之后兴起的社会科学思潮，主要代表人物包括 20 世纪 50—60 年代以欧洲为中心出现的法国犹太裔社会学家涂尔干、德国著名社会学家韦伯等一批大家。20 世纪六七十年代，以美国为中心，形成了比较完整的理论体系，学者有社会学家帕森斯、政治学家亨廷顿等。其中，帕森斯创立了结构—功能主义学派，罗斯托建立了经济成长阶段理论，托夫勒创立了未来学派。概括而言，西方现代化理论主要存在三种典型的观点。

第一种观点：西方化即是现代化。现代化著名专家勒纳认为，现代化是“西欧和北美产生的制度和价值观念从 17 世纪以后向欧洲其他地区的传播过程，18 世纪至 20 世纪向世界其他地区的传播过程”。其实这是一种最窄化的现代化概念，也通常被视为“西方化即现代化”的代表观点。勒纳先生将传统社会与现代社会看作社会的两端，现代化则是从传统社会向现代社会的转变过程。

第二种观点：现代化是现代性逐步成长的过程。重视传统文化中的现代因素，现代化作为一种社会变迁过程，不可避免地要与传统文化发生相互影响，现代文化需要在传统文化中滋生、成长和发展。现代化是对传统文化的扬弃和对新文化的吸收过程。罗斯托在其《经济增长过程》《经济成长阶段——非共产主义宣言》《政治和成长阶段》等著作中阐述了发展阶段理论，对于全球现代化特别是发展中国家影响巨大。

第三种观点：现代化是一个多层面同步转型的过程。现代化是社会转型升级的过程。先发国家现代化和后发国家现代化，现代化背景不同，理论不同，动力不同，进程不同，方式和结果也不相同。后发现代化国家常常采取追赶战略，工业化、城镇化与教育现代化同步推进，多阶层诉求差异明显，多层次社会变革交织，多样化社会矛盾相对尖锐。与先发现代化国家以资源掠夺支撑现代化不同，后发现代化国家没有也不可能通过掠夺他国资源方式来实现本国的现代化。因此，欠发达国家在实现现代化、拥有后发优势的同时，也处于多重矛盾与困难境地之中。

后发国家和地区可以创造不同的现代化模式与经验。韩国、新加坡及中国台湾、中国香港地区推行出口导向型战略，大量吸收西方国家的技术和资本，在短时间内实现了经济腾飞，成功地实现了现代化，创造了东方文化实现现代化的样板。但是，希望采取相似战略、被称为“亚洲四小虎”的泰国、马来西亚、菲律宾和印度尼西亚，却没有保持较长时期的经济增长，20 世纪 90 年代后其现代化步伐日见变缓，甚至到目标时间尚不能称其为现代化国家。两者的区别在于：“亚洲四小龙”现代化进程有一个共同的特点——以教育和人力资源开发的现代化来支撑国家和区域现代化，基础教育质量世界领先，高等教育普及率达到 80% 以上，均已超过先发现代化国家。“亚洲四小虎”在教育与人力资源开发能力和水平上存在不足，深刻地影响着其现代化的速度、水平和质量。特别需要指出，“亚洲四小虎”工业人才不足，主导产业缺乏市场竞争力，特别是旅游产业更容易受到外部环境冲击和制约。这种类型的国家，现代化道路上常常会更多地受到西方化的影响，国民心态对外部文化、经济发展对国际市场存在更多依附性。

2. 历史视角下的现代化

社会科学与自然科学具有不同特点和规律，其最大的特点是研究视角的多维性和研究结论的多向性。美国著名战略家亨廷顿从制度构建的视角这样理解现代化：“现代化是将人类及这个世界的安全、发展和完善，作为人类努力的目标和规范的尺度，现代化意指社会有能力发展起一种制度结构，它能适应不断变化的挑战和需求。现代化包括工业化、城市化，以及识字率、教育水平、富裕程度、社会动员程度的提高和更复杂的、更多样化的职业结构。”① 发展经济学派认为现代化的核心是经济增长，现代化是经济起飞到社会追求高消费高质量生活的过程。

从现代化生成历史视角分析，现代化可以划分为内生型、嵌入型和混合型三种形态（见图 0-1）。

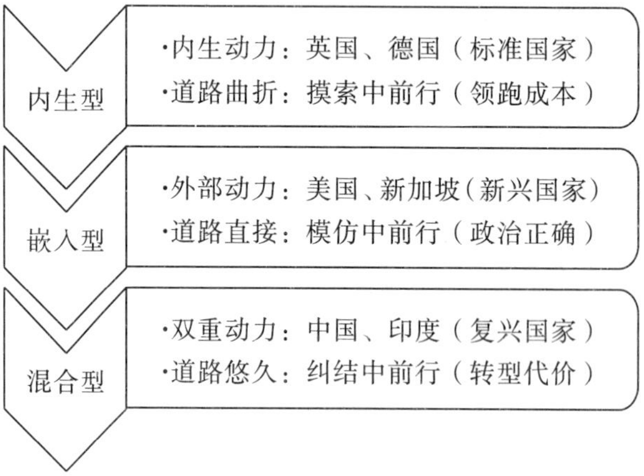

图 0-1　现代化的三种形态

英国、德国、法国是世界最早的内生型现代化国家，特别是英国，从第一次工业革命开始便进入到国家现代化进程中。在一种自然的成长过程中，英国现代化付出了巨大的领跑成本：织布机的发明提高了织布的效率，更演绎了一幕残酷的“羊吃人”的悲剧；煤炭大量使用，工业化进程加快，更为作家狄更斯提供了《雾都孤儿》原型创作素材；工人破坏机器，劳资矛盾尖锐，更为马克思认识和分析资本主义本质提供了充分的依据。德国现代化中的突出现象是：工业化与政治民主化不平衡发展，分裂与统一现象交替发现。法国则在被德国打败后，开启了现代化道路。先后 100 多年，现代化先行国家为人类的现代化付出了许多探索成本。

相反，美国、加拿大、澳大利亚、新加坡等国家则是学习、借鉴和引入了现代化先行国家的先进理念，引入现代化的制度，汲取了探索中失败的教训，更快更便捷地实现了国家的现代化。传统西方现代化理论认为，早期现代化国家具有率先性和内生性特点，后发现代化国家则具有模仿性和外生性的特点。一种典型的观点是后发国家现代化是一种应激反应（反应可以分为超前反应、同步反应、滞后反应），实际上这种观点虽

① 亨廷顿．变化社会中的政治秩序［M］．王冠华，刘为，等译．北京：生活·读书·新知三联书店，1989：30．

然概括了后发国家实现现代化的突出特点，但又没有反映所有后发国家现代化的所有特点。应激反应的说法过于笼统，只用应激反应来判断是不是内生型现代化的标准过于单一，甚至在许多时候是站不住脚的。人、动物甚至植物的行动，都是“应激的”反应，包括第一个实现现代化的国家，其现代化的生成也是对外部或自身内部变化的应激反应的结果。因此，持应激论观点的学者，将英国和美国视为现代化的源发国家。[①]但第一批从传统社会转为现代社会、从农业社会转型为工业社会的国家只有英国、德国和法国，美国是现代化的后来者。美国是一个移民国家，其现代化制度、模式、经验和做法，首先是引进、借鉴和学习英国、法国和德国的现代化经验。从这种意义上我们甚至可以说，美国是“第一个”现代化后发国家。

习之堂

大家都知道“凤凰涅槃”的故事，凤凰投入烈火之中，重获新生，是一次生的转型、生的提升。按照“应激论”的观点，第一个涅槃的凤凰是内生涅槃者，而后的都是外生涅槃的凤凰。所以，判断是不是内生现代化的标准，不仅要看是不是第一个不是第二个，而应该从动机、资源、动力等更加丰富的视角来加以研究、分析和判断。

此外，中国、印度则是混合型现代化国家的代表。中国和印度都是四大文明古国之一，又都是曾受西方殖民主义侵略的国家。中国在20世纪70年代末期、印度在20世纪90年代末期国家现代化整体加快，经济迅速发展，国家快速崛起。中国现代化经历了一个追寻自我、实现自我，而又突破自我、不断创新发展的过程。中国现代化的世纪之变，是一种社会变革的内在动力“自然演进”的产物——即社会变革的自然性特征，这种自然性特征表现为社会变革的酝酿—发生—爆发—转换的有规律的自然过程。从整体来分析，1840年以来，中国现代化经历了变革（1840—1910）—革命（1911—1949年9月）—改革（1949年10月至今）三个明显的演进发展阶段。当代中国现代化路径把“转型”与“追赶”合二为一，即在转型中实现追赶，在追赶中完成转型，毕其功于一役。1840年以来，中国完成了从强国没落，到痛苦挣扎，再到贫极战乱，进而改革开放，走向复兴的历史过程。这是中国现代化独有特征，也是一个追求自我、实现自我，而又突破自我、不断创新发展的过程。

---

① 布莱克．比较现代化［M］．杨豫，陈祖洲，译．上海：上海译文出版社，1996：19．

学习之堂

内源发展理论，即内生或内源性的发展理论，是20世纪70—80年代出现的一种后发国家现代化理论，体现的是一种有别于依附理论，寻求一种由发展地区内部来推动和参与、充分利用发展地区自身的力量和资源、尊重自身的价值与制度、不照搬西方发达国家发展模式的发展思想和发展模式。

3. 内源发展理论

对于全球现代化理论产生了重要影响的组织是联合国教科文组织（UNESCO）。该组织提出的内源发展理论（endogenous development），成为解释现代化发展、助推发展中国家现代化的重要理论。该理论认为，内源发展型国家有以下四个基本特点。

（1）政府始终把自身的改革同自身的生存结合起来，危机意识比较强。

（2）强调公共部门的民营化，以这种措施来为政府的职能和机构“瘦身”。另一方面，政府同民间特别是私人企业保持着良好的关系，以此来发挥其管理经济的职能。

（3）将传统行政文化和现代文官制度有机地结合起来，使得公务员制度始终保持较强的生命力。

（4）行政改革与发展大多是在一党执政的情况下推行的，这有利于保持行政发展的连续性，不至于由于政党的更替而导致行政发展出现断层。

内源性发展是一个国家或地区依靠自我内在动力的发展模式，内源发展型国家既可以是发达国家，也可能是发展中国家。人类现代化是一个复杂的过程，对于各个国家来说，拥有不同的历史、不同的起点、差异化的资源和多种化的文化，很难以一种理论和模式概括所有现代化的过程与现象。

（二）教育现代化的模化

教育现代化是国家现代化的重要内容，是全体社会成员可持续发展的关键支撑和保障，没有教育的现代化就没有国家的现代化。“教育现代化的本质是教育现代化性的增长”[①]。在教育现代化进程中，教育思想、理论和模式正在发生着深刻的变化，从传统教育转变为现代教育，从以婴幼儿为对象的教育理

① 褚宏启．教育现代化的路径：现代教育导论．[M]．2版．北京：教育科学出版社，2015：前言3．

念转变为面向所有社会成员的现代教育理念。

现代化需要经济动力、思想动力、技术动力，甚至特别需要国家权力的推动力。欧洲现代化的动力源之一是对外经济扩张和市场占有，从而获得现代化发展所需要的经济动力。从现代化的源头分析，现代化可以分为先发型现代化和后发型现代化；从实现动力上分析，现代化可以划分为以内在动力为主的内源型现代化模式和以外来动力为主的外源型现代化模式。相应地，我们也可以得到四个教育现代化的模式。

习之堂

什么是先发？什么是后发？先发与后发是指现代化缘起在时间上的早晚；内源与外源是指现代化动力来自于内部还是外部。现代化缘起的时间，与现代化动力是两个不同层面的问题。一个最简单的例子是：两个人前往同一个地点，一个人先出发，他可以步行，也可以乘坐马车。如果是自己步行，我们就可以视之为先发内源型；如果是乘马车，就视其为借助外力，即先发外源型。同时，后出发的人，如果是依靠自己的力量，就是后发内源型；如果是借助外力，就属于后发外源型。

1. 先发内源型教育现代化

欧洲冲破中世纪宗教迷信主义的桎梏，在法国革命自由、平等和博爱思想的引导下，回归到古代希腊以科学而不是宗教的语言来理解自然界的理性主义。先发内源型现代化经历了一个漫长而曲折的过程，著名学者罗伯特·B. 马克斯用简短的语言描述了这一过程："在最初讲述'西方的兴起'的时候，整体故事就像一场接力赛，在希腊兴起的民主思想传给罗马人，后者丢掉了接力棒（罗马帝国崩溃后接下来是所谓的黑暗时期），但是基督教出现在舞台上，捡起接力棒向前跑去，在封建时代创造了独具特色的欧洲文明。古代希腊的遗产在文艺复兴时期被重新发现，在启蒙运动时期得到阐发，最终在法国和美国革命以及'西方的兴起'的过程中得到完善。"①

欧洲资本主义发展初期，工业革命带来十分快速的经济增长。以英国为例。据统计，1770—1840 年，英国工人的生产率平均提高了 20 倍。1814 年，英国人发明了火车，并建成世界上第一条铁路。1840 年，铁路干线已经遍布英国大部分地区。1870 年英国在世界工业生产中的比例高达 32%；1878 年，英国殖民地面积达到 2 250 万平方公里，人口达 2.5 亿，全面垄断殖民地市场和资源，更为英国国家现代化提供了外来资源动力。

① 马克斯．现代世界的起源：全球的、生态的述说［M］．夏继果，译．北京：商务印书馆，2006：导论 8．

通过研究分析欧洲先发国家现代化缘起和动力，我们发现欧洲国家实现工业化和现代化进程与教育现代化进程可以细分为两种模式：一是工业现代化先于教育现代化；二是工业与教育现代化相应出现，甚至几乎同时、并行演化。欧洲现代化具有开放性、外展性和扩张性特点。马克思主义社会学认为教育结构与资本主义生产关系之间存在相关性和同质性，汲取外部资源与自我人力资源开发“两轨并进”。“教育改革的理论受的是民主思想的影响，但其实实践却是在下层工人阶级组织的要求下推进的。”[①] 以英国为代表的先发型教育现代化，与其工业化进程相比，处于一种“十分落后”的状态。“英国在十六世纪就播下了现代教育的种子，但大部分没有结果。”[②] 英国学校长期没有采取更加现代、更加实用的科学课程，甚至直到 19 世纪英国教育才进入现代化改革阶段。

教育现代化在专制国家更容易快速实现。马丁·路德在宗教改革运动中明确提出了普及义务教育的主张，并成为德国实施义务教育的思想基础。1529 年，维滕堡公国首次建立了一个完整的学校制度，16 世纪末公立教育在德国获得较大发展。18 世纪 40 年代，德国尚是一个专制主义的国家，卢梭自然主义的教育思想演化为泛爱主义教育思想；将教育的核心任务是培养，转变为教育的核心任务是培养公民。1740 年前后，德国启蒙教育学兴盛，主张教育的目的是培养公民，而不是培养教徒的泛爱主义教育思想流行，推进德国走入一个教育的世纪。[③]1870—1930 年的 60 年间，德国成为全球教育和学术中心，成为许多国家模仿的对象。

先发型教育现代化前无先路，具有渐进性和非理性特点。英国教育现代化不是首先伴随公立学校成长，而是伴着工厂法出现的。由于资本家长期压迫，延长劳动时间，工厂出现工人破坏机器的普遍现象。英国政府于 1833 年出台了第一个工厂法，从两方面限制资本家和工人的行动。其中该法规定 9～13 岁的儿童每天劳动 8 小时，最多不得超过 9 小时。不论男女儿童，每天都要从 8～9 个小时的工作时间中拿出 2 个小时接受义务教育。

1880 年前的几百年里，英国处于“半工业化进程”之中，培养了相当数量的掌握适当技术的纺织工人、五金工人，成为最终率先进入工业化和第一次现代化的动力。更加深入分析，与英国相比，德国、法国、意大利、美国都可以算是世界现代化进程

---

① 格林．教育与国家形成：英、法、美教育体系起源之比较［M］．王春华，等译．朱旭东，校．北京：教育科学出版社，2004：43．

② 布莱克．比较现代化［M］．杨豫，陈祖洲，译．上海：上海译文出版社，1996：412．

③ 彭正梅．德国教育学概观［M］．北京：北京大学出版社，2011：14．

中的第一批“追赶者”，它们以英国为先、以英国为鉴、以英国为师，但在现代化实践路径上更为直接、更有效率。“英格兰和威尔士在建立国家公立教育体系方面要落后于欧洲大陆其他各国大半个世纪。”据安迪·格林先生研究表明，普鲁士建立公共教育支出制度要早于英国近 30 年，英国的中等教育长期为完全私立，根本没有任何国立中学，甚至比拿破仑建立国立中学晚了 100 年。而英国直到 1902 年才颁布法案，高度统一的教育管理体系方得以巩固。

换言之，先发现代化国家工业化进程与教育现代化进程出现明显的错位现象，“英国一直到工业革命开始快速发展之后的 100 年才建立起国民教育体系，而欧洲大陆各国的教育体系却都是在工业加速发展之前就建立了”[①]。依据格林先生的研究，我们可以得到这样的结论，甚至 1818 年的特别委员会也宣布“英格兰的教育水平是欧洲最差的”。1851 年，英国学龄儿童入学率不仅低于北部各州的 70%～80%，而且低于美国全国总入学率。以至到了 1902 年，有专家断言“英格兰在教育上要劣于其所有的对手国家”。因此，我们可以得到一个初步的判断，追赶型国家的目标更加明确，行为更加理性，效率更高。教育先行早就成为追赶型国家一种必须选择。

早期现代化国家的实践已经证明，现代化的最先发国家在理论基础上更多地体现为自由主义思想，其教育发展常具有盲目性。有证据表明，到 19 世纪 30 年代，英格兰所拥有的中等教育毕业生已经供过于求。先发追赶型国家为了实现追赶，在理论和实践上更多地体现为国家主义。在对学生教育过程中同样也更加注重国家意志，无论是法国还是德国都表现出这样的共同特点。

另一个值得注意的现象是：几乎在帝国主义列强入侵中国的同时，这些国家均建立了国民教育体系，并初步进入教育现代化发展阶段。1831 年，普鲁士 7～14 岁小学学龄儿童入学率为 42.8%；1840 年，美国新英格兰白人儿童入学率高达 81.4%；1861 年，普鲁士适龄儿童总数是 3 090 294 人，而入学学生数为 2 875 836 人[②]，依此推算入学率高达 93.06%。英国公学成为贵族子弟的专属，法国公立学校完全是资产阶级的学校，美国学校将中产阶级作为主要服务对象。

---

① 格林．教育与国家形成：英、法、美教育体系起源之比较［M］．王春华，等译．朱旭东，校．北京：教育科学出版社，2004：52．

② 格林．教育与国家形成：英、法、美教育体系起源之比较［M］．王春华，等译．朱旭东，校．北京：教育科学出版社，2004：20．

习之堂

单一的技术动力难以推动教育现代化。中国宋朝发明了活字印刷术，很遗憾的是这并没有成为普及教育的重要动力。而活字印刷术传到欧洲，在文艺复兴的社会潮流推动下，它便成为现代教育发展的重要推动力，极大地刺激了欧洲现代学校的发展。

人类早期教育现代化实践，证明了教育在促进人的发展和物质生产中的巨大作用。教育成为更加有效的财富生产工具和国家工业发展的最奏效的手段，“教育工具论”被各个现代化追赶国家一次又一次强化。同样，“教育工具论”在开拓了人类对教育的理解方式的同时，也为后来的现代教育功利化奠定了理论基础。

先发内生型教育现代化，为早期资本主义国家带来巨大的经济利益和社会价值，也成为先期工业化国家重要的战略优势。与英国教育现代化的“自然成长”进程相比较，法国教育更多地体现出“人为设计”的因素。大革命后的 1795 年，法国正式颁布了《教育法》，明确规定在每一个县建立一所小学，每 30 万人建一所中心学校。教育是一种公共性质的服务，应该由国家来保证，18 世纪法国共有 22 所大学，超过其他欧洲各国，学术水平在全球领先，教育中心地位明显。夏洛泰（1701—1785）的《论国民教育》系统地奠定了法国国家国民教育的办学思想。为了强化中央集权，拿破仑授意颁布了《关于创办帝国大学以及这个教育团体全体成员的专门职责的法令》（1806）和《关于帝国大学条令的政令》（1808），整体确立了国家教育体制和中央与地方相结合的运行模式。1808 年 7 月帝国大学建立以来，法国教育始终秉持国民教育的核心理念，正规教育体系分为小学、中学、专门学校、大学院四个主体部分。

1824 年，法国成立了教会事务与公共教育事务部，十分强调公共教育的国民教育功能。到 1830 年，法国政府规定每个超过 6 000 人口的乡镇都必须建立一所国立中学，法国也成为第一个建立国立中学体系的国家。[①]1882 年 5 月，法国法令规定所有儿童必须接受初等教育。1886 年 10 月，法国将幼儿园和儿童班包括在“实行初等教育”的小学之中。市镇自主决

① 格林．教育与国家形成：英、法、美教育体系起源之比较［M］．王春华，等译．朱旭东，校．北京：教育科学出版社，2004：169-170．

定是否建立幼儿园，而一旦建立则由市镇负责经费支出。1932年6月3日，时任公共教育部的德蒙兹部长将公共教育改为国民教育，以推动全体国民教育与培训。

法国是一个采取中央集权的资本主义国家，1945年，教育部负责文化与教育双重事务。1960—1995年期间，法国教育行政管理体制多次改革，几经调整。1995年实行大部制，扩大职能范围，行政管理部门称为“国民教育、高等教育、科技与职业培训部”。法国教育体现出极强的规划性和计划性特点，以大学区为单位设立大学，全国分为27个大学区。法国公共教育体系健全完善，义务教育从3岁开始，最早进入高等教育普及化阶段，国民文化素质整体较高。但是，21世纪以来，面对以中国、印度等发展中国家现代化的新浪潮，传统发达国家特别是英国、法国没有做好应对准备。英国“灭亡是逐步的，在许多情况下，是和平、温和的”①。尽管没有美国媒体所说的那么严重，欧洲特别是老欧洲的缓慢发展也是一个不争的事实，这也引发了我们对于最早现代化国家未来教育发展模式的思考。更为有意思的是，先发内生现代化模式的国家，在推进现代化的进程中出现了被“后起国家”反哺的现象。

2. 先发外源型教育现代化

研究和分析一个国家现代化的特性，不仅要从其现代化的缘起，更要分析推动其实现现代化的动力来源与动力方向。加拿大、澳大利亚、新加坡等移民国家属于先发外源型现代化的类型。这些国家在国家体制、政治制度、价值观念以及文化传统等方面与英国、美国、德国等国家基本一致，其教育现代化路径是充分引入先发国家现代化教育体系、学制体系、教育内容和教育方式，快速实现教育现代化。从这个意义上讲，加拿大、澳大利亚、新加坡等国家也属于跟跑国家，充分利用了先

习之堂

先发外源式现代化的共同特点是：现代化教育体系整体设计，成熟度高；通过学习、借鉴和吸收前发达国家教育现代化的经验，避免了教育体系建设、制度建设、学校规划、课程设置等方面走弯路。

① 美媒：英国一直没有找到合适角色把未来寄托在“帝国”复兴上［N］. 参考消息，2019-11-03.

发国家教育现代化的理论、经验，在一个人口少的国家迅速加以实践，并取得快速教育现代化的效果。

新加坡是一个面积只有724.4平方千米的小国，且具有一段被殖民的历史。1965年国家独立后，新加坡逐步清理了旧有的教育体系，在借鉴英国的教育模式与制度的基础上，结合自身国家文化和发展需要建立了学术轨、职业轨与技术轨三者结合的教育体系和教育制度，在学生的道德品质、价值观念、社会意识等方面，保持亚洲文化传统内涵，并确定亚洲版教育现代化的教学内容与教育方式。

与西方国家主张的单纯的教育个人价值和目标不同，新加坡把教育的国家目标与个人目标相结合：一方面，为每个公民提供均衡的教育，培养受教育者对家庭、社会和国家的责任感，并使之成为好公民。另一方面，通过具有灵活性的教育制度，适应孩子的能力、兴趣和天资，使其潜能最大限度地发挥出来；同时，着眼于发展人力资源，促进国家经济社会发展。

由于新加坡主张中立原则，在世界大国的竞争中谋求平衡、利益和发展，教育经费投入成为国家最为重要的公共战略投入。1997年，新加坡提出建设“东方波士顿”的发展目标，整体推进国家经济社会发展现代化水平。2012年，新加坡教育部提出的《21世纪的竞争力》（*21st Century Competencies*）报告，明确提出21世纪竞争力的内核是“核心价值观”，价值观塑造了一个人的信仰、态度和行为，价值观构成了21世纪竞争力框架的核心。“公民职责价值”的导向则是培养学生成为坚强、有毅力、有知识、有见闻，国家有难，能奋起捍卫祖国的好公民。新加坡利用后发优势明确，实现追赶，后来居上。注重现代化整体设计、规则制度建设和标准建设，在一个更高的起点上推进国家教育现代化，从而实现对先行现代化国家的追赶。义务教育制度设计更加先进合理，现代学校教育快速发展，教育普及水平后来居上。

习之堂

新加坡拥有比较发达的现代化高等教育体系，新加坡国立大学、南洋理工大学、新加坡理工学院都是世界著名的高等学府。新加坡中小学生在参与国际学生评估项目（PISA）中表现一直很优秀，让人刮目相看。学生学习负担过重，也成为新加坡与其他东方国家教育存在的一大共同弊端。新加坡学生面临国际接轨的PISA、O Level、A Level各种测试门槛，更加重了课外负担和压力。

1980年后，澳大利亚政府有计划地延长高中阶段教育。1982年，全国十二年教育巩固率达到34.8%，1987年为53.1%，1990年初达到65%，处于发达国家先进水平。这一时期，澳大利亚高等教育中女性学习科学和技术专业的比例仍然很低，女生在数学、物理和技术课程中参与不够、成绩不佳。为了保持发展优势，1987年，澳大利亚教育理事会设立了教育和技术联合会，较早地在为全部学校系统提升计算机教育计划，发展先进的信息网络教育。

将最优先考虑问题确定为教育在经济发展中发挥的积极作用，澳大利亚联邦政府更加强调发展教育和技术培训的总体战略，促进现代化教育与现代化产业的紧密结合，促使工业界为培训承担更多的义务，做出更大贡献。结合澳大利亚的文化特点，联邦政府在土著居民教育、多元文化教育、男女平等和特殊教育等领域系统制定法律与政策，谋求社会全体成员的共同发展。联邦各州政府制定职业学校、高等学校适应社会、经济和技术发展挑战的政策，促进区域经济社会健康发展。

20世纪90年代末期，澳大利亚政府基于终身学习理念，建立了一套将课程与学历挂钩，涵盖大学、职业教育、培训及中小学教育的学历资格框架，将学历制度与资格制度紧密结合，很好地实现了教育与培训一体化，构建起了一个理念先进、制度健全、卓有实效的全民终身学习立交桥。

2000年前后，澳大利亚占据其与英美国家天然联系的政治文化优势，借助中国市场发展的机会，其经济发展进一步加快，人均GDP水平大幅提升，整个国家与民众踌躇满志、信心满满。但是尽管如此，澳大利亚人也难掩其自身国家文化的缺失与不自信。

不同于英国、法国和德国，加拿大政府支持职业技术学院和社区学院的发展，建立了比较完善的现代大学社区学院模式与制度。高等教育发展全球领先，学校知名度高。加拿大拥有997万平方千米的土地，是一个移民国家。大多数居民是白

习之堂

2019年，英国广播公司以《为何中国崛起暴露了澳大利亚的脆弱心理》为题发表文章指出，这片“孤独大陆”接收了越来越多的中国留学生，中国企业投资大幅增长。澳大利亚领导人10年之中5次换人，政策摇摆不定，缺少战略定力，“恐惧与贪婪”主导着澳对华政策。

人，其中英裔和法裔加拿大人最多。1996 年生活着 3 030 万人口，到 2018 年人口规模增长到 3 706 万。应该说，加拿大在国家教育现代化进程中，受到源自于英国和法国的教育文化传统、教育制度的双重影响。而从分权的模式分析，不但更接近于英国，而且比英国走得更远。加拿大教育主要由各省和地方政府负责，联邦政府不设管理机制，这是其在教育体系和教育治理方面的突出特点。1876 年《不列颠北美法案》颁布，该法案后来于 1982 年 4 月又更名为《1886 年宪法法案》，将加拿大各省和地区联合为联邦的基本法律，并授权于省政府教育管理权。

在传承英法国家教育制度的同时，加拿大建立了以各省和地方政府税收、联邦政府资助、校产投资和私人捐款等多元化的教育经费制度。加拿大是一个多种族、多民族和多宗教的国家，现代化教育制度体系和教育内容具有较强的包容性特点。人均受教育年限达到 12.9 年以上。

1956 年，加拿大中学后教育全日制学生人数只有 112 500 人，1960 年之后，加拿大中学后教育发展迅速惊人，全日制学生达到 125 500 人，1986 年度上升到 790 000 人，大学生规模比 1965 年增长了 6.02 倍，并顺利进入高等教育大众化的高级阶段。20 世纪 80 年代，由加拿大大学发起集资运动，政府财政投入增加，私人企业支持，大学基金持续增长，出现大学建设和发展的高潮。1986 年，加拿大拥有 82 所授予学位的高等学校。早在 80 年代初期，加拿大政府就积极倡导终身教育和终身学习，并采取工企人员进修、培训、远距离教学等方式积极开展终身学习。1995 年，伴随知识经济社会的到来，加拿大加快高等教育发展，2010 年左右成为发达国家中高等教育普及率最高的国家。

以省政府为主导，推进教育改革发展是加拿大提升教育现代化水平的基本常态。2014 年 4 月，安大略省教育部在回顾过去 10 年教育发展成就的基础上，出台了《实现卓越：安大略省教育的新愿景》发展规划，确定了未来教育发展目标，引领加拿大教育发展。2015 年 1 月，《不列颠哥伦比亚省教育规划：关注学习》教育改革计划推出，希望为学生提供个性化学习模式，指导学生更好地参与学习，掌握未来成功必备的知识和技能。2017 年 6 月 21 日，魁北克省教育部发布了最新的教育发展政策《教育成功政策》，新政策提出要对早期教育进行干预，消除学前儿童的学习困难，更加关注特殊儿童、天才儿童、移民学生和处于教育过渡阶段的学生，针对他们的特殊需求提供有个性化的服务。

综上所述，先发外源型教育现代化国家，与一般的国家相比，这些国家基本上在第二次世界大战前就实了现代化，即建立了现代化的国家体系、国家制度、生产方式和生活方式。它们大都为移民国家，原有土著民族缺少社会地位和文化影响。西方国家移民在入侵和占领的同时，带入了西方文明、社会制度和价值理想，并复制到这些国家。在国家步入稳定发展期后，加拿大、澳大利亚、新加坡等国家在现代化制度创新方面有所作为，并在某些领域引领区域教育甚至世界教育发展。更是由于加拿大、澳大利亚、新加坡作为移民国家的历史，这些国家在教育现代化重要指标——国际化方面，教育开放程度很高。

3. 后发外源型教育现代化

后发外源型教育现代化国家在现代化进程中受到国际势力和潮流的影响更大、更强烈，甚至外国势力直接左右这些国家现代化的方向、动力、进程与速度。必须指出，这种现代化模式有成功的国家和地区，如韩国、中国台湾和中国香港；同时也有不成功的国家和地区，如拉美国家。

习之堂

后发外源型现代化的典型特征是发展中国家依靠外力推进和实现国家现代化，其理论动力、产业动力、制度动力和文化动力均以外部为主。

1438 年，几百个西班牙征服者在此后数十年间摧毁了宏大而富丽的美洲文明，将整个拉美地区从原始部落带入现代化的进程。而这种飞速现代化的过程，缺少稳步而深刻的社会文化变革过程，缺少国家工业化进程，缺少教育特别是人的现代化过程。因此整体而言，拉丁美洲的现代化无论是经济基础、文化基础还是人文基础都缺乏扎实而必要的积淀——这是导致拉美地区长期处于中等收入陷阱的关键因素。由于缺少必要的工业化过程，国家和人民财富积累不足，导致公共服务能力不足，城乡差距、阶层差距过大，社会资源分配与社会结构失衡，政府与民众之间、不同社会阶层之间矛盾及利益冲突尖锐，社会长期处于非稳定状态，政权不断更迭，难以保障社会经济持续发展。

长期处于依附地位是拉美地区走不出“中等收入陷阱”的根本原因。霍布森、普雷维什、弗兰克和阿明等学者创立了古典依附论，将世界划分为先进的中心国家与较落后的边陲国家，系统地从一种经济与政治的相结合的角度出发研究当代发展中的边缘国家与西方发达中心国家之间的发展问题。多斯桑托斯在《帝国主义与依附》一书中深刻地揭露了“依附”的典型特征：“依附是这样一种状况，即一些国家的经济受制于它所依附的另一国经济的发展和扩张。两个或更多国家的经济之间以及这些国家的经济与世界贸易之间存在着互相依赖的关系，但是结果某些国家（统治国）能够扩展和加强自己，而另外一些国家（依附国）的扩展和自身加强则仅是前者扩展——对后者的近期发展可以产生积极的和/或消极的影响的反映，这种相互依赖就呈现依附的形式。不管怎样，依附状态导致依附国处于落后和受统治国剥削这样一种总局面。”①

最大的依附是拉美国家对于美国的产业依附。拉美国家在实施进口替代工业化战略过程中，没有将国家产业体系、工业化体系建立相结合，过于依赖于国际产业分工，过分依附于发达国家的“滴漏效应”，经济发展、产业建设过度依顺于发达国家和国际资本。智利、巴西、厄瓜多尔等国家作为美国重要的石油等原材料供应国，产业结构和经济发展容易受到国际经济形势、原材料价格波动等影响，加之居民收入低，供给滞后，不爱存款，家庭与个人抗风险能力差，“黑天鹅”事件迭出不穷。

作为北美国家的重要资源供应国，拉美国家经济始终处于依附地位。在自由市场经济主导下，在经济不太发达、国民素质不太高的环境中，推行西方民主政治，造成了阶层之间广泛而深刻的矛盾冲突。20世纪初，拉美左派的出现打破了右派长期执政的局面，是精英政治向大众政治过渡的开始，两种政治倾向主导和分裂着整个拉丁美洲，国家缺少共同的价值、统一的思想、一致的目标，自然也缺乏共同的行动。更为重要的是20世纪60—70年代，拉美国家包括阿根廷、巴西、墨西哥工业部门的外来资本比例高达50%以上，出现了新型资本殖民化的倾向。新形态殖民主义以投资为主要进入方式，导致了第三世界国家内部结构破碎，资源被掠夺，资本被占有，二元结构现象严重，落后国家和地区在经济社会方面部分充当了新型殖民地的角色。

美国的长期干预是拉美地区经济社会现代化徘徊不前的直接外部原因。美国始终将拉美国家看作“自己家的后院”，对其政治、经济、生活方式等方面进行长期干预和影响。在利益、权力和资本三方联盟过程中，利益集团谋取大量国家利益，社会经济发展质量不高，财富过度集中，人民生活水平停滞不前。究其深刻原因是资本主义制度在拉美地区生成了“依附与不发达”相互连接的怪圈。这个怪圈连接着处于中心地位的发达国家和处于边缘地位的依附国家，从根本上说这是旧殖民主义在现代化潮流中对于不发达国家的新殖民化。

国家局势长期不稳是拉美地区经济社会现代化徘徊不前的直接内部原因。拉美国

① 多斯桑托斯．帝国主义与依附［M］．杨衍永，齐海燕，毛金里，等译．北京：社会科学文献出版社，1999：302．

家大都采取高支出的财政模式，在经济不太发达且不可持续的情况下，采取高福利政策。特别是不同政治力量为谋取选票、笼络人心，提出一些不负责任、不可持续的政策主张，拉高了民众心理和生活需求，民众对于改革的承受力下降。2019 年 10 月，拉美国家再一次陷入大规模严重暴乱。洪都拉斯 15 个大家族掌握着全国 80% 的财富，却有 71% 的人生活在贫困线以下。阿根廷有近 40% 的民众陷入经济困难，甚至无法享受到最基础的公共服务，阿根廷人陷入了"全方位的贫困"。玻利维亚由于总统选举结果与初步计票不同，民众上街抗议，示威者纵火，进而演变为暴力冲突。厄瓜多尔总统宣布改革，消减了已经实行了 10 年之久的燃料补贴政策，引发全国范围的抗议活动。经济发展长期迟缓，国力薄弱。墨西哥暴力犯罪集团与政治人物勾结，实力强大。警方资源有限、无力控制暴力局面，甚至警察需要自己买子弹。同样，2019 年智利本应担任 APEC 峰会以及联合国气候变化纲要公约第 25 次缔约方大会的主办国，由于圣地亚哥自 11 月出现对公交系统车票从 800 比索提到 830 比索（相当于人民币 0.3 元）而进行的抗议活动，示威者冲击护栏、砸玻璃、抢商店，总统不得不突然宣布取消峰会。这突显了智利国家治理能力的弱点，极大地损害了智利的国家形象。民众以非和平的方式表达诉求，其一破坏了国家稳定，其二自身成为最终的受害者。

习之堂

拉丁美洲现代化的历史告诉我们：国家现代化如同盖房子，必须要有顶层设计。不能采取完全市场经济的做法，任其自由成长，必然带来资源、管理、民众诉求之间的矛盾。而当发现"房子"走偏，再推倒重来的时候，国家、社会和人民将为此付出更大代价。

同许多发展中国家一样，拉美国家之所以陷入中等收入陷阱，主要原因是在所谓民主思潮的影响下，陷于政治斗争和权力分裂，国家和社会长期不稳定。从国家治理的视角分析，拉美国家采取完全的市场经济，政府缺乏也没有能够对国家经济社会发展实施必要的管理和控制。社会经济发展不相适应，由局部矛盾上升为全局性矛盾，由过程性矛盾转化为长期矛盾，由体制性矛盾上升为结构性矛盾。加之所谓的民主制度，更使得拉美地区经济社会发展陷入长期动荡、摇摆和停滞状态。

拉美国家快速城镇化，甚至是过度城镇化，驱动社会畸形发展，使其教育现代化难负其重。1980 年，哥伦比亚城镇化率为 64%，智利达 81%，阿根廷高达 83%，甚至超过了当时的美国（74%）、法国（73%）、加拿大（76%）和意大利

（67%）。① 高速城镇化、快速教育普及，需要巨大的公共资源支撑，而拉美国家经济增长缺少独立性和可持续性，政府财政收入难以保障公共教育、公共卫生和城市公共事业发展的需求。劳动就业低、市民收入不高成为社会不稳定的重要因素。

20 世纪 70 年代是拉美国家教育快速发展的时期，中小学学校和大学建设加快。1977 年，拉美国家高等学校在校生规模达 427 万，比 1974 年增加 160 万之多。1978 年，秘鲁一年新建中小学多达 500 所。拉美国家 1985—1990 年中小学入学率快速提升（见表 0–1），接近发达国家平均水平。教育发展和人力资源开发没有能够顺利地转化为劳动生产力，高教育水平与低就业率的双重压力，反而成为国家与城市发展的重要负担和社会不稳定的重要策源。

表 0–1　1985—1990 年拉丁美洲主要国家学校数量

国家	年份	小学 / 所	中学 / 所	高等教育 / 所
阿根廷	1985	108	70	36
	1990	111	…	43
墨西哥	1985	115	55	16
	1990	112	53	14
巴　西	1985	104	35	11
	1990	108	39	12
智　利	1985	109	69	16
	1990	98	74	19

资料来源：陈秀英 . 世界经济统计简编 1997［M］. 北京：中国物价出版社，1997：326–327.

学习之堂

后发内源型现代化模式的特点是，现代化起源自于外，动力则发自于内，依靠自身的资源、自身的动力、自身的文化变迁力量，实现现代化过程。

4. 后发内源型教育现代化

中国是一个拥有 5 000 年文明历史的国家，其现代化动力来自于传统文化、近代中国被屈辱的历史、党的正确领导、社会制度优质和全体人民善于学习的精神。“戊戌变法”失败后，清末著名的政治家、思想家和社会活动家康有为设立强国会。伟大的革命先驱孙中山先生希望建立一个“天下无不学之

① 陈秀英 . 世界经济统计简编 1997［M］. 北京：中国物价出版社，1997：14.

人，无不学之地”的国家。1949 年，毛泽东主席向世界宣告：“我们将以一个有高度文化的民族出现于世界”，“要把我们这个经济落后、文化落后的国家，建设成为富裕的、强盛的、具有高度文化的国家”。毛泽东主席代表中国共产党人明确提出：“我们一定要建设一个具有现代工业、现代农业和现代科学文化的社会主义国家。”邓小平同志更加明确地提出：“把我们的国家建设成为社会主义的现代化强国，是我国人民肩负的伟大历史使命。”现代化成为中国人民的共同使命和战略追求。

一枚鸡蛋，从外部打破是一个蛋黄，从内部打破是一个新生命。中国正在从内部打破一枚鸡蛋，创造了一个现代化的新生命。自古以来，中国始终是一个自给自足的国家，中国内在的“生产力”支撑了几千年的封建文明。中国人拥有良好的粮食生产能力、制度生产能力和文化生产能力。费正清用“内向爆炸”来形容中国高度发展的农业社会、生产能力和艺术与文明的创造力。这种“内向爆炸”或体现为思想观念的深刻变革，或体现为社会结构的深度转型，甚至以革命的方式，通过战争特别内战的方式实现政权更迭，爆发和凝聚国家的内部动力和集体活力，以推进和实现国家政治、经济、文化和教育的现代化。诚然，在分析和研究中国现代化历史真实与内在本质的时候，我们不能忽视先进国家的影响、外国殖民压力的作用，但究其本质：中国现代化是一种内源型现代化模式。

习之堂

所谓“内向爆炸”，是指一个国家或组织在受到外部侵入、竞争与压力的情况下，其原有的经济地位、社会秩序、文化传统和民众社会心理受到严重冲击后，所引发的一种自觉、自醒与自我改变的内驱力和创造力。

后发现代化国家需要排除现代化进程的制度障碍和文化障碍。尽管中国现代化是在中国被迫进入世界、卷入世界现代化浪潮中完成的，但其内生的需求和内生发展动力才是中国现代化的根本动力。美籍华人学者孔飞力是中国近代现代化“内在导向”的主要倡导者之一。孔飞力先生认为，“不同的国家是可以通过不同的方式走向‘现代’的”，他断定，“从本质上来看，中国现代国家的特征是由其内部的历史演变所决定的”，[1] 从而否定了西方经验对现代化的垄断定义和垄断地位。

[1] 孔飞力．中国现代国家的起源［M］．陈兼，陈之宏，译．北京：生活·读书·新知三联书店，2013：译者导言 9．

他早已注意到世界对中国“现代性”构建的影响，更关注到中国的经验和经历对于世界范围现代性构建——亦即作为普世性进程的现代性构建的意义和影响问题。

发达国家和中国教育实践证明，教育现代化与教育开放具有正相关关系。早在中国现代化之前，日本就是一个典型的后发内源型现代化的典型，即主动学习吸收外部经验与能量，转化为内在的发展动力，推动国家现代化。明治政府首先运用战争的方式，推翻了德川幕府统治，又运用行政手段摧毁了幕府的统治基础。让我们再一次仔细研读1868年4月明治政府以天皇名义宣布的《五条誓文》便可以一目了然。《五条誓文》说：“一、广兴会议，万事决于公论；二、上下一心，盛行经纶；三、官武一体，以至庶民，各遂其志，毋使人心倦怠；四、破除旧来之陋习，一本天地之公道；五、求知识于世界，大张皇国之基础。”第一条，说的是地方资产阶级要参与国家政事，重在调整封建皇权与新生地方资产阶级的关系；第二条，是说全国上下一心，发展工商经济，重要调整传统农业与现代工商业的发展关系；第三条，是要改革旧的社会等级制度，重在调整阶层之间的社会关系；第四条，是要修改不平等条约，重在调整国家与国家之间的关系；第五条，是主张学习先进知识，增强国家基础。《五条誓文》展现了明治维新的政治经济和文化取向，更表现出一种实现国家现代化的内在诉求。但直到1871年，日本明治政府才派岩仓具视、伊藤博文等人前往欧美各国学习国家制度、管理经验、教育模式和文化风俗，为日本社会转型提供了重要的参考意见。

现代化考验中国文化的张力、社会的张力，乃至整个民族的张力。中国文化具有十分强大的韧性和张力。中国文化具有统一性、异质性和包容性的复杂特点。统一，并非单一同质；多质，并且包容其他。在包容的基础上，实现文化的统一；在统一的基础上，各种文化色彩纷呈。中国的“文化之胃”太庞大，庞大到没有一个国家、一种文化包容，甚至消化掉中国文化；而中国“文化之胃”完全可以包容和消化世界所有形态的文化。中国文化、经济资源和社会资源中蕴藏着现代化的内生

习之堂

我们可以非常自信地说，中国的现代化不仅是被“打出来”的，更是中国领导人领导中国人民一代一代“干出来”的！

动力，并且是内在而巨大的。只是它被根深蒂固的封建统治给压抑了，它需要一定的社会政治、经济和人口文化环境，才能够体现得更加充分。

在现代化理论研究中，有一个十分重要的关键叫“建制议程”，即指一个国家或地区现代化法制建设、制度建设、政策制度建设程序与过程。中国现代化的建制议程外部动力来自于外部殖民侵略、文化输入和市场占领，内部动力则更多地来自传统社会结构与现代社会结构的冲击力，现代化制度要素的缺失，其建制议程的内部动力则来自于国家内部，来自于民族自觉自醒的思想力，来自于失败后的坚定，来自于被打倒后的站起来的自我力量。从孙中山的“建国方略”，到毛泽东的“超英赶美”，到邓小平的“改革开放”，再到习近平的“社会主义新时代”，中国几代领导人与中国人民持续努力，争取民族独立、人民解放、国家建设和伟大复兴，不仅有伟大的实践创新，更有伟大的理论创新。

我们所说的中国属于“后发内源型现代化”，是指中国实现现代化的时间起点晚于一般的发达国家，而且动力主要来自和依靠内生动力——这是事物的主要方面。内源性是中国现代化发展的核心特征，即现代化诉求的内生性，目标内生性，动力内生性，自然、人力和财政的资源内生性。当然，更为科学和精确地说，中国现代化是内生动力与外生动力结合而又相互作用的结果。总体上，中国是依靠自力更生为主实现现代化的，比如在国家制度、发展路径、社会生活和教育文化方面，更多地体现出中国方案和中国特色；在一定领域、一定区域甚至一定比例上也存在外部动力大于内部动力的现象，比如在教育体系、学校形态和教育方法方面，更多地体现出全球性、共同性和西方化特征。

后发内源型国家，在推进教育现代化进程中具有更高的效率。1855 年，德川幕府更加彻底、更加有效地在全国设立了西学学校，并在几年内教授西学语言和西方数学与科学，而 17 世纪培根提出在英国建立科学机构的计划却一个都没有获得成功。不仅如此，英国早期实施的教育、社会和法制改革运动均以失败而告终，技术进步受到阻碍，政治上回复到旧有的传统统治社会之中。“英国在 1750 年与 1870 年之间发展成为世界上第一个工业化社会，但又保留了贵族式的社会结构及功能失调的上层阶级教育制度。”[①]1872 年，日本颁布法令，以法国和美国为榜样，开始推行统一和普及的全民教育制度。但是，以上层贵族为基础的英国教育制度，在推行公共教育体系方面落后于许多后起的发达国家。

现代性的核心是先进性，即理念、制度、文化、技术、方法、设备的先进性。因此，在参考联合国教科文组织有关内源发展理论的基础上，笔者试着对教育现代化内

① 布莱克．比较现代化［M］．杨豫，陈祖洲，译．上海：上海译文出版社，1996：336．

在属性进行深入分析。

（1）拥有独立而影响世界的文化体系。

（2）以国家自救和自我发展为核心目标。

（3）基于本土可获得的战略资源。

（4）融入式接受外来价值观和资源，内外部因素的结合方式。

（5）具有较强的自我文化觉醒和外来文化消化能力。

（6）为本土教育发展提供一种新动力，促进本土教育价值发展与提升。

（7）形成国家教育现代化自身特色，为其他后发国家提供实现现代化的示范和引领。

中国是后发内源型教育现代化国家。中国教育现代化具有以下特征：

特征之一，中国教育现代化是一次教育的自我革命过程。中国教育现代化是一次教育思想、内容和方法的革命性变革，这种变革既具有与西方发达国家现代化在现代理念、教育体系和教学内容方面的同质性，更在现代化体系、制度、动力和特色方面具有异质性。中国教育现代化不是西方化，更不是把西方教育价值理念、培养模式和教育方式完全移植到中国。

特征之二，中国教育现代化是一次教育价值的重构过程。一个国家或地区教育现代化不仅受其内部需求、资源和动力的影响，同时也受到其外部需求、资源和动力的影响。中国传统教育的核心价值是“取士”，国家通过科举考试选拔官吏，个人通过科举考试谋取功名。近代以来，中国教育发生着深刻的变革。作为后发现代化国家，分化与整合是现代化的重要过程，而在这两者之上，中国经济社会首先出现的是“打碎”。第一次是在 1911 年，孙中山领导的辛亥革命采取武装斗争的方式打碎了封建社会，建立了资产阶级政权；第二次是 1949 年，毛泽东领导的中国革命采取军事斗争的方式打败了国民党，建立了新中国。新中国对旧中国教育体系和教育制度进行了重新改造，重新确定了教育的社会功能、国家框架、发展目标和服务对象。所以从这个意义上讲，中国教育现代化的进程更多地包括了“重构”。

习之堂

“重生—重构—重建”是中国教育现代化的基本路径。中国教育在鸦片战争、抗日战争的过程中如凤凰涅槃，获得重生，又在东西方文化交流碰撞中进行重构。新中国建立，特别是改革开放 40 多年来，中国教育再次经历了重建的过程，从基本实现教育现代化到整体实现现代化，未来将全面实现现代化。这种价值重构是将传统教育理念打碎研磨，在学习吸收西方先进的教育思想，并进行消化、转换和建构的过程。中国教育是在一次次战争与火的考验中获得重生，在一次次否定之否定过程中进行重构，在中国领导人和全体中国人民不懈努力中进行重建。

特征之三，中国教育现代化演进过程具有高度的复杂性。无论是什么类型的模式，教育现代化演进都不是一帆风顺，更不是线性增长，而是渐进、曲折、缓慢，甚至停滞的过程。即使是最早的教育现代化国家，在其发展和演进历程中，也常常要出现曲折与波动。德国中等教育在 1945 年长时间停滞不前。最早工业化的英国，直到 1902 年才建立起国立中学制度，比法国和普鲁士晚了整整 100 年。1630—1970 年间的英国高等教育入学率缓慢增长，行至 1971 年仅为 14%，长期处于精英阶段。美国在 1971 年实现高等教育普及化之后，英国高等教育在 1995 年前依然长期徘徊。

中国教育现代化面临更为复杂的局面，既有外部入侵的民族矛盾，更有封建王朝与普通百姓之间的阶级矛盾；既有外部文化与教育的冲击，更有传统旧有之“文化之累”；既有保守者与革新者之间你死我活之争，更有改革者内部的不同价值诉求。多向性、多重性和多样性构成了中国教育现代化复杂性的特点，即中国教育现代化进程受到时代潮流、不同国家、历届政府多向性的影响。中国教育现代化是一个从教育体系、教育制度、教育内容和教育方法进行多重性全面构建的历史过程，呈现出区域之间、城乡之间、学校之间和人群之间的多样化诉求与差异性特点。在一个拥有 960 万平方千米、14 亿人口的发展中国家实现教育现代化，是人类历史上一项伟大、艰巨而复杂的系统创新工程。

特征之四，中国教育现代化是内力与外力相互作用的结果。从 1840 年鸦片战争开始，西方国家就从来没有放弃过对中国教育的干涉和影响。但是中国教育从来没有也不能存在“全盘西化”。这不仅是因为中国教育体系之庞大，更是因为中国教育思想之先进；这不仅是因为中国教育体制的独特性，更是因为从古到今尚没有一种文化力量能够“吞斥”中国教育文化。从这个意义上讲，中国教育现代化的根本动力只能来自于内部，而不会来自于外部。中国教育现代化的历史证明，教育现代化的过程与其说与传统教育决裂，不如说是在相互影响、相互融合中谋求国家教育再生。

习之堂

中国和印度都是文明古国，两国现代化的路径与模式存在许多共同之处。中国和印度具有早于西方国家的哲学体系、社会科学体系，创立了独立于西方医学科学之外的医学体系，这是中国与印度这样的国家具有持续发展内动力的重要原因。中国和印度对于西方现代化的理论与实践是借鉴，是学习，更是消化和重组，这两个国家现代化进程和模式具有创新性、独立性和特殊性。

中国教育现代化的实践表明，只有在保持国家稳定的基础上，准确把握教育现代化规律，通过制定和实施系统、协调的国家教育现代化战略及发展策略，妥善处理各种社会矛盾和利益关系，科学合理地驾驭教育现代化之车稳步前行，才能少走弯路、少付成本，才能在一个发展中人口大国实现教育现代化。

正因如此，理性地分析和科学把握中国教育现代化的脉络、特点与发展趋势，在研究中国教育现代化个性和特殊性的基础上，研究、发掘和发现中国教育现代化的共性和普遍性具有十分重要的战略价值与理论价值。

第一章

迷失的东方巨狮：

西方教育的洪水冲击（1840—1901）

少年智则国智，少年富则国富，少年强则国强，少年独立则国独立，少年自由则国自由，少年进步则国进步，少年胜于欧洲则国胜于欧洲，少年雄于地球则国雄于地球。

——梁启超

习之堂

中国封建统治者坐在紫禁城做着百年一统的皇帝梦，无视世界先进国家工业化、全球化进程和科技革命、军事革命的到来，甚至无视大清帝国潜在的生存风险与发展危机。

中国是一个人口大国，地域广阔。1820年以前的1500年内，中国人口众多、地域辽阔、经济发达，是世界第一经济大国。泱泱大国自命为中央之国，长期沉浸在宗主国的满足与自豪之中。英、法、德、美等西方帝国视中国为美味佳肴，如饥饿群狼唏嘘已久，1840年之后借坚炮利舰打开中国国门，瓜分中国领土，掠夺中国财富，鱼肉中国百姓。被鸦片战争打败的清朝政府，深梦未醒又遭受第二次鸦片战争的沉重打击，中华帝国蒙受前所未有的大国之辱，沦落为一个半殖民地半封建国家。

（一）大国之辱

中华民族拥有5 000多年的文明史，曾经建立起了世界最强大的封建帝国，创造了人类最辉煌灿烂的教育文化。古之王者，建国君民，教育为先，这是《礼记·学记》揭示的千百年来中国统治者追求的王者之道和实践路径。“国愚则智可以强国，国智则力可以强人”，依教建国，以智强国，是中国古代先贤以教育强国思想的最早体现。960—1279年的宋朝时代，中国小学普及率高达30%，成为当时的世界教育强国。500多年强大的经济、科技和文化，正是中国先进教育开放的灿烂文明之花！

如果说，中国的经济发展是现代世界人类进步最伟大的成就之一的话，那么中国教育与人力资源开发的伟大成就，则必然是人类教育与自身资源开发的最伟大的成就之一。用西方一位历史学家的话说，15世纪时“中国仍然是世界上最大的经济强国。它拥有可能超过1亿的人口、生产能力巨大的农业部门、庞大而且复杂的贸易网络、在生产手段和产品质量的几乎每一个方面都超过欧亚大陆其他地区的手工业。——因为（中国）的工匠被誉为是最熟练的，比其他任何国家的工匠手艺高得多”①。1620年，英国哲学家培根划时代的著作《新

① 马克斯．现代世界的起源：全球的、生态的述说［M］．夏继果，译．北京：商务印书馆，2006：112．

工具》对于中国进行了这样的评价："观察发明的结果、影响以及其动力是一件有益的事情。在此方面，没有什么能比那在古代鲜为人知的三大发明更说明问题。这三大发明就是印刷术、火药和指南针，它们改变了世界的历史：第一项发明是在文字交流方面，第二项发明是在进行战争方面，而第三项则是在辨别方位方面。随着它们的出现，带来了一系列的变化、发展。就对人类的巨大影响和力量而言，没有哪一个王国、哪一个宗教或者哲学能够与这三大发明相比。"[①] 由此可以足见一个伟大的哲学家对于中国科学技术和文化的高度敬仰和崇拜。

英国著名经济历史学家安格斯·麦迪森（Angus Maddison）指出："中国现在是，而且一直就是世界上最大的政治实体。早在公元10世纪时，中国在人均产出上就已经是世界经济中的领先国家，而且这个地位一直延续至15世纪。在技术水平上，在对自然资源的开发利用上，以及对辽阔疆域的管理能力上，中国都超过了欧洲。""在相当长的时期内，中国一直是世界数一数二的经济体，但是它发展的节奏同世界通常的模式有着截然的不同。"[②] 这也许是对中国经济发展前景最乐观的预测。1820年，中国人口约为3.81亿，占当时世界的37%；按1990年国际元计算GDP为2 290亿元，占世界总量的33%——世界上三分之一的财富集中在这个国度。

——这一时期，中国具有最先进的粮食生产能力。从宋朝开始，真宗皇帝赵恒从越南引进了早熟的稻种，使水稻成长期从150天缩短为100天，变一年一熟为一年两熟，养活了世界最大规模的人口，国家人丁兴旺。

——这一时期，中国具有最先进的制造业能力。早在公元前400年，中国人就能控制高炉中所需的温度，浇铸所需要的铁器，并铸造了数百万个犁头。1078年，宋朝就能够生产11.4万吨生铁，而英国在18世纪末才能达到这一水平。

习之堂

从另外一个方面讲，1280年到1820年，中国人口从1.0亿增长为3.8亿，增加了2.8亿人。国家财富的增长被人口的快速增长"抹平"，使得人均GDP在长达540年期间停滞在600美元，长期处于低收入发展阶段。客观分析一下不难看出，封建社会时代的中华帝国，过快的人口增长，超稳定的社会财富，缺乏变化的动力，无疑是限制其经济和社会发展的重要原因。

① 培根．新工具［M］．许宝湲，译．北京：商务印书馆，1986：23．

② 麦迪森．世界经济千年史［M］．伍晓鹰，许宪春，叶燕斐，等译．北京：北京大学出版社，2003：中文版前言5-6．

——这一时期，中国具有最先进的造船业和航海能力。从宋朝初期到明朝宣德皇帝在位最后一次远洋航行的近500年中，中国一直是世界上最大的海上霸主。郑和七下西洋，最远抵达非洲东岸，其宝船长则超过130米，宽度超过50米，排水量超过2万吨。

——这一时期，中国具有最先进的社会文化影响力。理学、宋词、话本、史学及闻名世界的三大发明，犹如明珠璀璨，熠熠生辉，在中国古代乃至全世界都享有盛誉。《农政全书》《本草纲目》和《天工开物》分别代表了中国在农学、医学和制造业的先进水平。

——这一时期，中国具有最完备的教育体系和人才选择制度。宋朝以来，中国建立了最完备的教育体系。宋朝在国子监下设置教授经学的国子学、太学，传授各种专门知识的武学、律学、医学、书学、画学等一应具备。其中，最兴盛的徽宗时期太学——相当于大学学府——学生多达3 800人。

遗憾的是，这一辉煌的图景没有延续。1840年，第一次鸦片战争，大清帝国被大英帝国所打败。这是1636年清王朝建立以来第一次被外部势力所打败。1860年，第二次鸦片战争，大清帝国再一次饱尝了挨打的滋味。如果说，第一次鸦片战争失败，大清王朝只是被打懵，世人认为英国有些侥幸的话，那么第二次鸦片战争被打败，是对东方帝国的最大羞辱。鸦片战争是东方与西方武力的较量，两年之间中国共调动10多万军队，有数千将士在战争中死亡。鸦片战争改变了中国的命运，改变了亚洲的格局，改变了世界的格局。整个中华帝国被打醒，更让世人清楚无比地看到大清帝国羸弱到不堪一击和英法联军的无比强大——中国从2000多年的封建社会进入半殖民地半封建社会，被卷入世界市场——一种世纪大转换正在到来。

习之堂

中国从一个世界经济总量第一的封建帝国，跌落为一个贫穷落后的旧式封建国家，整个国家和民族在耻辱中失落、在失落中彷徨，更为恐怖的是陷入一种国家和民族的自我怀疑之中。

18世纪中叶，中国文化受到外来文化的冲击并与之整合。在社会价值重塑的过程中，必然会运用新思想、新技术和新方法，重塑核心价值框架。这种旧价值的抛弃和新价值的构建过程，是发展中国家所必须经历的一个痛苦而艰难的过程，需要对国家文化与传统进行颠覆与重构，需要一个民族从“长辫子到灵魂”的除旧革新。

在帝国主义殖民侵略、外来文化冲击和社会矛盾冲突加剧的背景下，新生力量与旧有势力相互较量，中国政府和人民必须回答“要不要推进现代化”的问题。费正清一针见血地指出：“中国人民有一种深藏不露的文化优越感。当然，他们在现代落后状态中受到的耻辱感觉，也就格外强烈。”[①] 优越感丧失，耻辱感上升，成为一个民族、一个国家最深刻的集体记忆，这种记忆成为中国现代化浓浓的底色！

（二）失血中国龙

龙是中国国家形象的重要图腾，一直以来长期被西方描绘为力量强大的凶猛巨兽。从文化的视角来看，龙只是中国的一种图腾，与美国的山鹰、德国的狮子、法国的公鸡和俄罗斯的北极熊没有本质区别。

从1840年到1895年间，西方国家开始并持续进行了有史以来最为残酷的一场“屠龙运动”，西方的吸血鬼们来吸中华巨龙的血了。

2 500年前，孔子曾经勾画了大同世界的小康社会，提出作为国家要使人民“庶之，富之，教之”的思想。从理论和实践上分析，富庶与教育两者互为因果，相互转化。汉朝时期，中国已经成为世界最强的国家之一。进入唐宋，进一步成为世界极大国。宋朝时，中国进入小学学习的儿童达到30%，唐宋文化鼎盛一时。清朝初期，中国继续保持世界大国地位，经济规模占世界三分之一。康熙帝时，三藩被平定，统一了台湾；版图辽阔，人口众多，大运河交通发达，农业生产先进，商业贸易活跃，江南的棉织业、景德镇的瓷器业都达到了历史高峰，北京、江宁（今南京）等城市，成为重要的文化政治中心。

习之堂

在西方文化中，对于龙有完全不同甚至对立的理解和描述：一是神圣的龙。崔西·西克曼与玛克丽特·魏丝的《龙枪》系列之类的文学作品对龙的描述，基本上龙还是作为正义一方的代表出现，至少也是一种可被正义一方利用的中间力量。二是邪恶的龙。在《地牢与群龙》《彼得与龙》中，龙被刻画为邪恶的象征。

① 费正清．伟大的中国革命［M］．北京：世界知识出版社，2000：10．

18 世纪，清朝最为昌盛的时候，其疆域面积有 1 316 万平方千米。清朝康熙帝在位时鼓励农耕，曾经与欧洲做过一段时间的自由贸易。经过几十年的治理，中国再次成为世界上最富饶、最强盛的国家，财政收入增长，军事实力进一步强大。但是，由于没有现代科学技术的支撑，康熙年间中国与西方发达国家之间的军事科技差距越拉越大。领土世界第一，经济、科技落后，军事力量薄弱，长期闭关锁国，肥而无力，大而不强，按照现代综合国力的评价方法评价，与已经进入工业革命时代的英国、法国、德国相比，当时的大清帝国至多可以算是一个骄傲自大的二流国家。

世界现代化进程可以分为两个大的阶段，一是从农业社会到工业社会，二是从工业社会到知识社会。以 18 世纪为界，人类社会从农业社会进入工业社会，开始了人类第一次现代化进程；到 20 世纪末人类开始进入知识社会，开始了人类第二次现代化进程。目前，世界上大部分的国家依然还停留在第一阶段，发达国家已经进入第二个阶段。在以工业革命为标志的第一次现代化进程中，人类处于从农业时代向工业时代、农业经济向工业经济、农村社会向工业社会、农业文明向工业文明转变的过程中；在以信息革命为标志的第二次现代化进程中，人类将从工业时代向知识时代、工业经济向知识经济、工业社会向知识社会、工业文明向知识文明转变。第一次现代化的主要特点是工业化、城镇化、专业化、民主化、基础教育普及化，第二次现代化主要特点是知识化、网络化、信息化、全球化、多样化和高等教育普及化。

1848 年，马克思和恩格斯在《共产党宣言》中就深刻地指出："资产阶级，由于一切生产工具的迅速改进，由于交通的极其便利，把一切民族甚至最野蛮的民族都卷到文明中来了。它的商品的低廉价格，是它用来摧毁一切万里长城、征服野蛮人最顽强的仇外心理的重炮。它迫使一切民族——如果它们不想灭亡的话——采用资产阶级的生产方式；它迫使它们在自己那里推行所谓的文明，即变成资本者。一句话，它按照自己的面貌为自己创造一个世界。"① 马克思和恩格斯深刻地揭示了资本主义文明的先进性和摧毁力。

传统农业社会的旧教育逐渐改变，这种变化不过是深刻教育革命的前兆。只有将许多几乎难于观察的细节以理性的方式联系起来，这种变革便跃然纸上。《马可·波罗游记》向西方社会展示了一个神奇的东方帝国，西方人憧憬、羡慕、向往着这个富裕的国家。最早登陆中国的是西方各国的使节、商人和传教士。教会学校引入教育现

① 中共中央马克思恩格斯列宁斯大林著作编译局．马克思恩格斯选集：第 1 卷［M］．北京：人民出版社，1995：276．

代化的新元素。教会学校特别是教会大学对于封建制度下的学校教育产生重要影响，成为中国师生与西方文化乃至西方社会直接接触的重要桥梁，成为中国学校课堂改革的先导力量。中国孩子特别是贫困家庭的孩子有机会接触到先进的科学知识、自由思想，并逐步通过家庭影响到中国的社会。

1636 年到 1911 年，是清朝政府统治中国的 276 年。满族统治者始终存在一种挥之不去的“合法性危机”，其第一位的事情是想方设法维持其政权，因此对于农民起义、秀才造反等行为严加控制和镇压。由于经历了南宋、元朝和清朝外族入侵而又不得不依靠儒家思想建立一种外族人与汉族人双重统治制度对国家进行管理的事实，汉族人特别是汉族知识分子感到一种文化优越感。甚至，这种文化的优越感与亡国之恨相互冲突、相互纠结而又相互融合，形成了一种“文化错位”的民族之痛。

1838 年，道光皇帝的禁烟令行之无效，直到后来连官僚阶层，甚至宫廷的太监都吸烟成瘾。军队之中有大量军官和士兵染上毒瘾，难以从事军事训练，甚至不能值勤，军队士气和战争力大受其挫。于是，道光皇帝决定派遣林则徐前往广州禁烟。林则徐强迫英国商人交出囤积的鸦片，共计销毁 2 376 254 斤。由于政府腐败，清军不敌英军坚炮利舰，鸦片战争以中国失败而告终。1842 年，《南京条约》签订，中国被迫将香港割让给英国，并支付给英国 600 万两白银的鸦片赔款以及 2.01 亿两白银的“战争账款”。1858 年，清政府放弃禁止鸦片，大量鸦片开始在中国生产。“1879 年鸦片进口以 5 000 桶的数量而达到最高峰，这个数量近乎 1839 年的一倍。据估计，到 19 世纪末，1/10 的中国人吸食鸦片，而且 5% 的人是‘瘾君子’。鸦片加剧了中国在 19 世纪的贫困化。”①

1839—1842 年的鸦片战争是一次典型的非正义战争。鸦片出售给中国以平衡广州的茶叶运到伦敦、伦敦的货物和资本投向印度这样的三角贸易。与人口大规模增长相对照，从 1827 年起清王朝在对外贸易中结束了长期正增长，转而出现持续的负增长。在 1827—1849 年的 20 多年间，中国纯白银流出的数额相当于过去 150 年流入金额的 50%。大清帝国的“血”在悄悄地流，一只自己养肥了的羔羊不得不任人宰割。

中国龙血液的大量流出，首先体现在财力资源上。1700—1840 年，中国人口增加了 3 倍，但是这一期间中国人均 GDP 并没有下降。但是，1840—1950 年，中国 GDP 从占世界总量 1/3 下降到 1/20。这一时期，日本的人均收入提高了 3 倍，欧洲提高了 4

① 赛茨．中国：一个世界强国的复兴［M］．许文敏，李卡宁，译．北京：国际文化出版公司，2007：66．

倍，美国提高了 8 倍的同时，中国的人均收入却出现了下降。[①] 从中，我们可以得到一个重要的结论：1700 年起的 140 年中，中国经济发展的成就被快速增长的人口抹平。同时伴随着中国教育制度仍然服从于古代经典和官方行政教条，而后 110 年中人均收入下降，更使中国失去崛起和复兴的经济可能与文化可能。

1847—1848 年，全球经历第一次世界性经济危机。19 世纪 70 年代起，全球市场基本被瓜分完毕，先发型资本主义国家进入到垄断资本主义阶段。1854 年，英法联军对俄国开战；1859 年，拿破仑三世联合撒丁王国对奥地利开战；1860 年，英法联合入侵中国；1862 年，英法西三国入侵墨西哥；1870 年，法国对普鲁士开战。法国是欧洲大陆经济实力最强的国家，然而却在普法战争中失败，法国皇帝拿破仑三世亲率近 10 万名法军在色当投降，对德割地赔款。1871 年，德意志帝国正式建立。帝国列强经过自身内部争斗之后，开始共同分割发展中国家，进一步将中国沦为一个半殖民地国家。这一时期，国家与国家之间的经济掠夺成为一种普遍现象。英国完成了工业革命，成为最早的“世界工厂”，成为世界市场最具垄断地位霸主。它在资本主义发展初期获取了比本国领土大 150 倍的殖民地，但在 1873 年的“大萧条”中开始从鼎盛走向衰落。中国的财政“血液”被列强贪婪地抽取掠夺。中国巨龙受到来自外部世界强国入侵、内部农民起义、自身文化转型、民族心态扭曲等多重力量和复杂环境的影响。1840 年后，面对西方列强的侵略，中国政府做出了屈辱的妥协，丧失了很多主权和大片领土，人民受到了剥削和欺凌。持续 14 年的天平天国运动，19 世纪 70 年代中国西北部的甘肃、陕西和山西发生的回民起义，加之 1877—1878 年间的严重自然灾害与饥荒，影响了正常的国家生产，人民生活水平尤其是受难地区生活水平严重下降。从 1890 年到 1911 年，白银兑美元的比价下跌了一半。中国龙经济实力进一步缩水，一日一日地变成了个地地道道的“瘦龙”。

1894 年，日本军队跨过鸭绿江，占领了中国辽东半岛的大连和旅顺两个港口，并在 1895 年强迫清朝政府签订了不平等的《马关条约》，迫使中国承认对朝鲜失去宗主权，将台湾、澎湖列岛及辽东半岛割让给日本。日本得到 2 亿两白银的战争赔款，之后因其被迫撤出辽东半岛，又要求中国政府增长赔款 2.3 亿两白银——这是中国支付的最大的一笔战争赔款。大清帝国被一个远小于自己的小国日本所打败，并屈辱地割

① 麦迪森．中国经济的长期表现：公元 960—2030 年［M］．伍晓鹰，马德斌，译．王小鲁，校．上海：上海人民出版社，2008：作者第二版序言．

地赔款，政府大失颜面，国民大失颜面，同时也导致以自强领袖自诩的洋务运动官僚们民心大失，失去了政治基础和民众基础。紧接着，1897 年德国强占胶州湾，从此开启了西方列强瓜分中国的狂潮。1901 年，八国联军侵华，清朝政府又被迫签订《辛丑条约》，并支付 4.5 亿两白银的战争赔款。

习之堂

历史常常因某一人不经意的小错误而发生转向。慈禧太后因一纸假情报，对英、美、德、意、加等十一国宣战，唆使义和团攻打洋人使馆，杀洋人，而引来八国联军。之后则是签订《辛丑条约》，赔款 4.5 亿两白银，平均每个中国人约一两白银。

总的说来，从 1840 年到 1911 年，资本帝国主义通过各种手段，迫使清政府签下了很多不平等的军事条约，大概数量有数百个之多，在这些不平等条约中，最主要的有 7 个：《南京条约》《天津条约》《北京条约》《瑷珲条约》《中俄堪分西北界约记》《马关条约》《辛丑条约》，如同 7 条“绳索”紧紧锁住了“中国龙”。

学者费正清从另一个角度记录了中国衰败的事实：“1800 年以后公众道德的败坏，首先表现在低级官僚、衙门走卒小吏和一般士兵中也吸起鸦片来，后来中国内地大种罂粟，连农民也沾染上了。”① 这一点可以从英国人格林伯格（Greenberg）记载中得到佐证：从 1820 年到 1839 年之间，英国每年运到中国的鸦片数量从 4 000 箱增至 40 000 箱。②

中国陷入不可挽回的历史性衰败的下行通道之中。在外来帝国入侵下，发展思想十分落后，加之社会腐败、内战频频、民不聊生，清朝政府无能力治理好一个国家。

中国龙“血液”的大量流出，更为重要的是人力资源方面。人口增长—政府腐败—经济衰退—农民起义，成为这一时期发展的内在逻辑。在外部侵略和内部战争的双重伤害下，中国人口规模大幅下降（见表 1-1）。乾隆六年（1741），全国有人口 143 411 559 人，乾隆四十年（1775）增加到 264 561 355 人，乾隆五十九年（1794）则上升到 313 281 795 人，人口规模先后增长。咸丰元年（1851），全国人口总数达

① 费正清．伟大的中国革命［M］．北京：世界知识出版社，2000：44．

② 麦迪森．中国经济的长期表现：公元 960—2030 年［M］．伍晓鹰，马德斌，译．王小鲁，校．上海：上海人民出版社，2008：38．

习之堂

19 世纪 50 年代农民起义连续不断。1851 年 1 月 11 日，洪秀全在自己 38 岁生日这一天宣告建立“太平天国”，在金田村发起了一场基督教性质的起义，随即在江苏、四川、安徽和湖北形成太平天国革命；1850—1872 年贵州发生苗族起义；1853—1868 年，捻军在山东、河南起义；1855—1874 年，陕西、甘肃、云南发生穆斯林起义。为保持政权，清政府组织全国力量对起义进行镇压。

到 432 164 047 人，110 年人口总数上升 201.35%。[①]1850 年，中国人口进一步增至 4.3 亿左右。但连年战争，中国人口大量减少。太平天国战争被称为“19 世纪最大的战争和人类历史上最大的国内战争”，耗时 14 年，2 000 万人丧生。到 1870 年，中国总人口减少了 8 200 万。这其中死伤的大都是青壮年人口，国家实力特别是生产力遭受前所未有的破坏。

表 1–1　清代人口变化情况

时　间	人口变化特点	年均增长率 /%
1684—1740 年	恢复性增长阶段	12
1740—1774 年	快速增长阶段	11
1775—1794 年	增长速度减缓	8.7
1794—1822 年	增长速度减缓	6.2
1822—1851 年	增长速度减缓	3.7
1851—1880 年	绝对数量减少	–5.4

资料来源：根据骆毅《清朝数字的再估算》一文整理。

（三）混血游戏

“天行健，君子以自强不息”，自强是中国自古以来追求的国家目标。1840 年之后，中国迅速沦为半殖民地半封建国家。外部的侵略激发了中国民族的耻辱感和内部改变精神，对外抵抗、对内救亡的呼声高涨，清王朝统治阶级内部相继涌现了一批具有革新精神的官僚和士大夫，康有为、梁启超、严复、张之洞成为国家现代化和教育现代化的倡导者，他们主张学习西方军事技术和国家治理经验、举办现代工业、举办新式学堂、派遣留学生、翻译“西学”，大力发展民族工商业和现代军事、科技，力求使中国摆脱积贫积弱、任人宰割的局面，走向自主自强，独立于世界民族之林。[②]

① 骆毅．清朝人口数字的再估算［J］．经济科学，1998（6）：121．

② 中国近代教育史资料汇编：戊戌时期教育［M］．上海：上海教育出版社，2007：109．

作为一个后发现代化的国家，中国将发达国家作为学习和追赶的对象。1840 年之后，中国各地特别在长江下游，成立了几十处新式书院。发达国家也利用宗教、政府和学术的力量，对中国经济社会特别是教育施加影响。在中国与发达国家之间形成了一种“吸收”与“影响”的相互关系，即中国需要吸收世界各国特别是西方国家教育发展的经验，借鉴其发展模式，西方国家则需要通过教育对于中国施加更加深刻而持久的影响。这像是一种特殊的“混血游戏”，一方希望通过吸收对方的血液而使得自己重新复活，并变得更加强大；另一方则希望向对方输血，使其变成另一个“自己”。应该说，从 1840 年开始，这种混血游戏一起在持续。

英国是世界上最早的工业化国家，它在进入印度的时候早就唏嘘东方的“肥硕之国”。法国经济起飞始于 1840 年，德国工业化则在 1850—1875 年之间，恰好与帝国主义列强瓜分中国处于同一时期。19 世纪中后期，世界工业革命进入高潮，教育国际化浪潮第一次席卷全球、冲击中国。第二次鸦片战争失败后，清政府从排斥西方技术，到引进西洋先进技术，在“师夷长技以自强”思想的引导下，强调“中学为体，西学为用”。洋务运动拉开了中国近代工业革命的序幕，洋务运动也是重要的“混血方式”，其核心是用银子买技术。1861 年初，钦差大臣恭亲王奕䜣向皇帝上奏《统筹全局折》，经咸丰皇帝批准，正式设立总理各国事务衙门，正式开启了洋务运动。

洋务运动代表人物刘坤一、张之洞、袁世凯等不断敦促清政府施行新政，主动进行变法。在慈禧太后的默许下，清政府开始推进新政，从军事、官制、商业、教育和社会各层面进行系统改革，推进中国法律现代化、政权机构现代化、军队现代化，新学教育兴隆，促进了民族资产阶级崛起。同样，洋务派代表人物、林则徐的女婿沈葆桢早在办船政学堂时就告诫学生，要“以中国之心通外国之机巧”，决不可“以外国之习气变中国之性情”！这也是曾国藩、李鸿章等洋务派代表人物的共识：中国越是遇到危机，越是需要学习西方，就越是不能忘了这些根本。张之洞将其提炼为八个大字：“中学为体，西学为用”。但洋务运动最后失败了，失败在主导思想之上——洋务运动支持者认为中国落后的原因是“技不如人”，而不是“道”出了问题。只要花一点时代和经费学习洋人的技艺之长，便可以夷之长技而制夷。①

对于中国现代化发展，在清政府内部存在着两种完全不同的观点和声音，有顺现代化趋势而动者，也有逆现代化趋势而行者。对于西方科技文化又爱又恨的“纠结”心态，弥漫中国社会上百年。与师夷长技以制夷的观点不同，1867 年，保守派代表人物倭仁上奏道：“天文、算学为益甚微，西人教习正途，所损甚大……立国之道，尚礼

① 费正清．伟大的中国革命［M］．北京：世界知识出版社，2000：58．

仪不尚权谋；根本之图，在人心不在技艺。今求之一艺之末而又奉夷人为师，无论夷人诡谲，未必传其精巧，即使教者诚教，学者诚学，所成就者不过术数之士，古今来未闻有恃术数而能起衰振弱者也。天下之大，不患无才。知以天文算学，必须讲习，博采旁求，必有精其术者，何必夷人，何必师事夷人？”（《筹办夷务始末》）此言论充分表现出一个甚至一群保守者的仍以自我为大的内心状态。

与此同时，清朝政府为了“守住一片疆土”，竟然明令禁止外国人学习中文，而且不让外国人买中国书。如果有中国人教外国人学习中文则要被判死刑。李鸿章让人教外国人粤语，只是因为怕外国人听懂皇帝、大臣们在说什么，就告诉外国人：“广东话就是普通话。”所以，许多外国人误认为广东话就是普通话。另一个典型的例子是：1875 年，在上海任总督的清朝官吏沈葆桢买下一段长仅 12 千米、中国第一条从上海到吴淞的铁路，因为不能容忍与英国人合作经营，地方政府很快就将其拆掉了。

中国教育现代化的特点是人口众多，地域广阔，教育起点低；经济支撑能力不足，地方教育文化落后。面对外部现代化势力的介入，传统中国的教育体系、教育内容和教育方式在多大程度上可以保留中国特色，如何成功缩小与帝国列强的发展差距，如何解决中国教育本土化与外来现代化性之间的融合发展问题，都是 19 世纪后半期中国政府和百姓必须回答的战略问题。

清政府为适应国际经济社会发展压力，开启了中国教育第一次“国际化”进程。曾任清廷学部大臣的张之洞“第一个”在《劝学篇》中使用了“游学”一词。在给光绪皇帝呈送的《创设储才学堂折》中，他一方面强调“惟国殷实之强由于人，人材之成出于学，方今时局孔亟，事事需材，若不广为培养，材自何来”；另一方面，在谈到向西方学习时，他又强调“引乃修为内政，不得不喜新好异、学步外人为此”。（在中国汉语中，邯郸学步是一个贬义词。张之洞所言“喜新好异、学步外人”，足以显示出清朝政府、清朝官员甚至学者和普通人当时对于选派留学生、向外国学习以至教育国际化的被迫心态。）张之洞建议皇帝派送 120 名幼童分别到英国、法国和德国学习，每年需要 6 万两银子，并反复强调这是“为造就人材之实际，规画富强之本源”。

1847 年，学习刻苦的容闳被布朗夫妇带往美国深造，成为近代中国留学第一人。1864 年 6 月 2 日，总理各国事务衙门由恭亲王领衔，向皇帝呈递了一个奏折，认为“治国之道，在乎自强”，第一次提出了学习西方“取胜之术”的主张。奏折附有江苏巡抚李鸿章致总理衙门的信，“中国欲自强，则莫如学习外国利器；欲学习外国利器，则莫如觅制器之器……欲觅制器之器与制器之人，则或专设一科取士”。（《筹办夷务始末》）1866 年，总理衙门奏派知县斌椿率领官派学生赴国外游历考察，代表了一个低级别的“对外交流形象”。1870 年，容闳上书曾国藩陈述了派遣幼童赴美国求学的诉求。1872 年 8 月 11 日，经清廷批准，曾国藩派遣容闳率领首批 30 名幼童赴美留学。1872 年 9 月 15 日的美国《纽约时报》对此事也有过报道："昨天到达的 30 位中国学生都非常年轻。他们都是优秀的有才智的淑女和绅士。中国政府拨出 100 万美元作为他们的教育经费。中国政府计划每年选派 30 名学生前往这个国家。"在此之后，1873 年、1874 年、1875 年，清政府又各派 30 名学生赴美留学。四年中，先后派出四批共 120 名官费留学生，远涉重洋，踏上美国的土地。洋务运动之下的洋务教育，为中国培养了一批近代新型人才，成为近代中国社会生产力发展、生产方式改变和社会形态改变的重要推动力量。耶鲁大学校长朴德曾称赞中国小留学生："自抵美以来，人人能善用其光阴，以研究学术。以故于各种科学之进步，成绩极佳。"1874 年，清政府在美国哈佛大学自建了第一个独立的留学事务所，专门负责在美留学事项。

清末四批官派赴美留学生平均年龄 12 岁。按计划，他们要在美国学习 15 年，学成后回国报效朝廷。但是由于内外矛盾，该计划没有完成。1876 年，李鸿章奏派卞长胜等 7 人赴德国学习陆军知识，为期 3 年。此后，他还主导和助推了赴法国、德国、英国及其他欧洲等国家的一系列留学活动。

清政府留学章程规定：留学生要"肄习西学，仍兼讲中学，课以孝经、小学、五经及国朝律例等书，随资高下，秩序渐进。每遇房、虚、昴、星等日，正副二委员传集各童宣讲训，示以尊君亲上之意，庶不至囿于异学"。因此，在留学过程中，清朝政府为留美学生配备了中文老师，专门教授儒家经典和封建义理，甚至规定固定时间面西而拜。但尽管如此，还是有一些留美学生剪掉辫子，信奉基督教。

光绪二十二年（1896），张之洞在《选派学生出洋肄业折》中建议派 40 名小留学生连续学习德国的初中和高中课程，连同利息共需 60 万两白银。这是在中日甲午战争后清政府在不得不割地赔款的时候，又不得不出重金派留学生学习外国先进技术知识和制度文化的被动国际化举措。

向国外派遣留学生，是中国政府向发达国家学习的重要策略，直接影响着中国的教育制度、教育体系、教育内容和教育方法的演进与变革，是近代以来中国教育现代化的重要步骤。

（四）学堂之变

中国古代的主要教学场所是私塾和书院。早在夏代，中国便有了正式以教为主的学校，称为"校"。到了商朝，称为"序"，到周成为"庠"。即《孟子·滕文公上》所说"夏曰校，殷曰序，周曰庠"。最初"书院之名，起于唐玄宗时，丽正书院、集贤殿书院皆建于超省，为修书之地，非士子肄业之所也”[①]。唐末五代，中国出现了既非官学亦非私学的教育机构——书院，成为与中国1000多年科举考试相伴相生的重要教育机构。宋代以后，书院逐步承担了养士的主要职责。唐朝时有书院57所，宋朝时达711所，明朝达到1 699所，到清朝末达到高峰期。中国教育之变始于学堂之变，学堂之变是世纪之变，更是教育的根本之变。1848—1949年是革命之变，1949年至1977年是建设之变，1978年至今是改革之变。在这其中，国家在变，百姓在变，生活在变，教育更在变；生产、生活方式在变，而最为重要的思想在变、思维方式在变。在学习借鉴西方学校模式的基础上，中国先后创办了一大批外语、军事、科技、农业、工业、商业方面的新学堂，中国近代自主发展教育进入到第一个高潮。这是一个由时代激流、政治人物和人民大众共同推动的教育变革运动，也是一个由政府力量、市场力量和理想力量共同驱动的教育改革运动。

中国古代认为，“教，上所施下所效也”，“育，养子使作善也”，教育是老人或长辈教育孩子做善事——中国教育从根本上具有很强的道德价值倾向。传说中的燧人之氏“教民以渔”、宓羲之氏“教民以猎”、神农“教民家耕”、后稷“教民稼穑树艺”，都反映了原始农业社会教育产生和发展历程。中国古代“大学在郊”，“古之教者，家有塾，党有庠，术有序，国有学”。庠是古代供养老人的地方，也是中国古代萌芽中的学校。“序”原为练习射箭打靶的场地，内有东西墙，没有房屋。《孟子》说：“序者，射也。”“校”原为“木栅栏”，是养马的地方，后演变为操演或角力比武的场所。古代以年龄的长幼作为入学标准，不用尊卑。西周的学校分为国学和乡学两大分支。乡学层级为：一为乡学，二为州序，三为党序，四为家塾。这里的“乡”相当于12 500户以上的地域。乡校由乡大夫执掌其乡之政教禁令。

文艺复兴确立了人文主义的地位，使欧洲的科学精神从传统的封建神学束缚中解放出来，确立了人的价值。自然科学同宗教神学开展了前所未有的激烈斗争，科学实验逐渐成为自然科学发展的基础和必然的社会实践行为。欧洲国家皇帝对于科学的重视，促进了科学研究、科学发展和科学普及。18世纪以来，欧洲出现科技革命和产业革命，更加光大科学精神和工业精神。

由于教会学校所具有的平民特点，西方列强利用其面向贫困群体的“草根优势”不断侵入中国，很快教会学校遍及中国城乡各个角落。平民教育的概念起源于宗教改革，由17世纪摩拉维亚的主教、“现代教育之父”闻名的新教徒柯墨纽乌（Comenius）提出并推行。路德关于平民教育的主张，在其国家里极具影响力，就像

① 袁枚．随园随笔：卷十一［M］．王成英，点校．南京：江苏古籍出版社，1993：198．

在斯堪的那维亚半岛国家，加尔文在推广教育上有极大的贡献一样，这位日内瓦的宗教改革家被视为是许多国家“真正的”现代教育之父。美国神学家波特·那博亡（Loraine Boettner）曾经写道：历史再一次清楚地见证加尔文主义和教育有着密切的关系。无论加尔文主义传到那里，它就影响到学校的建成，对教育的普及化造成很大的冲击。这是一种需要知识分子的制度。事实上，可以说它的存在和人们受的教育有着极其密切的内在关系。另一位美国传教士卜舫济则更加明确地说：“在我们的学校内，我们训练中国未来的教师和传教士……使他们成为中国未来的领袖者，给未来的中国施加最强有力的影响。”很显然，教会学校则是他们实现这一战略目标的有效工具。

1857 年，英法联军炮舰攻陷广州，随即沿海岸北上，抵达距北京百公里的天津，占据大沽重地。1858 年，清政府被迫签订《天津条约》，西方传教士获得了在中国各地传教的权利。西方传教士刚刚进入中国的时候，以传授教义为主要目标。进入广州之后，他们把印好的经文送给市民和农村的农民，而农民或随手扔掉，或用来引火，甚至将其做成鞋底。传教士们发现，尽管他们费尽辛苦地送教送经上门，中国的老百姓就是对其不认同。故此，传教士开始关注街头贫困的孩子，他们缺吃少穿，无家可归。教会开始办学校，给穷孩子吃的东西，教孩子们识字，向他们传授教义。

自 1845 年美国长老会在宁波设立崇信义塾，后改为之江大学起，1864 年，狄考文在山东登州创立文会馆，同年创办广德书院。此后，又有齐鲁大学（1864）、华中大学（1871）、东吴大学（1871）、岭南大学（1888）、燕京大学（1888）、圣约翰大学（1879）、金陵女子大学（1913）等数十所著名大学和学院创办。据 1917 年《中国宗教年鉴》统计，英美两国在华共设高等学校多达 34 所。

表 1–2　英美两国在华设立高等学校

国别	高等学校 / 所	大学 / 所	学生数 / 人
美国	11	3	3 776
英国	18	1	3 767
英美合办	5	4	1 949
合计	34	8	9 492

西方教会对于中国的文化侵入是无孔不入的。美国长老会传教士狄考文宣誓“要使所有国家都基督化，其含意不仅指要争取信徒，更重要的是要使所有国家都成为基督教国家，消灭异端邪教，使基督教的信仰和伦理观渗透到整个社会结构中去”[①]。

① 孙培青．中国教育史［M］．修订版．上海：华东师范大学出版社，2000：45．

1877 年，第一次基督教传教士大会设立“学校与教科书委员会”，这是在中国本土出现的第一个教科书组织机构。与狄考文明目张胆的做法相反，利玛窦则采取一种柔性战略，答应康熙皇帝做顺民——“利玛窦规矩”。1900 年前后，各地教会学校的中国学生已超 2 万人，教会组织统一为这些学校编写、翻译教科书。最早的有南洋公学所编《蒙学课本》（1897 年出版）、无锡三等公学所编《蒙学读本》（1902 年出版）。这种缓慢的变化静悄悄地进行，未被许多人所察觉。客观观察与分析西方教会对于中国教育的影响，包括以下几个方面：一是在思想观念层面，从外部打破了中国传统教育思想的固有封闭状态，引发了中国政府与学者对于封建制度下的教育体制、教育制度进行深刻反思；二是从教育制度层面，引入了学校分级、分科教学的体制、制度、内容与方法，义务教育、班级授课制度延续至今；三是客观上，教会学校为中国培养了一批最早接受西方教育的各类人才，包括企业家、管理者和学者。

应该说，由于中国之大、民众之多、文化久远，西方宗教实力单薄，影响有限，基督教徒传教在中国至多是一个“半中国化”的过程。西方传教士们希图以科学为传教铺路，康熙皇帝则需要科学为朝廷服务。尽管康熙帝喜好西方科学，但他的科学观是“御用科学”。《四库全书》有一段话代表着当朝的思想：“欧罗巴人天文推算之密，工匠制作之巧，实愈前古，其议论夸诈迂怪，亦为异端之尤。国朝节取其技能，禁传其学术，具存深意矣。”这种思想反映了清皇帝思想的局限性与狭隘性，限制了西方先进学术思想在中国的传播，延迟了国民特别是知识分子思想现代化的进程。

教育是社会整合与社会分化的重要工具。在一定程度上讲，中国古代教育可以为中下阶层提供自我改变和提升的机会，弥合社会差距。从另一方面讲，由于经济发展水平、社会进步程度不同，教育也可能成为扩大人群差距、阶层差距的帮手，教育成为社会分层的“柔性慢刀”。著名的思想家加缪有一句名言：“一切伟大的行动和思想，都有一个微不足道的开始。”伴随着西方文化和科学思想的侵入，中国社会文化也在悄然发生变化。最为明显的是从改革科举制度入手，被侵略、被压迫、被殖民的背景下，“中国龙”正悄然地发生一次内生型教育革命或称教育现代化。

这一时期的教育现代化是一次深刻的社会转型。清朝教育体系和教育制度，始建于顺治初年，雍正、乾隆时期趋于完善，建立起以国子监、地方官学和科举考试的基本制度。学者们普遍认为，这是一种以朝廷用人为核心、以考试为手段的教育制度安排。清政府采取以科举控制学校的政策，学校以训练科举考试技能为主，学生的出路以为官为佳。学校教育功能弱化，教育制度从根本上腐败，导致了学校的衰落。

这一时期的教育现代化是一次文化转型。美国著名人类学家托马斯·哈定认为：“我们赞同泰勒对进化过程以及对其研究所持的两重分析法：一方面是文化作为一个整体由‘阶段到阶段’的一般发展；另一方面是各种类型的文化的特殊进化。”[①] 从这个意义上讲，这一时期的教育现代化作为一种文化发展的特殊进化历程、进化使命和进化价值，具有文化一般发展的共同性，即中国教育的共同价值。

这一时期的教育现代化是一次教育转型。从传统教育到现代教育，从农业教育到现代工业化教育，教育内容、培养目标、教育方式等方面都发生着深刻的变化。由于科举考试制度的畸形发展，清朝的教育体系正在发生着深刻的变化。清朝书院已经演变为一个高度官学化的机构，国子监成为清政府向社会民众集资的重要来源之一。朝廷通过捐纳制度，出售贡监生资格，换取社会资金和粮食，加之书院学风日坏，国家教育体系失去了原有的生命活力。

中国是一个文明古国，早在 2 500 多年前，中国的古代先贤就提出“有教无类”的教育理想，并从春秋旧中国时代就建立起了与封建帝国相适应的先进的教育制度。鸦片战争一声炮响，让中国政府和百姓从旧日的辉煌中清醒过来。从思考战争的失败，到思考人才不济，最终找到的原因是教育体制与制度的落后。建立教育体制和制度成为 19 世纪末中国教育改革和发展的最迫切任务。

鸦片战争后的中国，“俄北瞰，英西睒，法南瞵，日东眈，处四强邻之中而为中国，岌岌哉！”[②] 为使中国强大，康有为设立强学会，以求中国自强之学。以梁启超为代表，中国教育强国思想进入重要成长期。中国开明的知识分子认为，鸦片战争以来的失败，究其根本原因在于，与社会进步要求和外部竞争要求不相适应的落实的人才培养制度和方法。但是，由于中国统治者以世界中心自居，加之封建思想的负面影响，旧中国始终不能真正敞开心胸向先进国家学习。

1840 年以后，中国进入第一轮向西方学习的高潮，中国社会发生了一次从传统到现代的深刻知识革命。要实现知识的全面更新，仅仅依靠中国传统知识资源和知识体系难以实现并完成知识在本质上的转型，必须引入西方以科学为基础的知识体系。知识转型不仅包括知识内容与知识资源，也包括获取知识的方式与方法，这些方式与方法是中国传统知识体系和学校所不具备的。龚自珍主张，政府与其被动改革，不如主动自我改革。以魏源为代表的进步思想家，提出“善师四夷者，能制四夷；不善师外夷者，外夷制之”，主张向西方国家学习先进技术，改革官僚制度，培养新式人才，建立中国自己的新式工业，以实现富国强兵的目标。面临前所未有的社会变革，不仅

---

① 托马斯．文化与进化［M］．韩建军，商戈令，译．杭州：浙江人民出版社，1987：8．

② 康有为．强学会序［M］// 中国近代教育史资料汇编：戊戌时期教育．上海：上海教育出版社，2007：131．

学术界在思考，政治家更在思考。一方面曾国藩感叹："四更成寐，五更复醒。念夷人纵横中原，无以御之，为之忧悸。"另一方面，李鸿章忧虑："深以中国军器远逊外洋为耻，日戒谕将士兵虚心忍辱，学得西人一二秘法，期有增益——苦驻上海久而不能资取洋人长技，咎悔多矣。"①所以，必须对中国传统教育制度进行全面改革，而知识革命的关键环节在于创办新型学校和实施教育革命。

为了引入新思想、新观念和新知识，清朝中央政府与地方政府共同建立文馆，以翻译西文和培养人才为主。1861 年，恭亲王奕䜣奏请咸丰皇帝，仿效俄罗斯文馆式样建同文馆。1862 年，京师同文馆正式成立，并设立四夷馆，从事翻译与教学活动，标志着中国现代高等教育的发轫。1863 年，俄罗斯文馆并入同文馆。1869 年，美国基督教传教士丁韪良任总教习，即第一任校长。与此同时，1863 年，江苏巡抚李鸿章在上海开设外国语言文学学馆。1864 年 5 月，广州同文馆建成开馆。1864 年，贝满女中创立，接着是女子十二中诞生，是当时社会一项重大的教育发展举措。为增强军火生产能力，李鸿章与曾国藩合作，筹建江南制造总局。制造局设翻译馆，组织翻译出版制造业、化学方面的图书资料 178 种。②

中国在废除科举制度的过程中创办了具有现代意义的新式学堂，并在借鉴西方教育体系的基础上，逐步确立了与国际教育标准相一致的小学、中学、大学三级学制。学堂是中国传统教育转向现代教育的一种过渡形态。从学堂的演变，可以看到中国教育现代化在受到外部现代教育思想影响的同时所具有的内生性典型特征。严复提出："意欲上之取人，下之进身，一切皆由学堂。"其主导思想是以学堂为基础，创造一种既能培养人才又能社会流动的教育形态。学堂之变"乃吾国数千年中莫大之举动，言其重要，直无异古之废封建、开阡陌"③。

大学强则国强，大学弱则国弱。鸦片战争结束，洋务派主张"西法可衍于中国"④。洋务运动兴起，新学堂纷纷设置。军事兴国、教育兴国、工业兴国、科学兴国等种种观念逐步成为新潮流。《学校总论》进一步直言，要"亡而存之，废而举之，愚而智之，弱而强之，皆归本于学校"⑤。为学习西方现代技术，清政府开设了现代大学堂。19 世纪 70 年代到 90 年代，洋务派创办的洋务大学有三类：外国语学堂、技术学堂和军

---

① 夏金星，彭干梓．中国职业教育思想史［M］．长沙：湖南人民出版社，2013：79，83．

② 曲士培．中国大学教育发展史［M］．北京：北京大学出版社，2006：181．

③ 张枬，王忍之．辛亥革命前十年间时论集：第二卷上册［M］．北京：生活·读书·新知三联书店，1963：3．

④ 中国史学会．洋务运动：五［M］．上海：上海人民出版社，1959：28．

⑤ 梁启超．学校总论［M］// 梁启超全集：第一册．北京：北京出版社，1999：19．

事学堂。1880年，天津设立电报学堂，引入西方现代通信技术，培养了中国第一代电信人才。同年8月22日，为提升海军实力，李鸿章上奏准批后，吴赞诚在天津筹办水师学堂。水师学堂是当时中国规模较大条件最完备的海军学校，举办20多年，成为培养海军人才的重要场所。另外，为配合洋务运动，张之洞根据江西绅士蔡之台等人呈请，批准在高安县创办蚕桑学堂，这被视为中国实业学堂之始。

19世纪末到20世纪初，中国大学的现代化主要集中在北方地区，以北洋大学堂（曾用名包括北洋西学学堂、北洋大学堂、北洋大学、国立北洋大学、国立北洋工学院等）、京师大学堂和山西大学堂为代表形成了一批现代大学。1895年10月2日，光绪皇帝御批，由盛宣怀出任天津北洋西学学堂首任督办，盛宣怀主张："自强首在储才，储才必先兴学"，其对天津北洋西学学堂发展做出重要贡献。天津北洋西学学堂自创办之始，就仿照美国的大学模式，全面系统地学习西学，课程分基础课和专业课。基础课有20余门课程，专业课分五个专业：工程学、电学、矿务学、机器学、律例学，共30余门课程，还包括英文、数学、朗读、各国史鉴、地舆学、格物书、平面量地法等。1896年，北洋西学学堂正式更名为北洋大学堂，是中国第一所命名为"大学堂"的高等学校。该学堂成为中国近代第一个重要的综合性大学。1900年元月，北洋大学堂颁发了中国历史上第一张大学文凭。中共早期领导人张太雷、著名经济学家马寅初、著名诗人徐志摩等都是北洋大学堂的毕业生。

京师大学堂成立于1898年，是北京大学的前身，成为中国近现代第一所国立综合性大学。1896年，刑部左侍郎李端棻在给清政府的奏折中，第一次正式提出在京设立大学堂。其后，时任管学大臣的孙家鼐也向皇帝上奏，郑重建议开办京师大学堂。1898年6月，光绪皇帝下《明定国是诏》，宣布变法，设立京师大学堂，吏部尚书孙家鼐被任命为管理大学堂事务大臣。京师大学堂在继承中国古代文明的基础上引进西方资本主义文明和近代科学文化，其办学方针遵循"中学为体，西学为用"原则，从表1-3可以明显地看到这一特点。1896年8月21日，孙家鼐提出："今中国京师创立大学堂，自应以中学为主，西学为辅；中学为体，西学为用。中学未传者以西学为补充，中学有失传者以西学还之；以中学包罗西学，不能以西学凌驾中学。此是立学宗旨，日后分科设教，及推广各省，一切均应抱定此意。千变万化，语不离宗。"[①]京师大学堂作为中国近代第一所国立大学的正式成立，由此也宣告"人人可应科举，即人人可号称为士"的时代的结束。初创的京师大学堂收取的学生小者17岁（袁励贤）、

① 朱庆葆，陈进金，孙若怡，等．中华民国专题史第十卷：教育的变革与发展［M］．南京：南京大学出版社，2015：67-68．

大者 50 岁（崔汝翊）。以“造就通才为全学之纲领”，开设西文现代课程，毕业后，“恭绎历次谕旨均有学生学成后赏给生员举人进士明文”。1912 年，京师大学堂改名为国立北京大学。

表 1–3　京师大学堂专业设置简表

科目	专业	备注
经学科	周易、论语、春秋、理学等	各科预科阶段均须开设的课程：经学大义、人伦道德、中国文学、外国语、体操
政法科	政治、法律	
文学科	中外史学、地理、文学等	
商科	银行及保险、关税等	
格致科	算学、化学、物理等	
农科	农学、林学等	
工科	机器、造船、电气等	
医科	医学、药学	

资料来源：依据 1904 年《奏定大学堂章程》整理。

在中国的北方地区，北洋大学堂、京师大学堂和山西大学堂的相继建立，促进了中国现代高等学校发展和高等教育现代化进程。中国只是一个半殖民地国家，这种殖民化更多地表现为外国殖民者对于中国经济命脉的入侵与控制，而不是对于中国政治制度的改变与控制。尽管是殖民时代，似乎也没有哪一个国家能够整体改变中国的社会制度模式，而这种改变的发生始终来自于内部的变革动力——这也是中国现代化内生性的具体表现和重要依据之一。更进一步说，殖民者对于中国经济的控制更多地表现为对市场的占有，而不是对中国经济的制度性改造。中国教育与文化始终是在对外部挑战进行自我反应、自我改变和自我调整，也就是说从 1848 年以来中国社会变革和教育变革是一种内生型变革，而且是一种自我再造型的内生型变革。

1880—1905 年清政府批准创办的新学堂如表 1–4 所示。结合前述内容，可以说，此时中国建立的学堂与外国传教士在中国举办的大学形成并行之势，只是学堂更显专门性，大学更显综合性。更为有意思的是，1901 年 10 月 25 日，清廷政务处理部奏定“学堂选举鼓励章程”规定：“给予学堂毕业合格者贡生、举人、进士的功名。”表面上看，学堂是具有现代意味的学校体系，而其毕业生的头上却仍然戴着一顶旧式的帽子，这充分体现出后发型现代化国家在教育体系与教育制度建设上的错位和扭曲现象。从本质上分析，学堂模式反映了当时的统治者和士大夫对于中国现代办学模式的寻求与探索，有一种自主精神在学堂之中。从更深层次分析，学堂是中国高等教育从传统到现代的一种过渡形态，既是改革派与保守派博弈协调的结果，又是中国经济社会转型在教育现代化演进过程中的时代标志。

表 1–4 1880—1905 年清政府批准创办的新学堂（部分）

创办时间	创办人	名称	地点
1880 年	—	电报学堂	天津
1880 年 8 月 22 日	—	水师学堂	天津
1890 年 12 月 18 日	张之洞	储才学堂	南京
1893 年 10 月	张之洞	自强学堂	武昌
1893 年 11 月 1 日	李鸿章	医学堂	天津
1895 年 8 月 12 日	盛宣怀	中西学堂	天津
1895 年 12 月	张之洞	陆军学堂	南京
1896 年 2 月 25 日	蔡金台	蚕桑学堂	江西
1896 年	陈宝琛	东文学堂	福州
1897 年 2 月 28 日	张之洞	武备学堂	湖北
1897 年 2 月	盛宣怀	南洋公学	上海
1905 年 4 月 1 日	伍廷芳、沈家本	法律学堂	京师

资料来源：根据丁致聘先生《中国近七十年来教育记事》一书整理。

清朝末期，观念冲突、文化冲突、社会多元裂变，地方势力日益扩大，各种势力均谋求占据有利地位，影响国家发展走向。在国家教育现代化进程中，缺少不了地方的参与，各地纷纷办起了新型学堂。最早的一批地方学堂包括：华亭、钟天纬在上海开办的三等学堂，使用国语体系的教材，被视为“国语教书之先声”；1896 年，蔡金台在江西高安县创办蚕桑学堂，培养蚕桑专门人才，创中国实业教育之先河；王先谦等人在长沙创办时务学堂；孙宝瑨、林纾等绅士在福州创办苍霞精舍，为清朝末年东南沿海首创的新式学堂，教学内容除汉文外，还包括数学、英文、历史、地理、时务等新式课程；1897 年 2 月，盛宣怀在上海创设南洋公学，包括师范、上院（专门学堂）、中院（中学）、外院（小学三年）四部；1900 年，天津创立蒙养东塾。此外，还有山东学堂（山东）、中西学堂（浙江）、中西学堂（江苏苏州）、南菁高等学堂（江苏）、农业学堂（直隶）、山西大学堂（山西）、关中大学堂（陕西）、高等农业学堂（湖北）、江西大学堂（江西）、中西学堂（天津）、明德学校（长沙）、文高等学堂（甘肃）、师范学堂（河南）。这一时期，师范教育制度和体系发展较快。特别应该提到的是湖北，按照全省中（长沙）、西（常德）、南（衡州）三个区域，分设三个师范学校，体现了早期的区域教育规划思想。1905 年，由津榆路局筹备设立铁路学堂，这是我国最早的由行业主办的职业专门学校。全国从南到北、从普通教育到实业教育，形成各地兴办新型教育的态势。

（五）被动的教育国际化

如果说在先发国家“公立教育基本是政府干预私人生活的一种形式，其目标在于维持社会秩序”[①]的话，那么在后发国家公立教育则被当作实现对发达国家进行追赶的重要手段和实现路径。半殖民地半封建的中国转变为一个现代化的强国，不仅需要领导人的战略谋划，也需要良好的社会经济环境，更需要一个成长的时间和空间。而这一切，在殖民、战乱、落后和饥饿的旧中国是不可能实现的，近代中国教育的国际化难以成功自然也就在情理之中了。中国社会若不来一次翻天覆地的革命性变化，若不来一次凤凰涅槃式的浴火重生，中国就没有希望。

从教育现代化缘起分析，教育现代化可分为“先发”与“后发”型，先发现代化教育无疑是依靠自身的动力开启现代化的步伐；后发现代化教育的启动动力，既可能来自于内部，也可能来自于外部。而外部力量常常表现为现代化主体主动学习、借鉴他国现代化经验、制度与做法；也可能表现为外部的军事入侵或占领，教育现代化主体被迫进行制度革命，即一种被打出来的现代化。

与此对照，世界各国教育现代化进程或早或迟地不断加快。除英国以外，革命几乎成为所有国家教育现代化的准备和征兆。1775—1783 年，是美国独立战争时期。直到那时，“教育在美国才首次成为一个国家问题，并被视为一个政府应首要考虑的问题”[②]。1880 年，纽约州 20 岁以下的青年有 20% 进入学校，到 1825 年这一比例上升为 60%。1789 年的法国大革命成为法国教育现代化的重要推动力。战争之后，无论是失败者，还是胜利者，都不约而同地反复强调教育的国家责任。杰弗逊在弗吉尼亚州的教育法案中写道，每个教师都应该“确保学生对国家的忠诚”。

与此相反，英国在美国独立战争中被打败，但是并没有“唤醒其建立国家公共教育体系”的意志和决心。在所有先发现代化国家中，英国是最后建立全国性教育体系的国家。甚至直到 1902 年，英国才建立起国立中等学校体系，比法国和普鲁士晚了 100 年——英国的贵族体制和国教徒们限制了公立教育制度的发展，其他任何一个国

① 布莱克．比较现代化［M］．杨豫，陈祖洲，译．上海：上海译文出版社，1996：71．

② 格林．教育与国家形成：英、美、法教育体系起源之比较［M］．王春华，等译．朱旭东，校．北京：教育科学出版社，2004：190-191．

家“宗教纷争都没有像在英国这样阻止或如此长时间地阻碍国民教育的发展”[①]。这充分证明教育现代化的复杂性，同时也从另外一个层面证明英国自由主义理论的局限性。

清朝末期，中国是一种“被打出来”的现代化模式，即当时的现代化第一动力来自于外部。[②] 国际化与教育现代化如影随形，在一定程度上，这一时期中国教育国际化也是一种“被打出来的教育国际化”，可以称其为被动国际化。从现代世界教育发展来看，先发国家引领便于教育的发展，出现了以帝国主义殖民方式为主的第一次教育国际化。这个时期的教育国际化，主动的一方是英、美、德、法等帝国主义国家，而被动的一方则是亚洲、非洲、拉丁美洲的大部分被殖民国家。中国正是在这一时期被卷入世界教育国际化的浪潮，也可以称为“被动国际化”。被动国际化，是在被军事入侵、经济入侵或文化入侵的环境下实施的一种对外学习、借鉴、模仿的“国际化模式”。现代性与传统性之间是一种包容共生的关系。当现代性无力从社会内部得到成长力量的时候，便不得不从外部汲取能量。洋务学堂自有一套考核系统，教育的现代性正在悄然成长，教育正在从传统向现代发生转型。

习之堂

被动国际化模式一般以外国军事、经济和文化侵略为特征，以改变传统文化为代价，是一个在殖民地半殖民地国家所采取的一种学习、借鉴外国先进思想、技术和文化传统的过程。

被动国际化是一种与本国家、本地区价值理念和文化传统相冲突而又不得不采用的国际化模式。在半殖民地半封建的历史中，面对西方的坚船利炮和先进文化，清王朝政府也采取了改革学制、出国留学和建立现代教育体系的一些重要措施，在教育现代化方面取得一些的进步。主要体现在：初步建立了现代教育体系的雏形。

——通过教会办学，引入新理念、课程和教学模式，并以新模式直接举办新学。19 世纪末 20 世纪初，中国通过聘用日本教师，试办幼稚园和新学校，实现旧教育与新教育的“嫁

① 格林．教育与国家形成：英、美、法教育体系起源之比较［M］．王春华，等译．朱旭东，校．北京：教育科学出版社，2004：227．

② 这里一定要加以说明，第一动力不是持续动力，也可能不是自身动力。1976—1979 年，我曾经在北京郊区插队，经常赶马车。在准备好后，做的第一件事是要对马说一句“驾”。马接收到口令，是外部给予的第一运行动指令，它开始前行。而在这之后“马”依靠自身的内力前行。

接”。清朝教育大臣张之洞提出的重要教育思想“中学为体，西学为用”，更是主张中西文化嫁接的典型反映。教育史学家曲士培认为：“它从中西文化的可融性、共同性入手，企图通过教育手段，把中国传统文化作为主体建筑的框架，把西方新文化作为这个建筑的可利用材料，来完成废旧立新的工程。”①

——通过学术著作，引入新思想。最主要的形态是兴办杂志、著书立说、学者翻译。杂志是学术发展的一个重要载体，也是反映一个国家学术创新水平的重要标志。1833 年 7 月，普鲁士传教士、汉学郭士立在广州创办《东西洋考每月统记传》，采取与中国文化相吻合的方式宣扬西方文化的优越性，该杂志被公认为是在中国本土出版的最早的中文杂志。著名新教来华传教士林乐知创办了《万国公报》。中西学者著书立说，相互翻译了大量学术专著，中国传统文化借此更深入地走向世界。近代著名的翻译家、教育家 、新法家代表人严复翻译了《天演论》、创办了《国闻报》，系统地介绍西方民主和科学，系统地翻译介绍西方的社会学、政治学、政治经济学、哲学和自然科学思想及学术成果。1890 年，基督教会在上海创办中国教育会，编译出版各类教科书，讨论有关中国教育问题。

——通过政策制定，引入新制度。教育政策属于公共政策，需要公众参与制定，反映公众意志。但是，在传统封建社会教育政策常常是以皇帝诏书的方式昭告天下的，反映的主要是皇帝的思想和意志。围绕各级学堂建设，清政府研究出台了一系列教育发展和教育管理制度与政策，立足于国家长远发展，眼界更加开阔，更能体现教育公共特点。为了适应留学需要，在张之洞的主导下，清政府先后制定《约束游学章程》10 条、《鼓励游学毕业生章程》10 条、《自行酌办立案章程》(即《自费生管理规程》) 7 条，初步形成了公派留学与自费留学的管理框架。1901 年，时任湖广总督的张之洞与刘坤一合奏《变通政治人才为先折》，提出了举办蒙学、小学、高等小学、中学、高等学校、大学等接近现代化教育体系的办学新设想，但可惜的是这一设想没有真正落实到位。

在教育现代化进程中，后发国家的学习与借鉴都会付出许多经济社会和文化成本。特别是政府官员和百姓常常会在观念、制度、内容与方法方面，对于外来观念与文化感到不适应、不习惯，甚至难于接受。通常，在利弊之下，常常表现得矛盾与纠结。1840 年前，清政府长期闭关锁国，深恐“夷文夷字”败坏道德人心，所以严禁百姓学习，谁学了谁就要吃牢饭。鸦片战争之后，在对外交涉过程中，清政府屡受西方人欺蒙。在奕䜣、文祥等满族大臣的奏请下，为适应国际沟通交流与国家外交需要，1862 年，清政府开设第一所外国语学校——京师同文馆，标志着我国正式英语教育的开始，传统古老的书桌不得不腾出一点空间，让“夷语”进入中国课堂。由于缺少外语教师，清政府无奈只得延请洋教习。包尔腾、傅兰雅、丁韪良等许多外国传教士都

① 曲士培. 中国大学教育发展史［M］. 北京：北京出版社，2006：215.

曾在同文馆为中国学生上课。当时的社会特别是百姓认为，学习了外语就等于投降了外国人，他们对于学习外语相当不解，甚至歧视。更为昂贵的是外国教师的费用，西洋教习年入白银 1 200 两，另有纸墨银补贴 192 两，一年的报酬就能在北京买三四套独立院落。此后，广东同文馆、上海同文馆相继设立，培养了一批翻译人才。[①] 遗憾的是，参与报名的人，大都是冲着同文馆优厚的待遇来的，素质并不很高。开办之初，清政府规定同文馆只招收八旗子弟，并要求保送二三位资质聪慧的学生。结果事与愿违，好学生找人说情“溜号”，留下的是笨而不用功的学生。不得已只得采取发赏的办法，为引导学生入馆，每生每月发放 3 两膏火费，入学时间长者最多可领到 15 两银子。更为可笑的是，同文馆从报名的 72 人中录取 30 人，第二年就有 20 人被淘汰，最后仅有 5 人能够毕业。由于办学方向和目标狭隘、课程内容设置狭窄、重器不重道，所以同文馆兴办数十所，也没能培养出几个有影响力的知名人物，更没有培养出能够在外交史上叱咤风云的政治人物。

在面临“数千年来未有之强敌”的大背景下，魏源提出“师夷长技以制夷”思想。康有为主张中国人发愤自救，梁启超呼吁“少年强则中国强”，孙中山兴中会成立时喊出了“振兴中华”的时代最强音。改革者同声“废八股”、开民智、办学校。严复《救亡决论》喊出了“救亡”口号，“天下理之最明，而势所必主者，如今日中国不变法则必亡是已。然则变将何先？莫于废八股。夫八股非自能害国也，害在使天下无人才。”他呼吁从根本上改变教育制度，才是培育人才之道。1889 年初，康有为离开北京回到广州，曾写下：“眼中战国成争鹿，海内人才孰卧龙？抚剑长号归去也，千山风雨啸青峰！”用以表达其维新变法之志。1889 年 4 月 13 日，康有为上书道：“今变法之道万千，而莫急于得人才，得才之道多端，而莫先于改科举。今学校未成，科举之法，未能骤变，则莫先于废八股矣。”[②]1895 年，中国与日本签订了丧权辱国的《马关条约》，

习之堂

康有为以万言书的方式，邀集各省在京应试举人 1 300 人，上书朝廷，提出了一整套救国纲领，史称著名的“公车上书”。然而，以军机大臣荣禄为代表的清政府中的顽固派却以“天不变，道亦不变”为理，与改革派顽强抗拒，甚至号称“祖宗之法不能变”。

---

① 凤凰书品．坚守与突围：李鸿章与大清帝国［M］．厦门：鹭江出版社，2018：77．

② 汤志钧．康有为政论集［M］．北京：中华书局，1998：65．

割让台湾和澎湖列岛，支付高额战争赔款。整个社会弥漫在新旧思想冲击、观念斗争之中。康有为认为，“夫物新而壮，旧则老；新则鲜，旧则腐；新则活，旧则板；新则通，旧则滞；物之理也。法既积久，弊必丛生。故无百年不变之法”，生动表现了革新派的豪情。

思想现代化是国家现代化的引领。清朝末期，全国上下开始对中国的教育制度深入反思、反问、反叛。光绪二十一年（1895），陕西时务斋章程写道：“今时变岌岌，中国文献之邦，周礼之教，其造就人材竟逊于外域，岂吾道非？盖外人之学在事，中国之学在文。文遁于虚，事征于实，课虚不如不求实，故造就逊于人也。……立时务斋于味经书院，俾人人心目有当时之务，而以求其补救之术于经史。人人出而有用，中国之势，孔孟之教未必不可雄驾诸注洲也。”[①] 在教育内容上，该章程提出从传统书院的讲学向现代学堂的课程转变。章程文字之间有忧思、有批判、有期许，也有希望，典型地反映了中国学士对于传统教育转为新型学堂时的复杂心境。这一时期中国社会呈现给世界的是一个“扭曲的中国”：革新派与顽固派的斗争进入白热化的焦灼阶段，整体中国社会在被撕裂、再撕裂的过程中实现思想的融合与发展。一方面是顽固派反对学习西方，称西学为“奇技淫巧”，倡导学习西方就是“师敌忘仇”；另一方面，革新派则主张全面学习“西学”，“游学外国以得新学”。一方面顽固派主张用传统文化抵抗侵略，幻想恢复“闭关锁国”的局面；另一方面，革新派则主张对外开放，发展资本主义，实行君主立宪。一个纠结的中国，一个“拧巴”的时代，在现代化的道路上艰难前行。

近代社会教育强国思想最积极的倡导者当属梁启超。梁启超强调：“故欲兴学校，养人才，以强中国，惟变科举为第一义。大变则大效，小变则小效。”[②] 梁启超坦言：“今也于东方大陆，有最大之国，最腴之壤，最腐败之政府，最散弱之

习之堂

梁启超是近代改革家、思想家和教育家，也是中国教育现代化最早的倡导者之一。他那一代人在推进现代化进程中思考的是“……得师而教之，使学者知今日之制度，何者合于古，何者戾于古，何者当复古，何者可行于今日，何者不可行于今日。西人之制度，何者可行于中国，何者不可行于中国，何者宜缓，何者宜急”。梁启超连续问了九个何以，充分体现了中国学者在实现社会转型过程中，对于如何处理传统文化、现代文化、内生文化和外来文化相互关系进行的思考。这九个问题既是中国社会向古代社会、现代社会发出的提问，更是中国社会向西方社会和未来社会发出的提问。

① 刘右愚．味经创设时务斋章程［M］// 中国近代教育史资料汇编：戊戌时期教育．上海：上海教育出版社，2007：372．

② 梁启超．论科举［M］// 饮冰室文集．北京：中华书局，1989：21．

国民。"[①] 其理论主张是"民治方国治，民不自治则无国治之日"，"新民为当务之急"，将教育作为推进社会变革的首要前提。在教学内容上，梁启超认为："今日之学校，当以政学为主，以艺学为附庸。"

1899年，梁启超在《戊戌政变记》中写道："各国之革政，未有不从国民而起者；故欲倡之于下，以唤起国民之议论，振刷国民之精神，使厚蓄其力，以待他日之用。"说明梁启超意识到启发民智的重要。中国之大患在于教育不兴，人才不足，若首注重于学校教育，可谓得其本矣。在积弱贫穷的落后中国，梁启超教育强国思想的一个重要内容是强调依靠教育使国家强大。人才是世界强国实现霸权的重要手段，而教育强国，则是西方列强的国家基础和重要特征。故梁启超认为："今国家而不欲自强则已，苟欲自强，则悠悠万事，惟此为大。虽百兴趣未遑，犹先图之。"这些话语既体现了国家自强的思想，也体现了教育为先的思想。特别需要指出的是，他在《论科举》一文中明确指出"故欲兴学校，养人才，以强中国，惟变科举为第一义"。这种"兴学校、养人才，以强中国"的思想，是其教育强国的思想的明显体现，更加接近教育强国的理论表述。

与梁启超处于同一时期的英国哲学家、社会学家赫伯特·斯宾塞（Herbert Spencer）1897年在他的著作中强调："社会进化如同其他进化一样，不是直线而是曲折分化向前发展的。各种不同的产物使其本来面目发生了一系列新变化。遍及全球的人类已发现了具有各种特点的环境，每一种社会生活所处的环境，部分决定于新环境的影响，部分决定于原先的社会生活；因此众多的群体总是不断地变更（时多时少），于是出现了社会的种类。"[②]"对于鸦片战争之后的中国，绝不可能原封不动的乘着固有的传统走下去，必须融入世界，追赶世界潮流；但也不可能原原本本的照搬欧美，根深蒂固的中国传统时时刻刻会起作用，中国特色是永远不可能抹掉的。新的中国文化只能是土洋皆备的现代中的传统，传统中的现代。"[③]

1898年，康有为、梁启超领导实施了戊戌变法。1898年6月11日，戊戌变法开始实施。光绪皇帝连续发布诏谕，对于有能力创建学堂者，"着照军功之例给予特赏，以昭鼓励"[④]；要求"限两个月详覆书院改学校，具奏，即将各省府厅州县现有之大小书院，一律改为兼习西学之学校""一律改为学堂"[⑤]；各省中学堂小学亦当一律设

---

① 董方奎，陈夫义．梁启超论教育［M］．海口：海南出版社，三环出版社，2005：3．

② 托马斯．文化与进化［M］．韩建军，商戈令，译．杭州：浙江人民出版社，1987：20．

③ 李喜所．中国留学史论稿［M］．北京：中华书局，2007：3．

④ 上谕：能独立创设学堂者予特赏［M］// 中国近代教育史资料汇编：戊戌时期教育．上海：上海教育出版社，2007：120．

⑤ 上谕：书院改学校［M］// 中国近代教育史资料汇编：戊戌时期教育．上海：上海教育出版社，2007：121．

立，以为培养人才之本[①]；京城设小学堂，着五城御史设法劝办，务期与大学堂相辅而行[②]；派遣日本游学，“有志上进，略谙东文英文者，酌定人数，克日电咨总署核办”[③]；电寄各省督抚，迅将开设学堂筹办情况具奏。[④]甚至光诸皇帝发诏谕直接命令谭钟麟等立即筹办学校，江阴南菁书院改为高等学堂。遗憾的是，没有能等到皇帝的上谕真正得以施行，1898 年 9 月 21 日慈禧太后镇压了戊戌政变，光绪帝被囚，康有为、梁启超分别逃往法国、日本，谭嗣同等戊戌六君子被杀。戊戌变法失败，向全社会证明封建政权内部变革可能性完全丧失，变法之路如同蜀道之难，难于上青天，或许是只有通过革命的方式才能改变中国。唐德刚先生在《一百年后回看戊戌变法》一文中指出：“粗浅地说来，‘革命’易而‘变法’难也。盖革命者，革他人之命也。革他人之命则敌我分明、对象显著，而手段单纯。变法者，变自己之法也。变自己之法则对象不明、敌我难分，而手段千变万化也。”[⑤]

百日维新是昙花一现的短命革命，但其间颁布的教育改革法令对于中国现代教育体系建设产生长远而深刻的影响。1900 年义和团被八国联军打垮，1901 年《辛丑条约》签订。此时的中国，一个垂垂老矣的封建帝国，仿佛是回光返照，又好像是新生命孕育的前声。中国社会深刻反思，从器不如人、人不如人、学不如人，再到道不如人。这种反思将思想的力量转变为社会变革的力量，将思想运动转变和提升为社会运动。这种反思是一种社会内化的过程，将耻辱内化为改变的意志和行动的决心—— 一个国家、整个民族和全体人民都在耻辱中内化、学习、改变和提升。19 世纪末期，中国面临新旧势力斗争、救亡图存的严酷现实压力，现代教育思想、教育内容、教育方法初建，初步建立了现代学制，形成了现代课程与教学的雏形，但从政府到社会在推进现代教育构建与发展过程中，具有急切的功利主义特征，需要全民族在道德标准、价值理念、行为方式、生活习惯等方面来一次更为深刻而广泛的革命，以为现代化人才培养奠定基础。

---

① 上谕：各省设学堂［M］// 中国近代教育史资料汇编：戊戌时期教育．上海：上海教育出版社，2007：122．

② 上谕：京城设小堂［M］// 中国近代教育史资料汇编：戊戌时期教育．上海：上海教育出版社，2007：122．

③ 上谕：派遣日本游学［M］// 中国近代教育史资料汇编：戊戌时期教育．上海：上海教育出版社，2007：122．

④ 上谕：各省迅将开设学堂筹办情况具奏［M］// 中国近代教育史资料汇编：戊戌时期教育．上海：上海教育出版社，2007：123．

⑤ 唐德刚．从晚清到民国［M］．北京：中国文史出版社，2017：149．

第二章

战乱中挣扎：

精英辈出与文盲大国（1902—1949.9）

使天下无不学之人，无不学之地。则智者不致失学而嬉；而愚者亦赖学以知理，不致流于颓旱；妇孺亦皆晓诗书。如是，则人才安得不盛，风俗安得不良，国家安得而不强哉！

——孙中山

中国春秋时代的哲学家老子曾说："治大国如烹小鲜。"《庄子·逍遥游》说："北冥有鱼，其名为鲲。鲲之大，不知其几千里也。化而为鸟，其名为鹏。鹏之背，不知其几千里也。"中国很大，如同一条庞大的鲸鱼，进入近代半殖民地半封建社会，如同鲸鱼搁浅在沙滩之上。人们用力抬，抬不动；给它泼水，无济于事。人们只有看着它，让它慢慢养，慢慢积蓄能量，慢慢恢复生机。鲸鱼太大，没有人能帮它回到大海；中国太大，难以依靠任何外部力量来"拯救"，只有依靠自己的力量实现"自救"，重获新生。中国教育现代化正是这样一个依靠内生力量"自救"的长期历史过程。

（一）大国初醒

对于中国教育现代化模式的讨论，是学术界一个热点话题。作为社会场景的观察者和分析者，美国学者孔飞力在研究中国现代化进程时提出："从本质上来看，中国现代国家的特征，是由其内部的历史演变所决定的。"① 中国现代化演变进程交织着阶级矛盾、集团利益、观念对立和文化冲突，新旧势力在持续斗争中此消彼长，甚至在破中立，立而又破，破而再立，经历了一个反反复复的过程。一个典型的事例就是：对于科举考试的态度与做法。1897 年 5 月，光绪皇帝下旨废除八股入士制度，改为时务策论；1898 年 8 月，光绪被幽禁，各省书院停止改为学校，各项考试恢复八股文试卷；1905 年，袁世凯、张之洞奏请停止科举考试，举办新学校。这些事实充分体现出发展中国家教育改革之艰、教育发展之艰、现代化进程之艰。

关键事件是考察和研究教育现代化发展进程重要依据。1902 年是中国教育现代化的关键之年，主要表现为四个"节点"性事件：第一,一系列的外交谈判、不平等条约的签订，换得了局势的稳定。10 月 19 日，留美"海归"詹天佑被任命为新易铁路总工程师，负责修建从河北新城高碑店至易县长达 40 多千米的祭陵专线——这是中国交通现代化的重要起点。第二，在慈禧太后下旨全面恢复京师大学堂后，京师大学堂在 1902 年 12 月 17 日再次开学。第三，山西大学堂正式设立。山西大学堂设中学专斋和西学专斋，由山西巡抚岑春煊和英国人李提摩太接收晋阳书院和令德堂联合创办。山西大学堂中西合璧、文理并重，与北洋大学堂（现天津大学）、京师大学堂（现北京大学）一道开启了中国高等教育的新纪元。第四，《钦定学堂章程》发布，亦称"壬寅

① 孔飞力．中国现代国家的起源［M］．陈兼，陈之宏，译．北京：生活·读书·新知 三联书店，2013：译者导言 9．

学制”。这是最为重要的事件。“壬寅学制”是中国教育根本制度的改革，对于近代中国教育现代化发挥了不可替代的作用，对于推进中国教育体系和教育制度现代化具有开创性重大意义。

习之堂

1902年，晚清重臣张百熙依据京师大学堂总教习吴汝纶等人赴日考察教育成果主持研究制定新学制。8月15日，清朝政府颁布了《钦定学堂章程》，该章程以“上溯古制，参考列邦”为指导思想制定。

“壬寅学制”是中国教育历史上正式颁布的第一个学制，也是近代第一个全新的、系统的、完整的全国性学制体系。《钦定学堂章程》包括总章程，下分《钦定京师大学堂章程》《考选入学章程》《钦定高等学堂章程》《钦定中等学堂章程》《钦定小学堂章程》及《钦定蒙养堂章程》，设计全面，体系完整，从高等教育、中等教育、小学教育到幼儿教育，形成中国近代教育史上第一次法定学校系统。“激发忠爱，开通智慧，振兴实业”是“壬寅学制”所规定的办学宗旨，体现了封建末期的清朝帝国保持忠爱传统、开启民智、发展实业、振兴国家的教育期望。“壬寅学制”的主要贡献在于：（1）对学校教育的各方面进行了制度规范。制度规范是教育现代化的衡量标准：制度现代性。（2）开设了“西学”中的自然科学课程，改变了过去以经学为主的状况。分科教学是教育现代化的表层特征：内容现代性。（3）提出学以致用是教育现代化的目标所在：方法现代化。“壬寅学制”是公共教育利益合法性的第一次确立，也是教育现代化标准之一，它成为《奏定学堂章程》（亦称“癸卯学制”，1904年颁布）的基本蓝本。

为落实“壬寅学制”，各省纷纷健全完善现代教育行政机构——学务处，以发挥其在省区教育规划、学校设置和学校建设的重要职责。这一时期再一次形成中国教育现代化的区域“小高潮”。另外，以“癸卯学制”改革为标志，1905年，新学制正式实施，中国教育体系、教育制度、教育内容与教育方式整体与世界衔接，中国开启了现代教育的又一新里程。

众多高校创立。山西大学堂于1902年创立，成为我国最早成立的3所国立大学堂之一。1903年，北洋大学堂改名为北洋大学，是我国近代最早的一所工科大学。其主要培养工程技术人员，早期主要是土木工程、采矿和冶金等，成为中国近代工程大学的鼻祖。1905年，直隶创办高等工业学堂，开办北洋、保定两个法政学堂；两江总督改上海方言馆为工业学堂；广东课吏馆改为广东法政学堂。1906 年，甘肃将兰州关兰山书院改设为优级师范学堂，吉林创办简易师范学校，直隶总督奏设天津高等师范学堂。[①] 宣统二年（1910），广东大学设立。在 20 世纪初社会大动荡、大转型时期，能够有如此多的高等学校创立，实属不易，更为难得的是教师教育制度和体系的普遍建立（见表 2–1），为实施普及教育、发展教育事业奠定了基础。

表 2–1 1903—1913 年中国师范教育发展情况统计表

时间	名称	设置机构 / 人	时间	名称	设置机构 / 人
1903 年	通州师范学堂	张謇（南通）	1906 年	师范学堂	吉林
1904 年	中学堂一律改为初级师范学堂	湖广总督	1907 年	浙江女子师范学堂	浙江巡抚
1904 年	京师大学堂成立优级师范科	学部	1907 年	奉天子女师范	奉天
1905 年	河南创办师范学堂	河南	1907 年	师范学堂	湖北
1905 年	广东设立两广速成师范	湖广总督	1908 年	女子师范学堂	学部
1905 年	四川通省师范学堂	四川总督	1910 年	全国师范联合会	张謇
1906 年	浙江两级师范学堂	浙江巡抚	1913 年	高等师范学校规程	教育部

资料来源：本书作者根据丁致聘先生《中国近七十年来教育记事》整理。

清朝末年，正规幼儿教育和家庭教育出现，正是应了中国教育现代化的大潮而来。中国第一部幼儿教育法规《奏定蒙养院章程及家庭教育法章程》于清光绪二十九年十一月二十六日（1904 年 1 月 13 日）颁布。从名字来看，该章程充分体现了中国传统家庭教育与现代西方幼儿园教育相互融合、相互平衡的特点。该章程确定了蒙养院的地位："蒙养通乎圣功，实为国民教育之第一基址。""蒙养院专为保育教导三岁以上至七岁之儿童。"该章程的要旨是："保育教导儿童，专在发育其身体，渐启其心知，使之远于浇薄之恶风，习于善良之轨范。"日常课程有游戏、歌谣、谈话和手技。蒙养院附设在育婴堂、敬节堂内，由乳媪、节妇充任保姆。

光绪三十年（1904），湖北幼稚园开办，其章程明确提出新的理念："幼稚园重养不重学，儿童未及学龄之年，皆其当期（三岁以上六岁以下）。有此蒙养，将来就学自然高人一等。"幼儿园"男女均收"，本省幼儿与外省幼儿实行两种不同的收费标

① 根据丁致聘先生《中国近七十年来教育记事》一书整理。

准。此外，湖南蒙养院规定，“幼稚园之宗旨，所以养成受教之根底。”[①] 当时的著名杂志《东方杂志》论及幼稚园：“幼稚园者，即大中小各学校之基础也。中国古昔之教育，壮行必先幼学。”

教育现代化行动分为国家行动、地方行动和学校行动。地方行动处于中间层次，支撑着教育现代化的整体发展。1904 年，湖广总督要求各州县将赔款捐改为学堂捐，作为本地广设初等小学堂及兴办高等小学堂的费用——这或许成为近代教育发展进程中最早的捐资办学。

1903 年，章太炎作《驳康有为论革命书》，驳斥了康有为的改良言论，为社会带来一股新风。1904 年，《大陆》杂志在《祝上海幼稚园开校记》一文中喊出：“我为幼稚舍祝，更为我女界祝，祝曰：幼稚舍万岁！中国妇女权万岁！中国四万万同胞万岁！”

中国幼儿教育也稍稍开始专业化进程。在学习借鉴西方特别是日本教育经验的基础，中国出现了比较正规的幼儿教师和家政教育。中华文化讲求“教子婴孩”，但是对于封建中国来说，幼儿园“此种教育甚不发达”。自 1913 年开始，以省为单位在全国范围内出现了大批蒙养院。在直隶省、奉天省、河南省、山东省、山西省、云南省等地纷纷建立初级的幼儿教育机构——蒙养院。

在成人教育方面，1905 年清政府颁布预备立宪法令，开始创立“为救济年长失学成人”的补习教育，拟通过设置宣讲所，开办简易识字学塾。1908 年制定“简易识字学塾计划”，这是我们目前见到的“中国最早的成人扫盲计划”。1908 年，清学部编《国民必读课本・简易识字课本》，这是我国成人扫盲正规课本的开端。[②]1909 年颁布的《简易识字学塾章程》是目前我国能见到的最早的成人扫盲法规，该章程规定，“年长失学，急于谋生，入此项学塾者，或三年或二年或一年，均可听便”[③]。

1906 年，《学部奏请宣示教育宗旨折》中第一次提出以政府名义正式宣布的教育宗旨——“忠君、尊孔、尚公、尚武、尚实”，体现了“中学为体，西学为用”思想。《钦定学堂章程》规定义务教育的年限为 7 年，《奏定学堂章程》改为 5 年，并在《初等小学章程》中规定：“外国通例，初等小学学堂，全国人民均应入学，名为强迫教育。除废疾、有事故外，不入学者罪其家长。”1906 年，学部颁布《强迫教育

① 中国近代教育史资料汇编：普通教育［M］. 上海：上海教育出版社，1986：16.

② 丁致聘. 中国近七十年来教育记事［M］. 南京：国立编译馆，商务印书馆，1935：35.

③ 教育部离退休干部局. 亲历 70 年：教育部同志庆祝新中国成立 70 周年文集［M］. 北京：高等教育出版社，2019：76.

章程》10 条，规定“幼童至 7 岁须令入学”，“幼童及岁不令入学者，罪共父兄”，这成为中国政府实行强制义务教育的第一个正式法令。

中国从一个封建社会转型，在教育现代化道路上创造了许多个“第一次”。1908 年 4 月，学部为在京师大学堂下属法政学堂任满 5 年后的近 20 位日本教员，向光绪皇帝请赏宝星。①女性教育是教育现代化的重要特点，女子接受教育是教育现代化的内在要求和外在表现。对于中国这样一个封建帝国，奉行的是“女子无才便是德”，发展妇女教育意义非凡。1898 年，洋务企业家经元善开创了中国近代女学之先河。1904 年，上海人史家修创设上海女子蚕桑学堂，这是我国女子专科职业教育的开始。

1906 年 1 月 28 日，清朝最高统治者慈禧太后面谕学部举办女学，这一定程度上反映了中国的时代进步，或许是她作为女性对教育的一种积极诉求。1907 年，光绪颁布《女子学堂章程》，规定女子必须学习的女德有持家知识与技能，这是我国第一个女子学校的章程。

表 2–2 近代女子教育现代化事件

时　间	事　　件	地位或影响
1898 年	洋务企业家经元善在上海设立“经正女学”	开中国女学之先河
1906 年	太后面谕学部实兴女学	中国政府主张女学之始
1906 年	学部议订《女学教育章程》	中国最早女学法律
1907 年	奏天女子师范学堂派周秀贞等 21 人赴日本女校学习师范	中国最早师范学生留学
1908 年	学部在京师奏设女子师范学堂	国家级女子师范院校
1909 年	学部奏定《女学服色章程》	法律上规定女子校服

资料来源：根据丁致聘先生《中国近七十年来教育记事》整理。

从 1848 年到 1908 年的 60 年间，中国从排斥西方教育，转向学习借鉴西方教育理念与文化，并在 20 世纪第一个十年初步建立了现代化的教育体制体系、学校体系、管理体系。在这一过程之中，中国文化与社会制度表现出十分强的韧性与包容性。

（二）向日本学习

从汉朝到唐朝，日本是中国封建王朝多年的附属国，日本文化中的大部分都是从中国学来的，几百年来日本一直是中国的“小学生”。日本在奈良、平安时代，人们

① 中国近代教育史资料汇编：高等教育［M］．上海：上海教育出版社，2007：32．

冒着返回率仅 60% 的风险，以生命为赌注乘船远渡重洋到达隋唐（653—894 年间约 20 次），吸收中国的先进技术、文化和佛教经典，以及政治制度，带来了社会和文化的发展繁荣。[①] 著名学者麦迪森认为，明清两朝的大部分时间，中国上层统治者在经济发展、文化交流方面对西方知识与科学没有兴趣。国民中普遍存在一种民族自我中心主义，对中国以外的发展漠不关心。与中国相反，日本在明治维新后成立了文部省，聘请西方学者参与国家教育体系构建，改革日本教育。多年后，日本打败了中国，并戏剧性地成为中国的“老师”。

习之堂

在日本中小学校至今乃保留着一种叫“座位表”的游戏，即让学生把自己当作遣唐使。教师会问大家，“如果受命乘遣唐使的船去中国，你会不会去？”最愿意去的学生可以将自己的姓名牌贴在船头。

1872 年，日本颁布了《学制》等一系列教育制度法规，从法律层面上确立了现代教育的地位。全力举办小学，实施普及教育，兴办东京大学，建立完整的国家教育制度和教育体系。甲午战争之前，日本已经成为一个现代国家，而中国仍处于“前现代国家”行列。

1895 年，甲午战争爆发，中国战败。落后的封建中央帝国难敌进入资本主义的日本帝国。中国甲午战争之败，表面上是败在军事上，实际是败在政治上。清政府对外失败，对内腐败，封建皇权政治早已成为明日黄花，雄风已逝，难以挽救。同时，甲午战争之败也证明，国防和军事现代化不足以保障国家的安全，缺乏现代化人才才是清政府被日本打败的根本原因。

《马关条约》签订之后，中国上下进入了深刻的“集体反思”阶段；戊戌变法之后，清政府下决心向日本学习。1896 年，中国驻日本大使嘉祐带领 38 位中国学生赴日本留学[②]，开了中国赴日留学之先河。

从中国教育古代的“六艺”来看，中国最早的教育是不分科的，而且这种不分科的课程体系一直延续到清朝中期才开始有所改变。天津中西学堂（亦称“北洋西学堂”）为中国学校分级之始。学堂分为头等学堂和二等学堂。头等学堂相当于大

① 马敏．专访日本教育家市川博：用长远的眼光去看孩子的成长［EB/OL］．2019-09-11．https://www.sohu.com/a/340203498_652652．

② 丁致聘．中国近七十年来教育记事［M］．南京：国立编译馆，商务印书馆，1935：6．

学专科，二等学堂相当于中学，修业各 4 年，学生定额各 120 名。头等学堂前两年不分专业，有点像博雅教育，其主要科目有英文、制图、物理、化学、天文、地理、万国公法、理财学等。二等学堂招收年龄为 13～15 岁、读过“四书”、文理稍顺者为学生。课程设英文、数学、各国史鉴、舆地、格物等课程。北洋西学堂也成为我国较早采取分科教学的学校。

中国科学发展史中多的是人文精神，而少的是科学精神。科学的发展来自于两种根本动力：一是自然动力，是以研究自然现象、自然规律为缘起，以定量为方法，以实验为手段，追求可验证、可重复、可推广；另外一种是社会动力，是以研究社会现象、社会关系、社会系统为对象，以个人体验为基础，非定量、难重复、不易推广。我们可以重复使用阿基米德原理，可以验证牛顿三定律，但是我们难以像庄子一样梦到“蝴蝶”，更难以体味庄子梦蝶时的感受和思想。中国以工匠精神代替科学精神，中国有鲁班，有长城，有都江偃。明清朝代，中国的皇帝对科学没有兴趣，也没有采取宽容的态度在民间鼓励科学探索的习惯。中国教育的弊端在于科举考试走到极点。由于缺乏科学实验工具，中国经验式的科学探索是碎片化、非理性和缺乏体系的，很难也从来没有建立一套科学的概念和话语体系。1897 年 1 月 3 日，梁启超撰《论幼学》，谈及中国教育之弊端：“中国之教人，偏于记性者也……惟苦口呆读，必求背诵而后已”，“导脑者脑日强，窒脑者脑日伤，此西人之创新法制新器者，所以车载斗量而中国殆几绝也”。[①]1898 年 6 月 22 日，局势已经到了“时事艰难，国势危急、人才乏绝”的境地，康有为上书称应“废八股以育人才，易风气而救危局”。他直言，“日本维新，仿效西法，法制甚备，与我相近，最易仿摹”，并建议光绪帝“以日本明治之政为政法”。1898 年 7 月 6 日，光绪皇帝降旨“嗣后一切考试均着毋庸五言八韵诗”，推行语言改革。1900 年左右，也就是《马关条约》签订 5 年之后，清政府又向日本输送官派留学生。

“向日本学习”是一种理性的选择，学习日本是一个痛苦

习之堂

光绪三十一年（1905）秋天，清政府派出贵族载泽、端方等人前往西方国家考察，史称“五大臣出洋”，其中，大臣戴鸿慈、端方出访美国、德国、奥地利、沙俄、意大利五个国家，大臣载泽、尚其亨、李盛铎前往日本、英国和法国三个国家。五人走遍世界上最强的八个国家。回国后，作为皇族的载泽的呈报被最终采纳，皇族们经过仔细对比之后，认为还是要学习日本。载泽说，“大抵日本立国之方，公议共之臣民，权柄操之君上，民无不通之隐，君有独尊之权”。

① 梁启超．论幼学［M］．中国近代教育史资料汇编：戊戌时期教育．上海：上海教育出版社，2007：85．

艰难的过程。当时的政府和全体国民都受到“是与非”的煎熬，都长期在理性与非理性中纠结。国家心态与国民心态处于长期整体失衡状态。在中国，特别是老百姓，常常将日本人称为“小日本”，除了因为日本人个子矮，更有一种日本地域小、日本文化是中华文化“晚辈”的意味。不曾想，就是这个“小日本”，在甲午战争中一举打败了清朝帝国。整个世界为之愕然，整体中国为之扼腕！一个“拧巴”的中国全民族陷入“纠结”过程之中。但是，为了让中国从失败中站起来，为了从失败中更快更好地学习，并提升国家发展能力，中国不得不向日本学习！

1901 年，日本东京高等师范校长嘉纳治五郎在东京专为中国学生创办师范预科班，所以中国在日本留学学习师范的人大多出自该校。1903 年秋，湖北幼稚园聘日本保姆 3 人，同年北京京师第一蒙养院成立，并办有保姆师范，院长为日本保姆师范毕业，聘日本教师 2 人。另有一所敬节学堂，由刘德馨做监督，延聘日本女教习讲习女子师范、家庭教育。同时，张之洞筹建育婴学堂，附设蒙养院，以高凌蔚为监督，延聘日本女教习讲习保育幼儿知识。女塾保姆讲习所，聘请日本妇女大野玲子任教，并附设蒙养院，作为保姆实习场所。

在学习日本的过程中，也常常会产生冲突与摩擦。中国留学生在自我尊重与得到别人尊重之间需要找到一种平衡，这种平衡被打破，便易产生对立与对抗。1905 年，日本文部省发布《清国留学生取缔规则》，限制中国留学生在日正常的学习活动。中国留日学生表示强烈反对，组织全体罢课，并要求取消这一规则。无果，林伯渠等人愤然回国，表达了中国留学生爱国自强、自尊自立的精神。1905 年 12 月 8 日，为抗议日本政府颁布的《清国留学生取缔规则》，陈天华在日本东京大森海湾愤而蹈海殉国，以名其志。在其著名的《绝命辞》中写道：“今日之中国，主权失矣，利权去矣，无在而不是悲观，未见有乐观者存。其有一线之希望者，则在于近来留学者日多，风气渐开也。使由是而日进不已，人皆以爱国为念，刻苦学习，以救祖国，则十年二十年之后，未始不可转危为安。”“中国去亡之期，极少须有十年。与其死于十年之后，曷若于今日死之，使诸君有所警动。去绝非行，共讲爱国，更卧薪尝胆，刻苦求学，徐以养成实力，丕兴国家，则中国或可以不亡。此鄙人今日之希望也。”光绪二十七年（1901），清朝派往日本的留学生仅 280 人，等到了光绪三十一年（1905），留日学生就已经达到了 8 000 人。

19 世纪末的中国，以日为师成为普遍现象。除清朝政府组织日本考察教育以外，各地方政府均派员赴日本考察学习。直隶、河南、湖北、湖南、四川等省纷纷派官员或学生赴日本考察留学。学部成立后，向 23 个省派遣提学使，并要求各提学使均须出洋，到欧美、日本等国家考察 3 个月，然后才能到任。1906 年 2 月，由于中国学习赴日本留学速成的人太多，以至学部出台并电告“各省选送留日学生限制办法”，阻止过度的“日本热”。

（三）民国时期教育现代化

民国时期（1912—1949. 9）是中国现代化性成长的一个重要时期，教育现代化在战乱中求索，在矛盾中前行，在对抗中演进。中国学者陈旭麓认为：“中国近代是一个动态的、新陈代谢迅速的社会。……中国社会的新陈代谢在很大程度上是由于接踵而来的外力冲击，又通过独特的社会机制由外来变为内在，推进民族冲突和阶级对抗，表现为一个又一个变革的浪头，迂回曲折地推陈出新（即推封建主义之陈而出民主主义之新）。”①

1. 南京临时政府时期和北洋政府时期（1912—1927. 4）

城镇化是教育普及化的前提，工业化是教育现代化的保障，而中国数千年的农业文化历史，既没对普及教育提出要求，更没有为普及教育提供支撑。清朝末期到20世纪初，中国出现资本主义萌芽，洋务运动在一定程度上促进了民族工业的发展。第一次世界大战期间，帝国主义国家忙于战争，放松对中国经济的掠夺，中国民族工业进入一个小的黄金期。政治上，军阀纷争，社会动荡：1911年爆发了辛亥革命，1913年发生了二次革命，1915年兴起护法运动，1919年爆发了五四运动；经济上，新知识、新技术持续进入，外国投资增加，工业化进程持续，劳动技能水平低，农业生产、家庭式的手工生产面临挑战；文化上，中国由旧而新、由传统而向现代转型，思想文化流派纷呈，教育发展未能为经济发展提供巨大拉力。

习之堂

1911年12月3日，当时的南京临时政府虽然处于复杂的政治社会环境中，但还是专门对剪辫子下了一道命令。当然民国毕竟已经不是专制的封建王朝，许多人享受着没有辫子的自由时，崇尚儒学的大学家辜鸿铭依然可以拖着他的大长辫子走上北京大学的讲台。

南京临时政府时期和北洋政府时期的教育现代化进程，总体上来讲缺少必要的教育现代化理论准备、应激性的对策和现代化策略。中国是一个拥有历史重负的国家。在现代化进程上，始终存在一个守成中国和一个创新中国。社会层面深层次的文化冲突、感性层面大众与官员们的心理纠结长期并存。人群的分化与对旧制度的怀疑，成为酝酿新思想和新制度的温

① 陈旭麓．近代中国社会的新陈代谢［M］．北京：生活·读书·新知三联书店，2017：序言3．

床。统治者与被统治者之间的阶级矛盾更加突出，殖民者与被殖民者之间的内外矛盾更加激烈。中国经济社会发展、教育发展所面临的这种“双重矛盾”，加剧了中国社会经济变革的艰巨性、复杂性和长期性。中国现代化过程是一个除浊扬清的过程，特别是五四运动之后，儒家思想成为中国社会反思的参照物。在外域思想与文化的影响下，学术理论和社会正统思想通过观念冲突、思想撞击和利益矛盾相互作用，孕育着新观念、新思想和新理论，社会思想在螺旋中上升。这一过程十分漫长，甚至到新中国诞生之后才进入正轨。遭受过帝国主义列强的入侵、军阀割据，中国在反复的欺辱与蹂躏中变得更加坚强，更有韧性，更具有生命力和成长性。

20 世纪初，中国国家政体发生深刻变革。国家政治制度在实现共和与复辟皇权之间摇摆，中国现代化深一脚、浅一脚地艰难而行。1911 年 10 月 10 日，武昌起义爆发，随即革命者的熊熊烈火席卷大半个中国。1912 年 1 月 1 日，中华民国南京临时政府成立，孙中山被选为临时大总统，1912 年 2 月 12 日，北洋大臣袁世凯诱使清帝溥仪逊位，清朝发布退位诏书。14 日，孙中山向参议院提出辞职咨文，辞去临时大总统职务，他在正式解职当天发表演讲说：“今日满清退位，中华民国成立，民族、民权两主义俱达到，唯有民生主义尚未着手，今后吾人所当效力的即在此事。”[①] 其实，在中国，民族主义和民权主义远没有实现，正如宋教仁所说：“今革命虽告成功，然亦只可指种族主义而言，而政治革命之目的尚未达到也。推翻专制政体，为政治革命着手之第一步，而尤要在建设共和政体。今究其实，则共和政体未尝真正建设也。”[②] 十分可惜的是，孙中山被袁世凯的假象所迷惑，亲自推荐袁世凯担任中华民国临时大总统。1913 年 7 月，南方爆发了反对袁世凯独裁政府的起义，但是很快被镇压。1914 年 1 月中华民国国会解散，5 月《中华民国临时约法》废止，修改了的《中华民国约法》公布，袁世凯拥有了相当于皇帝的至高无上的权力，并规定总统任期为 10 年，可无限制连任，并可传之子孙，以至无穷——共和制度名存实亡。1915 年 12 月 25 日，蔡锷在云南起义，得到全国响应。袁世凯于 1916 年 3 月 22 日宣布恢复中华民国并于 6 月 6 日病逝。此后，中国进入长达 12 年的军阀割据内战时期。

变革之中的中国教育现代化长期处于困扰之中。政局纷扰，军阀干政，财政困难，频繁换人，教育宗旨的改变如同翻书一样，中国教育在痛苦与纠结中前进。面临动荡的政治经济局势，中国教育现代化在颠簸中前行。

---

① 中国社科院近代史研究所中华民国史研究室，等．孙中山全集：第二卷［M］．北京：中华书局，1982：319．

② 陈旭麓．近代中国社会的新陈代谢［M］．北京：生活·读书·新知三联书店，2017：323．

辛亥革命爆发为教育现代化扫除了体制障碍，也为现代教育制度建立奠定了社会基础。[①] 孙中山先生一生寻求中国强国、富国之路。教育强国是孙中山现代化思想的重要内容。1890 年，孙先生在《致郑藻如书》中主张多设学校，“远观历代，横览九洲，人才之盛衰，风俗之淳靡，实关教化。教之有道，则人才济济，风俗丕丕，而国以强；否则返此。”教之有道，而国以强，孙中山先生的思想充分体现了教育强国的思想内涵。他进一步强调指出，要“使天下无不学之人，无不学之地。则智者不致失学而嬉；而愚者亦赖学以知理，不致流于颓旱；妇孺亦皆晓诗书。如是，则人才安得不盛，风俗安得不良，国家安得而不强哉！”如果“弃天生之材而自安于弱，虽多置铁甲，广购军装，亦莫能强也”！

1912 年 1 月 3 日，孙中山在南京组成临时国民政府后，蔡元培就任第一任教育总长。蔡元培认为：“求中国必以学。世界学术最尊。吾将求学于德，而先赴青岛学习德文。”倡导学习借鉴德国“双元制”教育。1912 年 1 月 19 日，中华民国南京临时政府教育部颁布了第一个改造封建思想的教育法令，即《普通教育暂行办法》，将各类学堂一律改称学校，监督、堂长一律称为校长；明确规定小学可以男女同校；所有教科书要符合民国宗旨，一律禁用清朝政府颁行的各类教科书。蔡元培在《对于新教育之意见》一文中提出了“公民道德、军国民主义、实利主义、世界观及美育”并举的教育宗旨。1924 年 4 月，孙先生又明确提出，革命成功之后，国家之重要任务之一，“就是要办教育”，至少要拿出国家经费 10%专作教育经费”。

习之堂

普及教育是孙中山的理想。20 世纪初，孙中山先生强调在中国实行普及教育：“吾国虽自号文物之邦，男子教育，不及十分之六，女子教育，不及十分之三，其中有志无力者，颇不乏人。其故在何？国家教育不能普及也。”

袁世凯执政以后及军阀割据时期，尽管中国教育行政主管如同走马灯一样，频繁更迭，但是教育制度、学校发展、课程建设和教师培养等持续进行，并创造了中国教育现代化进程中的许多“第一”，呈现出中国教育现代化建设的又一

① 孙穗芳．孙中山先生现代化思想［EB/OL］（2006-05-17）［2019-03-29］．http://www.zsnews.cn/Column/2006/05/17/563832.shtml．

个“小高潮”。

——废除封建教育宗旨，制定现代新学制。1912年9月，临时教育会议召开，修正了清朝末期学部确定的“忠君、尚公、尚武、尚实”为主要内容教育宗旨，教育部公布了新宗旨，即“注重道德教育，以实利教育，军国民教育辅之，更以美感教育完成其道德”。此次会议强调，要学习西方科学主义、民主主义，并把西方民主纳入教育过程之中，确定了军国民教育和美感教育的途径，达到富国强兵、培养品德、陶冶情操之目的。会议推出了以蔡元培先生为主制定的“壬子学制”。“壬子学制”也被称为中国第一个现代意义上的新学制。该学制规定，初小4年（为义务教育），高小3年，中学4年，大学预科3年，本科3年或4年，全部学制共计17～18年。新学制被称为传统教育向近代教育发展的重要标志。但坦白地说，这一学制很宏大，表现出国民新政府的雄心和理想，本土的特点开始初步显现。但尚存在学习日本的痕迹，也具有很强的模仿西方的痕迹。而且，学制过长，凭当时中国的综合国力和老百姓的支付能力，很难实现教育广泛普及的目的。1920年，山西全国国民学校学生共计645 148人，义务教育普及率约为60%。[①]1922年，中华教育改进社统计报告显示，1921—1922年度，全国学生总数达到4 987 647人。[②]说到底，这是一个为少数人服务的教育制度安排。

随着教育的发展，经过教育界的广泛讨论，教育部又对“壬子学制”进行了修改。1921年10月，全国教育联合会在广州召开第7次代表大会，讨论并通过了新的学校系统方案。1922年9月，北洋政府教育部在济南召开学制会议，讨论和修改新的学校系统方案。11月，《学校系统改革案》以北洋政府大总统徐世昌的名义公布——这是徐大总统发布的一项重要的教育法令，史称“壬戌学制”，这在中国教育史上具有里程碑地位。新学制的进步之处在于有比较先进的思想体系，在改革的指导思想上，主张要适应社会进化之需要，发挥平民精神，谋个性发展，注意国民经济力，注意生活教育，使教育易于普及，并提倡要多留各地方伸缩余地。这些教育根本精神，直接和间接上中国近现代教育现代化整体进程。新学制体系采用美国“六三三”分段，从纵向看，学制分为初等教育、中等教育和高等教育三级（见图2-1）。

① 李华兴．民国教育史［M］．上海：上海教育出版社，1997：122．

② 丁致聘．中国近七十年来教育记事［M］．南京：国立编译馆，商务印书馆，1935：102．

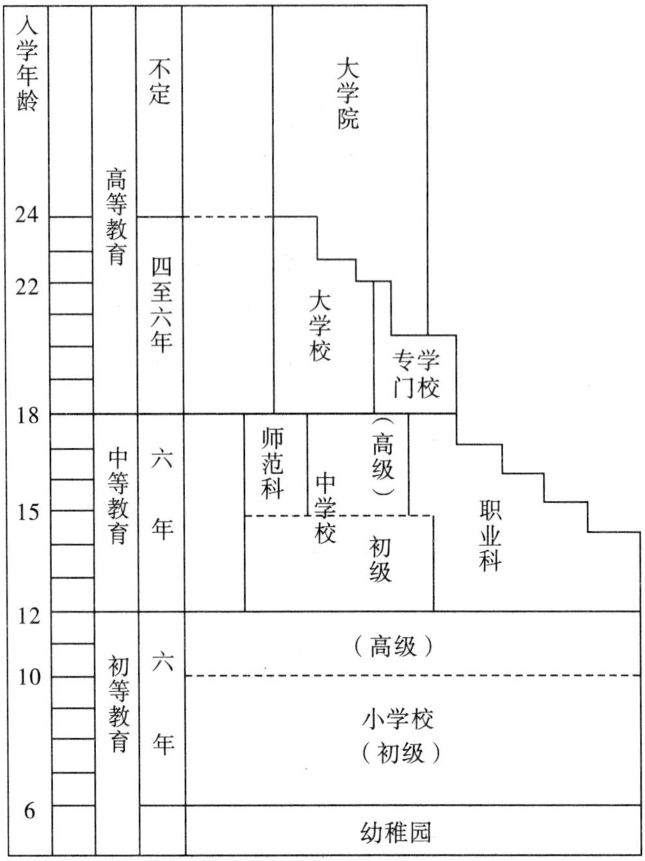

图 2-1　壬戌学制系统图

新学制还规定小学 6 年，初中 3 年，高中 3 年（实行普通、师范、职业分科制），大专 4 年，大学 4 至 6 年，大学院不定。此次学制改革采用了美国单轨制系统，缩短了小学年限，有利于小学的普及和中等教育水平的提高，适应了当时的教育需要。这一学制基本沿用到 1949 年，成为影响中国教育现代化的最重要标志。

——整体构建新教育法律，初步形成现代教育体系。教育法是教育之大法，为国家教育制度与体系的根本支撑。立法是现代教育制度的重要内容，是现代教育管理的重要方式，为教育现代化推进提供法律与制度保障。民国初期，新生资产阶级政权富有活力，代表着现代化的方向，开始系统推进教育法律建设，重塑国家新型现代教育体系。1912 年 10 月，国民政府颁布《大学令》明确规定：大学以教授高深学术、养成硕学闳材、应国家需要为宗旨，按照文、法、商、理、工、农、医等七科设置，取消经学科，不再强调“以忠教为本”“以经史之学为基”。这是中华民国第一个大学设置标准。1912 年 12 月 2 日，教育部公布《中学校令施行规则》52 条。1913 年 1 月颁布的《大学规程》，以法律形式确立大学教育的性质、地位、组织机构、管理模式、功能等，规定高等教育由大学、大学预科、专门学校、大学院及高等师范学校等几种形式构成。1913 年，教育部拟定《强迫教育办法》6 条，明确规定各县各村乡镇设学董专司其职；儿童 8 岁一律入学；义务教育经济由当地人民负担，不得挪用已有之学款。[①]

1914 年 2 月，教育部颁布《国立大学条例》，同时废止《大学令》和《大学规程》，后又连续发布《小学校令》《中学校令》《师范学校令》《专门学校令》和《实业学校令》等一系列教育法规，形成教育新法体系。更加可贵的是，教育部同期还公布了《国民学校令施行细则》、《高等小学校令施行细则》、《农业专门学校规程》（1912）、《师范学校规程》（1912）、《私立大学规程》（1913）、《视学规程》（1913）、《高等师范学校规程》（1913）、《实业学校规程》（1913）、《捐资兴学褒奖条例》（1913）、《外国学生规程》（1914）、《地方学事通则施行细则》（1915 年 12 月）等一系列法规，有利于当时中国教育系统化、正规化、法治化。

粗略统计，1912 年 1 月 9 日教育部印信正式启用至 1927 年间，中央政府特别是教育部共研究制定公布学制、课程、师范、视学、学术组织等相关的国家教育法律法规多达近百项，加之各省教育行政部门公布的教育规章数量多达数百项，这一时期成为我国教育立法最为集中的时期，也为此后中国教育法律建设和教育现代化制度建设提供了依据与范本。

——制定义务教育法律，实施四年义务教育。1912 年 9 月，教育部确定四年小学为义务教育。1915 年，教育部建议各省推行《义务教育旅行程序》，同时将各省小学教员讲习所改为师范讲习所，作为培训师资之地。1916 年 4 月 28 日教育部呈准《义务教育规程细则》等配套法律细则，建立了比较系统的现代义务教育法律法规体系，在中国义务教育法律现代化建设历程中具有开创性意义。其间，袁世凯大总统及教育部多次通咨各省振兴小学，加快推进义务教育。为促进义务教育普及，1918 年 4 月，教育部制定《省视学章程》，确立省视学制度，加强对地方中小学的视导。1923 年颁布的《中华民国宪法》明确规定"中华民国人民依法律有受初等教育之义务"。义务教育首次被列入宪法，成为普及教育的重要形式。

——课程建设是教育内容现代化的本质内涵，这时期的一项重要成就是探索建立国家统一的课程体系。教育部设立新课程标准起草委员会，专门负责新课程纲要制定和课程编写工作。1914 年，教育部公布教科书编纂纲要审查会规则，同年成立教育部"教科书编纂审查会"。

① 李华兴. 民国教育史［M］. 上海：上海教育出版社，1997：121.

——首次制定全国统一的读音标准，实现国语统一。统一读音是统一国家语言文字及其教育普及的基础，对于实现普及教育作用明显，有利于增强国家认同和文化凝聚力。1912 年 12 月 2 日，教育部公布《读音统一会章程》，第一次有了全国性读音标准，对于文化认同和普及教育作用非凡。1913 年 2 月 15 日，“教育部读音统一会”召开为期 3 个月的会议，制定注音 39 个字母。1917 年 10 月，全国教育联合会决议“请教育部速定国语标准，并设法将注音字母推行各省区，以为将来小学改国语之预备”。1918 年 11 月，教育部正式公布中国第一套注音字母。1919 年 4 月，教育部注音字母次序表，国语统一筹备委员会在北京召开成立大会。1920 年，教育部正式规定从一、二年级开始使用白话文教材。截至 1922 年，除语文课本中的文言文课文外，所有的文言文教科书停止使用——中国语言文字和教育用语进入现代文时代。1922 年 10 月，教育部咨各省区实施《推行国语教育奖励办法》；同年 11 月，教育部要求各省区在聘用小学教师时加试注音字母、国语文和国语方法三项内容。1924 年，全国教育会联合会第九次会议提出国语统一筹备委员会从速编定国语辞典及国语会话范本，同时请各省切实推进国语，促成国语统一。1925 年，教育部申令各教育厅，明确规定“凡初小学应一律用国语教科书教授”，进一步统一小学教材。

——逐步完善地方教育法规，加强教育管理。分化是现代性增长的重要模式，教育体系结构分化、功能专业化是民国初期教育现代化的重要表征。通过对中国近代教育史料的分析，我们可以清晰地看到，在演进、变革与分化的过程中，中国教育行政组织形态日益体现层级性、丰富性和多样性，这是国家教育现代化的重要标志，也成为从组织与行动的联系中观察这一时代国家教育现代化的很好视角。当时就任的大总统袁世凯以中央政府名义，正式任命直隶、奉天、吉林、黑龙江、山东、河南、山西、江苏、安徽、江西、福建、湖北、湖南、陕西、甘肃、四川、广东、广西、云南、贵州等各省（区）教育厅长，黄炎培等教育家型行政官员受聘。各省相继成立经费管理处，保证教育经费稳定支出。1915 年 9 月，教育部通咨各省施行《地方学事通则》10 条，规定县以下之自治区按照《地方自治试行条例》及关于教育之法令规程，办理地方教育事务。1917 年 9 月，大总统令公布《各省教育厅暂行条例》，为中国地方教育管理方式奠定制度基础。中国教育现代化正在结成一个整体，系统性、整体性、结构性的教育现代化正在全面展开。

——健全教育组织体系，形成现代公共教育研究框架。一个教育体系，功能分化越是充分，越是专业，越是深入，这个体系就越是现代化。教育学会组织是现代化教育体系的重要组成部分，也是教育现代化的重要表征之一。1911 年，在江苏、上海等省市教育总会倡导下，全国教育会联合会在上海成立，提出统一国语等五项方案。此后，教育现代化组织发展迅速，全国学会及各地方学会如雨后春笋纷纷成立，呈现繁荣景象。1911 年，张元济在北京发起成立“中国教育会”，继而江西、湖北、浙江、河南、直隶教育总会成立。1912 年 11 月以大总统名义公布的《中央学会法》18 条，是最早的全国学会法律法规，对于指导国家及各省地区教育学会组织具有重要意义。1915 年 4 月，全国教育会联合会在天津召开第一次会议，建议将义务教育列入宪法。全国及地方学会组织在推进义务教育、编制课程、实现教育经费独立等方面做出了重要贡献，在中国近代教育现代化进程中发挥了重要作用。

1917 年，中华职业教育社创办，这是一个具有“统战性、教育性、民间性”的群众团体。1919 年 2 月，教育部通令学校教员组织各科研究会，这可能是中国近代最早的正规学科教研的组织。1923 年，中华教育改进社组织编写《职业科课程标准》，成为我国最早的职业教育课程标准。全国教育联合会连续 15 年每年召开年会，参政议政，讨论重大教育议题。此外，还有全国职业学校联合会、中华平民教育促进会、全国教育联合会庚款委员会，各省中学联合会、小学联合会等一大批教育社团组织纷纷建立，丰富了教育研究、教育服务和政治参与的形态。

——持续建立新型大学，自主培养国家需要的专门人才。1912 年，京师第一师范学堂改办北京师范学校。1912 年 5 月 15 日，北京大学开学。1913 年，南京水师学堂改为海军军官学校。1918 年 4 月，由蔡元培积极倡导的国立北京美术学校成立，这是中国历史上第一所国立美术教科文学府。1920 年，东南大学诞生，成为中国近代第一所现代意义上的国立综合大学。1922 年，教育部将北京农业专门学校改设为农业大学，并聘章士钊筹组新校；利用各国退还的庚子赔款，发展中国职业教育。1923 年 9 月 15 日，大学举行新校开学典礼；同月，教育部派张继煦担任新建的武昌师范大学校长。

民国之初，事务繁杂，大学数量呈现缓慢增长的特点。1917 年 1 月的国立高等学校校务讨论会上，蔡元培提出修改大学学制，明确提议大学专设文、理两科，法、医、农、工、商均设为单科大学。1917 年 9 月，教育部颁布的《修正大学令》规定，设二科以上者，即可称为大学，不必以文、理二科为主；单设一科者，可称为“某科大学”。此令一出，专门学校升格运动风起，其结果导致专门学校递减，大学递增。这可以说是中国现代高等教育发展历史上第一个“升格热”。[①] 这一时期，教育部开始连续系统发布全国教育统计报告，开创了中国现代教育统计的先河。1915 年，教育部呈报第一、第二次教育统计结果。据中华民国第五次教育统计显示，从 1912 年到 1916 年，全

① 朱庆葆，陈进金，孙若怡，等．中华民国专题史：教育的变革与发展［M］．南京：南京大学出版社，2015：41．

国高等学校数从 122 所下降到 84 所，下降幅度为 31.12%；在校生规模从 41 709 人减少到 19 921 人，锐减幅度为 52.24%。[①] 高等学校专业设置极不合理，民国元年的 41 709 名在校生中竟有 30 808 名是法政专业，占当年所有在校生的 73.86%，这虽顺应了学习日本政法的政治需要，但反映出了科学、工程课程教师短缺，也说明当时开办大学和开设专业的盲目性。

1924 年，教育部公布《国立大学校条例》，并废止过去的《大学令》（1912 年 10 月公布）和《大学规程》（1913 年 1 月公布），确定"国立大学分科为文、理、法、农、工、商等科，国立大学校得设数科或单设一科。各科分设各学系"。此后，大学的数量急剧上升，教育质量却下降了。教育部又忙于整顿。据统计，从 1922 年新学制公布到 1927 年的 5 年间，中国大学数量从 19 所增加到 52 所。

习之堂

杜威是 20 世纪世界上最重要的哲学家和教育家之一。1919 年 4 月 27 日，杜威和夫人奇普曼坐船离开了日本熊本港，前往中国。4 月 30 日下午杜威抵达上海，受到其学生蒋梦麟、陶行知、胡适的热烈欢迎。1919 年，新文化运动正值高潮，杜威的到来为中国社会和中国教育带来了一缕新思想之风。杜威夫妇在杭州讲演时，五四运动爆发。1919 年 12 月，杜威发表在《亚洲》杂志上的《中国人的国家情感》一文中这样说：五四运动是中国国家感情存在与力量的突出证明，如果还有什么地方的人对中国人爱国主义的力量和普及程度抱怀疑态度，那么这种证明就是深切而且令人信服的教训。

1916—1927 年，教育现代化发展处于地方为主、军阀割据的状态。尽管国家处于动荡之中，中国教育现代化的进程依然是持续推进——虽然忽快忽慢，但方向是坚定的。对于中国教育现代化来说，五四运动、白话文运动是不能不提的大事。1919 年，五四运动爆发，新思想、新观念不断涌入，从社会深处冲击着传统的教育体系。旧教育体制被破除，将"养成健全人格，发展共和精神"作为教育本义。以白话文取代文言文，是一场数千年的教育文化巨变，推动了文学革命和社会文化变革，在更深层次影响着教育内容、课程内容和教学方式。

1915 年，中国社会经济、政治、文化教育等方面发生了和正在发生着巨大的变化。陈独秀创办《青年》杂志（后改为《新青年》），树起"科学"与"民主"两面大旗，成为新文化运动的重要推动力量。1917 年，马克思主义传入中国，为中国共产党的建立奠定了思想和理论基础。1919 年，平民教育兴起，第一次提出"除文盲，做新民"的口号。

① 中国近代教育史资料汇编：高等教育［M］. 上海：上海教育出版社，2007：821-822.

从洋务运动到戊戌维新，从辛亥革命到五四运动，前后近70年，中国经历了文化的自我怀疑、自我改造、自我否定阶段，从感性反思到理性批判，从文化批判到政治批判，直至从文化维新到文化革命。“打倒孔家店，不仅冲击了维系传统小农社会的精神支柱，而且冲击了传统的是非标准和价值标准。”一个社会在新价值体系没有建立的情况下，完全打破旧的价值体系，对于社会、文化与民众的影响深刻而长远，这种影响既有正面，也有负面，双重文化变迁在中国至少持续了100年。

习之堂

从一个封建国家到一个现代国家转变过程中，必须要经历的一个重要阶段是文化的否定。新文化的确立前提是打碎旧文化，是对千百年来历史沉淀而成的旧文化的否定、扬弃和超越。

1919年1月27日和28日，中日两国代表在巴黎和会上就山东主权归属问题展开了一场唇枪舌战。早在1914年8月，日本不顾中国反对，悍然在中国领土上对德宣战，强行控制了山东，并占有了德国在山东的权益，还迫使北洋政府签订了有关条约。日本参加巴黎和会的一个重要目的，就是想在国际社会进一步确认其继承德国在中国山东权益的合法性。日本全权代表牧野伸显手持一份份文件（这些文件大多是1914年至1918年间，日本强迫中国签订的不平等条约及日本与其他国家签订的条约中有关中国山东主权归属的部分，包括《二十一条》《西原借款协定》等），诡辩日本应该按照这些文件的相关条例无条件继承德国在中国山东的一切权力和财产。1919年4月30日，巴黎和会的巨头英、法、美三国根据日本提供的所谓“证据”——1915年中日签订的《关于山东条约》、1918年中日关于山东问题的换文等不平等条约，做出决定：“德国在胶州及山东所有各项权利，一概放弃，交予日本，日本自愿担任将山东半岛连同完全主权交还中国”的责任，并将之写入《协约参战各国对德合约》中。毫无疑问，这个决定对中国是极其不公正的。中国代表团对此决定提出了强烈抗议，中国国内五四运动爆发，也随之掀起了声势浩大的民众抗议浪潮。6月28日，中国代表团在巴黎发表声明，拒绝在合约上签字。在1920年的华盛顿会议上，中国代表团据理力争，最终从日本手中夺回了山东主权。

——性别平等是现代教育的重要理念，也是教育现代化追寻的重要目标。在中国封建社会，女子接受教育是一件失德的事情。谈到民国女性教育，必须要谈到一个人，她就是郑毓秀。清光绪十七年（1891），郑毓秀出生于广东广州府新安县西乡乡屋下村（今广东省深圳市宝安区西乡街道乐群社区）一个封建官吏家庭。1924 年，郑毓秀获得巴黎大学法学博士学位，成为中国第一位获得博士学位的女性律师。1925 年，郑毓秀回国后，被聘为北京女子师范大学校长。她是中国现代历史上第一位女性省级官员，历任上海审判厅厅长、江苏地方检察厅厅长、上海临时法院院长兼上海发行院院长，后成为民国时期著名的社会活动家、出色的革命家和女权运动的倡导者。她在近代教育领域、法制建设等方面颇多建树，为妇女解放、实现男女平等殚精竭虑。

——乡村建设运动背景下，新乡村教育运动兴起。20 世纪 20 年代，美国著名教育学家杜威先生就针对中国未来发展深刻地指出：“中国不必步步依照西洋，尽管可以自辟新路。”著名教育家陶行知先生认为教育和政治最有密切关系，他提出，“我们深信教育是国家根本大计”，“教育为公，以达天下”的思想。行知先生还亲自创办了南京晓庄师范学校并力推中国乡村教育改造，主张“乡村教育是立国之大本”，“人民贫，非教育莫与富之；人民愚，非教育莫与智之”。“我们必先造就了孩子，方才有科学的中国。”与此同时，全世界平民教育的先行者晏阳初，发起前无古人的博士下乡运动，提出了“除文盲，做新民”的口号，以“民为邦本，本固邦宁”的民本思想为核心，以文艺教育救愚、生计教育救贫、卫生教育救弱、公民教育救私的四大教育为手段，通过学校、社会、家庭整体推进，以铲除农民的“愚、贫、弱、私”四大劣根。晏阳初主导的乡村建设运动，为推进平民教育、促进乡村文明做出了重要贡献。晏阳初把平民教育的重点从城市转到农村，教育的对象也由城市平民变为乡村农民，要培养全体国民的知识力、生产力、强健力和团结力，以造就“新民”，并主张在农村实现政治、教育、经济、自卫、卫生和礼俗“六大整体建设”，从而达到强国救国目标。这些改造教育、改造农村，从而实现改造中国的主张，为 20 世纪初中国农村教育的发展奠定了基本思想。1923 年，中华平民教育促进会正式成立。该总会设在北京，并在全国 20 余省区设有分会，以平民教育作为救国和改良社会措施，主要活动是开办平民学校。朱其慧任董事长，陶行知任董事部书记，晏阳初为总干事。

——这一时期是农村学校教育制度变革最为剧烈的时期，不仅延续了近代以来以促进农村人口素质提升来实现国家整体现代化的思路，而且积累了在特殊历史时期促进农村学校普及与革新的经验，奠定了 20 世纪中期以后农村学校发展的基础。当时的《小学法》明确规定：“小学为市或县设立者，为市立或县立。小学由区设立者，为区立小学，由坊或乡镇设立者，为坊立或乡镇立。”民国政府还进一步明确要求“每一乡（镇）应设中心学校一所，称某乡（镇）中心学校，兼负国民本乡（镇）各保国民学校之责”。“乡（镇）内已设中心学校之保或各保距离中心学校不足三里者，不另设国民学校。”坚持了国家体系与民间体系相结合的特点，给予乡村小学以明确定位和发展空间。1925 年 7 月广州国民政府成立后，国民党一党利益更加膨胀，甚至以党代国，党国不分。1926 年 8 月，广州国民政府拟订《党化教育之方针、教育方针草案》。所谓“党化教育”是国民党领导下谋求教育的“革命化”“民众化”“科学化”和“社会化”的政治主张，在教育党性与公众性和普惠性之间显出矛盾。

后发型教育现代化在教育思想、教育模式、教育内容与教育方法方面受到西方国家的重要影响。在向西方学习过程中，要不要保留自身特点与风格，如何发展中国式的教育现代化，这一战略问题考验着中国文化的韧性、适应性和成长性。“毋庸置疑，文化是人类的适应方式。文化为利用自然能量，为人类服务提供了技术，以及完成这种过程的社会和意识方法。”“演变的进化过程便是对攫取自然资源、谐调外来文化影响这些特点的适应过程。”[①] 当然，这更是一个痛苦挣扎、文化再造和自我和平重塑的过程。从这个意义上讲，中国教育现代化是一次最为广泛、最为深刻和最为全面的社会文化变革，不仅解决了社会转型的目标问题、道路问题，也寻找到了实践路径和成功方法。如何解决好中西文化关系问题，是中国政府与民众需要面对和解决的核心问题。

自清朝末期开始，国人所见的中国教育史著作大多是日本学者的译作。中国学者独立开展近代中国教育史的研究工作是从民国开始起步的，学前教育史的研究也大致与此同步。在半封建半殖民地的百年历史中，面对西方的坚船利炮和先进文化，清王朝和军阀政府乃至国民政府，在弥留、割据与战乱之间，也采取了改革学制、出国留学和建立现代教育体系的一些重要措施。从小学到大学，中国初步建立了现代教育体系的雏形。与此同时，对外的教育交流活动也在不断开展。1925 年 7 月，蔡元培率团参加在苏格兰召开的世界教育联合会大会。在留学生方面，1925 年，美国的外来留学生约有 7 500 人，而中国留学生则多达 2 500 多人，占三分之一。1926 年前后，在苏联学习的中国留学生有 1 600 名。[②] 同时借助西方和日本的国际教育，中国出现过像胡适、鲁迅、闻一多等一批学者才俊。

20 世纪 20 年代中后期，国家相对稳定，以欧美教育为范本，有计划地推进教育体

---

① 哈定. 文化与进化［M］. 韩建军，商戈令，译. 杭州：浙江人民出版社，1987：20.
② 李喜所. 中国留学史论稿［M］. 北京：中华书局，2007：2-3.

系和制度建设，中国教育现代化取得明显进展，但同时也存在“食洋不化”的问题、弊端和教训。教育法令多如牛毛，社会动荡，官员频换，中央法无定法，地方各行其是。更为根本的原因是，法律法规与发展目标缺乏教育经费的保障。1914 年至 1920 年，教育经费仅占中央政府总预算的 1%，军费则占 40% 以上，教育经费与军费之比如此“奇葩”，可谓是这个时代中国教育发展困境的真实写照。这一时期，学龄儿童进入小学的比例不足 20%。初小升高小的比例，只有 17.9%，中学毕业后升入高中的不到 20%，其中能升入大学的不及 10%。

中国地域广阔，人口众多，情况复杂多样，财政能力不足，难以单靠中央的力量实现教育广泛普及。军阀混战时期，地方割据，各霸一方，中央政府与地方政府在教育管理权方面混乱，特别是地方发展教育事业需求旺盛，导致了遍及全国的教育经费独立运动。“教育独立”的最初内涵是指建立地方独立的教育行政权力。全国教育独立运动会 1922 年 2 月 12 日在北京成立，发表了《教育独立宣言书》并要求：教育经费独立，指定教育基金，教育制度独立，并认为经费独立是教育制度独立的根本。1923 年，运动发起人上书教育部，提出以续办铁路附加捐作教育经费等建议。教育界与政府部门之间对于教育经费问题争执，长期难以达成共识。1926 年 3 月，段祺瑞临时执政府为解决教育经费问题在北京成立了一个特设机构——教育特税公署，马叙伦任督办。但是，由于政治动荡，经济无序，教育经费更加困难，1926 年 8 月，北京大学、北京师范大学、北京女子师范、政法大学等“北京国立八校”校长因经费无着，不能开学，集体联名辞职。

习之堂

1914 年，直隶教育会会长张佐汉联合北京、山东、奉天、山西、黑龙江、陕西、湖北等地的教育会，共同呈文袁世凯“提倡教育独立通函”，针对民初省教育行政废司为科的措施，提出仿效清末的方法，恢复提学使，设置“教育独立官厅”，实施教育行政管理体制。①

2. 南京国民政府时期（1927. 4—1949. 9）

1927 年 4 月 18 日，南京国民政府同武汉国民政府合并，成立国民政府，史称“宁汉合流”，终于在全国形成了统一的

① 朱庆葆，陈进金，孙若怡，等．中华民国专题史：教育的变革与发展［M］．南京：南京大学出版社，2015：45．

中央政府，政治上相对稳定，经济状况也逐渐有所好转。1927—1937 年是国民政府经济建设的“黄金建设十年”，也“成为中华民国时期大学教育发展的‘黄金十年’”[①]。1927 年 6 月 17 日，蔡元培任大学院院长。10 月 1 日，中华民国大学院正式成立，成为全国最高学术教育机构，在短暂的一年多的时间内，为中国教育发展改革做出了积极探索。大学院多次召开重要会议，研究教育与学校发展问题。在蔡元培领导下，全国推行大学区制，即以大学区为教育行政单元，区内学术及教育行政事项归大学院处理，并在各大学探索校长负责制。国民政府重新任命各省教育厅厅长，强化教育行政领导。

1928 年初，大学院先后公布《私立学校条例》《小学暂行条例》《中学暂行条例》《大学院译名统一委员会组织条例》《大学院组织法》，特别是具有创造性地制定了《教育学术统计暂行条例》；第三中山大学改名为浙江大学，广州第一中山大学改名为中山大学，第四中山大学改称江苏大学。1928 年 3 月，厦门大学和国立艺术院批准成立，中华民国大学院中央研究院改为国立中央研究院。1928 年 5 月 16 日，“江苏大学”改称“国立中央大学”，其成为中华民国时期中国最高学府，也是中华民国国立大学中系科设置最齐全、规模最大的大学。1928 年 6 月 15 日，南京政府发表对外宣言，声明“中国八十余年间，备受不平等条约之束缚，既与国家相互尊重主权之原则相违背，亦为独立国家所不许”。8 月，大学院核准国立武汉大学组织大纲。此后，大学院院长蔡元培辞职，国民政府慰留，直至 10 月 3 日由中国政治会议决议接受其辞职，并任蒋梦麟为新任院长。10 月 17 日，中央大学区中等学校联合会函蒋院长取消大学区制。10 月 23 日，国民政府令改大学院为教育部，负责全国教育事务，蒋梦麟成为教育部部长。民国时期，行政管理部门从教育部改为大学院，又从大学院回复到教育部，很难评价孰对与孰非。不管教育历史学家如何评价这一段历史，中国教育人对于管理模式的探索精神都值得鼓励。

1928 年，国民政府提出根据“三民主义”确定的中华民国教育宗旨：（1）恢复民族精神，发扬固有文化，提高国民道德，锻炼国民体格，普及科学知识，培养艺术兴趣，以实现民族主义。（2）养成劳动习惯，增高生产技术，推广科学之应用，提倡经济利益之调和，以实现民生主义。提供国际正义，涵养人类同情，期由民族自决，进于世界大同。[②]这一宗旨，从民族精神到国民道德，从知识、能力、习惯、能力到劳

① 章茨．民国时期的教育立法与大学科系：1911—1937［EB/OL］．（2014-10-11）［2019-01-30］．http:www.cssn.cn/xr/xr_rw/xr_xrld/201410/t2014101/1358017.shtml．

② 周邦道．第一次中国教育年鉴：上［M］．上海：开明书店，1934：8．

动、协作、民生与国际，最终提到世界大同，体现了现代的教育思想、理念与方法。而灌输政治知识等内容也体现出为政治、政权服务的观念。

对于一个发展中国家来说，教育经费不足始终是一个长期问题。1928 年，察哈尔教育厅呈晋察绥总司令阎锡山，将关税附加五厘赈捐及卷烟半税拨作教育专款。1929 年，中国恢复了关税自主权，这是国家经济独立的重要标志。伴随于此，国民政府财政收入明显增加。国民党刚刚形成统一的政权，经济恢复，民生改善，教育投入增加，表现出一种上升的势态，更加重视教育制度的法制化、正规化和现代化。1929 年 2 月，教育部颁行《督学规程》19 条，在全国各省市实施。1929 年 4 月 26 日，国民党第三次全国代表大会制定《中华民国教育宗旨及其实施方针》，教育宗旨为“中华民国之教育，根据三民主义，以充实人民生活，扶植社会生存，发展国民生计，延续民族生命为目的；务期民族独立，民权普遍，民生发展，以促进世界大同”。

有关史料显示，1929 年是中国高等教育建设和发展的又一高潮。主要事件包括：1929 年 6 月，教育部将山东大学改为青岛大学，批准建立私立燕京大学和私立南开大学，颁布清华大学新规程。1929 年 7 月，国民政府公布《大学组织法》，规定：“大学分文、理、法、教育、农、工、商、医各学院，凡具备三学院者，始得称为大学。不符合上项条件者，为独立学院，得分两科。”1929 年 8 月，教育部公布的新《大学规程》对此做了进一步说明。其中第二条规定：“大学依大学组织法第五条第二项之规定，至少具备三学院，并遵照中华民国教育宗旨及实施方针，大学教育注重实用学科的原则，必须包含理学院或农、工、医各学院之一。”1929 年 8 月，吉林大学成立，北洋大学开始筹备，陆军大学校组织法公布；同年 9 月，任蔡元培为国立北京大学校长。1930 年，教育部制定《改进全国教育方案》，以“改进高等教育计划”以“充实大学内容、提高程度”和“改进大学教育质量、不做数量扩充”为主要原则；以充实大学内容，完善大学结构，办综合性大学为主要目的。

现代化的结构体系是教育现代化的内在要求和外在体现。由于缺乏经验，民国时期普通教育学校发展速度快，规模增长迅速，但职业教育发展明显不足，难以适应经济发展和实业发展需要。1930 年 5 月，国民政府教育部主持召开第二次全国教育会议，制定了改进全国教育方案，一是在普通中学与职业中学二者，更加侧重发展职业中学；二是提高普通中学程度。1930 年，国民政府提出“实施成人补习教育初步计划”。1931 年 4 月，教育部再一次通令全国各省区限制普通中学，增设职业中学。

1931 年 4 月 29 日，国民政府教育部颁布《乡村小学充实儿童学额办法》，要求每一教室不得少于 25 人，并要多设免费学额，促进乡村学龄儿童入学。1931 年，公布了《专科学校规程》，加强管理，促进专业教育发展。1932 年 12 月，国民政府《小学法》和《中学法》对于中小学布局做出明确规定："小学为市或县设立者，为市立或县立。小学由区设立者，为区立小学，由坊或乡镇设立者，为坊立或乡镇立。"实际上是以法律的形式，确定教育特别是中小学的规划布局。1932—1933年间，国民党中央政府及教育部先后颁布了各项通令对中等教育进行改革。1933年，国民政府教育部首次颁布了《国外留学规程》，明确规定公费留学生必须通过考试选拔。这也是中国政府最早有关留学考试的政策规定。由南京国民政府向欧美各国派遣了一批批官费留学生，每年有100人左右，最多达到每年1 000人左右。为了引导民办学校的发展，1934年，国民政府拨款72万元补助私立学校，其中规定的补助标准为：注重实科，其费额不得少于70%。

1935年，国民政府行政院发布《实施义务教育暂行办法大纲》，这是中国教育史上第一项义务教育法规。1937年进一步推出《学龄儿童强迫入学暂行办法》，并确定"一切学龄儿童至少应受两年义务教育"。并提出通过举办新校、改造私塾和举办民办学校促进儿童入学。这一时期，陕西省教育厅下达《实施强迫教育大纲》，在省域范围内较早地实施义务教育地方法规。在发展普通教育的同时，国民政府重视成人识字工作，1936年制定了"实施失学民众补习教育办法及实行细则"，设立短期学校，力图扫除10～16岁的文盲。[①]

在中国城乡教育快速发展之际，有一位冷静的观察者和分析者，他就是被称为国民党教父的陈果夫。陈果夫先生在其著作《中国教育改革之途径》一书中，对于当时流行的教育发展和教育政策提出了富有见解的想法。他认为，近代中国的教育只是在制度形式方面把外国人的理论和做法抄袭过来，并加以修改，缺少一个整体规划总纲，便将其称之为新教育。陈果夫认为："中国古时教育中如孔子以仁为重心，曾子以孝为重心，孟子以仁义为重心，荀子以礼为重心等。自晚清学校教育开始以来，认为过去的都属陈旧，便把这几千年来维系中国社会与教育的重心遗弃了，于是新式教育便招致整个的失败……这个重心是什么？就是维系中国的社会至数千年之久的伦理观念。从孔子发明伦理哲学，其间经过曾子、孟子等的发扬推演，遂成为我国数千年来教育的重心所在，这重心一日不失，社会便能维系一日……因此'孝'与'悌'便成为伦理道德的基点，乃中国教育唯一的出发点。"[②]1932年5月，陈果夫向国民党中央提出《改革教育初步方案》，进一步提出要重视实用科学发展，侧重农工医学教育，

① 教育部离退休干部局．亲历70年：教育部老同志庆祝新中国成立70周年文集［M］．北京：高等教育出版社，2019：76-77．

② 陈果夫．陈果夫先生全集：第1册［M］．台北：近代中国出版社，1991．

物尽其用，货畅其流，以确立中华民族之经济基础，增加中国国家与各个人民之富力。应该公正地说，陈果夫的观点正切20世纪初中国教育改革的时弊，只因在批孔的背景下有点不合时宜，因而没有成为当时社会教育思想的主流。

总体而言，从1927—1937年，中国教育有了比较大的发展，教育思想、教育法律、教育政策、教育基础条件水平进一步提高，在校生规模持续扩大。据统计，1937年，初等学校达259 095所，学生达12 383 497人；中等学校为1 896所，学生389 948人；高等学校91所，学生31 188人。[①]20世纪20—30年代，中国教育培养了一大批杰出人才，鲁迅、郭沫若、李四光、徐悲鸿、林语堂、老舍、郁达夫、徐志摩、钱锺书等都是各方优秀代表。

1937年7月，日本占领了北京和天津，12月，日军攻陷了南京，制造了30万人的南京大屠杀。1938年，广东沦陷，武汉失守。由于中国长期处于国家动荡和战争状态，教育缺少发展的稳定环境和支撑发展的经费实力。抗日战争期间，国共两党达成休战协议，非战区发展经济，发展教育。由于外部环境变化，教育机构主管连续调整，教育政策迭出，这一时期的教育发展缺少稳定性和持续性。尽管如此，中国教育现代化的故事在战争中继续演进。这是中国教育发展的特殊阶段，也是中国教育现代化最为艰苦的阶段。战争之初的1937年，国民政府没有意识到这场战争的残酷性和长期性。如往常一样，实行“双轨制”，在战争中继续发展教育事业。国民政府教育部开办的国立拉萨小学，盛时学生也不足300人，办学10多年，仅有12人高小毕业。在抗日战争时期，国民政府坚持持续发展教育事业，并开始实施国家教育规划，谋求中期教育发展。

中国有广阔的地域空间、比较充足的人口供应和中国人民面对艰难困苦的韧性，教育发展依然在缓慢地持续。抗日战争初期，国统区教育管理仍然继续。1937年8月，国民党政府颁布了《总动员时督导教育工作办法纲要》：（1）战争发生时，全国各地学校及其他文化机关，务力持镇静以就维持课务为原则；（2）比较安全区域之学校，尽可能范围内设法扩充容量，收容战区学生；（3）各级学校之训练，应力求切合国防需要。但课程变更，仍须照部定范围；（4）各级学校之教职员及中等以上学校之学生，得就其基本地成立战时后方服务团体，但须严格遵守部定办法，不得以任何名义妨害学校之秩序。这个纲要体现了政府对于教育的重视，在一定程度上保证了抗战时期教育的发展和正常教育教学秩序。1937年下半年，北京、上海、南京相继被日军

① 王卫骞．三十年代中国教育发展状况（1930—1939）[J]．成人高教学刊，1989（6）：63.

占领，大批高等学校内迁。北京大学、清华大学、南开大学三校于 1937 年秋迁往长沙，组成长沙临时大学。1938 年又迁往昆明，改称为西南联合大学。1941 年秋，国民教育第一次五年计划实施，按保设立国民学校，按乡镇设立中心国民学校。可以说，这是中国教育历史上第一个五年教育规划，在中国教育规划历史上具有开创性标志意义。更为重要的是在战争状态下，实施教育发展第一轮五年规划，取得了一定效果，开启了中国教育规划的先河。由于研究和时间所限，现没有找到这一五年计划实施的效果资料。

1942 年 5 月，国民政府发布《县市立中等学校设置办法》，进一步发展中等教育。1944 年 7 月，国民政府特别下发了《强迫入学条例》，要求“各乡镇得设置乡镇强迫入学委员会”，“每班学额以五十人为度”。这是我国教育史上第一个具有强迫性的国家级教育法规。1944 年，薛曲小学改为韩中附小，增设高级班 1 班。姚庄小学改为联立简师附小。1945 年，韩城县共有学龄儿童 16 642 人，入学的有 15 136 人，占学龄儿童的 91%。1945 年，日本宣布投降，继而国民党与共产党之间爆发内战。

1946 年，国民政府推行《国民教育第二次五年计划》，要求各乡增设中心小学，国民小学内设民教部，主管民众教育。这也是民国时期最后一个教育五年规划，由于国内战争的影响没有完全得以实施。据陕西省韩城市小学教育发展史记载，至 1948 年 3 月韩城解放，全县中心小学 19 所，学生 4 095 人；初小 270 所，学生 6 700 人；合计中小学 289 所，学生 10 795 人。

1946 年，国民政府还颁布了《教育宪法》，规定，“边远及贫瘠地区之教育文化经费，由国库补助之。其重要之教育文化事业，得由中央办理或补助之”，“教育、科学、文化之经费，在中央不得少于其预算总额 15%，在省不得少于其预算总额 25%，在市、县不得少于其预算总额 35%”，第一次以法律的形式确定了各级政府的教育经费财政负责。1947 年 1 月公布的《中华民国宪法》明确规定：教育、科学、文化之经费在中央不得少于其预算总额的 15%。1947 年，教育发展特别是学生规模很快恢复到抗日战争以前的水平，农业教育得到进一步发展。中国是一个传统的农业大国，农业教育具有重要地位。虽然连年战争，在一个农业大国，国民政府还是建立了成系统的农业教育体系。截至 1949 年，在高等教育中，有国立大学农学院 19 所，私立大学农学院 10 所，国立独立农学院 2 所，省立农学院 8 所，私立农业专科学校 4 所，共计 43 所。在 1932—1947 年的 15 年中，共有农业方面的大学本科学生 13 102 人毕业，占全国本科毕业生总数的 6.99%。

习之堂

山西地处中部，两山夹一沟。阎锡山早期曾在日本留学，民国时期被评为模范省长。他热衷于干两件事，一是种树。二是办学。在办学过程中招来的教师学历不一，有高中毕业、初中毕业，还有小学刚毕业的老师。小学毕业教小学怎么能行？阎省长有主意，他让高中毕业的老师带着其他老师一起备课——最好的知识首先在教师中间实现共享，然后让每个具有高中知识水平的老师走到每个班级，实现最好的知识让全体学生共享。初步形成了“集体备课”这一中国教研的重要模式。

教研被称为中国基础教育的秘密武器，早在1921年10月，第七届全国教育会联合大会议92决案就提出要“推行小学校设计教学法案”。1928年，国民政府教育部发布了有关中小学教学研究活动的文件。旧教育在逐渐变革，这种变革也是深刻革命的一部分。只要将许多几乎难于观察的历史细节以科学理性的方式联系起来，这种变化的“革命性”便跃然纸上。从军阀战乱时期开始，虽然连年战事不断，国无宁日，民不聊生，但是由于军阀割据，相互矛盾与冲突，无暇执政，反而留下了许多管理的真空地带。此时中国思想文化界依然活跃，教育依然在持续变革。

“整个民国时期，留美生当在15 000人上下，仅次于留日生。”①这些留学毕业生成为中国现代自然科学和社会科学最为重要的奠基人。在教育学术方面，民国时期从美国或欧洲毕业的学者翻译了大量西方的学术著作，引入了西方许多新理论和新思想。更有一些学者参照西方教育思想，研究中国的教育发展问题。陈鸿璧在《幼稚教育之历史》中首先谈及人文进化与教育的联系，认为人文进化之力对于人类进步有莫大的作用，即“进化之原动力为何？曰‘教育’”。张雪门的《世界的幼稚教育》一文以苏俄、美国为例，更多的是谈国家政治与学前教育的关系。1931年，金海观出版的《幼稚教育的沿革与趋势》对于古代以来至20世纪初年的西方学前教育历史进行了分析研究。金以林先生著有《近代中国大学研究（1895—1949）》，宋秋蓉著有《近代中国私立大学研究》，宋恩劳主编了《近代中国教育之研究》，吴家莹撰写了《中华民国教育政策发展史》，这些著作影响着现代中国教育，也为后来的学者研究中国现代教育提供了不可多得的宝贵资料。

套用一句最俗的老话：事情没有说得那么好，也没有传说的那么坏。民国时期在推进国家教育现代化方面，特别是在现代教育立法、现代教育体系、制度建设方面做了许多工作。也由于经济贫困、长期战争和文化影响，教育发展并不均衡。民国时期，有动荡、战争，也有着变革、奋争，绝望中透露着希望，黑暗之后便是黎明。中西学融汇、新旧学交织，无论是学

① 李喜所．中国留学史论稿［M］．北京：中华书局，2007：2-3．

术界还是思想、哲学界，群星辉耀，大师辈出。他们在动荡中坚守，将传统文化精华与新学相融合，奔走于历史的舞台。

中国教育现代化是一种多元影响、多元演进、多元进化的历史过程。这种多元性既展示了第一人口大国社会转型所具有的前所未有的复杂性，也削弱了每一个外来文化对于中国影响的影响“份额”，避免了中国成为西方单一国家的殖民地。任何外国文化的影响对于中国来说，都是片面的、局部的和碎片化的。更加深刻地分析，中国社会转型不自觉地利用了各种文化之间的联系与矛盾，既积极吸收各方文化的优点，又避免在吸收中失去自我。换句话说，中国太大，没有谁能够吃掉她，更没有谁能够完全改变她，只有靠她自我演进、自我成长、自我发展。

（四）红区教育

中国革命老根据地简称红区或革命老区，是指土地革命战争时期和抗日战争时期，在中国共产党领导下创建的革命根据地。红区教育是中国革命根据地教育的简称。1926 年，毛泽东在井冈山创立第一个农村革命根据地，开办农民讲习所，对农民进行文化及革命思想教育。

以培养革命干部、实现革命斗争胜利为目标，革命根据地创办了红军大学，全称为“中国工农红军大学”。前身为 1931 年建立的中央红军学校。1933 年 11 月，改为中国工农红军大学，培养军队高级干部和高级专业人员。其中教职员 16 人，均系中央的负责人；第一期学员有 600 多人，包括宋任穷、程子华、彭雪枫、刘道生、韦国清、唐亮等。[①]1933 年 8 月 16 日，中央人民委员会决定创办苏维埃大学。该大学分设本科和预科两个部，本科设有土地、国民经济、财政、工农检察、教育、内务、劳动、司法等八班。全校工作人员和学生都加入赤卫军，进行经常的军事教育。1933 年，瑞金革命根据地建立了马克思共产主义大学，这是一所党校性质

习之堂

苏维埃大学由毛泽东任校长，沙可夫任副校长。入学人群面向机关、群众团体、革命斗争一线，入学资格为 16 岁以上，不分种族性别，在解放区域内，具有能看普通文件文化水平者，均有入学资格。

① 曲士培．中国大学教育发展史［M］．北京：北京大学出版社，2006：280．

的学校，重点是培养培训高级干部、白区工作人员。同样，也是在 1933 年，中央教育干部学校（高级师范）成立，以培养根据地文教干部和教师为主要目的。这一时期，红区所举办的大学及学校是红色教育的根脉与雏形，在培养革命干部和探索人才培养方式上做出了重要贡献。

1934 年 1 月，毛泽东在《第二次全国苏维埃代表大会上的报告》中指出：苏维埃文化教育的总方针“在于以共产主义的精神来教育广大的劳苦民众，在于使文化教育为革命战争与阶级斗争服务，在于使教育与劳动联系起来，在于使广大中国民众都成为享受文明幸福的人”，“苏维埃文化建设的中心任务是什么？是厉行全部的义务教育，是发展广泛的社会教育，是努力扫除文盲，是创造大批领导斗争的高级干部”。[①] 方向明确，文字简要地概括了红区教育以“使广大中国民众都成为享受文明幸福的人”为发展方向以及苏区教育发展四大任务，充分体现了教育的人民性的本质与初衷。1935 年 10 月，中央红军经过二万五千里长征，到达西北革命根据地。1937 年 5 月，毛泽东在延安召开的中国共产党全国代表会议上所做的报告中提出：“政治上、军事上、经济上、教育上的国防准备，都是救亡抗战的必需条件，都是不可一刻延缓的。”尽管处于战争时期，在毛泽东主席的领导下，延安苏区教育事业不断发展。1938 年，毛泽东同志富有远见地指出：“伟大的抗战运动，必须有伟大的抗战教育运动与之相配合。”国防性、政治性、人民性和普及性是这一时期红区教育的突出特点。苏区教育的一项核心任务是培养干部，包括党、政、军、师范、医药、艺术、农技等诸多方面，构成了一个庞大的教育体系。红军大学、苏维埃大学、马克思共产主义大学、中央农业学校、高尔基戏剧学校、中央列宁师范学校、高级师范学校均在其中。

1938 年，毛泽东亲笔为陕北公学题词：“要造就一大批人，这些人是革命的先锋队……中国要有一大群这样的先锋分子，中国革命的任务就能够顺利的解决。”[②] 自 1937 年至 1939 年短短两年的时间里，陕北公学培养了 6 000 多名干部。[③] 中国共产党在延安及其所领导的抗日民主根据地创办了一批高等学校，主要是专科或相当于专科以上的学校，包括学院、公学、大学，成为中国共产党举办正规大学的初步探索，更为重要的是涌现了徐特立、成仿吾等一批革命教育家，对于建立中国新型教育文化具有积极作用。

---

① 中央教育科学研究所．老解放区教育资料（一）[M]．北京：教育科学出版社，1981：20．

② 中共中央文献研究室．毛泽东年谱（1893—1949）：中卷 [M]．北京：中央文献出版社，2013：34．

③ 张晓萌．延安时期党创办高等教育的历史经验：以陕北公学为例 [EB/OL]．(2017-09-20) [2019-03-03]．https://epaper.gmw.cn/gmrb/html/2017-09/20/nw.0110000gmrb_20170920_2-11.htm．

1938年2月，毛泽东和周恩来领衔，林伯渠、徐特立、成仿吾、艾思奇、周扬等人联名发出鲁迅艺术学院《创立缘起》：培养抗战的艺术工作干部也是不容稍缓的工作……延安鲁迅艺术学院于1938年4月10日成立，是一所综合性文学艺术学校，1940年后更名为“鲁迅艺术文学院”（简称“鲁艺”）。鲁艺设立了4年制的本科教育，包括美术学、艺术学、艺术设计、舞蹈学等专业。学院培养了穆青、贺敬之、冯牧、李焕之、郑律成、王昆、成荫、罗工柳、于蓝等大批文学家、艺术家。更为重要的是鲁艺将艺术服务于百姓、服务于战争，对于抗日战争中的八路军和根据地民众发挥了宣传鼓动激励作用。1943年4月，鲁艺并入延安大学，组建延安大学文艺学院。

延安地区1938年5月成立了马列学院，后改名为中央研究院，作为哲学社会科学的核心研究机构。1939年7月，中国女子大学在延安创办，体现了解放区对于妇女教育的重视。特别值得提及的是在抗日战争的大背景下，作为军事学院前身的八路军军政学院于1941年1月成立，这是中共中央和八路军总部直接领导的高级军政干部学校。1941年10月，延安民族学院成立，其主要任务是培养民族干部，1942年春，与鲁艺一起并入延安大学。

在红色边区，普及教育成为教育发展的一个核心理想和重要内容。在推进国防教育的同时，各根据地积极发展以新民主主义思想为核心的普及教育，表现出中国共产党在战争时期的革命理想主义。1937年，边区政府成立之时，提出“必须采取适当，实施以民族解放、民主政治为中心内容的普及教育”，“培养将来独立、自由、幸福的中国建设者，争取中华民族独立、自由和解放”。[①]1937年，延安育才学校成立，这是党中央、毛主席在延安时期创办的一所中央保育小学。1937年8月，中共中央发布的《抗日救国十大纲领》第

习之堂

在这其中我们清晰地看到，一个领袖对于教育工作的深刻理解和长远战略思想。毛泽东同志论述了学制、课程、管理制度；基于战争需要的干部教育，基于民族文化的民众教育发展，基于理想主义的义务教育，而其目标是以民族精神教育新后代。

① 陕西师范大学教育研究所．陕甘宁边区教育资料：教育方针政策，上［M］．北京：教育科学出版社，1981：1．

八条“抗日的教育政策”，明确提出中国共产党在抗日战争时期的教育总方针，即要“改变教育的旧制度、旧课程，实行以抗日救国为目的的新制度、新课程”[①]。更为重要的是，毛泽东在中共六届六中全会（1938年9月29日至11月6日）上，全面地解释了文化教育政策：

“全民族的第十个任务，在于实行如下各项的文化教育政策。

“第一，改订学制，废除不急需和不必要的课程，改变管理制度，以教授战争所必需之课程及发扬学生学习的积极性为原则。

“第二，创设并增强各种干部学校，培养大批的抗日干部。

“第三，广泛发展民众教育，组织各种补习学校、识字运动、戏剧运动、体育运动，创办敌前敌后各种地方通俗报纸，提高人民的民族文化和民族觉悟。

“第四，办理义务小学教育，以民族精神教育新后代。”[②]

陕甘宁边区政府主席林伯渠在《陕甘宁边区政府报告（1939—1941）》中提到：“原边区政府所辖的这片广大的地区，可以说完全是文化教育的荒地。小学校初级、高级合计只一百二十处，社会教育的组织根本就没有。一般的县份一百人中难找到两个识字的人，有些县份（如华池、盐池等）两百人中只能找到一个识字的。”[③]1939年1月，陕甘宁边区第一届参政会通过的《陕甘宁边区抗战时期施政纲领》提出：“实行普及免费的儿童教育，以民族精神与生活知识教育儿童，造就中华民族的优秀后代。发展民众教育，消灭文盲，提高人民的民族意识与政治文化水平。实行干部教育培养抗战人才。”[④]“实行普及免费的儿童教育”是现代教育思想，红色边区抗战施政纲领闪耀着现代教育的光芒，这也是我们目前在中国共产党教育历史上可以看到的最早的免费教育的制度设计。

1944年10月11日至11月16日，陕甘宁边区召开文教工作大会，这是目前能够看到的陕甘宁解放区召开的唯一一次文教工作大会。会议第一天，毛泽东同志在题为《文化工作中的统一战线》的演讲中指出：“在一百五十万人口的陕甘宁边区内，还有一百多万文盲，两千个巫神，迷信思想还在影响广大的群众。”会议确定了文化教育工

---

① 毛泽东．毛泽东选集［M］．北京．人民出版社，1991：356．

② 毛泽东．毛泽东同志论教育工作［M］．北京：人民教育出版社，1958：33．

③ 陕西师范大学教育研究所．陕甘宁边区教育资料：教育方针政策，上［M］．北京：教育科学出版社，1981：178．

④ 郑涵慧．抗日战争时期陕甘宁边区教育方针研讨［J］．西北大学学报（哲学社会科学版），1984（2）：90-100．

作的方针："我们的文化是人民的文化，文化工作者必须有为人民服务的高度的热忱，必须联系群众，而不要脱离群众。"会议还确定了发展大规模群众文教运动，并提出培养大量边区知识分子和扫除文盲是当前的重要任务。

可以说，陕甘宁边区教育为解放区的巩固和发展做出了重要贡献，探索了解放区中小学和大学教育发展的新模式，为探索中国大众教育做出了重要贡献。红区教育深刻地影响着中国教育，甚至当代中国教育现代化的进程。如鲁艺成为红色艺术大学的典型代表，奠定了解放时期、社会主义建设时期和改革开放时期的中国艺术的红色基因。此外，仅仅存在了一年时间的军事学院和民族学院，不仅培养了我党的军事干部和民族干部，更为之后举办军事院校和民族学院探索了经验和发展模式。

总之，1911—1949 年之间，中国社会转型持续，从传统社会到现代社会转换经历着重重磨难、曲折、痛苦与选择。中国教育在传统与现代、世界与中国、现实与理想、变革与稳定之间反复选择，持续调适，在历史惯性与现实选择的共同推动下，经历动荡与战争，中国教育现代化依然取得明显进展。

1949 年，新中国诞生，中国教育现代化开启了新征程！

第三章

独立探求：

领袖与百姓共同探索学习（1949.10—1976）

我们的目标是要赶上美国，并且要超过美国。……究竟要几十年，看大家努力，至少是五十年吧，也许七十五年。七十五年就是十五个五年计划。哪一天赶上美国，超过美国，我们才吐一口气。

——毛泽东

中国教育现代化进程起源于近代社会，发展到当代，是一个持续的历史进程，其曲折和艰辛程度没有哪一个国家能够相比。据麦迪森统计，世界经济在1820—1952年间取得了巨大的进步。世界生产能力提高了8倍，世界人均收入提高了3倍。美国人均收入提高了将近9倍，欧洲提高了4倍，日本提高了3倍。中国人均收入从占世界90%下降到占它的1/4。[①] 著名学者费正清在《伟大的中国革命》一书中指出："19世纪和20世纪的中国人民——他们不仅是文化上而且是政治上的爱国者——有着从看起来优越的地位的经历，一下子可耻地坠落到一种卑劣地位，接着又长期继续进行民族复兴的狂热努力，现在总算是成功在望了。一旦完全看清楚这点后，将来这就会是一切时代中最戏剧化的故事之一。"[②] 新中国的成立，为现代化提供了根本的政治前提和制度基础。从1949年到1978年改革开放，再到中国教育的新时代，整体中国演义着这样一部"最戏剧性"的教育现代化生动故事。

习之堂

中国政府和人民努力吸收发达国家现代化的经验，针对发达国家现代化的理论与模式严重的"水土不服"的现象，紧密结合中国文化、中国制度和中国优势，进行自主式学习，走自力更生、自主发展之路。在向别国学习过程中保持自己国家的特色，这一直是后发现代化国家所面临的严峻挑战和战略性问题。

自力更生，始终是中国经济建设、科技进步和教育发展所坚持的总立场、总原则和总方针。尽管如此，中国在现代化过程中，也常常因向谁学习、如何学习、学习到什么程度、如何在学习中保持自主性等一系列问题，表现得很纠结。从国家层面看，需要思考如何在学习过程中保持中国社会主义的国家本质问题；从领袖层面看，他们思考的是如何带领一个国家选择正确的发展道路，如何在保持社会稳定的前提下推进国家经济社会的快速发展；从百姓层面看，他们需要的是尽快摆脱贫困，改善生活，有工作、有收入、有学校、有医院，让自己和孩子们过上好日子。中国从一个农业国转型为一个工业国，从农村社会转型成为城市社会，从计划经济转型为市场经济，在这一系列的国家转型中，付出了许多转型成本。从1950年起，中国经历了抗美援朝、"三反五反"、"大跃进"、三年自

① 哈定．文化与进化［M］．韩建军，商戈令，译．杭州：浙江人民出版社，1987：4．

② 费正清．伟大的中国革命［M］．北京：世界知识出版社，2000：前言．

然灾害和“文化大革命”等时期，在取得巨大发展成就的同时，由于缺少发展中实现现代化的先例可以参照，现代化目标设计、推进策略和实现路径常常不自觉地出现摇摆和不确定性，为此也付出了许多探索和转型成本。当然，这些成本和代价的付出是值得的，中国得到了发展的经验，找到了一条中国特色社会主义的发展道路，成为发展中国家实现后发现代化的成功典范。

（一）大国之梦

1949 年，新中国成立，如日出东方，充满希望。西方国家对于中国实行了政治封锁、经济封锁、文化封锁和教育封锁。毛泽东领导中国人民在相对封闭的国际环境下进行独立探索，其努力之艰辛、道路之曲折、代价之巨大都是人类社会在推进和实现现代化过程中少有的。中国走过了一段又一段弯路，取得一个又一个前所未有的成绩，甚至留下一个又一个虽然曲折但又令人难忘的历史故事。

新中国刚刚成立，毛泽东主席就正式向世界宣告：“我们将以一个有高度文化的民族出现于世界”，“要把我们这个经济落后、文化落后的国家，建设成为富裕的、强盛的、具有高度文化的国家”。与历朝历代及国民政府不同的是，新中国的领导人将中国定义为人民共和国，将教育的人民性质摆在首位。早在 1945 年，毛泽东同志在《论联合政府》一文中就明确指出：“所谓新民主主义的文化，一句话，就是无产阶级领导的人民大众的反帝反封建的文化。”“新民主主义的文化，同样应该是‘为一般平民所共有’的，即是说，民族的、科学的、大众的文化”。“农民——这是现阶段中国文化运动的主要对象。”毛泽东同志更加明确地指出：“中国国民文化和国民教育的宗旨，应当是新民主主义的；就是说，中国应当建立自己的民族的、科学的、人民大众的新文化和新教育。”[①]《共同纲领》第五章“文化教育政策”规定：“中华人民共和国的文化教育为新民主主义的，即民族的、科学的、大众的文化教育。人民政府的文化教育工作，应以提高人民文化水平，培养国家建设人才，肃清封建的、买办的、法西斯主义的思想，发展为人民服务的思想为主要任务。”并提出了“人民政府应有计划有步骤地改革旧的教育制度、教育内容和教学法”“有计划有步骤地实行普及教育，加强中等教育和高等教育，注重技术教育，加强劳动者的业余教育和在职干部教育”的工作任务。

---

① 毛泽东．论联合政府［M］// 毛泽东选集：第 3 卷．北京：人民出版社，1991：1082-1083．

1840年以来，中国曾经历了四次内战：1850—1864年太平天国大规模革命和相关起义，以宗教为导向的教育影响普遍；1911年辛亥革命，改变了中国的政体；1925—1927年，国民革命；1945—1949年，国共内战。[①] 四次内战耗费了大量的人力、物力和财力，中国在朝鲜战争中付出了巨大代价才取得胜利。1950年，中国GDP总量仅相当于世界的5%左右。新中国正是在这样一种经济条件下，重新开启了国家现代化的步伐。这个时候的中国有什么？有的是一穷二白的国家和四亿五千万人民，有一支能打胜仗的军队，有中国共产党的坚强领导，当然最为重要的是一个新国家的自信。新中国，正在孕育一个大国的梦想，一个强国的梦想——这一梦想须由中国几代领导人和全体中国人民共同铸就。

近代中国经历了半殖民地半封建和长期战争，可以说是一穷二白。1949年人均GDP只有49美元，全国人口80%以上是文盲，农村地区文盲接近95%，有些地方甚至十里八村也找不出一个识文断字的人。毛泽东曾经这样描述到："中国是一穷二白，穷就东西少，粮食少，油类少，钢铁少，机器少，各种东西都少。中国这么多人，又这么穷，这成一个什么样子！白就是文化程度不高，不好。"一穷二白是中国的现实，改变一穷二白面貌是中国共产党和全体人民的历史使命。

中国古代战略哲学告诉我们：先谋而后动。"低起点、低成本、高效益"是中国推进教育现代化的显著特点。当代中国，教育现代化从打赢扫除文盲持久战开始。中国共产党对现代化的认识最早是和工业化联系在一起的，1945年毛泽东在《论联合政府》中就提出，"为中国的工业化和农业的近代化而斗争"。1949年12月23日至31日，教育部在北京召开的第一次全国教育工作会议确定教育工作必须为国家建设服务，学校必须为工农开门的总方针。坚持教育服务大众、服务人民的方向，迅速改变中国教育落后状况，是新政府的重要目标和责任。该会议提出："争取在1951年开始进行全国规模的识字运动。"到1953年，全国共扫除文盲近408万人，首战初捷。

更大的胜利是，1953年中国战胜了"联合国军"，迫使美国在板门店签署了停战协议。美军克拉克将军说："我成了历史上第一位在没有胜利的停战条约上签字的美国陆军司令官。我感到一种失望的痛苦。"英国牛津大学战略学家罗伯特·奥内尔博士也评价道："英勇的志愿军，可能在后人看来不可思议。中国从他们的胜利中一跃成为一个

① 费正清在《伟大的中国革命》一书中曾提出"五次内战"的观点，其中将"文化大革命"作为第五次内战。本人不太同意这一观点和分类，因为内战是一个国家内部敌对双方为争夺政权或势力范围而进行的军事冲突，而"文化大革命"不是一场军事斗争。

不能再被人轻视的世界大国。如果中国人没有于1950年11月在朝鲜战场上稳执牛耳，此后的世界历史进程就一定不一样。”

习之堂

朝鲜战争的结束，极大地增强了中国的国家自信，也为中国开展国家现代化建设创设了十分有利的国际环境。

中国是一个具有战略文化的国家。刚刚从战争中走出来的中国，迅速进入国家现代化建设的热潮之中。1954年9月15日，毛泽东在一届全国人大一次会议上的开幕词中指出，“准备在几个五年计划之内，将我们现在这样一个经济上文化上落后的国家，建设成为一个工业化的具有高度现代文化程度的伟大国家”，将工业现代化和文化现代化同时并提，体现了物质文明与精神文明统一性的现代化精神。更为重要的是中国的国家目标是要建立一个以工业化为基础，具有高度现代化文化程度的伟大国家。1955年，毛泽东主席诚恳地告诉全国：“我认为我们应当相信：党是有能力领导全国人民进到社会主义社会的。我们党已经胜利地领导了一个伟大的人民民主革命，建立了以工人阶级为首的人民民主专政，也就一定能够领导全国人民，在大约三个五年计划的时期内，基本上完成社会主义工业化和对于农业、手工业、资本主义工商业的社会主义改造。”①

领导人的战略远见是国家现代化发展最为宝贵的战略资产。1955年10月29日，毛泽东同志在资本主义工商业社会主义改造问题座谈会上的讲话中明确指出：“我们的目标是要赶上美国，并且要超过美国。……究竟要几十年，看大家努力，至少是五十年吧，也许七十五年。七十五年就是十五个五年计划。哪一天赶上美国，超过美国，我们才吐一口气。”②1956年是中国现代化发展至关重要的一年，不仅是因为毛泽东主席最早提出“超英赶美”的战略目标，确定了中国经济社会和教育从跟随发展、局部跨越到整体超越的战略路径，更为重要的是毛泽东极富远见地预测了到21世纪的中国。1956年11月12日，他在《纪念孙中山先生》一文中指出：“事物总是发展的。一九一一年的革命，即辛亥革命，到

① 关于农业合作化问题［M］// 毛泽东文集：第六卷．北京：人民出版社，1999．

② 毛泽东．毛泽东文集：第六卷［M］．北京：人民出版社，1999：500．

今年，不过四十五年，中国的面目完全变了。再过四十五年，就是二千零一年，也就是进到二十一世纪的时候，中国的面目更要大变。中国将变为一个强大的社会主义工业国。……中国应当对于人类有较大的贡献。”[①]

1963 年 1 月，周恩来在上海市科学技术工作会议上的讲话中提出：“我们要实现农业现代化、工业现代化、国防现代化和科学技术现代化，把我们祖国建设成为一个社会主义强国，关键在于实现科学技术的现代化。”这是中央领导对于“四个现代化”的准确表述。1965 年 1 月 4 日，第三届全国人大第一次会议在北京闭幕，周恩来总理在《政府工作报告》中第一次提出了四个现代化：“在不很长的历史时期内，把中国建设成为一个具有现代农业、现代工业、现代国防和现代科学技术的社会主义强国。”

（二）共同富裕初心下的新中国教育

从 1840 年到 1949 年的一百多年间，中国人口增长几乎陷于停滞。1840 年全国有人口 4.1 亿，到 1949 年，全国有 5.4 亿人口，其中城乡人口比例为 10.64 : 89.36。1949 年，中国是一个典型的农业国，中国人均国民收入 27 美元，当时整个亚洲人均收入平均为 44 美元。[②]1952 年，全国国内生产总值仅为 679 亿元，人均 GDP 为 119 元，相当于 54 美元。小学学龄儿童入学率为 20% 左右，1952 年上升为 49.2%，超过了国民党统治时期的最高水平。[③]1949 年 10 月，全国共有高等学校 205 所，学生 11.7 万人；中等学校 5 216 所，学生 126.8 万人；小学 34.68 万所，学生 2 439.1 万人；学龄儿童入学率为 20% 左右。

早在 1945 年，毛泽东就在《论联合政府》一文中明确地指出：“从百分之八十的人口中扫除文盲，是新中国的一项重要工作。”[④]共同纲领确定“人民政府应有计划有步骤地改革旧的教育制度、教育内容和教育方法”。共同纲领确定了新民主主义教育的性质、任务、国民道德标准、教育方法和教育改造过程的步骤与方法。“有计划有步骤地实行普及教育，加强中等教育和高等教育，注重技术教育，加强劳动者的业余教育和在职教育，给青年知识分子和旧知识分子以革命的政治教育。”[⑤]毛泽东的自信代表着

① 毛泽东．纪念孙中山先生［M］// 毛泽东著作选读：下册．北京：人民出版社，1986：754-755．

② 中国梦：重温毛主席超英赶美“大跃进”时代［EB/OL］．［2018-03-02］．http://bbs.tiexue.net/post2_4037683_1.html．

③《中国教育年鉴》编辑部．中国教育统计年鉴（1949—1981）［M］．北京：中国大百科全书出版社，1984：125．

④ 中华人民共和国教育部，中共中央文献研究室．毛泽东邓小平江泽民论教育［M］．北京：中央文献出版社，人民教育出版社，北京师范大学出版社，2002：46．

⑤ 毛泽东．毛泽东选集：第五卷［M］．北京：人民出版社，1977：6，411．

中国的自信、民族的自信和全面中国人民的自信。

共同富裕是毛泽东的理想。毛泽东主席《在资本主义工商业社会主义改造问题座谈会上的讲话》一文中指出："现在我们实行这么一种制度，这么一种计划，是可以一年一年走向更富更强的，一年一年可以看到更富更强些。而这个富，是共同的富，这个强，是共同的强，大家都有份。"① 从共同富裕的初心出发，从政治地位上解决教育的服务对象问题，是新中国教育特别是农村教育的关键性问题。1949 年确定的"新民主主义的教育"，"其方法是理论与实际一致，其目的是为人民服务，首先为工农兵服务，为当前的革命斗争与建设服务"；"教育必须为国家建设服务，学校必须为工农开门"；"教育工作的发展方针是普及与提高的正确结合，在相当长的时间内以普及为主"。当时确定的新中国教育体系建设的总策略是：以老解放区新教育经验为基础，吸收旧教育有用经验，借助苏联经验，建设新民主主义教育。

中国的教育一直在为政治服务。1958 年 9 月，"教育为无产阶级的政治服务"被确定为党的教育工作方针，首次确定"教育的目的，是培养有社会主义觉悟的有文化的劳动者"，并进一步规定"在一切学校中，必须把生产劳动列为正式课程"，"参加生产劳动对学生来说，不论在德育、智育或体育方面都有好处，这是培养全面发展的新人的一条正确道路"。② 新的教育方针充分体现了新中国教育对于劳动教育的重视。

新中国成立，在面临十分复杂的国际及国内社会经济发展环境下，1949 年 11 月 1 日，中央人民政府教育部正式成立。教育部下设办公厅、高等教育司、中等教育司、初等教育司、社会教育司、视导司和高等教育委员会、识字运动委员会。马叙伦任部长，钱俊瑞任副部长。教育部下设机构不多，但是覆盖了正规教育体系、社会体系，从管理到视察督导，机构简而不繁，分工清晰，职责明显。在教材的管理体制上，明确指出："教科书要由国家办，因为必须如此，教科书的内容才能符合国家政策，而且技术上可能印刷得好些，价钱也便宜些，发行也免得浪费。"③ 在教育管理体制方面，明确规定："为了在教育工作中既能发挥中央人民政府各部门的积极性，又能发挥地方的积极性，全部小学、中学和大部分的高等学校，中等专业学校，技工学校，已经下放给省、市、自治区管理；仍属中央各部的中等专业学校和技工学校，也应当由各部下

---

① 毛泽东．在资本主义工商业社会主义改造问题座谈会上的讲话［M］// 毛泽东文集．北京：人民出版社，1999：496．

② 中共中央、国务院关于教育工作的指示［M］//《中国教育年鉴》编辑部．中国教育年鉴（1949—1981）．北京：中国大百科全书出版社，1984：688．

③ 中宣部长陆定一在全国新华书店工作会议上的闭幕词［Z］．中央教育科学研究所．中华人民共和国教育大事记稿（1949—1979）．1981：3．（未公开出版）

放给各部直接领导的厂矿、企业、农场管理。”同时要求“各大协作区应该根据自己的实际情况和需要，建立起一个完整的教育体系。各省、市、自治区也应该逐渐建立起这样比较完整的教育体系——中央教育部负责全国教育事业的综合规划和平衡”。这是新中国教育第一次大规模管理权限下放。

1949 年 12 月，第一次全国教育工作会议在北京召开，会议对私立学校提出的政策是：对中国人办的私立教育，一般采取保护维持，加强领导，逐步改造的方针。举办完全新式的高等教育是新中国教育发展的重要方向。教育部副部长钱俊瑞在第一次全国教育工作会议上宣布，创办人民大学，培养建设人才。

农村教育发展是一个世界性的难题，也是各国教育发展的共同话题。对于中国来说，没有中国农村教育的现代化，就没有中国整体教育的现代化。毛泽东是农民的儿子，他的一生始终没有改变这一角色。从更加理性的高度分析，作为一个国家领袖，站在国家现代化和民族发展的高度，毛泽东主席一直强调：“农民——这是现阶段中国文化运动的主要对象；所谓扫除文盲，所谓普及教育，所谓大众文化，所谓国民卫生，离开了三亿六千万农民，岂非大半成了空话？”转变旧中国教育的服务对象，以工农群众为主体，扩大教育参与程度是毛泽东教育思想和教育政策的主导。毛泽东时代所建立的教育体系以农村教育为主体，体现农村社会的主体地位和服务于农民的教育宗旨。通过身份制度，实现重建社会，将不同人群分为干部和群众，运用教育手段实现社会流动。为此，国家积极发展速成中学，旨在把工农干部培养成知识分子。在解决工农群众知识化方面，中国采取的重要措施：一是扩大工农群众特别其子弟进入高等学校、职业学校的机会；二是大力发展农村教育，保障工农大众及其子女接受教育的权力。

1950 年 9 月 20 日至 29 日，教育部和中华全国总工会在北京联合召开了第一次全国工农教育会议，会议提出必须实现“政府领导、依靠群众组织、各方面配合”的原则，着重以工农干部和积极分子为主要教育对象，分别以文化教育、政策时事教育为主要内容。农村教育成为教育部会议乃至此后中国政府工作的重要议题。1950 年 12 月 14 日，政务院批准并转发了《关于开展农民业余教育的批示》，首次提出扫除文盲的对象和标准，为全球教育扶贫创立了先例。

从 1951 年起，一场由政府领导、社会支持、群众组织参与的识字运动在举国上下全面展开。1951 年，教育部《关于第一次全国初等教育会议的报告》提出小学教育经费应采取政府统筹与发动群众办学相结合的原则，在城市依靠工、矿、机关等单位办学。1951 年，民办小学在校生达到 1 426.1 万人，占全国小学在校生的 33%。在小学阶段，初步形成了“两条腿走路”的格局，也初步探索了发展中国家发展教育的新路子。同年 8 月，教育部提出，1952—1957 年，争取全国平均有 80% 的学龄儿童入学，争取用 10 年的时间基本上普及小学教育。这也是新中国第一次提出普及小学教育目标。1952 年政务院第 156 次会议上，周恩来总理进一步明确提出：“教育方面的另一项重要工作就是扫盲……我的意见，可以争取在 10 年到 15 年的时间里扫除文盲。”到 1953 年底，全国共扫除文盲近 408 万人，首战初捷。

1953 年，社会主义改造和“一五”计划期间，教育战线经历了第一场大的变革。这次变革首先是解决教育的领导权的问题，第二是受教育权的问题，即劳动人民子女受教育权的问题。在高等教育“以苏为师”的影响下，高等教育初步完成全部改造，同时将私立高等院校全部改为公立，连私立小学、中学也开始改为公立。同年 12 月 11 日，政务院发布《关于整顿和改进小学教育的指示》，明确提出今后几年小学教育应在整顿巩固的基础上，有计划、有重点地发展。今后应首先着重办好城市小学、工矿小学、乡村完全小学和中心小学。农村地区可采取半日制、早学、夜校等方式举办小学教育。同时，决定小学停止推行五年一贯制，仍然继续沿用四二制，分初小、高小两级教学和管理。

习之堂

现代社会结构以时间和空间两个向度展开，也在社会系统与个人系统性构建中实现社会组织与个人生活的相互改变。通过自身的行为改变而改变世界，又通过适应改变了的世界而改变自我。社会行为的影响既广泛又深刻，甚至很长远。

1954 年 1 月 14 日到 27 日，教育部在北京召开全国中学教育会议，政务院副总理郭沫若、文教委员会副主任习仲勋出席会议，明确确定中小学教育工作的方针是在整顿巩固的基础上积极地提高质量，特别要办好高级中学、完全中学和工农速成中学。在高等教育方面，2 月 15 日，高等教育部印发《关于高等学校应加强对工农干部学生工作的指示》，允许工农学生免修俄语，单独编班，采取分组教学和辅导补习方式，加强对工农学生的思想与知识教育。3 月 12 日到 23 日，政务院文教委员会在北京召开全国文教工作会议，周恩来总理到会做重要指示，郭沫若、习仲勋分别做报告。会议制定了 1954 年文教事业计划及五年文教建设的主要指标，其主要任务是：发展和改进高等教育，整顿和发展中等专业教育，适当发展和改进普通教育；加强工农干部和工农群众的文化教育；发展少数民族的文化教育事业。[①]

1949—1959 年是新中国成立初的十年，是中国各级各类教育快速发展的十年，更是中国教育现代化全面展开的十年。大学增加了 636 所，在校学生增长了 5.97 倍；中学增加了 16 790 所，在校学生规模扩大了 5.93 倍；小学增加了 39.07 万所，在校学生规模扩大了 2.74 倍（见表 3–1）。初步建立了现代化的正规教育体系，城乡居民受教育机会持续增加，越来越多的工农子弟能够接受现代教育。

表 3–1　1949—1959 年教育事业发展情况

时间	普通大学		普通中学		普通小学	
	学校数 / 所	在校生数 / 人	学校数 / 所	在校生数 / 万人	学校数 / 所	在校生数 / 万人
1949 年	205	116 504	4 045	20.72	346 769	2 439.1
1950 年	193	137 470	4 013	23.80	383 647	2 892.4
1951 年	205	153 402	3 994	18.44	501 105	4 315.4
1952 年	201	191 147	4 298	26.02	526 964	5 110.0
1953 年	181	212 181	4 433	36.00	512 056	5 166.4
1954 年	188	252 978	4 792	47.80	506 105	5 121.8
1955 年	194	287 653	5 120	57.98	504 077	5 312.6
1956 年	227	403 176	6 715	78.41	529 043	6 346.6
1957 年	229	441 181	11 096	90.43	547 306	6 428.3
1958 年	791	659 627	28 931	117.88	776 769	8 640.3
1959 年	841	811 947	20 835	143.57	737 445	9 119.9
1959/1949	410.2%	696.9%	515.1%	692.9%	212.7%	373.9%

资料来源：教育部计划财务司 . 中国教育成就：统计资料（1949—1983）[M] . 北京：人民教育出版社，1983.（注：本表最后一行数据为本书作者计算）

（三）学习苏联

中国教育现代化的过程，就是一个向世界各国学习的过程。但是这种过程不是一个盲目学习的过程，而是一个广泛的、有选择、有目的的自我学习过程。新中国成立，由于政治体制和社会制度的影响，中国开始学习苏联。“古为今用，洋为中用”是

① 中央教育科学研究所. 中华人民共和国大事记（1949—1982）[M]. 北京：教育科学出版社，1983：87–89.

毛泽东主席的一贯主张。中国共产党人以开放的视野、广博的胸怀对待、学习人类的科学知识与优秀文化，并将其转化为中国思想的一部分，为中国的改革、建设和发展服务。

湖南师范毕业、教学经验丰富的毛泽东主席是一位伟人，更是一位终身学习的导师。20 世纪 50 年代中后期，越来越多的政治经济著作被介绍到中国，学习苏联教育经验成为一种新潮流，苏霍姆林斯、马卡连柯、凯洛夫教育学理论成为中国师范大学的必修课，苏联的思想一直影响至今。1955 年，毛泽东明确指出："苏联建成社会主义的伟大历史经验，鼓舞着我国人民，它使得我国人民对于在我国建成社会主义充满了信心。"但毛泽东也指出："我们要向先进的国家和民族学习，学习对本民族有用的东西，但不是所有的方面都要学别的民族，而要保持本民族的特点。"①

苏联是世界上第一个社会主义国家，1928 年开始实施国家发展五年计划，通过国家力量推动，在国家建设和经济、科技、教育发展方面取得了巨大成就，成为仅次于美国的世界第二强国，并成为社会主义阵营的"领袖型国家"。苏联在第二次世界大战和解放战争中对于中国及中国共产党给予了大力支持。由于受到国际共产主义运动大趋势的影响，且由于国家制度、意识形态的相近性，特别是第二次世界大战中的合作，中国与苏联建立了特殊的国家关系。在教育发展模式上，中国借鉴了苏联模式。在这一理念指导下，新中国教育积极改革，取得了长足进步。

——建立符合国际标准的现代教育体系。新中国成立之初，经过不太长时期的调整与建设，中国初步形成了现代教育体系，成为中国未来教育发展的总体支撑和教育现代化的基本框架。1949 年，伴随着新中国诞生的隆隆礼炮声，《中国人民政治协商会议共同纲领》发出号召："人民政府应有计划、有步骤地改革旧的教育制度。"1951 年 10 月 1 日，政务院命令

习之堂

广泛学习世界先进文明与知识是毛泽东的一贯思想。早在 1912 年秋冬之际，毛泽东在湖南长沙定王台图书馆自学了半年，研读的主要著作有达尔文的进化论，亚当·斯密的经济学，孟德斯鸠、卢梭的法律学和政治学。毛主席曾骄傲地说："我一生最大的爱好是读书。""饭可以一日不吃，觉可以一日不睡，书不可以一日不读。"1941 年 1 月 31 日，毛泽东主席给其子岸英和岸青的信中鼓励他们："趁着年纪尚轻，多向自然科学学习……将来可倒置过来，以社会科学为主，自然科学为辅。总之注意科学，只有科学是真学问，将来用处无穷。"①

① 中共中央文献研究室．毛泽东西藏工作文选［M］．北京：中国藏学出版社，2001：113．

颁布了《关于学制改革的决定》。新中国，在学习借鉴了德国、美国和日本的学制基础上，以苏联教育为模板，建立了与国际教育制度、学制年限“接轨”的新中国社会主义现代教育制度和教育体系（见图 3–1）。幼儿教育规定收 3 周岁至 7 周岁的幼儿，使他们的身心在入小学前获得健全的发育；小学实行五年一贯制，入学年龄以 7 周岁为标准，并取消了初小和高小的两级六年分段制；中学分初、高两级，修业年限各为 3 年，工农速成中学修业年限为 3～4 年，大学和专门学院修业年限为 3～5 年。1953 年又恢复四二分段制，改春季始业为秋季始业。1956 年，教育部颁布《小学四、二制教学计划（草案）》，各年级均设一节手工劳动课。

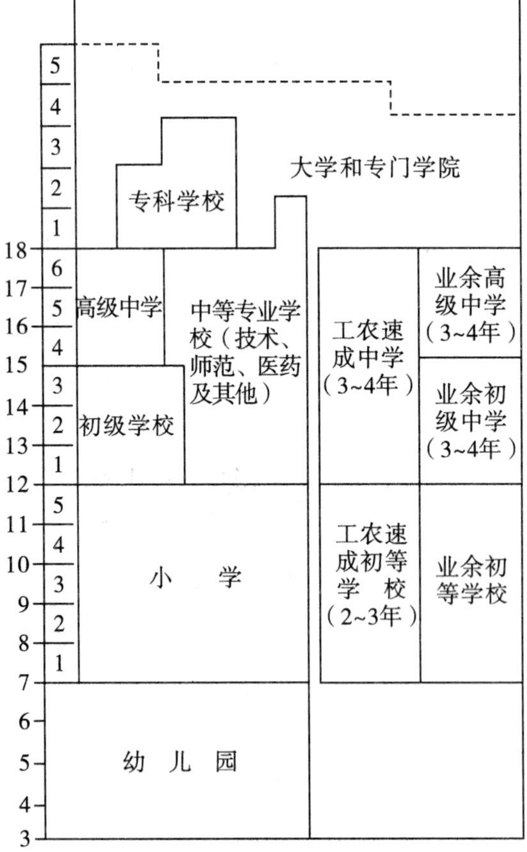

图 3–1　中华人民共和国学校系统图（1951 年）

——学习借鉴苏联经验，建立现代新型大学。1949 年，党中央邀请苏联专家费辛科及菲里波夫两位同志，经过月余调查商讨，帮助成立中国人民大学。1949 年 11 月，刘少奇同志先后三次写信、打电报，亲自指导建校工作。“建立人民大学的事，我们党在去年同斯大林同志商量过，斯大林同志赞成派苏联教员来中国帮助我们建设。没有他们的帮助，我们的大学是办不好的。”“人民大学拟由中央人民政府设立，任命中国人作校长，聘苏联同志为顾问。苏联顾问及教授的薪资，拟照苏联专家一样办理。”[①]

由此开始，中国从“点”到“面”地推行苏联大学体制，苏联模式对中国大学的影响主要有：（1）大学必须为国家经济建设服务。（2）坚持培养工农出身的专业人才的根本方针。（3）建立以单科学院为主的大学体制。（4）建立培养专业人才的教学制度。（5）实施全免费教育政策。在高等教育“以苏为师”的影响下，高等教育在1952年完成全部改造。这年，不仅将私立高等院校全部改为公立，连私立小学、中学也开始改为公立。苏联作为世界上第一个社会主义国家，有着独特教育政策，而高等教育实行全免费就是其特征之一，中国的高等教育以苏联为师，确立了免费教育的政策。

——大量向苏联派遣留学生。为了突破以美国为首的西方国家对我国的封锁包围，迅速大量培养出中国自己的专业技术人才，1950年后我国政府开始努力拓展新的对苏联教育交流渠道，积极谋求与苏联之间的留学生派遣。从1951年8月19日中国派往苏联的375名留学生启程计起，至1953年，我国向苏联共派出留学生1 178名。这些学生除学习外，校方还组织他们参加社会实践和义务劳动、欣赏高雅艺术等。到1959年，人数达到6 900多人。对于留学生的学习等情况，时任国家领导人一直十分关注。1951年初，李鹏给时任东北局组织部长的张秀山写信，并转高岗，汇报了中国留苏学生学习和生活情况，并代表全体中国留学生提出希望利用暑期回国一次，以了解祖国建设情况。1951年3月8日，刘少奇同志做出指示，批准留苏学生回国，并允许其将自己节省的卢布用于在苏联境内的路费，在中国境内的路费及生活费由中国政府负担。刘少奇同志进一步指示：“因为国内东西很便宜，要他们不要在苏联买东西回国送人。他们回国后除与各人家庭接触外，由中央组织部及青年团中央组织他们参观并会同中央宣传部进行爱国主义教育。”[②]1956年2月18日，少奇同志强调：“邮电部门是一个技术很高的部门，必须采用最新的技术。究竟采用哪些新技术，要好好研

① 中共中央文献研究室刘少奇研究组，中央教育科学研究所．刘少奇论教育［M］．北京：教育科学出版社，1998：94，73-74．

② 刘少奇．关于对留苏学生暑期回国进行爱国主义教育的指示［M］// 刘少奇论教育．北京：教育社会出版社，1998：99．

究。采用最新技术就需要加强科学研究。科学研究不是只靠自己搞，主要是好好向人家学习，把人家最新的科学技术学到手，自己再搞就有基础了。向人家学习，不只是向苏联和新民主主义国家学习，也向其他国家学习。”[①]

综上，这一时期，中国教育的国际化是在封闭的国际环境下实施的一种对外学习、交流和自我建设的“国际化模式”，可以称之为一种封闭的国际化。此外，这一时期中国教育国际化，不仅是“走出去”的单向性，而且是“走进来”的单向性，这两个单向性之间缺少交集、交流和交融，也是这一时期中国教育国际化的突出特点。如随着和我国建交国家的增多，在周恩来总理的亲切关怀下，北京市朝阳区芳草地小学开始小规模接收驻华使馆人员的子女和外籍及中国港澳台学生入学。在外交部、中共北京市委和北京市人民政府的高度重视、直接领导下，芳草地小学设立外国班，承担规模招收外籍学生的教育任务。该学校是我国最早对外招收国际学生的学校。柬埔寨西哈努克亲王的两位王子曾来校就读。

中国教育现代化是在不断学习、持续实践和反复试错的过程之中寻找道路的，向苏联学习也颇有波折。因为学习别人，一定要付出成本和代价。不结合实际的学习，难以对国家、民族和个人发展发挥正向作用。

在 1958 年 3 月的成都会议上，毛泽东主席批评国人对苏联专家的盲目崇拜时说：“规章制度从苏联搬了一大批”，“各部都有，搬苏联的很多，害人不浅”。在 1958 年 6 月 23 日军委扩大会议的座谈会上，毛主席指出“学习苏联的方针是坚定不移的，因为它是第一个社会主义国家”，但又强调“一定要批判地学，因此就要坚决反对教条主义，打倒奴隶思想，埋葬教条主义”。

在国际背景方面，国际共产主义运动及全球社会主义建设浪潮日益高涨。苏联领导人意欲在更广泛领域领导世界共产主义运动。1958 年 8 月赫鲁晓夫访问北京，与毛泽东会谈过程中，双方对于苏联顾问和专家的态度不同、观点不同。赫鲁晓夫以撤回所有顾问和专家相威胁，毛泽东则希望保留专家、减少顾问的数量，降低苏联对政策制定的影响。苏联公开发表评论，认为中国“反对苏共的路线和整个国际共产主义运动，努力孤立苏联共产党”。此后，双方意见日渐分歧，国家情感日渐疏远，苏联向中国派遣专家的数量逐年减少：1957 年为 952 人，1958 年减少到 915 人，1959 年为 699 人，1960 年降至 410 人。1960 年，苏联突然背信弃义地

① 中共中央文献研究室刘少奇研究组，中央教育科学研究所．刘少奇论教育［M］．北京：教育科学出版社，1998：151．

撕毁几百个协定和合同，撤退苏联专家，停止供应工业发展和科学研究的重要设备，严重地扰乱了中国国民经济计划，对正在加快推进的产业发展和科技进步造成严重的负面影响。

（四）追赶战略

学习之堂

从理性思考到理想化思考，再从理想化上升到更高的理性层面，形成有总体目标、可操作实施的追赶战略，积小胜为大胜，积大胜为全胜，这是现代化的战略逻辑。

从策略上分析，农村是中国经济社会以及教育发展的短板，提升农村地区现代化水平，是实现国家现代化目标的关键所在。在推进社会主义建设过程中，毛泽东主席曾经多次强调："在全国农村中，新的社会主义群众运动的高潮就要到来。我们的某些同志却像一个小脚女人，东摇西摆地在那里走路，老是埋怨旁人说：走快了，走快了。过多的评头品足，不适当的埋怨，无穷的忧虑，数不尽的清规和戒律，以为这是指导农村中社会主义群众运动的正确方针。"毛泽东斩钉截铁地说："否，这不是正确的方针，这是错误的方针。"[①]

1953年8月，毛泽东在修改、审定中宣部起草的关于党在过渡时期的总路线的学习和宣传提纲时，在比较深入地分析了中国的现状、条件与可能的基础上，着重解释了社会主义工业化问题，他进一步强调指出："我国在国民经济发展水平上还是落后的、贫穷的农业国，还是不能自己制造汽车、拖拉机、飞机，不能自己制造重型的和精密的机器，没有现代国防工业的国家。"因此，"我们党和全国人民的基本任务就是要改变国家的这种经济状况，在经济上由落后的贫穷的农业国家，变为富强的社会主义的工业国家。这就需要实现国家的社会主义工业化，使我国有强大的重工业可以自己制造各种必要的工业装备，使现代化工业成为我国唯一的工业。实现国家的社会主义工业化，就可以促进农业和交通运输业的现代化，就可以建立和巩固现代化的国防。"在此，毛泽东第一次明确提

① 毛泽东. 关于农业合作化问题［M］// 毛泽东文集：第六卷. 北京：人民出版社，1999：418.

出了要建立“现代化的工业、现代化的农业、现代化的国防和现代化的交通运输业”的伟大目标。这是我党领导人第一次比较集中、全面地提出有关“四个现代化”的基本概念。1955 年 3 月，毛泽东在中国共产党全国代表会议上说，我们现在是处在新的历史时期。一个六万万人口的东方国家举行社会主义革命，要在这个国家里改变历史方向和国家面貌，要在大约三个五年计划期间内使国家基本上工业化，并且要对农业、手工业和资本主义工商业完成社会主义改造，要在大约几十年内追上或超过世界上最强大的资本主义国家。

1956 年 1 月 14 日，周恩来总理在《关于知识分子问题的报告》中指出：“我国的科学文化力量目前是比苏联和其他世界大国小得多，同时在质量上也要低得多。这是同我们六亿人口的社会主义大国的需要不相称的。我们必须急起直追，力求尽可能迅速地扩大和提高我国的科学文化力量，而在不太长的时间里赶上世界先进水平。这是我们党和全国知识界、全国人民的一个伟大的战斗任务。”“我们必须赶上世界先进科学水平。”① 周总理的报告阐述了以下十分重要的思想观点：一是提出了科学文化力量的概念，二是提出社会主义人口大国的判断，三是科学文化质量的观点，四是追赶世界先进水平的任务。从周总理的报告中，我们可以看到“追赶战略”初见端倪。1958 年，中国正式提出了“超英赶美”的国家战略。毛泽东等老一辈革命家提出的花 50 年到 60 年的时间赶超美国，是富有长远思维的战略构想，也是一个社会主义大国领导人的伟大预言。

中国整体现代化进程的成功所在，是着眼于建立强大的现代化工业体系。早在党的七大所做的《论联合政府》的政治报告中，毛主席就指出：“没有一个独立、自由、民主和统一的中国，不可能发展工业……没有工业，便没有巩固的国防，便没有人民的福利，便没有国家的富强。”因此，“在新民主主义政治条件获得之后，中国人民及其政府必须采取切实的步骤，在若干年内逐步地建立重工业和轻工业，使中国由农业国变为工业国。”他明确指出：“中国工人阶级的任务，不但是为着建立新民主主义的国家而斗争，而且是为着中国的工业化和农业近代化而斗争。”在报告的最后一部分，毛泽东更为深刻地指出：“没有中国共产党的努力，没有中国共产党做中国人民的中流砥柱，中国的独立和解放是不可能的，中国的工业化和农业近代化也是不可能的。”

---

① 周恩来．关于知识分子问题的报告［M］//《中国教育年鉴》编辑部．中国教育年鉴（1949—1981）．北京：中国大百科全书出版社，1984：34．

习之堂

从教育发展统计数据来看，1950—1958年的8年时间内，全国中等学校在校生增长速度为23.9%，而1958—1960年3年则增长了30.7%，超过过去8年的发展速度。

由于战略上的急于求成，导致了战术上的冒进风险，过高过快的发展目标，发展迅速与国家能力、资源短缺之间失衡，我们党犯了“左”倾冒进错误。1960年7月，在北戴河中央工作会议上，毛泽东已经开始总结反思“大跃进”的问题：“现在人家对我们的大跃进和人民公社有怀疑，这不能说没有道理。这些是新鲜事物，我们正在进行试验，我们进行各种各样的试验，无非是想把我们中国搞得好一点，发展得快一点。我们想试试是不是只有苏联那个办法是唯一的办法？我们想，除了苏联的办法，是不是根据中国的情况，还有更好一些的办法、更快一些的办法？”[①]中国发展在探索中前进，探索的路程并不平坦。国家领导人在把握方向、制定方针和实施策略时，特别强调“我们正在进行试验”。既是试验，就有可能成功，也有可能不太成功，还有可能失败。客观地说，在“大跃进”过程中，总体想法很好，在处理发展预期与发展能力、发展目标与发展可能、发展速度与资源配置方面出了问题，加之1961年自然灾害，使得“大跃进”在思路和实施效果上不能尽如人意。

针对“大跃进”存在的过于冒进问题，以毛泽东为首的党的领导集体对于中国发展的未来进行了谨慎科学的战略思考和研究，得到了新的重要判断。1962年1月30日，毛泽东《在扩大的中央工作会议上的讲话》告诫全党同志：“对于社会主义建设，我们还缺乏经验。我向好几个国家的兄弟党的代表团谈过这个问题。我说，对于建设社会主义经济，我们没有经验。”毛泽东主席曾经认真地研究了资本主义的发展历史，并向许多外国记者请教建设强大国家的经验。他坦诚地告诉蒙哥马利先生：“我们是马克思列宁主义者，我们的国家是社会主义国家，不是资本主义国家，因此，一百年，一万年，我们也不会侵略别人。至于建设强大的社会主义经济，在中国，

① 吴冷西．十年论战：上卷［M］．北京：中央文献出版社，1999：314．

五十年不行，会要一百年，或者更多的时间。”[①] 欧洲一些资本主义国家从 17 世纪发展到现在，已经有 360 多年，资本主义的生产力才有了现在这个样子。毛泽东清醒地认识到：“中国的人口多、底子薄，经济落后，要使生产力很大地发展起来，要赶上和超过世界上最先进的资本主义国家，没有一百多年时间，我看是不行的。也许只要几十年，例如有些人所设想的五十年，就能做到。果然这样，谢天谢地，岂不甚好。但是我劝同志们宁肯把困难想得多一点，因而把时间设想得长一点。”[②] 应该说，由于发展水平和建设经验不足的限制，国家领导人在确定中国社会未来发展目标时，表现得或过于乐观，或过于悲观，但是隐约中却出现了“两个百年”的设想，只有在什么时间、什么水平上“赶上和超过世界最先进的资本主义国家”这一问题上还缺乏科学准确和明晰的记证与判断，即追赶战略既定，缺少可操作的实施步骤。

在这样的背景下，经过调整和整顿，教育发展逐步回归正轨。1961 年，针对教育教学过程中的问题，教育部提出教师要做到“五认真”：认真钻研教材、认真备课、认真讲课、认真辅导、认真批改作业。更为重要的是 1961 年 9 月中共中央印发的《教育部直属高等学校暂行工作条例（草案）》，该条例从教育思想、培养目标、管理体制、教育内容、办学模式等方面对于苏联教育影响进行整体“清算”，既表现在中国高等教育现代化进程中中国在不断调整发展思路和发展模式，也表现出中国教育体制与教育思想的独立性和创新性。该条例规定高等学校必须贯彻执行百花齐放、百家争鸣的方针，必须以教学为主，重视提高教学质量，从事科学研究，加强高层次人才培养，实行党委领导下的以校长为首的校务委员会负责制。这一系统政策对于形成中国特色高等教育管理体制、发展模式具有重要意义。

1963 年 3 月，中共中央印发《全日制小学暂行工作条例（草案）》（全文 40 条），同时印发《全日制中学暂行工作条例（草案）》（全文 50 条）。1961—1963 年期间，以中央的名义制定的三个条例，确定了小学、中学和大学相互衔接的培养目标，对教学工作、思想政治教育、生产劳动、体育卫生和生活管理、行政工作和党的工作等方面，进行了全面系统的阐述。同时，在“调整、巩固、充实、提高”的方针指导下，全国高等学校由 1960 年的 1 289 所裁并为 407 所，在校生从 96 万人压缩到 75 万人。中小学出现相当的调整，1958 年举办的半工（农）半读学校大部分砍掉。1961 年小学在校生数比 1960 年减少 19.2%，1962 年又比 1961 年减少 8.64%。同时，1962 年，教育部召开会议，明确提出小学以公办为主、民办为辅的原则。此后，国家举办的全日制中小学成为中小学教育的主体。

①② 毛泽东．全党必须努力学习社会主义建设［EB/OL］. https://docin.com/p-1047996.html.

坚持“两条腿走路”是中国经济社会发展包括教育发展成功的一条重要经验。在普及与提高问题上，中国农村教育长期处于“钟摆状态”。由于小学入学率下降，1964 年，教育部召开全国教育厅局长会议，要求进一步贯彻执行“两条腿走路”方针，逐步推行“两种教育制度”。经过一个时期的调整、整顿和提高，经济建设和教育发展逐步恢复，在 1964—1965 年间，教育普及与发展水平持续提升。1965 年 3—4 月，教育部专门召开全国农村半农半读教育会议，要求农村实行全日制和耕读小学“两条腿走路”的方针。农村小学大量恢复和发展。1965 年，全国小学学龄儿童入学率已达 84.7%，其中耕读小学在校生占全国小学总数的 21.7%。[①]

1964 年，周恩来总理在政府工作报告中指出：“要进一步开展思想文化战线上的社会主义革命，逐步实现知识分子劳动化，劳动人民知识化”，“为一九六六年开始的第三个五年计划做好准备，争取在不太长的历史时期内，把我国建成一个具有现代农业、现代工业、现代国防和现代科学技术的社会主义强国”。[②] 由于自然灾害的影响，1962—1965 年，全国高中学校数基本保持稳定，略有下降；初中学校数从 15 081 所下降到 13 986 所，主要是农村学校数下滑较快，从 1962 年 10 017 所下降为 8 628 所。

习之堂

中国在现代化探索过程中不断实践、不断实验、不断总结经验，在经历曲折之后，国家体制的应对能力与机制也在逐步建立，自我调整和适应机制逐步形成，国家发展的能力进一步成长，刚性进一步增强，表现出越来越强的韧性和适应性。

（五）举国扫盲

新中国建立，中国教育正在经历从旧教育向新教育的转变进程。在 1949 年 12 月 23 日召开的第一次全国教育工作会议上，马叙伦部长在开幕词讲话中强调：“中国旧教育的政治经济基础是基本上被摧毁了。代替这种旧教育的应该是作为反映新政治经济的新教育，作为巩固与发展人民民主专政的一

①《中国教育年鉴》编辑部. 中国教育年鉴（1949—1981）[M]. 北京：中国大百科全书出版社，1984：126.

② 周恩来提出的四个现代化的历史进程[EB/OL].[2019-03-01]. http://ocw.guet.edu.cn/dept12/mzd/d2.asp?id=907.

种斗争工具的新教育。这种新教育就是新民主主义的，即民族的、科学的、大众的教育。”[①]中国教育现代化步入新里程。

人口压力变为人力资源动力。中国探索出一条发展中人口大国扫除文盲道路。1956年8月，教育部、扫除文盲工作委员会联合召开第一次全国农民业余文化教育会议，提出争取用15年左右的时间，基本上扫除农村2亿多青壮年文盲。1956年9月，中共八大的政治报告提出“文化革命”的任务，要求12年内分区分期普及小学义务教育。1964年，第二次人口普查结果显示，15岁以上人口的文盲率，已经由新中国成立初期的80%下降到了52%。1964年基本脱盲累计近1亿人。1965年小学学龄人口入学率为84.7%。1964年，全国第三次人口普查数据显示，当年全国28个省、市、自治区的人口中，具有大学文化程度的有2 875 401人，具有高中文化程度的有9 116 831人，具有初中文化程度的有32 346 788人，具有小学文化程度的有195 824 459人，13岁以上不识字的人口有233 267 947人。6岁以上人口人均受教育年限为5.20年，每十万人口中大专以上人数为416人，高中和中专为1 319人，初中为4 680人，小学为28 330人。

据统计，从1949年到1981年，中国扫除文盲工作取得巨大成就，初见成效，全国共扫除文盲14 144.8万人，在被扫除的文盲人口中，近90%是农民。其中，扫除职工文盲约1 000万人，职工中文盲减少到5%左右；扫除农民文盲13 000万人，农村青壮年中的文盲减少到25%左右。

中国扫除文盲的道路是一条将过重的人口负担转变为人力资源的发展道路，是一条党和政府领导全体人民消除文化愚昧和知识文盲的发展道路。中国共产党和政府在扫除文盲的领导体制、制度优势、社会动员、合作机制等方面做出了成功探索和伟大实践，形成了一套扫除文盲工作行之有效的思路、模式和方法。

——领导体制。中国将扫除文盲工作确定为基本国策，将扫除文盲作为新中国建设发展的伟大工程和战略举措，由党和政府最高领导层亲自设计、组织、参与和发动，从战略高度确定扫除文盲工作的总体布局和战略部署，形成了科学的扫盲工作领导体制，不但解决扫除文盲的计划思路问题，更要解决方式和路径问题。

——制度优势。社会主义制度是中国扫除文盲取得成功的巨大制度优势。党和政府充分发挥理论、政治、组织、制度和密切联系群众的优势，一切从人民的利益出发，为了人民扫盲，扫盲为了人民，扫盲成果由人民共享。人民群众真实地享受到扫

①《中国教育年鉴》编辑部．中国教育年鉴（1949—1981）[M]．北京：中国大百科全书出版社出版，1984：683．

除文盲所带来的好处：通过扫除文盲，推进社会全面进步，国民素质全面提高，人民生活全面改善。

——社会动员。社会动员能力是中国政府的重要战略能力。在国家治理过程上，中国政府显示出有效的决策能力、组织能力和执行能力。从中华人民共和国成立之初起，在党中央、国务院领导下，动员一切可以动员的力量，举全国之力，打赢了一场全民参与扫除文盲的人民战争。

——合作机制。20 世纪 70 年代初，中国恢复了在联合国的合法地位。作为常任理事国，中国发挥着重要的作用。中国政府真诚地与国际组织合作，虚心学习世界各国扫除文盲的成功经验，接受国际组织指导、帮助和援助，积极支持和参与国际组织扫除文盲工作，真诚地履行一个负责任大国的国际扫盲责任。

（六）1966—1976 年教育

现代化是一个思想观念、社会结构、群体利益相互冲突、相互调节及相互融合的历史过程。20 世纪五六十年代时，中国的教育发展很快，人才培养质量持续提升。但是，从 50 年代后期起教育工作受到了“左”的思潮影响，政治运动对于教育事业的冲击相当频繁。1960 年至 20 世纪 70 年代中期，世界发达国家经济、科学技术和教育快速发展，中国的“文化大革命”使本来与发达国家许多方面已经缩小的差距，反而拉大了。①

教育是人类发展最重要的社会工具，具有经济功能、社会功能和政治功能。“文化大革命”时期的教育以阶级斗争为纲，为无产阶级政治服务，过度强化政治功能，以致使教育的政治功能达到极致。我们现在显现这段历史，不是为了记忆，而是为了不忘记；我们回忆这段历史，不是为了追责，而是为了自醒。我们不仅要看到今天教育取得的成就，更要知道为取得这些成绩所付出的代价。我们曾经迷惘、迷路，甚至迷失，但我们的国家依然坚持前行，我们的民族依然探索不息。我们的国家在找，在找正确的道路；我们的民族在找，在找振兴的道路。只有记住来时的历程艰辛，才能懂得今天中国教育发展成就来之不易；只有记住来时的道路曲折，才能坚定今天中国教育发展的道路自信。我们就是这样走过来的，中国的教育现代化也正是这样走过来的，我们不会忘记，我们更不能忘记。

①《中国教育年鉴》中国教育年鉴（1982—1984）[M]．长沙：湖南教育出版社，1986：10．

1966年初，教育部发出《关于巩固提高耕读小学和农业中学的指示》并提出：目前学龄儿童入学率有了很大增长，特别是贫下中农子女的入学率有了迅速的上升。农村教育面貌为之一新，整个教育战线呈现了一派大好形势。北京等地举办面向农村的高等函授教育。北京成立农业函授大学，在通县、南口、昌平、永乐店建立4所分校，设有农学、果林、畜牧兽医3个专业。

1966年5月25日，北京大学哲学系聂元梓等7人在校内贴出“第一张大字报”。6月1日，《人民日报》公布中共中央改组北京市委的决定和北京新市委改组北京大学党委并派出工作组领导北京大学的“文化大革命”的决定。“文化大革命”开始后，学校停课，学生停学。清华大学附属中学、北京大学附属中学的学生成立“红卫兵”等群众组织。8月1日，毛主席写信给清华大学附属中学红卫兵，热烈支持他们的革命行动。随即首都中学学校、高等学校普遍建立起冠以“毛泽东思想”“毛泽东主义”等名称的红卫兵组织。北京学生通过“大串连”，影响全国各地。

根据中共中央副主席刘少奇在1965年11月15日中央政治局扩大会议上提出的建议：从本年招收新生起，将来毕业后，国家不包他们只当脑力劳动者，可以分配当技术人员、干部，也可以分配当工人、农民。1966年6月1日，中共中央批转高等教育部党委《关于改进一九六六年高等学校招生工作的请示报告》。1966年6月13日，中共中央、国务院发布《关于改革高等学校招生考试办法的通知》提出：高等学校招生考试办法，“基本上没有跳出资产阶级考试制度的框框，不利于贯彻执行党中央和毛主席提出的教育方针，不利于更多地吸收工农兵革命青年进入高等学校。这种考试制度，必须彻底改革”。

1966年6月27日，高等教育部发布通知，因“文化大革命”，1966年、1967年研究生招生工作暂停。此后，全国停止招收研究生达12年之久。6月30日，高等教育部发布通知，因“文化大革命”运动，选拔、派遣留学生工作推迟半年进行。自此，我国停止派出留学生达6年之久。7月2日，经中央批准，将接收来华留学生工作，推迟半年或一年。随后，高等教育部部长蒋南翔、教育部副部长刘季平被批斗。教育部部长何伟被批斗，一些副部长和司局长陆续被批斗。7月1日，中共中央发出通知，同意广东省委意见，1966年高等学校应届毕业生不搞毕业设计、不写毕业论文。通知还进一步强调指出：中央认为过去的毕业生考核制度，同样是资产阶级教育路线的产物，也需要加以改革。7月12日，《人民日报》发表中国人民大学七名学生给党中央和毛主席的信，建议实行“崭新的文科大学学制”，文科大学以毛泽东著作作为教材，以阶级斗争为主课；学制改为一年、二年、三年，学生每年要有一定时间参加工农业生产劳动，学军事和参与社会阶级斗争。今后要招收广大工人、贫下中农和复员军人中的优秀分子入学，不一定非高中毕业生不可。之后，教育部随即发出《关于印刷与发行小学讲授毛主席语录本的通知》，规定 1966 年首先保证供应小学教师，小学五、六年级学生人手一册；初小学生，由教师用板书方式讲授毛主席语录。7 月 13 日，经中共中央宣传部、国务院文教办公室同意，教育部发布通知要求，中小学各年级的学期考试，凡是没有举行的，一律不举行，改由师生民主评定。自此，全国城镇和农村各级各类学校，从上到下先后进入停课“闹革命”状态。①

自 1966 年“文化大革命”开始，学校停课、学生停学后，中央也意识到学校停课带来的风险，连续发布文件、发表社论，要求复课“闹革命”。毛泽东主席提出：“学制要缩短，教育要革命。”以北京为例，复课后实行的学制是小学 6 年，1974 年以后曾经一度改为 5 年。初中 3 年，高中 2 年。1967 年 2 月 3 日和 3 月 19 日，中共中央连续发出通知：停止全国“大串连”。1967 年 2 月 4 日，中共中央发出《关于小学无产阶级文化大革命的通知（草案）》要求：小学必须坚持以毛主席为代表的无产阶级革命路线，彻底批判资产阶级反动路线；春节后各地小学一律开学。1967 年 2 月 19 日，中共中央再发出《关于中学无产阶级文化大革命的意见》，要求学生一律回校，一边上课，一边“闹革命”。1967 年 10 月 14 日，中共中央、国务院、中央军委、中央文革小组发出《关于大、中、小学校复课闹革命的通知》，要求“全国各地大学、中学、小学一律立即开学”。1967 年 10 月 25 日，《人民日报》社论说，复课闹革命是“文革”“发展到现阶段的迫切需要，也是广大革命师生和广大革命群众的共同愿望”。从这个曲折的过程，我们可以看出对于“复课”不同意见之间的思想对立，“左”的思想和实事求是的思想同时存在，但总归是强调了学生要用必要的时间学习知识，农村中小学教育教学秩序得以恢复正常。

作为一个国家领导人，毛泽东主席始终十分关心大学人才培养问题。毛主席始终关心并想解决“培养什么人”和“为谁培养人”的问题。一件消息引起了毛泽东主席的注意：上海机床厂的培训经验让主席看到了希望。1968 年初，为了培养工程技术人员，上海机床厂举办了一次培训。1968 年 7 月 22 日，在毛泽东的指示下，《人民日报》刊载了《从上海机床厂看培养工程技术人员的道路》的调查报告，毛泽东亲自写了一段编者按：“大学还是要办的，我这里主要说的是理工科大学还要办，但学制要缩短，教育要革命，要无产阶级政治挂帅，走上海机床厂从工人中培养技术人员的道路。要从有实践经验的工人农民中间选拔学生，到学校学几年以后，又回到生产实践

① 中央教育科学研究所．中华人民共和国教育大事记（1949—1982）[M]．北京：教育科学出版社，1984：401-404．

中去。”毛泽东主席这段话被称为“七二一指示”。“七二一指示”明确包含两个意思：一是说理工科大学还要办；二是提出了学校教育革命的方向，要从有实践经验的工人农民中选拔学生，进一步体现了自新中国成立以来毛泽东关于中国教育工农性质的坚持与探索。同年 9 月，上海机床厂为贯彻“七二一指示”，正式创办了“上海机床厂七二一工人大学”。经车间推荐、厂革委会批准，首次从本厂招收 52 名工人大学生，学制 2 年，学生毕业后仍回厂工作。从 1975 年 6 月到 1976 年 7 月，全国“七二一大学”从 1 200 所猛增到 1.5 万多所，在校生规模从 9 万多人上升到 78 万多人。截至 1976 年底，全国共有“七二一大学”33 374 所，学生 148.5 万人。如此快速的增长，难以有高水平的教师，必然影响教育教学质量。[①]

1972 年，国务院科教组内设计划组，开始恢复计划管理工作，并制定了 1972 年教育事业计划，提出农村有条件的地区办好初中或七年制学校，逐步在大中城市普及十年教育，农村有条件的地区普及七年教育。由于“文化大革命”的影响，上述规划目标没能真正执行。1975 年 1 月，第四届全国人民代表大会第一次会议决定恢复教育部，撤销国务院科教组，教育管理走向正确的轨道。1975 年，邓小平同志恢复工作，主持中央政治局日常工作，提出国家要有长远规划，由国家计划委员会草拟了《1976—1985 年发展国民经济十年规划纲要（草案）》。1977 年，教育部根据修订的《1976—1985 年发展国民经济十年规划纲要（草案）》编制的“五五”教育事业计划（草案）提出：有计划有步骤地普及农村七年教育和城市十年教育，扩大高等学校培养能力。

1971 年起恢复高中，1971 和 1972 两届初中毕业生中的少数优秀分子（分别为 1/10、1/5）被选拔升入高中，1973 届以后高中升学比例不断增高，乃至城市地区“愿意上高中者都能满足意愿”，第一个普及高中教育的运动由此展开，为改变人口素质做出了重要贡献。有资料显示，从 1971 年到 1981 年，中国曾出现过一次普及高中的浪潮。据统计，1971 年普通高中在校生规模为 558.69 万人，比 1970 年大幅增长 59.76%，并持续快速增长。在 1974—1979 年的 6 年之间，普通高中在校生规模均超过 1 000 万，1977 年达到最高的峰值的 1 800.01 万。[②] 此外，1971—1976 年度，农村普通高中在校生规模大大超过城市在校生规模。尽管这一时期中国普及高中特别是农村高中办学条件比较差、师资水平不高，但 15～18 岁同龄人口高中阶段毛入学率首次突破 40%。从世界范围分析，中国教育与人力资源开发整体水平上与发达国家差距非

① 朱晓刚．关于“七二一大学”[EB/OL]．(2011-04-12)[2019-03-21]．http://blog.sciencenet.cn/blog-5889-432217.html．

② 根据《中国教育年鉴（1949—1981）》中教育基本统计“分省市、自治区高中学生数”加权而得。

常大。但是，从新生劳动力的视角分析，这些具有高中以上文化程度的新增劳动力，在中国所有年龄阶段受教育年限最高，人均受教育年限则高达 10 年以上，与发达国家人力资源形成相对比较优势，为改革开放后的中国城乡经济社会发展提供了比较优质的人力资源。

据统计，1970—1977 年初是我国教育事业发展最快的时期之一（见表 3–2）。1971 年，全国高中学校数增长为 14 161 所，初中学校更是猛增为 80 604 所。其中农村高中学校和初中学校分别是 11 819 所和 72 193 所，分别是 1965 年高中学校的 21.57 倍和初中学校的 7.20 倍。而到 1977 年，农村高中达到 50 916 所，初中则上升到历史最高的 131 265 所。当年，城市、县镇和农村高中学校、初中学校所占比例分别是 11.73 ∶ 9.82 ∶ 78.45，1.38 ∶ 2.36 ∶ 96.26。农村教育所占比例十分突出，农村教育进入快速发展期。大农村、小城市的教育体系，正好也符合了当时中国人居结构、产业结构和社会结构的现实特点。

表 3–2　1962—1977 年全国城镇农村学校数

年份	高中 / 所				初中 / 所			
	小计	城市	县镇	农村	小计	城市	县镇	农村
1962	4 434	1 461	2 425	548	15 081	2 346	2 718	10 017
1963	4 303	1 414	2 408	481	15 290	2 594	2 899	9 797
1964	4 149	1 351	2 194	604	15 058	2 791	2 562	9 705
1965	4 112	1 315	2 193	604	13 986	3 080	2 278	8 628
1971	14 161	863	1 479	11 819	80 604	4 884	3 528	72 193
1972	28 029	4 000	3 544	20 485	64 937	2 553	3 090	59 294
1973	29 365	5 139	4 301	19 925	67 959	1 927	2 174	63 858
1974	31 589	5 848	4 833	20 908	69 032	1 566	2 147	65 319
1975	39 120	6 170	5 015	27 935	84 385	1 809	2 450	80 126
1976	60 535	7 008	5 734	47 793	131 617	1 941	3 670	126 006
1977	64 903	7 610	6 377	50 916	136 365	1 883	3 217	131 265

资料来源：中国教育年鉴（1949—1981）[M] . 北京：中国大百科全书出版社，1984：1005.

有数据显示（见表 3–3），我国农村学校小学在校生规模于 1972 年首次突破亿人大关，达到 10 621 万人，1976 年更达到超规模的 13 285.3 万人。从表 3–3 的数据我们可以得出，“文化大革命”后期是我国基础教育发展最迅速的时期，建立了覆盖城乡的高中阶段教育和初中教育体系，人民群众特别是农村地区人口接受教育的机会全面提升。

表 3-3 1962—1977 年中国城镇农村的小学学生数及比例

年份	学生数 / 万人				比重 /%			
	合计	城市	县镇	农村	合计	城市	县镇	农村
1962	6 923.9	1 033.4	546.1	5 344.4	100	14.9	7.9	77.2
1963	7 157.5	1 126.7	584.6	5 446.2	100	15.8	8.2	76.0
1964	9 294.5	1 238.8	621.6	7 434.1	100	13.3	6.7	80.0
1965	11 620.9	1 475.5	745.5	9 399.9	100	12.7	6.4	80.9
1971	11 211.1	1 236.2	608.4	9 366.5	100	11.0	5.4	83.6
1972	12 549.2	1 224.7	703.5	10 621.0	100	9.8	5.6	84.6
1973	13 570.4	1 195.9	776.8	11 597.7	100	8.8	5.7	85.5
1974	14 481.4	1 124.7	804.4	12 552.3	100	7.8	5.6	86.6
1975	15 094.1	1 061.1	786.9	13 246.1	100	7.0	5.2	87.8
1976	15 005.5	995.3	764.9	13 285.3	100	6.4	5.1	88.5
1977	14 617.6	915.1	737.4	12 965.1	100	6.3	5.0	88.7

资料来源：中国教育年鉴（1949—1981）[M]. 北京：中国大百科全书出版社，1984：1005.

另有数据显示，1962—1981 年间，城市学生规模微微下降；县镇学生数从 546.1 万上升为 852.2 万，增长 56.05%；农村学生规模则从 5 344.4 万人增长到 12 467.4 万人，增长了 133.27%。[①] 表 3-4 也显示，1970 年，全国小学入学率为 85%，1975 年达到创历史的 95%。1970 年，中学（普及高中和普及初中）毛入学率仅为 23%，1975 年达到 46%，而直到 10 多年后的 1987 年依然落后于这一水平。这都显示出，全国学龄人口接受正规教育人数达到了空前规模。

表 3-4 1970—1987 年中国中小学在校生与入学率

年份	1970	1975	1980	1985	1987
小学在校生人数 / 万人	10 528.0	15 094.1	14 627.0	13 370.2	12 835.9
小学入学率 /%	85	95	93	96	97
中学在校生人数 / 万人	2 648.0	4 536.8	5 677.8	5 092.6	5 403.1
中学入学率 /%	23	46	46	39	43

资料来源：国家统计局国际统计信息中心 . 世界主要国家和地区社会发展比较统计资料 [M]. 北京：中国统计出版社，1990：127-131.

① 中国教育年鉴（1949—1981）[M]. 北京：中国大百科全书出版社，1984：105.

城镇农村中小学专任教师规模大幅增长，这种趋势从 20 世纪 60 年代初期一直持续到 80 年代初期。据统计，1962 年全国高中专任教师人数为 81 095 人，初中专任教师人数为 318 361 人，其中农村高中和初中专任教师分别为 6 218 人和 120 743 人，分别占比 7.67% 和 37.93%。1981 年，全国高中专任教师人数达到 494 440 人，是 1962 年的 6.10 倍；初中专任教师 2 349 417 人，是 1962 年的 7.38 倍。1981 年，农村高中和初中专任教师为 191 565 人和 1 727 153 人，分别比 1962 年增长 29.81 倍和 13.30 倍。与此同时，农村小学教师人数也从 1962 年的 198.5 万人增长到 476.4 万人，增长了 1.4 倍。

新中国成立以来中国人口经历了三次出生高峰，最高峰值的 1963 年达 2 959 万。“文化大革命”后，尽管教育事业逐步回到正轨，这些学生正值进入初中学习。由于国家特别是北京、上海等大城市人口高度密集，学龄人口高峰同步，出现了严重的“二步制”现象。同样，农村地区也面临着学龄人口高峰，在国家政治秩序恢复阶段，教育特别是农村教育在责任的划分上不够清晰，由此形成的“管理真空”，使教育事业特别是农村地区教育发展受到消极影响。尤其是在办学方向和办学重点方面。这一时期学校办学条件极为艰苦，全国中小学危房占总面积的 16%，其余校舍也多是土草房、老礼堂、破庙宇或旧民房。全国有 4 000 万学生的生命每日每时都受到安全威胁，特别是农民孩子受到的生命威胁更大。就国家和地方教育能力而言，基本不存在小学免费教育的现实性和可能性。在办学原则上，原有以农村教育为主体、乡办乡管的体系正在发生着变化。但不可否认地客观地说，1966—1976 年这 10 年里，中国城乡初步建立了适应人口结构、发展水平的教育布局体系和学校体系。在立足农村发展乡村教育方面，初步探索出一条实现教育公平的新路子。为了拥有能够扎根农村学校的教师，政府采取了“村来村去”的教师政策。20 世纪 70 年代末，中国农村学校以民办教师为主体，1977 年民办教师占全国农村小学教师的 73%。此外，“文化大革命”后期，我国学校数量、在校生规模、教师队伍数量均大幅增长，小学、初中和高中毛入学率也大幅提升，进一步缩小了与发达国家在教育普及方面的差距。最为重要的是，数千万接受高中文化水平教育的青年人口成为此后中国经济发展的核心人力资源和重要支撑力量。

中国马上要开启改革开放时代教育现代化的新纪元……

第四章

改变命运：从人口大国到教育大国（1977—2000）

我们要千方百计，在别的方面忍耐一些，甚至于牺牲一点速度，把教育问题解决好。

——邓小平

学习之堂

1978年12月，发生了影响着中国和世界的两个重大事件：一是1978年12月17日，《人民日报》以通篇红字的方式加印了号外版，向全世界公开发布了《中华人民共和国和美利坚合众国关于建立外交关系的联合公报》，该公报向全世界宣告："中华人民共和国和美利坚合众国商定自1979年1月1日起互相承认并建立外交关系，美利坚合众国承认中华人民共和国政府是中国的唯一合法政府。"中美两国关系开启了新航程。二是1978年12月18—22日，中国共产党第十一届中央委员会第三次全体会议在北京胜利举行。邓小平同志在会议闭幕式上做了题为《解放思想，实事求是，团结一致向前看》的重要讲话，指出实践是检验真理的唯一标准的根本原则。实现了政治路线的拨乱反正，从根本上冲破了长期"左"倾错误的严重束缚，将全党工作的着重点从1979年起转移到社会主义现代化建设上来。这是中国改变国家命运、民族命运的重要一刻。

现代化基因与传统文化基因在现代中国经济社会发展进程中相互结合、相互融合、不断演进，演绎了一场人类历史上最为宏大的社会革命。1977年是中国教育发展的历史上具有重大历史意义的一年。"拨乱反正"成为教育事业改革和发展的起点。在邓小平同志的直接领导下，教育领域推翻了极"左"思潮下形成的"两个估计"，率先从指导思想上正本清源，拨乱反正，不仅使教育事业在短期内重新回到正常发展轨道，也为全国其他行业起到了示范和带动作用。1977年开始恢复全国范围内的高等学校招生入学统一考试制度，是教育战线拨乱反正取得突破性胜利的重要标志，也是新时期教育改革的起点性事件。1978年初，经国务院批准，教育部先后颁发了《关于办好一批重点中小学的试行办法》，批转《关于恢复和办好全国重点高等学校的报告》，重点建设了一批大中小学，体现了国家在有限财力和物力情况下，对早出人才、多出人才的迫切需求。1978年全国科学大会和全国教育工作会议召开，邓小平同志在会议上的重要发言提出了"要提高教育质量，提高科学文化水平""教育事业必须同国民经济发展的要求相适应"和"尊重教师的劳动，提高师资质量"等要求，这些教育战线改革开放的方针政策措施，全面推进了拨乱反正的步伐。

1978年底，党的十一届三中全会破除了"两个凡是"的思想束缚，结束了自1976年以来各项工作在徘徊中前进的局面，端正了全党的指导思想，重新确立了实事求是的思想路线、政治路线和组织路线，成为新的历史时期的开端。逐渐将人们从"以阶级斗争为纲"的工作重点转移到社会主义现代化建设上来，社会各项事业发展再次显现出勃勃生机，在这种大环境下，教育事业走上了健康快速发展的道路。

改革开放的大门从此开启，中国开始了一场人类历史上最大规模的社会转型运动，社会转型、经济转型、人口转型，在转型发展中汲取能量，积蓄力量，成长壮大。

改革开放之后，中国经济社会的转型发展，为中国教育现代化注入活力，本章节的核心任务是分析中国教育现代化成功推进的动力机制，以及这种动力机制对中国教育现代化所产生的巨大推动力和历史性变革。

（一）改革先河

第二次世界大战后，中国这头狮子不断觉醒，从奋进追赶到实现快速发展。与此同时，美国、英国、德国、法国等发达国家也在持续成长。1980—2018 年，美国和欧盟经济总量分别增长了 7 倍和 5 倍，而中国名义 GDP 增长了 194 倍。在教育方面，从 20 世纪 70 年代中期到 80 年代初，西方发达国家教育持续发展，欧洲国家在 20 世纪 60 年代中期高等教育毛入学率超过 15%，1970—1980 年，发达国家高等教育毛入学率从 23.4% 提高到 30.3%，超过大众化水平。1971 年，美国高等教育毛入学率达到 50%，率先成为世界上第一个实现了高等教育普及化的国家。同样，1975—1990 年，世界高等教育规模不断扩张，从 4 026.74 万人增长到 6 827.57 万人，上涨 69.56%。[①] 近 30 年以来，中国教育发展在曲折道路上不断探索，加之内部斗争的消极影响，总体发展水平依然落后于世界平均水平。

新中国成立后的 17 年间，西方国家对中国采取了封锁战略，中国政府坚持自力更生的政治主张和发展策略。通过持续实验和集体试错，中国初步探索了一条依靠自己力量，自力更生搞建设、自力更生搞发展的路子，也更加坚定了走自主发展道路的决心和意志。1976 年 10 月，粉碎“四人帮”标志着“文化大革命”结束，百业待兴，百废待举。1977 年 5 月 24 日，邓小平同志在《尊重知识，尊重人才》一文中指出：“抓科技必须同时抓教育。从小学抓起，一直到中学、大学。我希望从现在开始做起，五年小见成效，十年中见成效，十五年二十年大见成效。”

1978 年 3 月，邓小平在全国科学大会上讲话强调：“科学技术人才的培养，基础在教育。”我们要千方百计，在别的方面忍耐一些，甚至于牺牲一点速度，把教育问题解决好。据统计，1981 年，全国教育经费达到 102 亿元，比 1980 年增长 8.5% 左右，比 1976 年增长近 1 倍。[②] 在一个发展中国家实现现代化，既要有领导人的决心和全体人民的意志，更要有一定的财力作为支撑，发展公共教育事业更需要政府财力的大力支撑。1978 年，中国人均国民生产总值只有 230 美元，大大低于发达国家平均水平的 8 100 美元，低于中等收入国家平均水平的 1 160 美元，甚至与发展中国家平均水平的 520 美元相比，中国人均收入仅相当于发展中国家平均水平的 44.23%。这样的经济发展水平，似乎不可能在中国快速实现教育现代化。甚至全世界没有人相信中国会很快地崛起为一个世界经济强国和教育强国。然而，中国领导人却表现出超然的战略智

① 高书国．后普及教育时代：知识社会的国家战略［M］．北京：高等教育出版社，2007：3．

②《中国教育年鉴》编辑部．中国教育年鉴（1949—1981）［M］．北京：中国大百科全书出版社，1984：84．

慧，中国人民表现出非凡的创造精神和创造能力，在一个不太长的时间内创造了令所有人惊叹的发展奇迹。

常言道，穷则变，变则通。中国教育现代化成功之路植根于改革开放。恩格斯有一句名言："所谓'社会主义社会'不是一种一成不变的东西，而应当和任何其他社会制度一样，把它看成是经常变化和改革的社会。"①

这句话曾被广泛引用，用以作为社会主义必须"改革"的理论论证。1978 年，邓小平同志领导中国人民实践了恩格斯的思想，正式开启了改革开放伟大事业。改革是中国经济社会发展的战略举措。改革开放总设计师邓小平同志深刻地指出："坚持改革开放是决定中国命运的一招。""改革的性质同过去的革命一样，也是为了扫除发展社会生产力的障碍，使中国摆脱贫穷落后的状态。从这个意义上说，改革也可以叫革命性的变革。"②他进一步深刻地分析到："什么叫社会主义？它比资本主义好在哪里？每个人平均六百几十斤粮食，好多人饭都不够吃，28 年只搞了 2 300 万吨钢，能叫社会主义优越性吗？""人民生活水平不是改善而是后退叫优越性吗？"改革开放前夕，总设计师的沉重忧思化为掷地有声的疾呼："如果现在再不实行改革，我们的现代化事业和社会主义事业就会被葬送。"③这是一个国家领导对于民族与国家发展的初心与责任。

1978 年全国教育工作会议召开，邓小平同志在会议上提出了"要提高教育质量，提高科学文化的教学水平，更好地为社会主义建设服务"。邓小平同志明确指出："一个十亿人口的大国，教育搞上去了，人才资源的巨大优势是任何国家比不了的。"1985 年 5 月，在全国教育工作会议上小平同志高瞻远瞩地意识到："我们国家，国力的强弱，经济发展后劲的大小，越来越取决于劳动者的素质，取决于知识分子的数量和质量。"因此，"忽视教育的领导者，是缺乏远见的、不成熟的领导者，就领导不了现代化建设。各级领导要像抓好经济工作那样抓好教育工作。"国家领导对于教育工作的高度重视，发展教育事业的鲜明立场和观点，为正确处理经济社会发展与教育发展的关系、促进教育优先发展奠定了重要的理论基础。

改革是一场革命，是一个全民族凤凰涅槃的历史过程。邓小平同志关于"先富和后富"这一著名论断，充分体现了"发展成果让人民共享，改革红利惠及全体人民"的改革发展目标。20 世纪 80 年代初，党中央提出"一个中心，两个基本点"的基本路线。邓小平同志明确指出，"改革不只是看三年五年，而是要看二十年，要看下世纪的

---

① 中共中央马克思恩格斯列宁斯大林著作编译局．马克思恩格斯选集：第 4 卷［M］．北京：人民出版社，1995：693．

②③ 邓小平．邓小平文选：第 3 卷［M］．北京：人民出版社，1999：135．

前五十年”，“谁不改革谁就下台”。在1992年南方谈话中，他进一步指出：“革命是解放生产力，改革也是解放生产力。推翻帝国主义、封建主义、官僚资本主义的反动统治，使中国人民的生产力获得解放，这是革命，所以革命是解放生产力。社会主义基本制度确立以后，还要从根本上改变束缚生产力发展的经济体制，建立起充满生机和活力的社会主义经济体制，促进生产力的发展，这是改革，所以改革也是解放生产力。”[1]

这一时期，中国教育法制建设全面加强，为教育改革开放提供了有力的法律保障。第六届全国人大常委会第九次会议通过了《关于教师节的决定》（1985），国务院发布了《关于征收教育费附加的暂行规定》（1986）、《普通高等学校设置暂行条例》（1986）、《高等教育自学考试暂行条例》（1988）、《扫除文盲工作条例》（1988）、《义务教育法实施细则》（1992）等教育行政法规，为改革开放后中国教育持续发展提供重要的法律保障。

改革是中国现代化发展的最大动力。中国从拉美国家现代化过程中汲取经验和教训，寻找到一条渐进式改革模式，改革的历程遵循的是逐步推进的务实路线，谋求的是由点及面的稳步推进。条件成熟一点、能力强一点的领域或地区先改革，条件不成熟、改革能力不足的暂缓推进，否则欲速则不达。中国的经济社会发展没有采取“激进改革”的方法，而是采取渐进式改革、摸着石头过河的办法，逐步破除思想障碍和制度障碍，在破中立，在立中破，在解决具体问题的时候注重制度建设，在解决当前矛盾的时候立足长远，通过化繁为简、化难为易，通过分段实施、化险为夷，成功地探索出一条适应发展中人口大国、实现国家快速发展、人民生活富裕、社会安全稳定的发展模式，实现了中华民族由近代不断衰落到根本扭转命运、持续走向繁荣富强的伟大飞跃。

中国著名战略先师鬼谷子曾经说：先圣之人“观阴阳之开阖以命物，知存亡之门户，筹策万类之终始，达人以之理，

习之堂

学者费正清先生在其《伟大的中国革命》一书中深刻地指出：“中国要现代化不得不比多数国家走得要远些，改变得更多些，就是因为它停滞不前为时太长了。结果是一种强大的惰性扼制力，使中国的革命性变革有痉挛性，有时内部抑制住了，有时还带有破坏性。”这种被抑止的“内部”动力，一旦被激发，便会焕发出中国发展的巨大变革活力和发展动力。

[1] 邓小平．邓小平文选：第3卷［M］．北京：人民出版社，1999：370．

见变化之朕焉，而守司其门户。故圣人之在天下也，自古至今，其道一也。变化无穷，各有所归。或阴或阳，或柔或刚，或开或闭，或弛或张”。世间万事万物，形态各异，或生或长，或消或亡，形成了复杂的社会生态。内源发展是一种源自于内部、以自我动力为主的发展模式。联合国教科文组织首先提出内源发展理念：“实现发展的动力实际上存在于文化之中，存在于个人与集体的需要和愿望之中；对发展战略及实施方式的选择本身，作为这些选择的价值体系和由此产生的生产和消费方式，从本质上讲完全属于文化的范畴；因此可以说，在文化与发展之间存在着一种对应性：文化是发展的摇篮。”文化在发展中具有十分重要的基础作用、促进作用。习近平同志更加坚定地提出“除了深化改革开放，别无他途”“改革开放只有进行时没有完成时”的坚定誓言。中国拥有 5 000 多年的文明历史，悠久、丰富而多样的文化，成为促进中国现代化发展的摇篮。我们站在今天的视角，回顾历史、研究历史，从中探寻其生长的内在动力、战略逻辑和发展规律，从社会动力学视角分析中国教育现代化的内生动力。

中国教育现代化的成功源于一种内在动力，毛泽东、邓小平、江泽民、胡锦涛、习近平几代领导人和全体中国人民，坚持改革开放，对先进的理念、文化和知识，心向往之，力追求之，不断地持续学习、借鉴和创新。这种源于集体学习而形成的集体理性，成为改变国家、民族和人民命运的思想基础。

（二）内生动力

习之堂

内部动力（拉力）主要来自于国家及教育系统内部自我改变的动力，特别是国家和全体人民的自主学习能力，是中国教育现代化道路与模式成功的关键所在。

中国教育现代化的动力是一种系统动力，这种动力大体可以分为外部动力和内生动力两个部分，即“推力”和“拉力”两个部分：外部动力主要来自于经济社会发展和外部竞争压力，特别是中国经济高速增长对于教育以及教育现代化的需要，工业化、城镇化对于教育结构体系现代化的需求，人民群众追求美好生活和自身发展对于高质量现代化教育的期望。如何把握机遇、借势而为是发展中国家教育现代化过程中面临的直接挑战。

以战略追赶为目标，凝聚战略共识，化解战略危机，汇聚战略资源，形成战略合力，系统化推进国家现代化，这是中国经济社会和教育发展的成功经验。我们将深入讨论工业化、城镇化对于教育现代化的影响，让我们首先分析一下中国教育现代化的内生动力。

1. 集体学习动力

一个民族的集体学习精神和学习能力，是国家现代化最为重要的内生动力。回顾人类的学习历史，普遍存在一种“被打败后”的国民反思性学习：18 世纪后期，德国人被法国拿破仑打败，开始了反思性学习，建立了人类第一个义务教育法律制度；1840 年，中国在鸦片战争中被打败，全民族开始了一次历时近 200 年的反思性学习。这种学习成为中国国家现代化最为根本的发展动力。

第一，从领袖到百姓的举国学习动力。所谓“国家学习”，是一个组织包括国家、集体和个人，在建设和发展中不断尝试、不断实践、不断总结经验而获得成长的过程。其重要特点是以我为主，由我决定向谁学习、学习什么和如何借鉴、怎么应用的问题。这一点十分重要，也是中国区别于其他发展中国家最为本质的特点之一。后发现代化国家没有一个不向发达国家学习的，但是能够做到“自主学习”的国家并不多，拉美国家、非洲国家和南亚、东南亚国家都学习了发达国家理念、制度、文化，而它们大都在国家现代化的路上失败了；日本、韩国、新加坡，特别是中国，结合自身文化有选择地进行自主学习，以国家文化为底色，以人民需求为根本，以自主选择为手段，学以致用，在国家现代化的道路中成功了。

学习是一种智慧，成功的学习更是一种战略智慧。“读万卷书，行万里路”是中华民族的优秀传统。

1960 年 3 月 18 日会见尼泊尔王国首相柯伊拉腊时，毛泽东讲得很清楚：“每个民族都有长处，都有缺点。要学习每个民族的长处，不管这些民族的大小。我们东方人有一种自卑感，总觉得自己不行，白种人比我们强。这是一种迷信，要破除。既要破除迷信，又要向西方学习。破除迷信与向他们学习并不矛盾，如我们可以派留学生，进口他们的设备等。我不是反对西方的一切，而只是反对那些压迫人、欺侮人的东西。他们的文化科学我们要学习。东方人要向西方学习，要在破除迷信的条件下学习西方。”①

① 中共中央文献研究室．毛泽东年谱（1949—1976）：第 4 卷［M］．北京：中央文献出版社，2013：349．

毛泽东主席清晰地阐述了向西方学习的必要性、方法与策略。对于采取什么方式、走什么道路实现中国富强和中国现代化，毛泽东主席早已给出明确的答案："向古人学习是为了现在的活人，向外国人学习是为了今天的中国人。中国的和外国的，两边都要学好。半瓶醋是不行的，要使两个半瓶醋变成两个一瓶醋。"[①]

两个一瓶醋，就是要始终充满着民族特色和时代特色，就是要始终充满着马克思主义精髓和社会主义原理。说白了，把中国特色"半瓶醋"与社会主义"半瓶醋"，放到一个瓶子里变成一瓶醋，中国特色社会主义就胜利了！

边实践、边学习、边总结经验，这正在中国探索现代化发展道路最为重要的成功经验。在1958年"大跃进"之后，1962年1月30日，毛泽东《在扩大的中央工作会议上的讲话》指出："从中华人民共和国成立，到现在已经十二年了。这十二年分为前八年和后四年。一九五〇年到一九五七年底，是前八年。一九五八年到现在，是后四年。我们这次会议已经初步总结了过去工作的经验，主要是后四年的经验。这个总结，反映在刘少奇同志的报告里面。我们已经制定，或者正在制定，或者将要制定各个方面的具体政策。已经制定了的，例如农村公社六十条、工业企业七十条、高等教育六十条、科学研究工作十四条，这些条例草案已经在实行或者试行，以后还要修改，有些还可能大改。正在制定的，例如商业工作条例。将要制定的，例如中小学教育条例。我们的党政机关和群众团体的工作，也应当制定一些条例。军队已经制定了一些条例。总之，工、农、商、学、兵、政、党这七个方面的工作，都应当好好地总结经验，制定一整套的方针、政策和办法，使它们在正确的轨道上前进。"[②]

经过实践，经历挫折，甚至曲折，中国领导人持续不断地总结经验和教训，并及时将其转化为系统的重要政策文件和理论成果，从国家整体发展的各个方面，全面加快社会主义现代化制度建设，用制度的方式将实践经验呈现出来、固定下来，理性的进步必然带来和推动理论的进步，而现代化理论的提升必然带来现代化实践能力的提升。

国家领导人参与并领导了国家学习。邓小平同志早年留法勤工俭学，将马克思主义理论与中国改革发展实际相结合，创立了邓小平理论。习近平总书记青年时代植根于中国农村的广阔天地，在县、市、省多个领导岗位历练学习，汲取了最优秀的中华文化传统智慧。2019年，人民日报评论员文章《加强理论修养不断修炼自我——论

① 中共中央文献研究室．建国以来毛泽东文稿：第6册［M］．北京：中央文献出版社，1992：182．

② 毛泽东．全党必须努力学习社会主义建设［EB/OL］．（1962-01-30）［2019-01-03］．http://news.eastday.com/epublish/gb/paper241/1/class024100017/hwz957485.htm．

学习贯彻习近平总书记在中青年干部培训班上重要讲话》载："广大干部特别是年轻干部在学习理论上要舍得花精力，把学习习近平新时代中国特色社会主义思想作为主题，坚持读原著、学原文、悟原理，往深里走、往实里走、往心里走，把自己摆进去、把职责摆进去、把工作摆进去，做到学、思、用贯通，知、信、行统一。只有这样，才能在强读强记、常学常新中加强理论修养，筑牢理论基础。"①

中国共产党历来重视学习，是一个勤于学习、善于学习的马克思主义政党。早在延安时期，毛泽东主席就组织中央领导同志开展集体学习。党的十六大以来，时任总书记的胡锦涛同志提出建设学习型政党和形成学习型社会的发展目标。胡锦涛同志一再强调：全党同志特别是领导干部一定要坚持党的优良传统，重视学习、勤于学习、善于学习。

党的十八大以来，习近平总书记更加重视集体学习，他反复强调指出："要把研究和解决重大现实问题作为学习的根本出发点，使认认真真学习成为理论联系实际、学以致用，不断提高工作原则性、系统性、预见性和创造性的过程。"党的高层领导人不断学习、持续学习的目的在于因势而谋、应势而动、顺势而为；在于明方向、明大局、谋改革、促发展。习近平在中央政治局第十七次集体学习时强调指出，"要加强对中国特色社会主义国家制度和法律制度的理论研究，总结70年来我国制度建设的成功经验，构筑中国制度建设理论的学术体系、理论体系、话语体系，为坚定制度自信提供理论支撑。"②

以史为鉴，向历史学习是一个优秀民族内在的品质，也是一个国家从薄弱走向强大的必要前提。孔子讲："日三省吾身。"一个集体学习的民族必然是一个最有希望和发展前途的民族，在这种学习过程中，一个政党在内化、一个民族在内

习之堂

中国春秋战国时代有一篇著名文章，即荀子的《劝学》，不仅在世界上最早提出了"学不可以矣"的终身学习思想，也从哲学和战略层面影响着中国文化和中国政治。

从鸦片战争以来的180年间，中国始终向西方发达国家学习科学、文化与制度，学习、分析和研究发达国家现代化进程中国家治理的经验，翻译、编辑、出版、引用了世界各个国家、各个民族的先进理论与学术著作。中国人民形成了一个自主学习共同体，像一块巨大的"海绵"，人人时时学习，成为世界最大规模的学习型社会。

① 加强理论修养不断修炼自我——论学习贯彻习近平总书记在中青年干部培训班上重要讲话［EB/OL］.［2020-10-11］. http://china.cnr.cn/news/201903/02/t20190302_534527079.shtml.

② 习近平在中央政治局第十七次集体学习时强调继续跟着党和人民开辟的正确道路前进　不断推进国家治理体系和治理能力现代化［EB/OL］.［2020-10-11］. https://baijiahao.baidu.com/s?id=164556204377030904 98lwfr=spide8lfor=pc.

化、一个国家在内化，正是这种内化生成和凝聚起中国现代化的内生力量。中国发展历史和文化特质，使得中国对于西方发达国家不可能拥有所谓“依附性”。从洋务运动，到民国政府，再到中国共产党；中华文化源远流长，五千年血脉不断，自身的内生成长性始终保持。

中国现有 4 亿以上的人口学习了外语，先后有近千万人次出国留学，数千万人次出国考察、访问、学习。中国已经初步形成拥有 9 100 万党员的学习型政党，形成拥有 13 亿人口的最大规模的学习型社会。时时学习、时时吸收、时时转化、时时创新，已经成为一种全民风尚，通过学习、借鉴、吸收和创新，中国已经成为世界最为重要的知识创造的国家。

第二，从谋划到实施的长远战略能力学习。后发现代化国家，在实现追赶的过程中，最为重要的是确定长期发展战略，制定长期发展战略目标，并将其变为国家目标和百姓共识。毛泽东以其伟大的胸怀、宏大的气魄预示了中国的未来和实现战略追赶的路径，显示了一般人难以企及的战略智慧和战略影响力。这种战略诊断，表现了一个世界领袖的战略判断和战略决断，40 多年以来，从邓小平到江泽民，从胡锦涛到习近平，始终把握中国经济社会发展的战略方向，走中国特色社会主义道路，努力建成一个富强、民主、文明、和谐、美丽的社会主义现代化强国。中国始终坚持初衷，坚持既定目标，它引领着中国政治、经济和社会发展一步一步地取得举世瞩目的伟大成就，从一个贫穷落后的国家进入高收入国家行列，实现了经济社会发展质的飞跃。

邓小平同志“三个面向”教育指导思想的提出，为教育界的这场理论争论拨云见日般地指明了方向。邓小平同志“三个面向”的教育指导思想，赋予了党的教育方针新的时代内涵，推动了我国今后一系列的教育改革和实践，对于中国教育现代化具有重大指导意义，也必然成为 21 世纪中国特色社会主义教育事业的行动指南。

坚持以人民为中心的发展思想。以人民为中心的发展思想是社会主义制度的核心支柱。发展是一个全方位的概念，是一

习之堂

1983 年，邓小平同志给北京景山学校题词：“教育要面向现代化，面向世界，面向未来”，其核心是指教育要从现代化建设、当今世界的特点以及未来发展趋势出发，培养大批合格人才，改变目前教育不适应现代化、世界新潮流和未来发展需要的现状。这是邓小平同志对景山学校的殷切希望，更是对我国教育事业改革和发展提出的战略指导方针，极大地推进了教育改革发展和对外开放。

场全社会的变化与提升。中国将自身的发展，以人民为中心，一切为了人民的发展，与世界经济社会发展紧密联系，相互推动。

现代规划的发展经历了领袖智慧、精英智慧、团队智慧和群体智慧四个发展阶段，群体智慧时代正在到来。从第一个教育正规规划起，中国教育规划经历了65年的发展历史，建立了从中央到地方、从经济到社会全方位覆盖的、世界最大规模的规划体系，形成前所未有的强大规划能力，规划实施效力和评估水平全面提升，规划理论、工具与模式日渐成熟。因此，我们可以得到一个重要的结论，从总体上中国战略规划正在进入成熟发展时期。

第三，从学习到创新的正确的路径选择。中国现代化的动力来自于自身的制度优势。早在新中国建立之初，中国领导人就在讨论中国特色社会主义的问题，表现出了对社会主义制度的内在自信。

1956年8月21日，毛泽东在《对中共八大政治报告稿的批语和修改》时，写了一段话："所谓特殊的规律，就是各国的差别点，……不可能设想，社会主义制度在各国的具体发展过程和表现形式，只能有一个千篇一律的格式。我国是一个东方国家，又是一个大国。因此，我国不但在民主革命过程中有自己的许多特点，在社会主义改造和社会主义建设的过程中也带有自己的许多特点，而且在将来建设社会主义社会以后还会继续存在自己的许多特点。"①

1956年8月24日，毛泽东说："地球上有二十七亿人，如果唱一种曲子是不行的。无论东方西方，各民族都要有自己的东西。西方国家发展了资本主义，在历史上是起了作用的。但是现在世界的注意力正在逐渐转向东方，东方国家不发展自己的东西还行吗？"首提"世界的注意力正在逐渐转向东方"的思想。1964年12月13日，毛泽东再次强调："为什么西方资产阶级能够做到的事，东方无产阶级就不能做到呢？中国大革命家，我们的先辈孙中山先生，在本世纪（20世纪）初期就说过，中国将要出现一个大跃进。他的这种预见，必将在几十年的时间内实现，这是一种必然趋势。"②

中国著名思想家、教育家孔子早就提出"庶、富、教"的思想，这是从共同富裕到共同发展的重要起源。党的十一届三中全会以后，我国经济建设的战略部署大体分三步走：第一步，实现国民生产总值比1980年翻一番，解决人民的温饱问题。第二步，到20世纪末，使国民生产总值再增长一倍，人民生活达到小康水平。第三步，到21世纪中叶，人均国民生产总值达到中等发达国家水平，人民生活比较富裕，基本实现现代

① 中共中央文献研究室．建国以来毛泽东文稿：第6册［M］．北京：中央文献出版社，1992：143．

② 中共中央文献研究室．建国以来毛泽东文稿：第6册［M］．北京：中央文献出版社，1992：176-177．

化。邓小平多次强调，我国社会主义建设发展战略目标不是片面强调经济增长的单一发展目标，而是综合发展目标，是包含经济、政治、文化三位一体的共同发展、共同进步的模式。三步走战略目标的确定，开启了改革开放后中国现代化的新征程。

中国政府长期坚持“低重心”的教育发展战略。早在 1956 年，中央政府就提出：“必须用极大的努力逐步扫除文盲，并且在财政力量许可的范围内，逐步扩大小学教育，以求在 12 年内分区、分期普及小学义务教育。”这是新中国政府第一次提出普及小学教育的规划目标。作为“一穷二白”的发展中国家不可能迅速实现现代化，而只能确定长期发展战略，采取“持久战”的方式，分解长远目标为阶段性目标，化繁为简、化长为短。理想是一种力量，不仅是一种实现的力量，更为一种长远的力量；不仅是一种国家力量，更是一种全民的力量。中国领导人和全体人民在“超英赶美”的战略理论激励下，忍受贫穷、忍受动荡、忍受饥饿，更要忍受挫折和失败，在国际封闭的环境下不懈探索。为此，中国采取了整体规划、分区推进的教育现代化战略。

第四，从追赶到超越的改革创新动力。坚持以改革促进发展，在改革中促进和实现现代化。1958 年 5 月 20 日，在党的八大二次全体会议上，毛泽东专门讲了“超过”马克思的问题，他说：“马克思住在很高的楼上，好像高不可攀，要搭很长的梯子才能上去，于是乎说：‘我这一辈子没有希望了。’不要怕嘛。马克思也是两只眼睛，两只手，跟我们差不多，无非是脑子里有一大堆马克思主义。但是，我们在楼下的人，不一定要怕楼上的人。我们读一部分基本的东西就够了。我们做的超过了马克思，列宁说的做的都超过了马克思，如帝国主义论。马克思没有做十月革命，列宁做了；马克思没有做中国这样的革命，我们的实践超过了马克思。”①

从实际出发，扎根中国大地推进现代化是一个发展中人口大国的战略诉求。

毛泽东曾说：“建设强大的社会主义经济，在中国，五十年不行，会要一百年，或者更多的时间。”

我们都知道“两个百年”奋斗目标，能够高瞻远瞩地展望一百年，是一个领袖的伟大智慧。五十多年前，毛泽东提出百年目标是基于以下考虑的：“从现在起，五十年内外到一百年内外，是世界上社会制度彻底变化的伟大时代，是一个翻天覆地的时代，是过去任何一个历史时代都不能比拟的。处在这样一个时代，我们必须准备进行同过去时代的斗争形式有着许多不同特点的伟大斗争。……要准备着由于盲目性而遭受到许多的失败和挫折，从而取得经验，取得最后的胜利。由这一点出发，把时间设想得长一点，是有许多好处的，设想得短了反而有害。”②

① 中共中央文献研究室．建国以来毛泽东文稿：第 7 册［M］．北京：中央文献出版社，1998：206．

② 中共中央文献研究室．建国以来毛泽东文稿：第 10 册［M］．北京：中央文献出版社，1998：32．

这充分体现了一个伟大领袖的全球发展的长远眼光和伟大时代的战略思维。

2. 社会转型动力

所谓“转型期”是指1978年中共十一届三中全会开创的中国现代化建设新时期。这种复杂的社会转型既对政府的管理能力提出严峻挑战，也蕴藏着无比巨大的社会发展动力和教育发展动力。

学习之堂

中国社会转型的突出特点是从传统社会到现代社会、从农业社会到工业社会、从计划经济到市场经济“多轨转型”并列，其综合性、复杂性前所未有。

改革开放之后，特别是1989年东欧剧变，许多社会主义国家纷纷改变“颜色”，以中国为代表的社会主义国家面临前所未有的发展困难，力求在战略转型中捍卫社会主义旗帜，谋求健康发展。社会转型是整体的、分层的，是突变与渐进相结合的社会变革。社会加速转型作为社会形态和社会结构的“一种突变形式”，有其自身发展规律；依据社会变迁理论，社会变迁的速度、深度、方向是可控的，“可计划性和可控制必仍是社会学的建设性项目之一，也是现代社会根本性的生存和发展前提之一”。[①]

中国正处于全面转型时期，一是社会转型，即从传统的农业社会向现代工业社会和城市社会转型；二是经济转型，即从传统的计划经济向现代市场经济体制转轨。社会转型既有社会制度的变化，也有社会结构的变迁。在从传统的计划经济向社会主义市场经济变革的转型时期，政府在社会、经济、教育、科技和各项社会发展中的地位、功能、作用及在作用的方式上都发生了深刻的变化。社会经济转型带来的城镇化发展、产业结构调整和人口结构变化，拉动教育体系、结构、布局调整。社会转型使得社会结构和利益结构的分化重组，引发社会规范和道德观念的冲突，带动人们生活方式、思维方式和价值观念的深刻变革。

20世纪末，世界主要发达国家开始从工业社会步入知识社会。在托夫勒看来，人类社会经历了三种文明的“转型”，

---

① 查普夫．现代化与社会转型［M］．北京：社会科学文献出版社，1998．

习之堂

托夫勒夫妇在《创造一个新的文明——第三次浪潮的政治》中预示着知识经济的到来："知识正在成为一切有形资源的'最终替代'，知识的极端重要性，已经或正在改变工业组织、公司结构、商业竞争的形式和内容，以及创造财富的途径，甚至战争的方式。"托夫勒先生进一步提出："我们正快速迈向一个迥然不同的权力结构，这一权力结构造成的将不是一个分成两种文明的世界，而是一个为三种截然对立和相互竞争的文明所分割的世界——锄头象征着第一种文明，流水线象征着第二种文明，电脑象征着第三种文明。"

即从农业经济到工业经济，再到知识经济。"在这三个分化的世界上，第一次浪潮部门提供农业和矿产资源，第二次浪潮部门提供廉价劳动，从事成批生产，快速发展的第三次浪潮部门，则以创造和开发知识的新方法为基础，雄踞主导地位。"美国著名经济学家丹尼尔·贝尔 1973 年著有《后工业社会的来临——对社会预测的一项探索》被翻译介绍到中国，对中国经济社会发展和人的观念变化产生极为深刻的影响。中国领导人和普通百姓更加深刻地感受到世界经济快速发展的冲击、发达国家科技进步的压力和中国与发达国家的差距。

1999 年 12 月 6 日，英国《金融时报》发表的题为《中国：希望与挑战并存》的文章这样描述："中国是一个处于转变中的国家。它试图一次跨越几个不同的转变：从农业社会向工业社会的转变；从人治向法治的转变；从集体化向鼓励个人的转变；从普遍崇尚意识形态向追求物质的转变。"

中国工业化进程进入快速发展阶段，工业体系的建立和完善进一步巩固了现代化的教育体系和培训体系。《中国工业化进程报告——1995—2005 年中国省域工业化水平评价与研究》数据表明，到 2005 年东部的工业化水平综合指数已经达到了 78，进入工业化后期的前半阶段，东北地区工业化水平综合指数为 45，进入工业化中期前半阶段，而中部和西部的工业化水平指数分别为 30 和 25，还处于工业化初期的后半阶段。中国经济发展整体上处于工业化阶段，一部分相对落后地区处于工业化初中期，一部分较为发达的地区处于工业化后期或后工业化时代。北京、上海等特大城市，已经进入工业化后期，知识经济社会的特点日益明显。21 世纪初，知识经济正在北京和上海这些特大城市中孕育和发展，中国发展地区正在从基于社会主义市场经济转向基于知识的社会主义市场经济的过渡时期。知识和信息革命使中国面临的国内挑战更加严峻，甚至如果不在发展战略上实现重大转变，中国将无法保持经济持续增长。

中国教育现代化的城镇化动力。城镇化是中国龙腾飞的重要动力。1949 年以来，中国城镇化进程可以分为四个阶段：第一阶段（1949—1957）是初期发展阶段，城镇人口从 5 765

万人增加到 9 949 万人，城镇人口比例从 10.64% 提高到 15.39%。第二阶段（1958—1964）是曲折发展阶段，城镇人口增加到 12 950 万人，占总人口比重达到 18.37%；第三阶段（1965—1978）是徘徊发展阶段，城镇人口由 1965 年的 13 045 万人增加到 1978 年的 17 245 万人，但城镇人口比重却一直徘徊在 17% 左右；第四阶段（1979 年至今）是城镇化水平迅速提高的阶段。

中国城市的综合实力和竞争力明显增强。人口高度集中，激发了城市教育发展的内在需要，也为集中发展公共事业和提高公共设施的使用效益提供了条件。同时，农村人口的盲目流动，又对城市教育数量供给与质量提升提出严峻挑战。中国在过去 40 年中的城市化速度极快，超过了世界其他国家。20 世纪 80 年代中国有 51 个 50 万人以上人口的城市，到 2010 年中国增加了 186 个 50 万以上人口的城市。在未来 40 年中国还将增加 100 个左右 50 万人以上人口的城市。到 2018 年底，全国设市城市已经达到 655 个，其中 200 万以上人口的城市 41 个，100 万～200 万人的城市 81 个，50 万～100 万人口的城市 118 个，20 万～50 万人口的城市 151 个，20 万人口以下的小城镇 264 个。这样的城市体系对于教育发展提出巨大需要，各级各类教育和学校体系建设支撑了城市的发展，促进了公共服务体系的完善。

中国社会经济发展的重要动力之一是转型的力量。从传统社会到现代社会、从农业社会到工业社会、从农村社会到城市社会是中国面临的“三转叠加”的特殊社会形态，既需要中国社会付出巨大的能量实现社会转型，又为社会变革与进步提供前所未有的巨大的社会动能。同样，社会转型一方面对教育发展提出巨大、深刻的挑战，也为教育发展提供战略机遇和发展动力。

20 世纪 90 年代中期，在公共教育体系建设方面，存在有三种体系：一是以苏联、中国、古巴等国为代表的计划体制，采取的是国家财政统包的办法维系公共教育体系；二是以高福利支撑公共教育服务体系，代表区域是西欧发达国家，特别是北欧和德国；三是政府与市场相结合的体系，代表国家是美国、英国、日本、韩国。教育发展的实际证明，单独依靠政府的力量，难以维持计划体制下的公共教育体系，教育发展速度慢、水平低；高福利支持下的公共教育服务体系，财政压力大，效率不高，持续性弱。当时中国计划经济体系根深蒂固，影响深刻，对于以什么模式建设教育体系、发展教育，社会各界观点冲突，面对社会转型和复杂的经济社会环境，采取什么方式发展教育事业成为社会关注的热点和必须要解决的重大理论问题。为此，在政府和学界开展了一场大规模的讨论。

社会经济转型发展，拉动和促进教育要转变传统的发展模式。中国是一个发展中的大国，人口多、底子薄、起点低是教育发展的基本国情。既面临国际竞争、经济转型、需求扩张所带来的教育资源供给上的尖锐矛盾，也面临发展迅速、区域失衡和差距加大等严峻挑战。一方面教育资源供给不足、优势教育紧张，不能满足社会经济发展和人民群众日益增长的教育需求；另一方面不同区域经济发展、社会发展和教育发展的不平衡现象，区际之间、校际之间和人际之间的教育差距所引发的教育公平问题十分突出。

1995 年 9 月，中共十四届五中全会通过了《中共中央关于制定国民经济和社会发展“九五”计划和 2010 年远景目标的建议》，对未来 5～15 年确定了宏伟的发展蓝图。建议提出：“实现‘九五’和 2010 年奋斗目标，关键是实行两个具有全局意义的根本性转变，一是经济体制从传统的计划经济体制向社会主义市场经济体制的转变，二是从粗放型向集约型转变，促进国民经济持续、快速、健康发展和社会全面进步。”经济社会发展阶段性特征决定教育发展的阶段性特征。有什么样的经济体系，就必须有什么样的公共服务体系为其发挥支撑和服务功能。经过政府、学界与社会各方面认真研究、讨论，甚至争论，为促进教育事业稳定、健康和持续发展，在公共教育发展思路上初步确定了以下原则。

第一，坚持按需发展原则。保持教育资源供需关系的总体平衡是科学技术进步和经济社会健康发展的必要前提，也是教育结构调整的首要原则。

第二，坚持供需平衡原则。保持教育资源供需关系的总体平衡是教育发展的必要前提，也是教育规划的重要原则。所谓供需平衡一是指人力资源的需求与供给总量和比例结构基本均衡，二是指教育内部资源与人才培养需求之间要保持基本平衡。教育规划要本着动态平衡的原则加以制定和实施。保持人力资源供求与人才市场需求的总体平衡，既有利于从开展公平竞争，也有利于提高办学效益。要改变计划经济体制下形成的单一依靠政府调节教育资源配置的局面，积极引入市场机制，充分发挥教育市场和劳动力市场在人力资源供给中的动力作用，从传统的内部静态平衡，转到面向社会的开放的动态平衡。

第三，坚持弹性适应原则。传统教育规划管理和资源配置的主要问题之一是过于刚性，缺乏弹性。从中央到地方的教育规划的内容具体、时间精确、途径单一、手段单一，从指导思想、规划目标，到实施和评价都缺少必要的弹性。在人才培养方面，行业与行业之间缺乏弹性，专业与专业之间缺乏弹性。在专业建设方面，传统教育专业设置老化、僵化现象比较严重，新学科、新专业建设十分薄弱。教育改革和发展难以适应经济体制改革和经济增长方式的转变，教育方法和手段难以适应科技进步和行业技术进步的需要，人才培养模式难以适应岗位调整和新专业、新岗位的需求。“规划弹性”是规划适应性的基础，没有弹性，谈不上适应，致使教育规划成为“中看不中用的东西”，大大削弱了教育规划的战略性、权威性和指导性。弹性适应就是要求教育规划具有较大的弹性、较强的适应程度。

第四，坚持多主体参与原则。多主体参与是社会主义市场经济体制下教育规划编制、决策和实施的客观需要，是改变教育封闭局面的一项重要措施。要引入市场机制，建立政府指导、市场调节、社会支持，多主体、多渠道、多模式参与的教育发展思路。在坚持政府主导的同时，必须充分发挥市场在教育资源配置中的重要作用，广泛吸收社会资本和民间资本参与公共教育事物，减少教育资源配置中的盲目性和低效率。

中国是社会主义国家，发展公共教育事业是最重要的国家责任之一，要建立公共型政府，使中央和地方政府从日常经济活动中摆脱出来，着重做好宏观经济战略规划、制度和法制建设，着重做好以教育、卫生、城乡建设为主的公益性事业。教育要面向人人，发展教育事业是各级政府、企业和每个公民的共同事业和共同责任，公民既有受教育的权力，也有受教育的义务。要正确处理义务教育和非义务教育的关系及主体责任。在非义务教育、继续教育和终身教育进程中，进一步强调个人责任、利益和回报。

1985 年《关于教育体制改革的决定》明确规定了分级办学、分级管理的办学管理体制。其中规定了乡村义务教育实行三级办学、两级管理的体制，即县、乡、村三级办学，县、乡两级管理的模式，确立了利用财、税、费、产、社、基等来源多渠道筹措经费的方式。除了国家拨款以外，地方机动财力中应有适当比例用于教育，乡财政收入应主要用于教育。地方可以征收教育费附加，鼓励国有企业、社会团体和个人办学，并在自愿的基础上，鼓励单位、集体和个人捐资助学。

1993 年颁布的《中国教育改革和发展纲要》中提出，改变政府包揽办学的格局，逐步建立以政府办学为主体、社会各界共同办学的体制。《纲要》提出，基础教育应以地方政府办学为主，高等教育要逐步形成以中央、省（自治区、直辖

习之堂

20 世纪 70 年代，波兰学者奥斯卡·兰格，第一次提出社会主义市场经济的构想。德洛尔报告提出：“教育已成为社会的经常性生产任务，全社会都应对教育负责，只有通过教育，社会才能面目一新。”[1]在德洛尔看来，教育不仅具有“生产”性，而且是社会“经常性的生产任务”。

---

① 联合国教科文组织总部．教育：财富蕴藏其中［M］．联合国教科文组织总部中文科，译．北京：教育科学出版社，2001：101．

市）两级政府办学为主，社会各界参与办学的新格局，职业技术教育和成人教育主要依靠行业、企业、事业单位办学和社会各方面联合办学。在保证正确引导和方向的前提下，积极鼓励、支持社会团体和公民个人依法办学，欢迎来自港澳台同胞、海外侨胞等捐资助学的行为。

1998 年，党中央、国务院《关于大力发展第三产业的决定》中明确提出："教育是对国民经济发展具有全局性、先导性影响的基础产业。"中国找到了一种社会主义市场经济的发展道路，更找到了一种社会主义制度下资源优化配置的发展模式。这也是中国教育发展和教育现代化获取资源和配置资源的一种重要方式。中国建立了世界最大规模的公共服务教育体系。教育服务是公共产品，而产品的服务形式可以分为公共服务、准公共服务和准私人产业。运用市场的方法发展公共事业。中国社会结构的变迁与转型是一个十分复杂的过程，一个社会成员、一个社会成员的变化，一个社会组织、一个社会组织的变革，其相互之间持续联系、困惑、矛盾、斗争和转化，构成了近现代中国社会、经济、文化、教育发展的生动画卷。

非义务教育要实现由计划调节到市场调节、由依赖政府到依靠市场、由被动办学到主动办学的转变。建立以市场调节为主的充满活力的运行机制。市场调节为主就是要尊重教育规律和经济规律，更多地通过竞争来实现教育资源的优化配置，使非义务教育走自我调节、自我激励、自我约束、自我发展的道路。非义务教育阶段的学校由依赖政府转变到依靠市场，即生源市场、劳动力市场、信息市场、技术市场和产品市场。通过市场信息来确定经济社会发展现时和未来需要人才的规格、数量、专业，确定人才培养的规模、速度、质量标准。

建立中国特色社会主义公共教育服务体系。公共教育服务分为两大类，一是基本公共教育服务，是保障国家发展和社会成员个体发展的基本教育服务，是一个国家经济社会发展水平和社会文明进步水平的重要标志；二是一般公共教育服务，指除基本公共教育服务以外的公共教育服务。在公共教育服务领域引入部分市场机制的意义在于：区别教育的不同性质，提供多样化的教育服务是现代化教育的必然要求。教育市场是中国经济发展的新的增长点，是推动中国教育发展的动力之一。适当地在教育领域引入市场机制有利于改变第三产业内部结构，提高第三产业的发展水平，提高第三产业的技术和智力含量，建立发达的第三产业。教育作为一种社会经济活动，自产生之初，就具有发展经济和促进社会进步的双重功能。引入教育市场机制不仅是教育发展理论的突破，也是教育发展实践的突破。如果简单地提"发展教育产业"，只是在重复过去和现在做的事情，也就谈不到质的飞跃。教育资源的汇聚与提升不仅要依靠政府的力量，同时还可以依靠市场的力量。教育市场的动力将有可能大大提高知识的生产、传播、分配与使用的规模、速度和质量，极大地调整与改变知识生产、传播、分配和使用的结构。教育产业将从深度和广度两个方面深刻地影响中国教育，特别是高等教育和职业教育的发展。可以说，公共教育服务领域引入市场机制是教育功能的一次革命性的变革，打破了政府大包大揽办教育的体制，建立公共教育发展中的分担机制。

中国政府富有勇气地实施教育改革开放政策，勇敢地引入国际教育资源。随着改革开放的进一步推进，教育领域的国际交流和合作愈加频繁，交流的水平、层次和质量日益提高，为了推进和规范中外合作办学事业，1995 年制定的《中外合作办学暂行规定》，为中外合作办学的发展奠定了基础。但是，随着形势的迅速发展，为了适应中外合作办学发展和我国加入世界贸易组织的需要，满足中外合作办学实践的需要，《中外合作办学条例》应运而生，该条例从法律上确定了教育对外开放和中外合作办学的成果，在立法上取得了积极成果。《条例》明确了中外合作办学属于公益性事业，明确了“扩大开放、规范办学、依法管理、促进发展”的十六字方针，明确了国家重点支持和鼓励的方向、领域和层次，明确规定引进优质教育资源，鼓励在高等教育领域和职业教育领域开展合作，鼓励与外国知名高等学校合作。

随着国际化进程不断加快，国际高等教育交流活动日益频繁。作为对我国教育、特别是高等教育的补充和提升，中外合作办学已经成为我国高等教育对外交流与合作和加快培养各级、各类人才的形式之一，并由计划经济条件下的国家负责、学校包办、封闭运行的制度安排，逐步转向社会主义市场经济条件下的制度保障、责任共担和法制化的运作体制。截至 2004 年底，全国共有中外合作办学机构或项目 800 多个，覆盖 28 个省、自治区和直辖市。

1997 年 7 月 31 日国务院颁布的《社会力量办学条例》把我国办学体制改革推向了新阶段，标志着我国社会力量办学步入了一个依法办学、依法管理、健康发展的新时期。2003 年实施的《民办教育促进法》，将民间资本办学以法定的形式纳

习之堂

《中共中央关于制定国民经济和社会发展第十个五年计划的建议》提出：“逐步建立适应社会主义市场经济要求的公共财政框架。”中共中央、国务院召开的第三次全国教育工作会议提出：“政府的教育拨款主要用于保证普及义务教育和承担普通高等教育的大部分经费。地方各级人民政府要确保义务教育的资金投入并做到专款专用。在非义务教育阶段，要适当增加学费在培养成本中的比例，逐步建立符合社会主义市场经济体制和政府公共财政体制的财政教育拨款政策和成本分担机制。”

入了社会主义教育事业体系中，再次重申和确定民办教育“积极鼓励、大力支持、正确引导、依法管理”的发展方针，民办教育事业从此走上规范化、法制化的新道路，各级社会团体和个人办学积极性得到极大调动，无论是从办学规模还是水平都达到了一个新的高度，社会力量办学成为我国国民教育体系中不可缺少的部分和有益补充，我国社会力量办学事业迎来了历史上最好的发展时期。

坚持政府与市场相结合，最广泛地吸收国际国内教育资源是促进发展中国家教育快速发展，实现现代化的必然过程。20 世纪 90 年代后期，中国学术界和政府界对于教育的产业特征和教育市场机制的重要性有了比较清楚的认识。

（1）教育是国家基础性公共事业，这是教育的本质属性和基本特征。同时，教育领域又是信息、知识、高技术和人才元素为主体的新兴行业。教育贯穿知识的生产、传播、使用、储存的全过程，所以教育产业具有高知识、高信息、高技术、高素质的特点。

（2）教育发展具有先导性特征。教育发展带动相关产业的发展：其一通过知识的创新、技术创新和工艺创新，为其他产业提供新知识、新技术和新工艺，促进产业和行业科技进步；其二教育以其规模大、发展快、需求旺的特点，直接刺激其他产业的发展，建筑业、出版业、服务业都与教育事业发展和教育产业有很高的依存度。

（3）教育生产劳动能力和人力资源。教育经济学证明，教育提升劳动能力，产出人力资本，并使人力资本保值、增值。教育最大的特点和功能是进行人力资源开发，这是教育产业区别于其他任何产业的最大特征。进入现代社会，人力资源开发与培训大规模进行，使得教育产业成为最具规模、能够容纳大规模就业人员的产业。

（4）教育是回报率很高的服务产业。教育产品的性质具有公共产品和私人产品双重性质。舒尔茨计算，教育资本在增加国民收入中做出的贡献比率为 33.9%。世界银行的研究成果表明，高等教育对个人的回报率为 14.8%，对社会的回报率为 9.5%。在 OECD 国家高等教育回报率高于高中及以下教育者的 100% 以上。从国家经济社会发展、人类发展（包括个人发展）角度看，人力资本的开发与增值是推动社会经济和人类发展的基础力量。①

适度通过市场配置资源的方式，促进高等教育发展是解决高等教育经费短缺问题最有效的措施之一。在知识经济和知识社会，教育产业包括知识的生产、传播、分

① 从理论和学术上分析，在政府能力提升的背景下建立起来的公共教育服务体系，更加强调政府的主导地位。站在我们今天的视角，上述文字中的有一些观点并不一定完全正确，并要继续坚持。但是，对于当年一个贫穷的发展中国家来说，是一种巨大的理论突破和实践突破，正是由于观念的更新，带动了中国教育整体投资体制和办学体制的深刻变革，中国教育方才取得了 40 年令世人高度赞扬的成就。

配和使用的全过程。这使教育具有了“教育”性质和经济性质，发展教育事业既要尊重教育规律，又要尊重经济规律。早在2001年世界银行就做出以下的建议和预测：“中国政府要放弃对经济的干预式管理，而转向一个新角色——合适制度的建设者和激励机制的提供者，以建立新的基于知识的社会主义市场经济。”高等教育产业是中国高等教育进入现代化发展阶段的重要选择，是推动中国高等教育发展的新动力。发挥市场在配置教育资源中的积极作用是教育特别是高等教育自身发展的必然要求，更是推进和实现高等教育大众化的必然要求。日益扩大的高等教育市场和人民群众接受高等教育的支付能力是高等教育产业化的保障。

人力资本产业化包括人力资源的产业化生产、人力资本的市场化配置，要在人力资源配置中引入市场机制，使人力资本、知识资本进入市场。劳动能力可以在市场上进行交换，人力资本也可以作为资本用以进行个人和社会投资。劳动能力和人力资本在现代社会中是可以通过教育“生产”的。在人力资本市场中，要按照市场规律办事，“按质论价”，优质优价，让个人投资者和社会投资者取得合理的回报，大大激发了社会和民间参与教育前所未有的热情和积极性。

中国教育现代化是两次教育现代化“重叠”的现代化。从中长期发展而言，中国要想赶上发达国家的发展水平，必须实现从基于能源的社会主义市场经济转变成为基于知识的社会主义市场经济。一方面要在一定时期内继续采取以资源密集型为主导的发展方式，以实现以工业化和城镇化为标志的第一次现代化；另一方面，中国发达地区也必须逐步放弃以资源密集和劳动力密集为主的生产方式，迅速转向以服务和知识为基础的发展模式。

总之，市场的力量是中国实现社会转型的重要动力，也是中国教育现代化的重要动力。市场具有配置教育资源的基础作用。逐步建立教育资源、生源、就业、教师交流中心等市场，充分发挥市场在教育资源配置中的基础作用。扩大社会参与是聚集、扩大和配置教育资源的一种重要形式，也是教育资

习之堂

2004年《高等教育未来》报告提出：“国家进入一个新的时代——一个知识时代——繁荣所需要的核心战略资源是创造知识，它就是受教育人口和他们的思想。与早期推动经济变革的钢铁和石油等自然资源不同，知识是用之不竭的资源，越是运用，就越有利于知识的增长和扩散。但知识不能为所有人所利用，它只青睐受过教育的头脑。”

源配置方式的一场变革。工业化、城市化、市场化三化共进，形成中国现代化发展的三大促进力量。

（三）普及教育

古人云“三十年仁政乃成”。经过新中国成立 50 多年的实践探索，中国教育特别是中国农村教育开始回归正轨。经过 30 年的发展，中国已经初步建立了基本公共教育服务框架，初步形成与城乡结构大体相适应的中小学、幼儿园布局体系，建立了世界最大规模的教育体系。正是在这个基础上，中国政府从 20 世纪 80 年代开始了新一轮普及义务教育伟大工程，并在一个拥有 13 亿人口的发展中国家实现了全面普及九年义务教育，为人类教育普及做出了重大贡献。

改革开放之初，中国教育发展曾面临严峻困难和特殊挑战。与国家薄弱的实力相比，地方政府的经济能力和教育发展能力更加薄弱，一些地方政府错误地理解国家举办各种学校，而削弱了地方政府特别是乡镇政府的教育责任。此外，伴随着知识青年大量回城，原有的以知识青年为主体的农村教师队伍受到很大冲击。农村教育经费的缩减，使得农村学校大量减少。其中农村高中学校从 1977 年的 50 916 所减少到 1981 年的 12 427 所，下降幅度为 75.59%；农村初中学校数量从 1977 年的 13.1 万所减少到 1981 年的 7.5 万所，下降了 42.7%。

中国教育发展长期坚持低重心发展战略。中国是一个发展中的人口大国，教育基础差、教育资源薄弱、人口文化素质起点低。采取什么样的教育发展战略，是中国政府重要的战略选择。与发达国家不同，也与印度和拉丁美洲等发展中国家不同，中国政府选择了一种具有中国特色的社会主义教育发展战略。本着以人为本和教育为人民服务的思想，中国政府选择了“低重心”的教育发展战略，确定了义务教育“重中之重”的战略地位，实施了科教兴国战略和人才强国战略。

1980 年，中共中央提出加快普及小学教育，有条件的地区还可以进而普及初中教育。1982 年，《中华人民共和国宪法》规定普及初等义务教育和扫除文盲，第一次为普及义务教育和扫盲工作奠定了法律基础。从 20 世纪 80 年代中期以来，中国普及义务教育和扫除青壮年文盲经历了以下四个阶段。

（1）起步实施（1985—1991）。改革开放初期，随着经济体制、科技体制改革的深化，教育体制改革提到了国家决策的重要议事日程。20 世纪 80 年代中期，全国尚有约占总人口 1/4 的经济落后地区未普及小学教育。《义务教育法》颁布实施以来，国家加大财政投入，社会各界积极动员，多渠道筹措资金改善中小学办学条件。在此期间，国家财政拨款357亿元，社会捐集资等700多亿元，共修缮、新建、改建中小学校舍6.72亿平方米，使全国中小学危房比例由1981年的15.9%下降到1991年的1.6%，全国基本实现了“一无两有”（校校无危房、班班有教室、学生人人有课桌椅）和“六配套”（围墙、校门、操场、厕所、旗杆、水源配套齐全）。到1992年，全国91%人口所在地区普及了小学教育，小学学龄人口入学率达到97.2%。城市和部分农村地区普及了初中教育。1985年，《中共中央关于教育体制改革的决定》提出，“现在，我们完全有必要也有可能把实行九年制义务教育当作关系民族素质提高和国家兴旺发达的一件大事突出地提出来，动员全党、全社会和全国各族人民，用最大的努力，积极地、有步骤地予以实施。”据此，全国人大1986年4月通过的《中华人民共和国义务教育法》规定：“国家实行九年制义务教育。……凡年满6周岁的儿童，不分性别、民族、种族，应当入学接受规定年限的义务教育。”1988年国务院《扫除文盲工作条例》规定：“凡年满15周岁以上的文盲、半文盲公民，除丧失学习能力的以外，不分性别、民族、种族，均有接受扫除文盲教育的权利和义务。”从此，中国实施九年义务教育和扫除青壮年文盲工作走上了有法可依的道路。

（2）全力推进（1992—2000）。根据我国社会主义现代化建设“三步走”的战略部署，1992年党的十四大报告提出：“到本世纪（20世纪）末，基本扫除青壮年文盲，基本普及九年义务教育。”“两基”从此成为20世纪教育事业发展的重要目标，逐渐占据教育工作的“重中之重”地位。

1993年中共中央、国务院发布的《中国教育改革和发展纲要》及1994年《国务院关于〈中国教育改革和发展纲要〉的实施意见》进一步指出：到2000年“全国基本普及九年义务教育，全国基本扫除青壮年文盲，使青壮年文盲率降到5%以下”。确定了“双八五”目标（占全国总人口85%的地区普及九年义务教育，初中阶段的入学率达到85%左右）和“分区规划、分类指导、分步实施”的原则，按照总人口40%左右的城市及经济发展程度较高的农村、总人口40%左右的中等发达程度的农村、总人口15%左右的经济发展程度较低的农村、总人口5%左右的特别贫困地区的不同要求，提出了1996年、1998年以及2000年的实施步骤。同时，确定到2000年在全国90%人口居住地区基本扫除15～50岁的青壮年文盲，使青壮年非文盲率达到95%以上，脱盲人员巩固率达到95%以上。

中国“两基”的推进，同1990年国际社会开始倡导的全民教育行动方向完全一致。1993年中国政府领导人出席“九个人口大国全民教育首脑会议”，正式签署《德里宣言》，向全世界做出实现全民教育约定目标的庄严承诺。2000年又对《达喀尔宣言（2001—2015年）》相关预期目标做出积极回应，中国成为九个人口大国中唯一一个全面完成全民教育六大目标的国家。

按照国家将“两基”作为教育工作“重中之重”的战略部署，从1993年开始，推进“两基”成为各级政府的教育行动。国家相继采取了一系列重大措施，安排专项资金组织实施了贫困地区义务教育工程，建立相应的两级评估督导验收制度。按照义务教育事业在国务院领导下，实行地方负责、分级管理的要求，中央政府与省级政府签订实施“两基”责任书，健全城乡教育费附加征收、管理和使用制度，鼓励社会捐集资助学办学，开展东西部地区学校对口支援，全面推进“两基”工作。地方各级政府依法履行职责，把完成“两基”任务纳入政府任期目标，层层签订“两基”责任书，并作为考核干部的重要指标。同时，在各级政府的动员下，社会各界和广大人民群众踊跃集资办学，慷慨捐资助学，义务献工投料，谱写了全民兴教的动人篇章。

经过各方面艰苦卓绝的努力，到2000年底，全国已有2 541个县级行政单位通过了“两基”验收，全国85%以上的人口地区普及了九年义务教育，青壮年文盲率下降到5%以下。至此全国总体上实现了“两基”目标，在世界九个人口大国中率先实现了全民教育相关目标，为我国在世纪之交总体上进入小康社会提供了有力的人力资源支撑，为经济快速发展和社会持续进步注入了生机活力。

（3）攻坚克难（2001—2007）。2000年全国总体上实现“两基”目标之后，仍有15%的人口所在地区没有通过国家“两基”验收，这些地区主要集中在西部地区，经济社会发展相对滞后，群众贫困面大、贫困程度深；地方财政困难，教育投入严重不足、发展基础薄弱；自然地理条件艰苦，办学就学成本较高，成为全面实现“两基”最大的难点。

2001年《国务院关于基础教育改革与发展的决定》提出了普及九年义务教育和扫除青壮年文盲的新目标，贫困地区推进“两基”攻坚，已实现“两基”的农村地区继续巩固提高，大中城市和经济发达地区实现高水平高质量普及九年义务教育。2003年，国务院要求新增教育经费主要用于农村，在《关于进一步加强农村教育工作的决定》中提出，“力争用五年时间完成西部地区‘两基’攻坚任务”。

2004年国务院批转《2003—2007年教育振兴行动计划》提出：“实施国家西部地区‘两基’攻坚计划。到2007年底，力争使西部地区普及九年义务教育人口覆盖率达到85%以上，青壮年文盲率下降到5%以下。”印发《国家西部地区“两基”攻坚计划（2004—2007年）》，提出到2007年在西部地区实现“两基”目标。在国务院的统一领导下，启动实施了农村寄宿制学校工程、农村中小学远程教育工程和农村义务教育阶段学校教师特设岗位计划，继续实施国家贫困地区义务教育工程二期和农村中小学危房改造工程，进一步实施“两免一补”政策（对家庭经济困难学生免除杂费、免费提供教科书、补助寄宿生生活费），全力支持西部各省、自治区、直辖市政府推进“两基”攻坚。

2005 年，国务院《关于深化农村义务教育经费保障机制改革的通知》提出逐步将农村义务教育全面纳入公共财政保障范围，建立中央和地方分项目、按比例分担的农村义务教育经费保障机制。2006 年起全部免除西部农村义务教育阶段学杂费，惠及西部 4 880 万名学生，使约 20 万名因贫困辍学的孩子重返校园。2007 年起免除全国农村义务教育阶段学杂费，惠及 1.5 亿名学生。

2006 年，全国人大常委会通过新修订的《中华人民共和国义务教育法》，结合新形势和新特点，对义务教育管理体制、保障机制、发展模式、教师地位和待遇做出了更具约束力的法律规定，强调“国家将义务教育全面纳入财政保障范围，义务教育经费由国务院和地方各级人民政府依照本法规定予以保障”。为补齐短板，加快普及，中央政府实施西部地区“两基”攻坚计划。中央投入 100 亿元专项资金，采取集中投入、分步实施的原则，从 2004 年开始，到 2007 年，用四年时间帮助西部地区尚未实现“两基”的 372 个县（市、区）以及新疆生产建设兵团的 38 个团场达到国家“两基”验收标准。经过四年努力，西部地区“两基”人口覆盖率从 2003 年的 77%，提高到 2007 年的 98%。五年中，国家财政投入数百亿元资金，建设 7 000 多所寄宿制学校，支持数以万计所学校改造危房和生活设施。与此同时，国家实施农村寄宿制学校建设工程，中西部农村地区校舍总面积新增 1 381 万平方米，其中西部新增 1 076 万平方米。410 个攻坚县农村学校总面积新增 972 万平方米，生均面积从 3.92 平方米上升为 4.66 平方米。满足了 195 万新增学生的就学需求。

根据“两基”攻坚的部署，在遏制学龄儿童辍学现象、努力杜绝新文盲产生的同时，中国政府调整了扫盲工作重点，加大剩余文盲特别是妇女、少数民族文盲等的扫盲工作力度，巩固提高扫盲成果、加强扫盲后继续教育，充实扫盲教育内容，加强功能性扫盲。

经过这一阶段的不懈努力，到 2007 年，全国共有 3 022 个县级行政单位通过“两基”验收，未通过验收的县级行政单位由 410 个减至 42 个。“两基”人口覆盖率达到 99%，初中毛入学率达 98%，青壮年文盲率下降到 3.58%。同年，西部地区“两基”人口覆盖率达到 98%，青壮年文盲率下降到 4% 以下，为全国“两基”工作的突破性进展提供了有力支持。西部地区“两基”攻坚计划的如期完成，对深入实施西部大开发战略、维护民族团结和边疆稳定、加快全面建设小康社会步伐，起到十分重要的促进作用。

（4）全面普及（2008—2011）。2008年全国城市义务教育依法免收学杂费，至此，全国城乡全面实现了免费义务教育。自同年起，国家全力支持西部42个边远贫困县实现"两基"目标。以全面贯彻落实2010年中共中央、国务院发布的《国家中长期教育改革和发展规划纲要（2010—2020年）》为契机，在全国范围内实施一系列教育专项工程，包括"中西部农村初中校舍改造工程""中西部特殊教育学校建设工程""全国中小学校舍安全工程""中小学教师国家级培训计划""农村义务教育薄弱学校改造计划""边远艰苦地区农村教师周转宿舍计划"等，各类项目总共投入近千亿元，其中50%投到了西部地区，显著改善了西部农村学校的办学条件，巩固提高了义务教育普及水平，缩小了区域差距，为促进义务教育均衡发展创造了有利条件。义务教育经费保障机制进一步完善，财政投入大幅增加。

2011年，全国所有县级行政单位、所有省级行政区划全部通过普及九年义务教育和扫除青壮年文盲的国家验收，人口覆盖率达到100%，初中阶段毛入学率超过100%，青壮年文盲率下降到1.5%以下。全面普及九年义务教育和扫除青壮年文盲，标志着中国人基本受教育权利的保障水平达到前所未有的高度，为中国从人口大国转变为人力资源大国，并迈向人力资源强国奠定了坚实的基础。

好战略的落实，需要优秀的组织者、执行者和参与者，更需要好的策略与方法。中国领导人、政府和人民在发展教育过程中，表现得非常有能力和智慧，善于创造条件，集中优势力量，从点的突破，到全面取胜。在普及九年义务教育过程中的主要推进策略包括以下内容。

习之堂

中国教育发展坚持实施"分区规划，分步实施"策略，其内存的逻辑是发展能力不足，发展资源不充分，与发展目标之间存在严重的不匹配、不平衡现象。

策略之一：整体规划，分步实施。从中国的实际出发，从扫除一个个文盲开始了新中国义务教育发展的历程，将普及九年义务教育作为人力资源开发和消除农村贫困现象的一项长期战略，采取整体规划、分步实施的策略，成为中国教育的必然选择。

因此，明智的做法是将长期目标化作短期目标，将整体目标化作局部目标，集中有限的能力和有限的资源，通过集中投入实现点的突破，以点带线、以线带面，实现整体推进和全面发展。在1985年全国教育工作会议上，万里同志较早提出分区规划和分步实施思想："实行九年制义务教育要有步骤地进行，不搞'一刀切'。城市、沿海经济发达地区和内地少数发达地区，中等发展程度的城镇和农村，老、少、边、穷地区实行九年义务教育的年限、步骤和办法，都应该有区别。"

1986年4月2日，在第六届全国人民代表大会第四次会议上，当时的国务院副总理李鹏同志就《中华人民共和国义务教育法（草案）》的说明中进一步明确了实施义务教育的步骤和年限：全国大致可以分为三类地区。第一类地区是经济、文化比较发达的地区，要求在1990年左右基本实现九年义务教育。第二类地区是经济、文化中等发展程度的地区，要求1990年左右基本普及初等义务教育，同时积极创造条件，在1995年左右实现九年制义务教育。第三类地区是经济文化不发达的地区，要随着经济的发展，争取在20世纪末大体上普及初等义务教育。

国家教育政策的准确性和适应性是实现教育宏观管理有效性的前提。教育政策必须伴随教育发展的实际情况和实际需要不断加以调整，甚至修正，使其适应变化了的教育发展现状与未来需要。中国基础教育规划目标的实际的执行情况是，到2000年全国实现了基本普及九年义务教育和基本扫除青壮年文盲的目标。随着中国"两基"目标的实现，2001年中央政府又提出"新三片"的思想：即全国人口15%左右、未实现"两基"的贫困地区；占全国人口50%左右、已实现"两基"的农村地区；占全国人口35%左右的大中城市、经济发达地区。"新三片"地区教育发展的任务分别是："两基"攻坚、巩固成果和提高水平。中央提出，针对边远贫困地区和少数民族地区及弱势群体采取特殊政策，促进教育公平。

为支持农村义务教育发展，财政部、国家税务总局发布《关于纳税人向农村义务教育捐赠有关所得税政策的通知》提出：自2001年7月1日起，企事业单位、社会团体和个人等社会力量通过非营利的社会团体和国家机关向农村义务教育的捐赠，准予在缴纳企业所得税和个人所得税前所得额中全额扣除。纳税人对农村义务教育与高中在一起的学校的捐赠，也享受以上政策优惠。

为加快普及九年义务教育，农村教育办学主体实现转变。2001年中央政府确立了"以县为主"的农村义务教育管理体制，将教育的事权、财权、人权统一收归县级政府管理，教育经费则由中央、省、市和县四级财政共同负担。从2001年起，实行分税制改革，农村地区实行税费改革。农村义务教育经费实行各级政府共同承担；中央和省级政府设立专项资金，加大对贫困地区和少数民族地区的扶持力度。农村中小学教师工资的管理上收到县。为解决农村地区拖欠教师工资问题，原乡（镇）财政收入中用于农村中小学教职工工资发放的部分上交县级财政，设立工资资金专户。与1995年相比，2001年农村义务教育经费预算内拨款由325亿元上升到749亿元，占农村义务教育经费比例由1995年的52.6%提高到68.6%，初步实现了“农村教育农民办”向“农村教育政府办”的转变。

2001年5月《国务院关于基础教育改革与发展的决定》提出：“进一步完善农村义务教育管理体制。实行在国务院领导下，由地方负责、分级管理、以县为主的体制。”由以乡为主到以县为主，是中国农村教育管理体制的重大变革。《国务院关于基础教育改革与发展的决定》将中央、省级、县级和乡县政府的对于发展农村教育责任规定得更加明确：①中央和省级人民政府要通过转移支付，加大对贫困地区和少数民族地区义务教育的扶持力度。②省级和地（市）级人民政府要加强教育统筹规划，搞好组织协调，在安排对下级转移支付资金时要保证农村义务教育发展的需要。③县级人民政府对本地农村义务教育负有主要责任，要抓好中小学的规划、布局调整、建设和管理，统一发放教职工工资，负责中小学校长、教育的管理，指导学校教育教学工作。④乡（镇）人民政府要承担相应的农村义务教育的办学责任，根据国家规定筹措教育经费，改善办学条件，提高教师待遇。

2004年8月，财政部和教育部决定从当年秋季新学期开始，再次大幅度增加中央财政专项资金，将义务教育免费教科书专项资金从3亿元增加到8.7亿元，将免费教科书发放范围扩大到中西部农村义务教育阶段全部经济困难学生，约计2 400多万人，其中小学生1 600万人，初中生800万人，约占中西部农村学生总数的22%。2005年，国务院决定深化农村义务教育经费保障机制改革，把农村义务教育全面纳入公共财政保障范围，增强中央和省级政府的统筹能力。2005年，温家宝总理在北京召开的联合国教科文组织第五届全民教育（EFA）高层会议上表示，“从明年开始，中国将用两年时间在农村全面免除义务教育阶段所有的学杂费。”2006年，国家开始在西部农村实行小学免费义务教育，全面免除学杂费，对贫困生还免费提供教科书，补助寄宿生生活费等，惠及4 880万名学生，使约20万贫困辍学的孩子重返校园。2007年起，全国农村义务教育实现免费教育，惠及1.5亿名学生。2008年下半年开始全国范围内全面免除学杂费，对寄宿学生补伙食费。

策略之二：政府主导，分工负责。1978年，教育部制定《关于办好一批重点中小学的试行方案》，提出全国重点中小学形成“小金字塔”结构，并在经费投入、办学条件、师资队伍、学生来源等方面向重点学校倾斜，由此形成国家级、省级、地级、县级的重点学校“层层重点”的格局。有调查显示，重点中学的比例为城市70%，县镇28%，农村2%。国家教育政策的调整，对于农村教育发展产生长期积极影响，但也在短时间内产生了一些负面效果。1978 年，全国教育工作会议决定集中力量办好一批重点中学。普通高中教育发展似乎从“普及模式”回归到“精英模式”。1980 年之后，高中教育进入调整阶段，普通高中在校生规模下降，到 1983 年仅为 628.98 万人。

由于农村教育政策的波动，20 世纪 80 年代初，许多农村高中和初中学校被迫停止招生，校园破败，名存实亡。大量孩子无学可上，出现了新文盲，各级政府和百姓花了十几年精力和时间形成的农村中小学教育普及的态势，出现了下滑或停滞。其原因在于，“文化大革命”期间教育发展放权于基层农村，是一个大众模式。而改革开放之初，从放权向“集权”转换，从大众模式向精英模式转变，这种发展模式的转变对于农村教育的“杀伤力”巨大。同时，80 年代，中国正处于农村经济体制改革的初期，家庭联产承包责任制打破了农村原有体制所有制，包括以乡村为主的公共教育和卫生体制被改变，乡村学校的财政能力没有国家财政支撑，又失去了乡村的有力支撑，农村学校缩减过快，特别是“知识青年”回城，[①] 更导致农村教师流失，出现农村入学率急剧下降。教育政策的起起伏伏，使得教育发展受到消极影响，农村地区辍学现象严重，学龄儿童少年入学率不升反降。稳定的政策环境对于农村教育发展至关重要，没有稳定的政策环境，难以有农村教育的持续发展。

1982 年 12 月 4 日，第五届全国人民代表大会第五次会议通过的新修订的《中华人民共和国宪法》第 46 条规定：“中华人民共和国公民有受教育的权利和义务”，“国家举办各种学校，普及初等义务教育”。这是新中国成立以来，第一次以宪法形式确定普及义务教育的任务。1985 年，《中共中央关于教育体制改革的决定》指出：“基础教育管理权属于地方。除大政方针和宏观规划由中央决定外，具体政策、制度、计划的制定和实施，以及对学校的领导、管理和检查，责任和权力都交给地方。省、市（地）、县、乡分级管理的职责如何划分，由省、自治区、直辖市决定。为了保证地区发展教育事业，乡财政收入应主要用于教育。”

早在 1987 年 6 月 15 日，国家教育委员会、财政部发布《关于农村基础教育管理体制改革若干问题的意见》（以下简称《意见》）进一步强调：“基础教育是地方事业，担负着为地方培养和输送劳动后备力量的重要任务。”“基础教育实行地方负责以后，省、地（市）、县、乡四级都要明确各自的职责。”进一步完善农村义务教育“以县为主”的管理体制。应该看到，农村义务教育从过去的“分级办学、分级管理”转向“在国务院领导下，由地方政府负责、分级管理、以县为主”的管理体制，这是一

① 1980 年 5 月 8 日，当时中国共产党中央委员会总书记胡耀邦提出不再搞上山下乡。10 月 1 日中共基本上决定过去下乡的知识青年可以回故乡城市。

个重大进步。《意见》还明确：县财政拨款仍是农村基础教育经费的主要来源。扩大乡一级管理农村学校的职责权限，是这次改革的一个重要特点，乡应成立管理教育的机构，筹措并管好、用好本乡教育经费，切实解决民办教师工资福利待遇问题。1993年，中央政府与省级政府签订实施“两基”责任书，全面推进普及九年义务教育和扫除文盲工作。

集中政策、财政和社会资源，实现普及九年义务教育工作目标。国家采取了一系列重大措施，改革教育经费管理体制，实行教育经费预算单列；建立中央和省级、市级、县级政府义务教育基金，扶持贫困地区实施义务教育；出台城乡教育费附加征收、管理和使用办法，开设地方教育税费，鼓励社会捐集资。仅1998年全国义务教育总投入就达1 503.86亿元，约为1986年投入总额84亿元的18倍；各级政府财政预算内义务教育经费支出828.21亿元，同口径比1986年的63亿元增长13倍；全国小学、初中学生人均预算内教育事业费明显增长，1986年分别为48元和135元，1998年分别达到370元和610元。

国家设立专项不断增加教育投入。1995—2000年，实施第一期“国家贫困地区义务教育工程”，总投资124.62亿元，其中，中央财政拨款39亿元，地方财政配套59.52亿元，多渠道筹资26.1亿元。新建小学2 792所，改扩建小学22 625所，新建和改扩建小学校舍1 341万平方米；新建初中854所，改扩建初中5 546所，新建和改扩建初中校舍855万平方米；购置义务教育阶段学校课桌凳628万单人套、图书10 188万册、教学仪器价值80 383万元；培训义务教育阶段学校校长7万人次，有力地推动了贫困地区的“两基”实施。同时，各级党委、政府广泛发动群众，掀起了捐资助学的新高潮，全国广大干部群众、企业事业单位，特别是农村群众踊跃捐资集资，投工献料，1990—1999年10年间，人民群众缴纳的教育税费达1 717亿元，社会捐集资1 394亿元，为“两基”的实施做出了巨大贡献。

1997年国家开始设立贫困地区义务教育助学金，拨款1.3亿元资助少数民族学生接受义务教育，使大量因贫困辍学的儿童得以重返校园。制定加强教师队伍政策，提出了“关、转、招、辞、退”的五字方针，全面解决了义务教育阶段民办教师问题。

策略之三：人民支持，社会参与。早在1956年，中央政府就提出：“必须用极大的努力逐步扫除文盲，并且在财政力量许可的范围内，逐步扩大小学教育，以求在12年内分区、分期普及小学义务教育。”自1957—1979年期间，国家实行的“条块结合、块块为主”的管理体制之后，在发展公共事业方面采取以地方为主，国家支持和发展重点项目的办法。1980年开始实行“划分收支、分级包干”的新财政体制，在一定程度上缓解了中央财政的紧张状况，激发了地方投资办教育的积极性和创造性，创造了人民教育人民办的经验和模式。1984 年、1986 年我国又先后开征了专门用于中小学的农村教育费附加和城镇教育费附加。

20 世纪 70 年代末，中国农村实行了以家庭为单位的土地承包责任制，将生产经费及利益分配都划归家庭责任，从而调动了农民生产积极性，有效地缓解了农村的贫困状况。经过努力，农村经济发展，农村收入增加。在农村地区实行“两条腿走路”的办学方针。

习之堂

所谓“两条腿走路”是指教育是全社会的公共事业，在充分发挥各级政府在教育规划、教育政策、教育资源、教育经费以及创造社会环境等方面重要责任的同时，充分调动社会资源和民间力量举办教育、支持教育的积极性，共同办好教育事业。

在 20 世纪 80 年代到 90 年代，中央坚持实行义务教育国家负有重要责任，但国家不可能完全包下来的思想。国家鼓励企业、事业单位和其他社会力量，在当地人民政府统一管理下，按照国家规定的基本要求，举办各类学校。地方政府按照国家规定，在城乡征收教育事业费附加，主要用于实施义务教育。

20 世纪 80 年代后期，各级政府提倡“人民教育人民办”，依靠基层政府充分动员农村地区一切人力、财力和各种物质资源，开展了大规模的农村学校基础建设。1980 年，中共中央、国务院做出《关于普及小学教育若干问题的决定》，提出 80 年代基本普及小学教育的历史任务，有条件的地区可以进而普及初中教育。《中共中央关于农业和农村工作若干重大问题的决定》提出，“农业的根本出路在科技、在教育”，“发展农村教育事业是落实科教兴国方针、提高农村人口素质的关键”，“实行九年义务教育，实行基础教育由地方负责、分级管理的原则，是发展我国教育事业、改革我国教育体制的基础一环”。

策略之四：重大工程，重大项目。以国家和地方政府的力量，持续推进和实施重大工程和重大项目，实现重点突破和难点突破，是中国普及九年义务教育的重要做法和经验。国家教育主管部门精心规划，坚持“普九”与“扫盲”并重，教育普及与教育质量同等重要。2001—2003 年，中央财政落实免费教科书专项经费 7 亿元，向 110 万人次的小学和初中学生免费提供教科书，资助家庭贫困学生接受义务教育。2001—2005 年，落实国家贫困地区义务教育助学金 1 亿元，资助西部地区家庭贫困学生接受义务教育。

为了进一步改善中小学的办学条件，2001—2005 年，中央财政投入 50 亿元，地方财政配套 23.6 亿元，实施了第二期“贫困地区义务教育工程”，新建小学 2 431 所、改扩建小学 4 497 所，新建初中 1 631 所、改扩建初中 2 104 所，培训中小学校长和教师 46.7 万人次，添置仪器设备 1.6 万套，购置课桌凳 205 万套，新增图书 2 300 万套，为近 2 万所中小学配备信息技术教育和远程教育接收设备。

2001—2005 年，实施两期“全国中小学危房改造工程”，投入 112 亿元改造 60 833 所学校危房 7 800 万平方米，3 400 多万名师生从危险校舍中搬进新校舍，基本消除了当时存在的中小学危房。2004 年，国务院批转教育部《2003—2007 年教育振兴行动计划》，国务院召开国家西部地区“两基”攻坚工作会，印发《国家西部地区“两基”攻坚计划（2004—2007 年）》，由教育部、国家发展改革委、财政部联合与西部 12 个省（自治区、直辖市）和新疆生产建设兵团，签署《国家西部地区“两基”攻坚计划责任书》，明确各省“两基”攻坚的目标、任务和措施。①

2004—2007 年，实施“农村中小学远程教育工程”，投入 110 亿元，为全国 3.75 万所农村初中配备计算机教室，38.4 万所农村小学建立卫星教学收视点，11 万个农村小学教学点配备光盘播放设备和成套教学光盘，覆盖了所有农村中小学，有力推进了农村教育的信息化，实现了优质教育资源共享。

2004—2007 年，实施“农村寄宿制学校建设工程”，投入 100 亿元，新建、改扩建中小学 7 727 所，建设教学用房和学生生活用房 1 380.5 万平方米，购置图书 1 040 万册、课桌凳 112 万单人套、学生用床 163 万张，项目覆盖我国中西部 953 个县，解决了数百万农村孩子路途远、上学难问题。

2006—2008 年，实施“农村义务教育阶段学校教师特设岗位计划”，共招聘特岗教师 5.92 万人，覆盖西部地区 490 多个县 6 400 多所学校，缓解了西部地区农村教师数量不足、素质不高的问题。2009 年，特岗计划的实施范围由西部“两基”攻坚县扩大到中西部的国家级扶贫开发工作重点县，共招聘特岗教师 65 323 人，覆盖 880 多个县 1.5 万多所农村中小学。②

免费义务教育在贫困地区农村中小学试行免费提供教科书。从 2001 年秋季开始，在全国部分贫困地区农村中小学，对家庭经济困难学生试行免费提供教科书。2001 年

① 数据来源：教育部规划司。

② 中央教育科学研究所教育督导评估研究中心．义务教育均衡发展报告·2010［M］．北京：教育科学出版社，2010：21-26．

6月7日，教育部、财政部印发了《〈关于对全国部分贫困地区农村中小学生试行免费提供教科书意见〉的通知》，其对象是国家扶贫开发工作重点县中未普及初等教育县的全部农村小学生和未通过国家基本普及九年义务教育和基本扫除青壮年文盲验收县农村初中学生中家庭经济困难的学生，以及特殊教育学校（特教班）的学生。中西部农村地区贫困家庭学生全部享受免费教科书。

中央财政加大对农村中小学教师工资转移支付。针对农村义务教育工作中出现的拖欠中小学教师工资不断蔓延的势头，中央明确规定“为支持国家扶贫开发工作重点县等中西部困难地区建立教师工资保障机制，中央财政将给予适当补助”①。从2001年起，中央财政每年安排50亿元，对中西部困难的地区给予适当补助。②

到2004年，中央财政为此支付共计200亿元。经过中央和地方政府努力，基本形成了以政府为主，确保农村中小学教职工工资按时足额发放、确保农村中小学正常运转经费、确保农村中小学建设和危房改造等所需资金的经费筹措机制。表4-1为1995—2007年中央政府转移支付项目。

表4-1　1995—2007年中央政府转移支付项目

名称	时间	转移支付金额（人民币）	内容	受益对象
国家贫困地区义务教育工程	1995—2000年	124.62亿元	改善办学条件，包括解决农村小学、初中的危房问题，新建校舍，按照国家规定的标准，配备教学仪器和图书资料及课桌凳，培训教师和校长等	568个国家级贫困县和284个省级贫困县；受益人口约2.5亿
	2001—2005年	72.5亿元	增加了免费为家庭经济困难的学生发放教科书以及在贫困地区实施信息技术教育等新的内容	未通过省级“普九”验收的经济薄弱县522个
国家贫困地区义务教育助学金	1997—2000年	1.3亿元	资助少数民族学生接受义务教育	少数民族贫困学生
免费教科书专项经费	2001—2003年	7亿元	资助家庭贫困学生接受义务教育	西部贫困地区学生

① 王善迈，袁连生．2001年中国教育发展报告［M］．北京：北京师范大学出版社，2002：117．

②《财政部关于下达中央财政对农村中小学教师工资转移支付数额的通知》，财预〔2001〕275号，2001年6月29日。中华人民共和国教育部．开创基础教育改革与发展的新局面　全国基础教育工作会议文件汇编［M］．北京：团结出版社，2001：145．

续上表

名称	时间	转移支付金额（人民币）	内容	受益对象
农村中小学教师工资专项	2001 年起	50 亿元 / 年	中西部贫困地区农村教师工资补助	中西部贫困地区中小学教师
中小学危房改造工程	2001—2003 年	30 亿元	基本消除现在中小学危房	农村及贫困地区中小学
	2003—2005 年	60 亿元		
农村中小学现代远程教育工程	2003—2007 年	90 亿元	西部农村地区中小学	8.64 万个教学点；25.2 万所农村完全小学
农村寄宿制学校建设工程	2004—2007 年	100 亿元	西部农村地区中小学	兴建、改建 6 400 所寄宿学校，缓解 320 万贫困家庭学生上学困难问题

资料来源：根据张铁道等的《中国普及农村义务教育与消除贫困》整理。

从国家到地方实施重点教育工程，保障义务教育普及。为此实施了贫困地区义务教育工程；城乡学校对口支援工程；贫困地区基础教育发展项目；农村中小学危房改造工程。实施了“希望工程”、春蕾计划；为残疾儿童义务教育设立“扶残助学”项目……

①“希望工程”是中国青少年发展基金会发起并组织实施的一项社会公益事业，以资助贫困地区农村特困生继续学业为宗旨，自 1989 年开始实施，累计筹集捐款达 21.5 亿元人民币，援建“希望小学”9 000 多所，使贫困地区 250 多万失学儿童重返校园。

②“春蕾计划”设立的目的是帮助贫困女童完成义务教育阶段的学习，自 1991 年开始实施，累计筹集资金 5 亿多元，救助 135 万人次失学女童重返校园，还兴建了 200 余所“春蕾学校”，开办了大量“春蕾女童班”。

③ 21 世纪民族贫困地区中小学教师综合素质培训计划，由教育部组织实施，在民族贫困地区为国家级、省级、地市级培养、选拔和推荐一批学科带头人和骨干教师，使之在本地区基础教育改革中发挥带头作用。

④农村普通初中试行“绿色证书”教育工程，由教育部与农业部共同实施。在初中阶段的劳动技术课时和地方安排课时中安排“绿色证书”培训课程，使学生在初中阶段有 300 课时左右的教学时间，其中 60% 左右用于理论课，40% 左右用于生产实习课。可以根据当地需要确定 2～3 门专业课，使学生比较系统地了解、掌握某种岗位生产、经营管理的基础知识和技能。

⑤教育部组织实施中小学“校校通工程”。目标是用 5～10 年的时间，使全国 90% 左右的独立建制的中小学校能够上网，使中小学师生都能共享网上教育资源，提高所有中小学的教育教学质量，使全体教师能普遍接受旨在提高实施素质教育水平和能力的继续教育。2005 年前，争取东部地区县以上和中西部地区中等以上城市的中小学都能上网；西部地区及中部边远贫困地区的县和县以下的中学及乡镇中心小学与中国教育卫星宽带网联通。2010 年前，争取使全国 90% 以上独立建制的中小学校都能上网。不具备上网条件的少数中小学也可配备多媒体教学设备和教育教学资源。

⑥中西部农村初中校舍改造工程。2007 年中央政府启动了“中西部农村初中校舍改造工程”，形成农村学校办学条件改善的组合拳。在全国范围内启动《中西部农村初中校舍改造工程》，并由国家发展改革委员会组织实施，其目标一是推动未纳入“两基”攻坚计划实施范围的中西部地区农村初中进行校舍改造，重点加强农村薄弱初中学生生活设施建设，改善食宿条件，提高农村初中巩固率和寄宿率。二是重点支持大约 7 000 所独立设置的农村初中学校新建或改造学生宿舍、食堂和厕所等生活设施，使项目学校寄宿学生生活设施达到或接近《农村普通中小学校建设标准》，基本消除“大通铺”和校外租房现象。“十一五”期间计划投资 100 亿元。2007—2009 年，初中改造工程共批复下达中央资金 120 亿元，累计批复项目学校 6 618 所，面积 1 310 万平方米。到 2007 年底，410 个攻坚县中有 368 个实现了“两基”目标，其余 42 个达到了“普六”标准。全国“两基”人口覆盖率达到 99%，青壮年文盲率进一步下降到 3.58%。

⑦化解农村义务教育“普九”债务。据统计，截至 2000 年，全国“普九”欠债累计约为 600 亿元，其中中西部占债务总额的 70%。2007 年底，国务院办公厅转发了《国务院农村综合改革领导小组关于开展清理化解农村义务教育“普九”债务试点工作的意见的通知》，要求“用 3 年左右时间，基本化解农村义务教育的历史债务”。截至 2008 年底，内蒙古、吉林、安徽、福建等 14 个省、自治区共筹措资金 439 亿元，化解农村义务教育债务。

⑧农村生均预算内事业费快速增长。建立农村义务教育经费保障新机制，是中国实现义务教育普及的重要措施。从 2006—2010 年 5 年之间，中央和地方各级政府累计新增农村义务教育经费 2 182 亿元，全部农村义务教育阶段学生免学杂费，对贫困家庭学生提供免费教科书，提高公用经费保障水平，建立校舍维修改造长效机制。2006 年，是中国农村中小学生均公用经费上升最快的一年。农村义务教育经费保障机制政策调整完善后，农村的经济负担进一步减轻，大大缓解了农村中小学办学经费紧张的状况。

⑨政府持续投入是教育发展的关键所在。2010 年，全国预算内义务教育经费拨款达 11 419.3 亿元，比 1994 年增长近 12 倍；全国小学、初中生均教育事业费分别为 4 100 元和 5 344 元，分别比 1994 年增长 11 倍和 7.3 倍；全国小学和初中生均公用经费分别为 1 030 元和 1 692 元，分别比 1994 年增加 11 倍和 7.4 倍。自 2007 年起，中央财政扫盲专项奖励经费从每年 800 万元增加到 5 000 万元，强力支持最困难地区扫盲工作。

⑩积极开展各种形式的对口支援。中央和地方政府、教育行政部门建立和完善教育对口支援制度，对于农村地区、少数民族地区义务教育发展发挥了重要作用。继续实施"东部地区学校对口支援西部贫困地区学校工程"和"大中城市学校对口支援本省（自治区、直辖市）贫困地区学校工程"，建立东部地区经济比较发达的县（市、区）对口支援西部地区贫困县、大中城市对口支援本省（自治区、直辖市）贫困县的制度。进一步加大中央对民族自治地区农村教育的扶持力度，继续办好内地西藏中学（班）和新疆班。这些措施都发挥了良好的积极作用。

中国是世界人口最多的国家，也是世界第一教育大国。2006 年，中国教育人口达 33 512 万人，占总人口的 25.6%。根据联合国教科文组织的统计，2005 年中国人口占世界人口总数的 20.4%，学前教育、初等教育、中等教育和高等教育注册人数分别占全世界总量的 16.5%、15.8%、19.8% 和 17.0%。中国教育在世界具有举足轻重的地位，更加增强了中国办好教育事业的意志和决心。

联合国教科文组织发布的《2006 全民教育全球监测报告》显示，截至 2002 年，中国全民教育发展指数（EDD）上升为 0.954，在 121 个被监测国家中排名第 38 位，比 2001 年的第 54 位上升 16 位，首次进入全民教育发展高指数国家行列。其中，总的初等教育净入学率得分为 0.957，成人识字为 0.909，按性别划分的全民教育指数为 0.959，5 年级续读率为 0.990。2006 年，中国全民教育发展指数不但高于印度、巴西、印度尼西亚、孟加拉等 8 个人口大国，也高于以色列、葡萄牙、科威特和中国澳门等高收入国家和地区。1984—2004 年间，在联合国教科文组织颁发的"国际扫盲奖"中，中国荣获了 14 个奖项。2005 年，中国在联合国教科文组织设立了"孔子扫盲奖"，用以奖励在人类扫除文盲过程中表现优异的国家、组织和个人。

中国教育应对世界最大规模的流动人口从农村向城市迁移，表现出中国教育体系的巨大功能和弹性。学生跨区县流动是人口流动的另外一种重要形式。为谋取一份更高收入的工作，或是让孩子享受更好的教育，中国的父母带着孩子从农村来到城市，从一个城市来到另外一个城市，并逐渐形成一种"马太效应"，即教育水平越高的城市，聚集的适龄学生就越多，政府的公共财政负担就越重。伴随择校产生的跨区县就学现象在大城市十分普遍，这也直接影响着大城市内部中小学学校的布局结构。

大城市是外来流动人口的重要聚集地。从流入地分析，跨省流动的外来人口集中向广东、浙江、北京、上海和江苏流动，三省两市共吸纳了全部跨省流动外来人口的75%。广东吸纳了其中的44%，江浙沪合计吸纳其中的31%，北京吸纳了其中的20%。外来人口在支持城市产业结构、促进城市发展方面做出了重要贡献。同时，必须指出，大量外来人口的流入，给城市财政支出带来很大压力。据研究，每增加一个外来人口，就要相应增加3.5万元的基础设施投入。

为了让孩子上好学，中国父母不惜血本，不辞劳苦，送孩子到城镇上学。2009年，全国义务教育阶段进城务工人员子女达997.1万，比2008年增加112.5万人，增长12.7%。其中外省迁入的占48%，省内其他县迁入的占52%。西部地区有260.3万人，比上年增长12.5%，占全国26.1%。学龄人口迁移，同时影响迁出地区和迁入地区的学校布局结构。2010年，全国有1 167.17万农民工随迁子女在流入地接受义务教育，其中在公办学校就读的比例已提高到80%左右，一些大城市的公办学校中农民工随迁子女占半数左右。表4-2为1982—2015年流动儿童各学龄阶段规模。

习之堂

汉朝著名史学刘向在《汉书》中记载了著名的“孟母三迁”的故事，孟母成为中国所有母亲教子的榜样。“孟子长，学六艺，卒成大儒”也成为中国母亲教育孩子的伟大理想。从20世纪80年代以来的城镇化，每年促使上千万的中国母亲迁移，40年以来有3亿～4亿的母亲为了孩子的教育在“迁居”。

表4-2　1982—2015年流动儿童各学龄阶段规模

单位：万人

学龄阶段	1982年	1990年	2000年	2005年	2010年	2015年
幼儿阶段（0～2）	26	56	287	321	386	463
学前阶段（6～11岁）	45	82	377	388	512	590
小学阶段（12～14岁）	104	139	709	764	929	934
初中阶段（15～17岁）	46	66	332	361	464	412
0～17岁流动儿童合计	254	459	1 982	2 533	3 581	3 426

数据来源：根据《中国流动人口发展报告2018》整理。

2015 年 0～17 岁的流动儿童有 3 426 万人，是 1982 年的 13.48 倍，对于城乡教育结构产生重大冲击和影响。同时，又产生了一些新的社会问题，其中相当大比例的儿童没有医保和不能参加所在地的高考，要么选择留守儿童返乡，要么父母一同返乡，更或者选择职业高中。

由于快速城镇化，加速人口向大中城市聚集，学校规模过大和大班额现象突出。由于教育资源调整滞后，人口流动和教育资源之间的矛盾突出，县镇地区学校大班额现象十分严重。这一时期，中国教育特别是基础教育发展处于两种尴尬局面：一方面中西部地区教育资源短缺，学校布局不合理；另一方面，人口大量向中东部大中城市聚集，使原有相对合理的教育资源形成新短缺，大班额、超大班额现象严重。

①中西部地区教育资源短缺严重。2010 年，我国西部地区许多乡村没有幼儿园，很多地区幼儿教师编制、待遇等尚未解决。少数民族地区、特别是农牧区中小学校建设任务艰巨。据统计，我国有 264 个牧区半牧区县，2010 年仅有 1/4 的牧区半牧区县学前三年教育毛入园率高于 10%。264 个牧区半牧区县中有 56 个牧区半牧区县尚无高中阶段的学校，占牧区半牧区县总数的 21.3%。没有设中职学校的牧区半牧区县有 100 个，占牧区半牧区县总数的 37.9%。这些地区成为普及九年义务教育和发展学前教育的重点和难点地区。

②快速城镇化突显公共教育资源短缺。在我国快速城镇化进程中，公共资源特别是公共教育设施建设严重滞后。由于农村人口迅速向城镇转移，公共教育服务需求快速增长，原有公共教育资源严重短缺，政府公共服务能力相对薄弱，难以满足人口转移中的职业转型和职能培训要求，进城务工随迁子女接受义务教育受到限制和影响。

③人口流动不确定性增加学校布局难度。由于农村转移劳动力就业的季节性特点，我国城镇化显现“弹性流动”特点。

据统计，在现行统计的城镇人口中，约有 1.5 亿进城务工者及其家属，在城镇工作和生活不稳定。农村人口素质偏低是制约其转移数量和转移方式的重要因素，人口转移还处于盲目、自发阶段，缺乏有效的引导和农村人口进城动力不足，是制约农村人口向城镇流动的重要原因。人口流动的不确定性，直接影响城市与农村中小学布局，也为学龄儿童少年就学带来困难。

④教育发展薄弱环节迫切需要做好学校布局。一是学校布局存在空白地区。2010 年，在我国西部地区，尚有 108 个县没有普通高中，尚有 159 个县没有职业高中。二是教育发展薄弱领域。据调查，在实现基本普及九年义务教育目标后，学前教育和高中阶段教育成为西部地区特别是民族地区地广人稀，有一师一校点约 9 万个，占全国校点的 80%以上；在一些高山、高原、高寒及牧区、半农半牧区和荒漠地区，80%左

右的初中生、50%左右的小学生需要寄宿。

⑤城镇化进程中县镇地区大班额现象突出。在城镇化进程中，学龄人口向城市特别是县镇集中。由于人口流动和教育资源之间的矛盾，县镇地区大班额现象十分严重。大班额现象不但影响教育质量，也会在一定程度上影响教育机会。据教育部统计，2009 年小学 56 人及其以上的大班额有 38.3 万个，大班额比例达 30.9%。中西部地区有 8 个省份县镇大班额比例超过 40%。普通初中大班额比例达 39.7%，中西部地区县镇该比例超过 50%，成为教育资源特别是优质教育资源最为紧张的地区。

⑥学校布局调整过度造成学生就学困难。由于快速城镇化、学龄人口迁移不确定性和县乡政府盲目合并学校等因素的影响，部分地区出现学校布局调整过度，造成个别中小学生就学困难，出现新的上学难现象。农村中大量的中小学合并，这就意味着一些学校消失，而构成学校的基础：校舍、场地、设备就被搁置下来。一些地方的农村学校布局调整还存在着一定的困难和问题，部分地区由于布局调整失当，造成教育费用骤增，家庭难以支撑；就学路途较远，存在安全隐患；新校班额过大，教学质量不高等新的矛盾和问题，农村地区中小学辍学率出现反弹。

据教育部统计，2009 年，全国小学寄宿生占在校生的比例为 9.7%，中西部地区超过 10%，西部农村地区为 16.0%；全国初中寄宿生占在校生比例为 43.2%，西部地区为 53.8%，西部农村地区为 60.1%，其中西藏、广西和云南 3 个省份超过 70%。由此产生的学习成本上升、办学条件降低和教育质量政策问题，必须引起教育行政部门高度重视。

可以说，目前我国中小学校调整力度已经较大，不宜盲目出台鼓励调整的政策，而应该要求地方政府加大教育投入，改善中小学办学条件。

实行“两免一补”资金和生均公用经费基准定额资金随学生流动可携带。加快户籍改革的步伐，建立以居住证为主要依据的随迁子女入学办法，保障符合条件的随迁子女都能在公办学校或政府购买服务的民办学校就学。为促进随迁子女更快更好地融入城市和社区，实行混合编班和教育教学统一管理。

UNDP 出版的《2010 年人类发展报告》对中国等发展中国家教育发展提出表扬：“从 1970 年以来，中国与尼泊尔、印度尼西亚、老挝等国家跻身于人类发展指数进步最快的国家行列。”中国人均预期受教育年限上升为 11.5 年，大大缩小了与发达国家的差距，并在发展中国家中率先进入中高人类发展指数国家行列。从 2000—2010 年，中国 6 岁及以上人口人均受教育年限从 7.56 年提高到 8.80 年，10 年增长 1.24 年；15 岁及以上人口人均受教育年限从 7.79 年提高到 9.10 年，10 年增长 1.31 年，持续保持全球人均受教育年限最快增长趋势。

（四）高等教育大众化

高等教育发展水平是衡量教育现代化水平的重要指标。现代化著名学者马丁·特罗将高等教育毛入学率达到15%，作为第一次教育现代化的核心指标。他提出的高等教育发展“结构—历史理论”，将高等教育毛入学率达到15%～50%视为高等教育大众化阶段。笔者认为随着经济、社会和教育的发展，这种划分可否细分一下，即将高等教育大众化阶段分为15%～25%的初级阶段、25%～40%的中级阶段和40%～50%的高级阶段。美国早在1941年就进入高等教育大众化阶段，1971年毛入学率上升到50%，成为第一个实现高等教育普及化的国家。英国、法国、德国、日本和澳大利亚也相继在20世纪70年代进入高等教育大众化阶段，在20世纪90年代中期进入高等教育普及化阶段。发达国家整体进入稳定发展阶段，教育特别是高等教育普及化进程正处于加快阶段。

美国高中毕业生进入大学的人数从1979年的49%，提高到1997年的69%，人数达到创纪录的水平。1979—2000年的21年中，18～19岁高等教育净入学率从45.0%提高到61.2%，提高了20.2个百分点，20～24岁人口高等教育入学率从21.7%提高到32.5%。据美国《商业周刊》中文版，2000年，美国25～29岁之间拥有学士学位的人数从1981年的21.3%达到创纪录的27.8%。

高等教育毛入学率从5%上升到15%，美国用了30年、英国用了25年、法国用了28年、日本用了23年、韩国用了24年，平均用了26年。从改革开放算起，中国高等教育毛入学率从1%提升到5%大体用了20年，从5%提高到15%仅用了不到10年的时间，2002年中国高等教育实现了“大众梦”。2002年高等学校在校生规模是1998年的2.48倍，是1990年的4.18倍。在一个当时有12亿人口的国家，走出一条高速度、高效益的高等教育发展道路，这无论对中国社会经济发展，还是对世界人口进步都具有重要意义。

20世纪后半叶，世界大学生数量增长了5倍，从1960年的1 300万增长到1995年的8 200万，同时也是高等教育发展不平衡的时期。以美国为代表的发达国家相继进入高等教育普及化阶段，1995年美国高等教育毛入学率高达81%、加拿大高达102%。20世纪70年代，即韩国经济起飞后不久，大学入学率开始迅速提高。而后，大约每10年提高20个百分点：1975年到1985年，高等教育入学率从10%提高到30%；1985年到1995年，高等教育入学率又从30%提高到50%（World Bank，1998）。到1995年，韩国大学入学率几乎达到55%，可以与大多数OECD（经济合作与发展组织）国家媲美。

中国高等教育长期处于精英教育阶段。2002 年中国高等教育毛入学率仅达到美国 1941 年的水平，达到世界 20 世纪 90 年代初的水平。以联合国世界教育报告统计为依据，2002 年中国高等教育毛入学率仅相当于 1995 年的世界平均水平，相当于发达国家 20 世纪 60 年代的水平。这样的高等教育发展水平，不利于中国人力资源的开发、不利于全民整体素质的提高。中国高等教育大众化运动起步较晚，并长期维持低速发展，从 1949—2002 年高等教育大众化进程可以分为三个阶段。

“超精英阶段”（1949—1992）：高等教育毛入学率长期在 3% 以下。由于我国人口众多、人口受教育水平低下，实施以扫盲和扩大义务教育机会为重点的低层次教育和低层次人力资源开发。从中国现代高等教育出现以来，到 20 世纪 70 年代，中国高等教育毛入学率始终处于世界最低国家的行列。高等教育发展速度很慢、规模很小，一直到 20 世纪 80 年代后期我国的高等教育毛入学率一直处于 2% 以下。

准精英阶段（1993—1998）：高等教育毛入学率从 5% 提高到 10% 左右。在邓小平南方谈话后，我国高等教育迎来了一个加快发展的机遇。1993 年普通高校和成人高等学校在校生规模分别达到创历史的 253.6 万和 186.3 万，一年之内高等教育毛入学率提高了 1.1% 个百分点，一跃进入 5%，超越了高等教育精英化发展阶段。此后，高等教育毛入学率以年均近 1 个百分点的速度提高，1998 年达到 9.8%。

大众化阶段（1999—2002）：高等教育毛入学率从 10% 提高到 15%，进入高等教育大众化发展水平。从 1999 年高校扩招，到 2002 年进入高等教育大众化阶段，是中国高等教育发展速度最快和最好的时期。这一时期，高等教育毛入学率年均超过 1%，其中 2001 年接近 2% 的水平。这一时期的重要标志是研究教育规模的扩大，2002 年在读研究生突破 50 万人大关。

高等学校扩招是党中央、国务院全面分析了当时国际国内经济社会发展的新形势后做出的重大决策，对拉动需求、保持国民经济的快速增长发挥了积极的作用，同时顺应了广大人民群众对加快高等教育发展的强烈愿望和需求。从发展方式上分析，改革开放以来的中国高等教育经历了以下发展。

（1）补偿性发展。为应对 1989 年金融危机而出现的中国高等教育的加速发展，表面上看是教育发展的“应急机制”发挥了作用，而从教育自身发展而言，它实际上仍是一种补偿性增长。一是发展速度补偿。中国现代高等教育教育已经历了上百年的历史，高等教育发展规模与速度却依然处在初级阶段，高等教育毛入学率长期低于世界平均水平，与发达国家存在巨大差距。发展速度慢、整体规模小是当时中国高等教育最大的短板。1998—2002 年的高等教育扩招而引发的规模扩张与增长具有很强的补偿性特点，适度补偿了中国经济社会发展与人民生活水平后高等教育需求短缺。二是区域发展补偿。中西部高等教育得以补偿发展。为配合西部大开发战略的实施，国家决定支持西部每一个省区重点办好一所大学。21 世纪初，中国利用国债项目支持西部 20 所高校加大建设力度，重点建设了一批西部地区高校本科专业和 17 个教育部重点实验室；启动了高等学校对口支援计划，确定北京大学、清华大学等高校对口支援石河子大学、青海大学等 14 所西部高校。

计划经济体制下，高等教育发展权力过度集中于中央政府手里。伴随着高等教育大众化时代的到来，从 1999 年开始，教育部将专科高等教育设置权下放到省级政府，地级城市增加了一大批高等职业学校，成为为地方培养适用人才的主力军。

2000 年教育部教育工作要点提出："高等教育要向有条件的地市延伸。为加快我国高等教育大众化进程，发展面向农村的高等教育，缩小城乡高等教育发展差距；为加快我国城市化进程，加快广大地市乃至全国经济发展，必须积极发展地市高等教育。"2001 年统计，我国省以下地市县有各类高等学校 472 所，占我国普通高等学校总数（1 051 所）的 44.9%。超过了省（自治区）城高校数量（426 所，占全国普通高校总数的 40.5%）和 4 个直辖市高校数（153 所，占全国高校总数的 14.6%）。按一般需要和规定，人口在 50 万的城市可以办一所大学。地市人口一般超过 500 万，有的甚至达到 1 000 万，应该至少有一所实力较强、质量较高的普通高等学校，并至少办好一所高等职业学校。21 世纪中国高等教育将从大众化迈向普及化，需要建立和完善中央、省（自治区、直辖市），中心城市（地市）三级高等教育体制，需要进一步制定有利于地市高等教育发展的相关政策。

（2）跨越式发展。截至 2002 年全国高等学校共计 2 003 所，其中普通高校 1 396 所，成人高校 607 所。在普通高等学校中，部属学校 111 所，地方学校 1 285 所；本科学校 629 所，专科学校 767 所（高等职业学校 549 所）。在成人高校中，部属学校 20 所，地方学校 587 所。全国共有研究生培养单位 728 个，其中高等学校 408 个，科研机构 320 个。2001 年，全国共有普通本、专科学校 1 225 所，成人高等院校 686 所。从 1989 年到 2001 年，我国普通和成人高等学校总共培养了近 1 200 万名本、专科毕业生，30 多万名研究生，通过自学考试获得本、专科学历的达 343 万人，为现代化建设输送了大批人才。持续扩大高等教育参与机会。从 1999 年到 2002 年，高等学校持续四年扩招后，普通高校招生数和在校生数均翻了一番多。高考录取率从 1998 年的 36% 提高到 2002 年的 66%。

表 4-3　1990—2002 年全国高等教育与高中阶段教育变化情况

年份	高中阶段毕业生升学率 /%	普通高中升入普通高等教育①/%	普通高校本专科招生规模 / 万人	普通高中阶段教育招生规模 / 万人
1990	26.1	27.3	60.9	249.8
1991	27.8	28.7	62.0	243.8
1992	33.3	34.9	75.4	234.7
1993	40.0	43.3	92.4	228.3
1994	43.0	46.7	90.0	243.4
1995	46.0	49.9	92.6	273.7
1996	47.1	51.0	96.6	282.2
1997	45.1	48.6	100.0	322.6
1998	43.1	46.1	108.4	359.6
1999	50.4	63.8	154.9	396.3
2000	62.6	73.2	220.6	472.7
2001	65.5	78.8	268.3	558.0
2002	66.0	83.5	320.5	676.7

注：①高中升学率仅为普通高校招生数与普通高中毕业生数之比。

（3）第三阶段（2003—2020）为高等教育大众化到普及化阶段，成为世界第一的高等教育大国。

跨越发展是中国高等教育普及化的必然选择。从 2004 年起中国连续 9 年保持高等教育世界第一大国地位，2011 年高等教育规模达到 3 167 万人，是 2002 年的 2.17 倍；研究生规模达到 164.58 万人，是 2002 年的 3.28 倍，博士研究生培养规模居于世界前列。

同时，在研究生教育方面，中国同样取得了巨大成就。2010 年，全国招收研究生 53.82 万人，其中招收博士生 6.38 万人，招收硕士生 47.44 万人。全国在学研究生 153.84 万人，其中在学博士生 25.89 万人，在学硕士生 127.95 万人。毕业研究生 38.36 万人，其中毕业博士生 4.90 万人，毕业硕士生 33.46 万人。

高层次人才培养的绝对数量处于世界第一位。2007 年，中国高等教育规模达到 2 700 万人，高等教育毛入学率达到 23%，接近世界平均 24% 的水平。过去几年，中国高等教育规模先后超过俄罗斯、印度和美国，成为世界第一高等教育大国。自 2005 年起，研究生特别是博士研究生培养规模也超过美国，位于全球第一位。中国高层次人才培养在增量上处于世界第一，已经成为一个名副其实的教育大国和人力资源大国。表 4–4 为中国与主要发达国家高等教育普及化历程比较。

表 4–4　中国与主要发达国家高等教育普及化历程比较

国家	高等教育普及时限			高等教育毛入学率 /%	
	5%	15%	50%	2000 年	2010 年
美国	1911 年	1941 年	1971 年	73	95
澳大利亚	1960 年	1970 年	1992 年	63	80
韩国	1966 年	1980 年	1995 年	72	103
英国	1954 年	1970 年	1996 年	59.5	59
德国	1960 年	1970 年	1996 年	50	74
日本	1947 年	1963 年	2003 年	48	60
平均时间	—	17.29 年	26.5 年	—	—
中国	1993 年	2002 年	2020 年	11.5	26.5

资料来源：①高书国 . 后普及教育：知识社会的国家战略［M］. 北京：高等教育出版社，2007：42. ② 2010 年数据来源于 UNESCO.GLOBAL EDUCATION DIGEST 2012. ③ 2020 年为预测数据。

按照高等教育普及水平的阶段分析，毛入学率从 5% 上升到 15%，美国用了 30 年，法国用了 25 年，英国和日本分别用于 16 年，韩国用了 14 年，德国和澳大利亚分别用了 10 年，主要发达国家平均用了 17.29 年，实现了高等教育大众化。从大众化到普及化，美国用了 30 年，日本用了 40 年，英国和德国分别用了 26 年，澳大利亚用了 22 年，韩国用了 15 年，平均用了 26.5 年。相比之下，中国高等教育毛入学率长期徘徊在精英阶段。而从毛入学率 5% 提高到 15%，仅用了 10 年的时间，中国高等教育实现了“大众梦”。2019 年中国高等教育毛入学率达 51.6%，进入普及化阶段。从 2003—2019 年，中国将花 17 年时间，实现高等教育普及化战略目标。

（4）多样化发展。曾历任美国耶鲁大学和加州大学比较高等教育研究中心主任的伯顿 · R. 克拉克教授在其名著《高等教育系统提出——学术组织的跨国研究》中提出高等教育结构多元化的概念，即所谓高等教育多元化就是部类、层次、部门和等级的多元化。经济发达国家高等教育民主化、大众化和普及化，主要是通过高等教育多样化加以实现的。可以说没有高等教育的多样化就不可能有高等教育的民主化和大众化。[①] 中国高等教育进入大众化，最大的社会效益是进一步满足了人民群众对于高等教

① 康全礼，陈志强 . 结构多样化：现代高等教育发展趋势［J］. 高教探索，2003（1）：23.

育发展的需要，切实体现了教育为人民服务的宗旨。高等学校充分发挥了高层次人才培养基础的作用，高等教育在校生规模达到历史最高峰的 1 600 万人，成为世界第一高等教育大国。伴随高等教育扩招形成了新一轮高校扩张，我国高校数量在停滞多年后又一次出现数量增加，高等学校占地面积、办学规模明显扩大，为 21 世纪初高等教育发展提供了有利条件。

为迎接世界新技术革命和高等教育发展竞争，1993 年 2 月，党中央、国务院颁布的《中国教育改革和发展纲要》提出，集中各方面力量办好 100 所左右重点大学和一批重点学科及专业。一流大学建设取得全面进展，“985”项目和“211 工程”继续实施，对于提高我国高等教育办学水平，加快高等教育国际化步伐产生了积极的战略影响。1993 年，党中央、国务院做出了逐步推进高等教育管理体制改革的正确决策，提出了“共建、调整、合作、合并”的八字方针，几年来，对 500 多所高校进行了管理体制调整，实行地方和中央共建。在 317 所高校开展了校际间的合作办学，形成了 227 个合作办学实体。先后将 708 所高校合并组建为 302 所多学科或综合性的高校。1994 年 6 月，全国教育工作会议召开，时任国务院总理李鹏和副总理李岚清讲话指出，要面向 21 世纪，重点建设好 100 所大学。中央财政拨出专款，正式实施“211”项目，至“十五”规划末期，共安排“211”工程项目资金 292.94 亿元。

1998 年 5 月，江泽民在人民大会堂举行的北京大学百年校庆的讲话中宣告：“为了实现现代化，中国要有若干所具有世界先进水平的大学。这样的大学，应该是培养和造就高素质的创新型人才的摇篮，应该是认识未知世界、探求客观真理、为人类解决面临的重大课题提供科学依据的前沿，应该是知识创新、推进科学技术成果向现实生产力转化的重要力量，应该是民族优秀文化与世界先进文明成果交流借鉴的桥梁。”“985 工程”由此诞生，建设世界一流大学表现出一个世界级大国的勇气与担当。

世界一流大学是国家科学、文化和教育现代化水平的重要标志，是国家综合实力和竞争力的重要组成部分。1999 年 1 月，国务院批准了教育部《面向 21 世纪教育振兴行动计划》，开始启动实施“985 工程”，建设世界一流大学和一批世界一流学科的目标率先设立。中国高等学校总体水平落后于发达国家，但是新世纪到来之际，中国率先开启了新一轮一流大学建设。在国家整体经济实力不太高、教育发展水平不高的情况下，中国政府通过中央、地方、部门和院校等多种渠道筹集经费，建设高水平大学。其中，一期工程列入 34 所高等学校，投入 255 亿元人民币；二期工程有 38 所高等学校入围，投入资金 426 亿元，其中中央 189 亿元，所属部门和地方政府投入 140 亿元，院校自筹 97 亿元；三期投入 200 亿元，总计合计约为 881 亿元。这些投入获得了一批具有标志性、突破性的高水平研究成果，国际交往与合作广泛开展，学术交流更加活跃，教育现代化水平大幅提升，进一步促进综合国力的全面提高。

进入知识经济时代，一个国家或地区的高等教育有多强，这个国家或地区就有多强；一个城市的高等学校有多“高”，这个城市就有多“高”。自1995年教育部启动“211工程”，在“九五”期间，重点建设一批高等学校和重点学科，并在此基础上经过若干年的努力，使100所左右的高等学校以及一批重点学科在教育质量、科学研究、管理水平和办学效益等方面有较大提高，在高等教育改革特别是管理体制改革方面有明显进展，成为立足国内培养高层次人才、解决经济建设和社会发展重大问题的基地。“九五”期间，在“211工程”学校中共安排了602个重点学科建设项目。其中人文社会62个，占10%；经济政法57个，近10%；基础科学89个，占15%；环境资源42个，占7%；基础产业和高新技术255个，占42%；医药卫生66个，占11%；农业31个，占5%。

习之堂

“211工程”是中国政府面向21世纪，重点建设100所左右的高等学校和重点学科的建设工程。实施“211工程”，是中国政府推进高等教育发展，促进高等教育与经济社会发展相适应的一项重要措施。

胡锦涛在庆祝清华大学建校100周年大会上指出，“建设若干所世界一流大学和一批高水平大学，是我们建设人才强国和创新型国家的重大战略举措。要以重点学科建设为基础，以体制机制改革为重点，以创新能力提高为突破，加大支持力度，健全长效机制，鼓励重点建设高校成为知识创新的策源地、深化教育改革的试验田、扩大开放的‘桥头堡’”。

“211工程”建设将对增强我国的综合实力、国际竞争力和民族创新能力产生重大影响和积极作用。加强“211工程”建设的根本目标之一是提高我国知识创新和科技创新的能力，提高国家高科技研究与开发水平，提升高等学校科研和成果转化能力，促进国家经济结构的战略性调整，创造出一批对经济社会发展和科技进步有重大影响的标志性成果，为全面建设小康社会做出贡献。“211工程”建设的首要任务，是加快培养和造就高素质的科技人才和管理人才。“九五”期间，“211工程”建设资金总量约为183亿元。其中，用于重点学科建设资金63.88亿元，公共服务体系建设资金35亿元，基础设施建设资金10.06亿元，配套设施建设资金73.32亿元。

重点建设了 101 所高校的 602 个重点学科项目；推动国家大学科技园、工程研究（技术）中心的建设，在部分学校建立国家技术转移中心，加大高校科技成果转化和高新技术产业化工作力度；建成了教育科研网、图书文献保障系统、现代化仪器设备共享系统等公共服务体系和一批基础设施，有效促进了学科水平的提高和办学条件的改善。“十五”期间继续实施“211 工程”，重点加强一批高水平大学和学科建设。

从 1978 年到 1999 年，高等学校从恢复发展到改革开放，进入持续稳定发展阶段。实现了高等教育从精英化到大众化的战略转变，高等学校入学机会持续增加，成为高等教育大国，进一步满足了适龄青年进入高等学校学习的希望，加速培养了一大批高层次人才，加速增长了中国人均受教育年限，为新世纪中国经济社会发展提供了丰富的高层次人才和人力资源。

“双一流”是指世界一流大学和一流学科建设，2017 年 9 月 21 日教育部发布《关于公布世界一流大学和一流学科建设高校及建设学科名单的通知》，公布世界一流大学和一流学科建设高校及建设学科名单。

“双一流”计划的目标是要建成一批国际知名、有特色、高水平的高等学校，若干所大学达到或接近世界一流水平；高等教育国际化水平不断提升，国际竞争力显著增强，目标是建成高等教育强国。共有 42 所一流大学、137 所高校的 465 个一流学科入选。经过 20 多年的努力，到 2020 年，中国已有 12 所高等学校进入世界大学排名前 100 位。2021 年，教育部将启动新一轮“双一流”建设和顶尖学科建设计划，“双一流”建设步入新阶段。

第五章

加速追赶：

全面提升教育发展水平（2001—2011）

增进公平意味着经济运行的效率更高，冲突更少，信任更多，制度更合理，同时对投资和发展方面具有动态的效益。

——世界银行

习之堂

一百多年来，中国正在从一个文盲大国走向一个教育大国，从一个教育大国走向一个教育强国。

习近平总书记指出，“历史是不断向前的，要达到理想的彼岸，就要沿着我们确定的道路不断前进。每一代人有每一代人的长征路，每一代人都要走好自己的长征路。今天，我们这一代人的长征，就是要实现‘两个一百年’奋斗目标、实现中华民族伟大复兴的中国梦。”中国教育现代化既是一次教育革命，又是一次十几代人接续的一次教育长征。经过 50 多年的发展，中国教育总体实力不断增长，受教育水平持续提升，教育发展水平逐步达到中等收入国家以上水平。现代化进程常常有重要的节点，2010 年是中国教育现代化的重要节点。

（一）教育公平

2000 年，人类面临世纪转换，在兴奋之余出现了一种普遍的“战略困惑”。著名战略家阿尔文·托夫勒在《第三次浪潮》中预测：一方面，人类面临一个量子式的跃进，面对的是有史以来最强烈的社会变动和创造性的重组。另一方面，“第三次浪潮拆散了我们的家庭，动摇了我们的经济，瘫痪了我们的政治制度，粉碎了我们的价值观，每一个人都受到影响。所有旧的权力关系、今日处境危险的领导阶层的特权都遭到挑战。明天的权力争夺必须以此为背景。”[①] 中国与世界相同，伴随着全球化和社会经济转型的双重变革进入到一个全新而陌生的 21 世纪。

世界银行在《2000—2001 年世界发展报告》中规定，低收入国家：1999 年人均 GDP 为 755 美元以下；中等收入国家，人均收入在 756～9 265 美元之间；高收入国家：9 265 美元及其以上。人均 GDP 为 2 995 美元是下中等收入国家和上中等收入国家的分界线。此标准依据实际情况，每年有所调整。

发展不平衡是一种持续而又难以更改的现象。中国 2001 年人均 GDP 为 921 美元，已经达到世界银行确定的中等收入国家的下线。国家在快速发展，人民的财富在持续增长，教育

① 托夫勒．第三次浪潮［M］．黄明坚，译．北京：中信出版社，2006：4．

与文化需要正在发生着结构性的变化。

社会公平是社会主义制度的内在要求，教育公平是社会公平的重要基础。自古以来，教育都是人们改变自身命运、实现向上流动的重要途径，也是社会发展活力的重要来源。教育公平是一个动态的发展过程，中国政府坚持以发展促公平，以改革促公平，以政策支持促公平，不断满足广大群众日益增长的多层次、多样化教育需求。世界各国的经验表明，公平是社会、经济和人的全面发展的重要动力。《2006 年世界银行报告：公平与发展》明确指出："增进公平意味着经济运行的效率更高，冲突更少，信任更多，制度更合理，同时对投资和发展方面具有动态的效益。"

2010 年 7 月 13 日，中共中央、国务院在北京召开全国教育工作会议。时任中共中央总书记、国家主席、中央军委主席胡锦涛在会上发表重要讲话时强调："当今世界的综合国力竞争，说到底是民族素质竞争。教育对提高人民思想道德素质和科学文化素质、发展科学技术、培养人才具有基础性作用。我们要紧紧抓住机遇、有力迎接挑战，坚持优先发展教育，提高教育现代化水平，充分发挥教育重大作用。""教育是国计，也是民生；教育是今天，更是明天。""全党全国要积极行动起来，坚持育人为本，以改革创新为动力，以促进公平为重点，以提高质量为核心，推动教育事业在新的历史起点上科学发展，加快从教育大国向教育强国、从人力资源大国向人力资源强国迈进，为中华民族伟大复兴和人类文明进步做出更大贡献。"①

2016 年 9 月 10 日，习近平总书记高度关注教育公平的作用，在考察八一中学时强调指出："教育公平是社会公平的重要基础，要不断促进教育发展成果更多更公平惠及全体人民，以教育公平促进社会公平正义。要加强对基础教育的支持力度，办好学前教育，均衡发展九年义务教育，基本普及高中阶段教育。要优化教育资源配置，逐步缩小区域、城乡、校际差距，特别是要加大对革命老区、民族地区、边远地区、贫困地区基础教育的投入力度，保障贫困地区办学经费，健全家庭困难学生资助体系。"推进和实现教育公平，对于解决社会不平等问题具有十分重要的战略意义，加快推进教育公平是基本实现教育现代化、办好人民满意教育的必然选择。

2007 年，党的十七大报告提出："必须在经济发展的基础上，更加注重社会建设，着力保障和改善民生，推进社会体制改革，扩大公共服务，……努力使全体人民学有所教、劳有所得、病有所医、老有所养、住有所居，推动建设和谐社会。""加大公共服务领域投入。完善省以下财政体制，增强基层政府提供公共服务能力。""健全

① 《教育规划纲要》工作小组办公室．全国教育工作会议文件汇编［M］．北京：教育科学出版社，2010：9．

政府职责体系，完善公共服务体系。”[①]

2008 年 8 月 15 日，国务院颁发关于做好免除城市义务教育阶段学生学杂费工作的通知，决定从 2008 年秋季学期开始在全国范围内全面免除城市义务教育阶段学生学杂费，中国义务教育进入一个崭新的发展阶段。进城务工人员随迁子女接受义务教育要以流入地为主、公办学校为主解决。地方各级人民政府要将进城务工人员随迁子女义务教育纳入公共教育体系，根据进城务工人员随迁子女流入的数量、分布和变化趋势等情况，合理规划学校布局和发展。

建立完善公共教育服务体系的重点和难点在农村。农村教育人口进入快速城镇化发展阶段，使得 2010 年前后中国基础教育面临巨大压力和挑战。城镇化进程加快，进城务工人员随迁子女和农村留守儿童问题突出。2010 年，全国义务教育阶段进城务工人员随迁子女规模持续增长，在校生规模达到 1 167 万人，比 2007 年增长 52.4%。特别是中部农村地区进城务工人员随迁子女增长最快，比 2009 年增长 21.2%，比 2007 年增长 70.6%。

2000 年，中国在占总人口 85% 的地区普及了九年义务教育，青壮年文盲率降到 5% 以下，实现了“基本普及九年义务教育和基本扫除青壮年文盲”的国家级目标（以下简称“两基”）。截至 2011 年 12 月 15 日，全国所有省、自治区、直辖市通过国家级检查验收，中国全面普及了九年义务教育，全面扫除了青壮年文盲，履行了中国政府对世界全民教育行动的庄严承诺，为探索中国特色社会主义教育发展道路积累了成功经验。中国以这样的成绩单进入 21 世纪，开始了新一轮对发达国家的战略追赶。

21 世纪第二个十年，中国农村教育所面临的一个突出问题，是中小学大班额问题，成为教育发展水平、提高教育质量的关键瓶颈。由于城镇化速度加快，农村学生大量向城镇聚集，在城镇特别是中心城市形成了集中入学的现象，教育资源结构性短缺，大班额和超大班额现象普遍存在，在教育公平和教育质量方面产生新的影响。

（1）农村中小学学校快速消失。据二十一世纪研究院《农村教育布局调整十年评价报告》显示，2000—2010 年，农村小学减少 22.94 万所，减少了 52.1%。教学点减少 11.1 万个，减少了 60%。农村初中减少 1.06 万所，减幅超过 15%。

（2）义务教育经费投入不断加大。第一，农村学生生均经费持续提升。2013 年，农村小学生均经费为 8 159 元，比 2009 年增长 112%；农村初中生均经费为

① 《十七大报告学习辅导百问》编写组．十七大报告学习辅导百问［M］．北京：学习出版社，党建读物出版社，2007：34-38．

11 003 元，比 2009 年增长 119%，增长速度明显高于城市小学生均和初中生均经费增长的 77% 和 84%。2014 年，中央财政投入 500 亿元专项资金，全面改善贫困地区义务教育薄弱学校基本办学条件。农村义务教育阶段中小学生均公用经费基准定额提高 40 元，中西部地区小学达到 600 元、初中 800 元，东部地区小学 650 元、初中 850 元。[①]2018 年，全国教育经费中，义务教育经费已达 20 858 亿元，占全年总经费 46 135 亿元的 45.2%，充分体现出义务教育重中之重的战略地位。

（3）规范农村义务教育学校布局调整。2006 年，新修订的《义务教育法》颁布实施，明确规定将农村义务教育全面纳入财政保障范围，为农村义务教育持续发展奠定了法律基础。针对农村学校无序撤并的现象，2012 年 7 月 23 日，教育部发布的《规范农村义务教育学校布局调整的意见》明确提出："规范农村义务教育学校撤并程序。""已经撤并的学校或教学点，确定必要的应当恢复。"农村义务教育学校布局要保障学生就近上学的需要。农村小学一至三年级学生原则上不寄宿，就近走读上学；小学高年级学生以走读为主，确有需要的可以寄宿；初中学生根据实际可以走读或寄宿。原则上每个乡镇都应设置初中，人口相对集中的村寨要设置村小学或教学点，人口稀少、地处偏远、交通不便的地方应保留或设置教学点。

（4）推进农村教育均衡发展。一般而言，无论是先发现代化国家还是后发现代化国家，在整体资源不足的情况下所采取的均是非均衡发展战略。中国同样也是如此。这一战略的优点是发展速度快、效率高；问题是造成新的发展差距，形成不平衡的深层次矛盾。

坚决治理农村中小学乱收费，实行"一费制"。对农村中小学乱收费进行专项治理是党中央、国务院进一步减轻农民负担而采取的一项重大措施。

2000 年左右，一些地方政府和部门越权设立向学生收费的项目，教育部门和学校违反规定自行提高收费标准，强行由农村中小学校代收各种费用；一些单位向学校摊派费用；学校收费不规范、课本费偏高等，加重了农民负担，影响了农村教育的发展。从 2001 年起，各省、自治区、直辖市要严格控制农村中小学收费标准，在农村贫困地区实行"一费制"[②]。

---

① 据统计，2013 年，全国中学经费支出为 8 211.66 万元，其中事业费支出 8 020.29 万元。普通高中支出 3 076.37 万元，农村高中支出 448.73 万元，农村高中占 14.59%；普通初中支出 5 127.78 万元，农村初中支出 2 757.12 万元，农村初中占 53.77%；普通小学支出 7 846.63 万元，农村小学支出 4 891.01 万元，农村小学占 62.33%。

② 一费制：即在全面清理农村中小学乱收费，严格核定杂费、课本费标准的基础上，综合考虑两项收费，核定一个最高收费标准，只向学生收取一项费用，不再向学生收取任何其他费用。

为减轻农村农民经济负担，减少教科书费用，新闻出版总署、教育部、国家质量监督检验检疫总局联合发布了《关于实施〈中小学教科书幅面尺寸及版面通用标准〉和〈中小学教科书用纸印刷质量标准和检验方法〉两项国家标准的通知》，在保证教科书质量的情况下，进一步减轻农村贫困家庭的负担。

为减轻农民负担，从2001年秋季开始，在全国部分贫困地区农村中小学，对家庭经济困难学生试行免费提供教科书。

要在国家资助政策体系框架下，建立和完善处境不利儿童的资助系统，加大对家庭困难残疾学生的资助力度。建立不利处境儿童学习支持服务系统，拓展残疾学生和家庭困难学生资助范围、资助层次。加强处境不利儿童特别是残疾儿童和留守儿童的心理健康教育。保障所有流动儿童享受免费义务教育，除特大城市外，实现进城随迁子女同城待遇。

在学前教育阶段，《中长期教育改革和发展规划纲要（2010—2020年）》提出要对家庭经济困难的幼儿入园给予财政补助；在义务教育阶段，既有的政策保证了所有孩子都能接受免费义务教育，而家庭经济困难学生有“两免一补”政策；在高中教育阶段，《中长期教育改革和发展规划纲要（2010—2020年）》提出要建立普通高中家庭经济困难学生国家资助制度，并要完善中等职业学校家庭经济困难学生的资助体系；在大学阶段，要完善普通本科高校和高职家庭经济困难学生资助政策体系，完善助学贷款体制机制；研究生教育阶段，要完善研究生资助政策，设立研究生国家奖学金。

按照世界银行的划分标准，我国已经由低收入国家跃升至世界中等偏下收入国家行列。根据我国第六次人口普查，2010年我国总人口为13.40亿。其中，城镇人口与农村人口的比例为49.68：50.32。学龄人口减少是影响学校布局的重要因素。学龄人口的数量呈下降趋势，有利于学龄人口入学率整体提升。今后10年，伴随着中国经济发展和综合国力的增强，中国教育特别是基础教育将面临一个前所未有的新的高水平的发展阶段。总体而言，这一时期中国基础教育整体水平已经基本达到中等收入国家基础教育发展的同期水平。

（二）教育扶贫

治贫先治愚，贫是愚之表，愚是贫之根。中国现代化推进过程，经历了一个从非均衡发展，到相对均衡发展的历史过程。以城镇化、工业化和信息化为动力推进的教育现代化，由于文化历史、发展水平、资源禀赋和治理能力的差异，常常会导致教育发展在区域之间、城乡之间和不同群体之间的非均衡状态，甚至导致经济贫困和教育贫困的存在。贫困的定义是可支配的资源量低于某个水平，即低于贫困线的生活水平。将这个概念引入教育，教育贫困的定义是可支配教育资源低于某个水平，即低于维持自身接受教育所需资源与能力水平。教师资源短缺是资源性教育贫困的根源。

农村教育特别是贫困地区教育发展水平落后的原因是多方面的，有经济因素、政治因素、文化因素、传统因素、个人因素等，其主要原因在于以下四个方面。

因素之一：历史性教育贫困。贫困是一种长期的历史性现象。贫困地区的教育发展也受到经济、社会、文化和教育自身发展历史的影响。经济社会发展落后制约了义务教育的普及。西部地区国土面积占全国总面积的71.4%，是少数民族集中聚居的地方。由于历史原因，贫困地区、少数民族地区教育资源缺乏，教育发展水平不高。以西藏为例，旧西藏没有一所近代意义的学校。寺院垄断着教育，仅有的极少数官办的僧官和俗官学校，绝大多数学生是贵族子弟。广大农奴根本没有接受教育的机会，文盲占95%。1950年以前，西藏地区各级各类教育发展相当落后，人均受教育年限很低。据全国第三、第四和第五次人口普查，西藏地区6岁以上人口人均受教育年限分别仅为1.18年、2.13年和3.27年，与同口径全国人均受教育年限相差3.02年（5.20年）、4.13年（6.26年）和4.29年（7.56年），并呈逐步拉大特点。

因素之二：资源性教育贫困。区域性教育资源贫困表现在政府不能提供满足适龄人口受教育所需要的教育资源、个人无力支付接受教育和培训所需经费和维持教育正常运行和发展的教育资源短缺等三个方面。由于教育经费短缺，出现校舍破旧、教室紧张、大班容量现象，影响教育教学正常秩序和教学质量；由于学生家庭贫困，无力支付学杂费、食宿费和交通费，为了生计被迫辍学；由于家庭贫困，不少学生考上高中而不能不放弃继续学习的机会，甚至造成悲剧。

因素之三：地理性教育贫困。贫困人口大多数居住分散、

习之堂

《世界发展报告（1991年）》指出："发展的挑战……就是改善生活质量。特别是在世界贫穷的国家中，更好的生活质量要求有更高的收入，但是，它包含更多的内容。它把更好的教育、更高的卫生和营养水平、更少的贫困、更清洁的环境、更多的机会均等、更大的个人自由和更丰富的文化生活等都包括在目标之中。""更好的教育"被明确地列入在发展的含义之中。

偏僻，办学条件差，教育设施落后，加之贫困户生活困难，无力支持子女上学，适龄儿童失、辍学率较高，青、壮年文盲比例偏大。此外，由于地理性因素，教育成本过高也是教育不发达的重要原因之一。在边远贫困地区特别是在西藏接受相同的教育，国家或个人要付出更高的成本。

因素之四：文化性教育贫困。这里所说的"文化性教育贫困"是指一个国家或地区文化中包含的非教育思想观念或非教育传统习惯，以至由此产生的教育贫困。如中国传统文化中"女子无才便是德"的思想，就是在提倡一种非教育的女性文化，它直接影响了旧社会我国女性的教育心理和教育水平。无论是古代还是现代，无论是国内还是国外，在传统宗教、文化习俗中都存在一种非教育的文化，作为一种文化现象，这种观念不但昨天有、今天有，明天还可能会有。

习之堂

教育权力贫困是指宪法和法律规定公民个人有受教育的权力，因经济、社会和文化等原因实际不能享有这种权力的现象。

由于以上种种原因，对于贫困地区教育发展和公民个人文化素质提高造成的结果主要表现为：教育权力与机会贫困。由于经济、社会、文化、科技和教育等种种因素，特别是以上四种原因，导致的直接结果是一部分群体或个人教育权力与机会的贫困。

换句话讲就是，公民享有受教育（或受良好教育）的名誉权力，而不享有接受教育的实际权力。其表现形式为：一是作为政府应该提供的公共教育产品——义务教育，政府不能为所有学龄儿童提供，即政府不为所产生的教育权力贫困；二是作为政府和市场共同提供的准公共产品——非义务教育，个人无力承担必要的教育支出，即政府与个人"不能为"所产生的教育权力贫困；三是完全市场化的教育服务与产品，个人没能力负担，即个人不能为产生的教育权力的"相对贫困"。针对贫困地区而言，我们所强调的是第一种教育权力贫困，这是政府必须给予和保障的公民的教育权力。教育权力贫困直接导致教育机会贫困。

由于教育发展水平与机会差距，在贫困地区将出现两种恶性循环：即政府教育投入不足—教育水平落后—教育机会短缺—劳动力素质不高—经济发展缓慢—教育投入不足；第二重恶性循环：教育支付能力低—教育机会少—文化素质低—竞争力低—收入低—教育支付能力低。两种恶性循环相互交错、相互影响。由于缴费上学政策的出台，农村和贫困地区出现了许多因上学而致贫的现象，这与教育的宗旨与功能相背离。政府有责任使用政策、资金调节教育贫困问题，保障教育特别是义务教育的公益性特征，保障贫困家庭女子接受教育的权力。

2015 年 3 月 8 日，习近平总书记在参加十二届全国人大三次会议广西代表团审议时提出："要帮助贫困地区群众提高身体素质、文化素质、就业能力，努力阻止因病致贫、因病返贫，打开孩子通过学习成长、青壮年通过多渠道就业改变命运的扎实通道，坚决阻止贫困现象的代际传递。"[①] 习近平总书记进一步指出，"扶贫先扶志，扶贫必扶智。让贫困地区的孩子们接受良好教育，是扶贫开发的重要任务，也是阻断贫困代际传递的重要途径"，教育是为民族振兴、国家进步和公民发展的奠基工程。

减少贫困人口是国家意志和国家行动。新中国成立以来反贫困的四个阶段：起步阶段（1949—1978 年）、发展阶段（1979—1985 年）、转型阶段（1986—2011 年）、攻坚阶段（2012—2020 年）。[②] 过去 40 年中国共减少贫困人口 8.5 亿多人，对全球减贫贡献率超过 70%，中国减贫取得令世界瞩目的伟大成就，成为发展中国家减少贫困的典范。世界银行承认，中国在经济快速增长和脱贫方面取得了"史无前例的成就"。从 2012 年到 2017 年，中国贫困人口减少近 7 000 万人；2012 年至 2017 年，中国每年有 1 000 多万人稳定脱贫。贫困发生率由 10.2% 下降到 3.1%；贫困县数量减少了 153 个。创造了中国扶贫史上的最好成绩。2018 年，在中国的 13.7 亿人口当中，贫困人口已降至 3 000 万人以下，即略高于 2%。伴随扶贫工作的不断深入，扫除贫困不再只关注经济贫困，而是更加关注智力贫困。中国是世界上减贫人口最多的国家，也是率先完成联合国千年发展目标减贫目标的发展中国家。《2014 年联合国千年发展目标报告》说，全球极度贫困人口已减少了一半，这主要归功于中国。

中国贫困人口规模，从 2012 年的 9 899 万人，减少到 2018 年的 1 660 万人，贫困发生率从 2012 年的 10.2% 降至 2018 年的 1.7%。中国成为世界减贫的最为重要的力量。世界银行认为，几十年来，中国政府采取的一系列主要政策和措施，在经济快速增长和脱贫方面取得了"前所未有的成就"。

建立一项全国性的贫困家庭子女免费义务教育制度。努力做到不让学生因家庭经

① 习近平．在参加十二届全国人民代表大会第三次会议广西代表团审议时的讲话［EB/OL］．（2015-03-10）［2019-01-30］．http://gx.people.com.cn/n/2015/0310/c179450-24113646.html．

② 李后强，秦勇．精准扶贫战略：最具中国特色的反贫困行动［M］．成都：四川人民出版社，2016．

济困难而失学。允许发达地区、大城市依靠自身财力，对于本行政区域内贫困家庭子女实施免费义务教育。这样可以形成“两线进攻”的态势，加快免费义务教育的实施速度。

为特殊群体儿童提供良好的教育制度安排和教育服务。对于特殊群体儿童的教育服务，既要有宏观政策，更要有细致的策略，甚至做到“一结一”服务，这是中国地方政策和中小学控制中小学生流失的重要方法。《教育部财政部关于进一步加强农村地区“两基”巩固提高工作的意见》提出：要建立保障残疾儿童少年接受义务教育的制度和工作机制，提高残疾儿童少年义务教育阶段普及程度。要进一步提高女童初中阶段入学率，在达到义务教育基本要求的基础上，开设适合女童需要的课程，有关助学资金要注意适当向女童倾斜。要配合流入地政府做好进城务工就业农民子女接受义务教育工作，对返回原籍就读的学生要及时办理就学手续。

实施教育精准扶贫政策，不让一个孩子因贫困而掉队。全面推进教育精准扶贫、精准脱贫，阻断贫困代际传递。中央政府对建档立卡的普通高中家庭困难学生实施免除学费。实施教育扶贫结对帮扶行动，实施教育脱贫攻坚行动计划，改善农村义务教育学生营养状况，让贫困地区每个劳动者都有机会接受适应就业创业需求的职业教育和培训。

2010 年是中国教育建立保障机制的重要结点。《国家中长期教育改革和发展规划纲要（2010—2020 年）》相关研究报告提出：中国建立了多元化教育投入机制，为教育发展提供有力保障。一是建立和完善非义务教育成本分担机制。根据居民负担能力、物价水平和资助水平综合考虑收费标准，同时，根据分担机制、发展需求、培养成本、办学规模、经费结构确定对学校的拨款比例、数额和方式，并形成制度。为贯彻落实《国家中长期教育改革和发展规划纲要（2010—2020 年）》，进一步改善农村学生营养状况，提高农村学生健康水平，加快农村教育发展，促进教育公平，经国务院同意，实施农村义务教育学生营养改善计划。中央财政为试点地区农村义务教育阶段学生提供营养膳食补助，标准为每生每天 3 元（全年按照学生在校时间 200 天计算），所需资金全部由中央财政承担。试点范围包括 680 个县（市）、约 2 600 万在校生。

农村地区存在大量处境不利人群，他们的家庭与孩子生存发展面临困境，残疾儿童、留守儿童和流动儿童平等接受教育的机会短缺。根据国家统计局第二次全国残疾人抽样调查，全国残疾人口中共有残疾儿童 413.8 万人。其中，6 岁以下的残疾儿童为 167.8 万人，占残疾人口总数的 2.02%。据全国妇联调查统计，2009 年中国农村留守儿童数量约为 5 800 万人，其中 14 周岁以下的农村留守儿童数量为 4 000 多万人。近年来，流动人口举家迁移现象增多，18 岁以下的少年儿童数量急剧增加，已经超过

2 000 万人，占全部流动人口的 20% 左右。7 200 多万处境不利儿童，是一个重要的群体。必须从战略上考虑这部分人群受教育机会、教育质量和发展质量问题。2010 年，全国小学学龄儿童净入学率达 99.7%，初中阶段毛入学率在 100.01%。2018 年，中国农村义务教育学生营养改善计划已覆盖所有国家级贫困县，让 3 700 万农村学生受益。营养改善计划试点地区男、女生各年龄段的平均身高、体重均有不同程度的增长。

2012 年 12 月 29 日至 30 日，习近平总书记在河北省阜平县看望慰问困难群众时特别强调，要通过扶贫激发内生动力："贫困地区发展要靠内生动力，如果凭空救济出一个新村，简单改变村容村貌，内在活力不行，劳动力不能回流，没有经济上的持续来源，这个地方下一步发展还是有问题。一个地方必须有产业，有劳动力，内外结合才能发展。最后还是要能养活自己啊！"[①] 朴素的话语，深切的关怀，体现了一个国家领导人对于民生的关切，对于百姓的关怀。

习之堂

教育是反贫困的重要手段，更是阻遏智力贫困代际传递不可替代的重要工具。中国教育现代化需要内生动力，贫困地区特别是贫困人群的发展更需要内生动力。

教育扶贫攻坚战役。教育是创造财富和竞争力的最基本的钥匙。贫困与战争是人类发展的最大挑战，智力贫困是产生贫困的深刻根源。联合国对于贫困根源的定义：由于长时间或持续缺乏资源、能力、机遇、安全和必要的权利，无法享用到适当标准的生活和其他民事文化、经济、政治和社会权益的人类生活状况，其具体表现为：寿命短、文盲、受排斥和缺乏物资财产。联合国教科文组织强调："贫困是机会和权利不平等的结果，是社会缺乏公平和正义的表现。"教育贫困的表现是受教育机会短缺、教育资源短缺和教育环境恶劣，教育贫困的恶果是智力贫困及其代际之间的延伸和传递。

智力贫困是指一个人或一个家庭缺少智力发展资源、发展手段和发展机会，而造成的智力资源短缺情况，一般是指文盲或半文盲群体。在现代社会中，还包括技能贫困的群体。智力

① 习近平谈摆脱贫困：扶贫必扶智，治贫先治愚［EB/OL］.（2018-10-09）［2019-02-01］. http://cpc.people.com.cn/xuexi/n1/2018/1009/c385476-30329647.html.

习之堂

智力贫困代际传递的模式是：低受教育水平—低财富水平—低社会资源—下一代低教育水平之间出现一种恶性循环关系，并形成“死结”。

贫困的代际传递是指由于经济资源、社会资源和自身能力的不足而形成的上一代智力短缺向下一代的延伸、传递和转移的社会现象。其表现形式为父子之间、父女之间、母子之间和母女之间的知识短缺状态的延展与传递。教育不平等现象更加突出地体现在不同经济群体之间的受教育水平，以及受教育水平的代际传递之中。在贫困群体中广为存在的智力贫困代际传递现象，是对社会弱势群体公平发展权利的重大侵犯。贫困可能为个人、家庭和社会带来不安全感，智力贫困的代际传递具有巨大的潜在风险性。

第一，固化了低社会阶层。智力贫困代际传递的最大风险是使低社会固化。低财富、低能力和低社会资本的人群，成为城乡社会底层，进一步拉大了社会经济财富差距和人的发展差距。固化的社会阶层，不利于社会流动和社会发展；固化的社会阶层，将使穷人失去参与社会的能力和热情。由于教育不公平所造成的贫困代际传递，更深层次的影响是经济贫困和智力贫困的两重复制。第二，侵蚀了贫困群体未来。一个人有未来才有希望，有希望才有生存的信心。贫困家庭因其主要成员教育水平低、经济能力低和社会资源少，则最终导致下一代的教育低水平。贫困不仅让穷人今天过得不好，更重要的是贫困夺走了穷人的未来。在贫困代际传递的恶性循环中，不仅上一代影响下一代，下一代也会对上一代的心智和能力产生负面影响。从更加宏大和长远的视角分析，这一群体的未来也将直接影响到家庭的未来、区域的未来和国家的未来。第三，形成了社会滞后力量。由于物质再生产能力和社会资本再生产能力不足，智力贫困者和其家庭，对于社会经济发展的贡献较小，甚至成为社会中最需要帮助的人群。智力贫困者及其家庭成为社会中经济贫困、社会贫困和教育贫困的最弱群体，落后于全面建成小康社会进程。更让人担心的是，新一代的未来和其未来的家庭，他们从小生存在一个经济资源和社会资源匮乏的家庭，所面临的生活发展状态使他们或是自认如此，或是对社会充满愤懑和不平。

中国政府高度重视建立健全家庭经济困难学生资助政策体

系，从制度上保证和促进教育公平。中国建立起一套比较完善的、覆盖学前教育至研究生教育的、具有中国特色的学生资助政策体系。1999 年，开始实行国家助学贷款。2000 年 8 月，国务院办公厅转发了中国人民银行、教育部和财政部制定的《关于助学贷款管理的补充意见》，明确规定：助学贷款可采取无担保（信用）贷款的方式，借款人不必找担保人就能贷到款。这大大减轻了贫困学生贷款压力。2007 年 5 月，国务院发布了《国务院关于建立健全普通本科高校高等职业学校和中等职业学校家庭经济困难学生资助政策体系的意见》，完善了国家奖学金和助学金制度，完善和落实了国家助学贷款政策，并从 2007 年起，教育部直属师范大学新招收的师范生实行免费教育。据测算，国家励志奖学金每年奖励 51 万名高校学生；国家助学金每年将资助 340 万名家庭经济困难的高校学生、1 600 万名中等职业学校学生。每年用于助学的各级财政投入、助学贷款和学校安排的助学经费将达到 500 亿元。中央财政在 2007 年下半年投入的资助经费就达到了 95 亿元。

2015 年 9 月，联合国召开可持续发展峰会，正式通过《变革我们的世界：2030 年可持续发展议程》，其首要目标是：到 2030 年在全球消除一切形式的贫困。据世界银行测算，按照人均每天支出 1.9 美元的国际贫困标准，《中国农村扶贫开发纲要》提出，到 2020 年，稳定实现扶贫对象不愁吃、不愁穿，保障其义务教育，基本医疗和住房。习近平总书记在第十二届全国人大第一次会议闭幕会上讲话中指出：“让生活在我们伟大祖国和伟大时代的中国人民，共同享有人生出彩的机会，共同享有梦想成真的机会，共同享有同祖国和时代一起成长与进步的机会。”①2018 年 4 月，中央财经委员会强调教育扶贫要突出提升义务教育质量。2018 年 5 月，国务院常务会议确定 2018—2020 年中央财政新增安排 70 亿元，重点支持“三区三州”教育脱贫攻坚；同时，强调加大困难地区和薄弱环节教育投入，在农村义务教育、职业教育、特岗教师、教师工资、教师编制管理、教师培训等方面给予投入和政策倾斜。

为提升贫困地区办学的基础能力，国家先后启动实施了全面改善贫困地区义务教育薄弱学校基本办学条件、学前教育三年行动计划、普通高中改造计划和现代职业教育质量提升计划专项资金等一系列重大项目。一是投入，根本改善办学条件。2010—2015 年，国家累计安排薄改计划资金 1 296 亿元；在支持集中连片特困地区普通高中改善办学条件方面，2011—2015 年，国家累计安排中央资金 130 亿元。

---

① 习近平在十二届全国人大一次会议闭幕会上发表重要讲话［EB/OL］.（2013-03-17）［2019-02-01］. http://cpc.people.com.cn/n/2013/0317/c64094-20816352.html.

专栏：

中国教育扶贫项目获2018世界教育创新项目奖

世界教育创新峰会（WISE）当天揭晓的2018年度WISE世界教育创新项目奖中，该基金会发起的“一村一园计划”成为该奖项创办以来第一个获奖的中国项目。

WISE世界教育创新项目奖由卡塔尔教育科学与社会发展基金会发起，是一个旨在鼓励和倡导世界范围内教育创新实践的国际性大奖。2009年创办至今，共有来自150个国家的3 000余个项目参与奖项角逐、60个项目获奖。历年获奖项目代表了世界各国在教育创新领域的成功实践。

“一村一园计划”源于中国发展研究基金会“山村幼儿园计划”，其中“一园”指的是山村幼儿园。2009年，中国发展研究基金会通过和当地政府、捐赠企业、机构、个人及非营利组织深度合作，将山村幼儿园设在村一级单位，为偏远贫困村落3到6岁儿童提供低成本保质量的免费学前教育。

目前，“一村一园计划”先后覆盖我国青海、云南、湖南、四川、山西、新疆、贵州、甘肃和河北9个省区21个贫困县，惠及17万贫困地区儿童。

（资料来源：中国教育扶贫项目获2018世界教育创新项目奖［EB/OL］.（2018-07-17）［2019-02-02］. https://baijiahao.baidu.com/s?id=1606295306947809453&wfr=spider&for=pc.）

2004年8月起，中国财政部和教育部决定从当年秋季新学期开始，再次大幅度增加中央财政专项资金，将义务教育免费教科书专项资金从2004年春季的3亿元增加到8.7亿元，将免费教科书发放范围扩大到中西部农村义务教育阶段全部经济困难学生，约计2 400多万人，其中小学生1 600万人，初中生800万人，约占中西部农村学生总数的22%。同时推动地方政府逐步落实免杂费和补助寄宿生生活费的责任，加快“两免一补”资助政策的落实。

中国积极引进国际社会义务教育经验和资金支持。中国政府普及九年义务教育得到众多国际社会的有力支持，如世界银行、联合国儿童基金会、联合国教科文组织、联合国开发计划署、亚洲开发银行、英国国际发展部等。

①世界银行的贫困地区基础教育项目。1992—2002年，世界银行与中国政府合作投资8.85亿美元，先后在中国中西部省区实施了4个贫困地联合区教育发展与基础教育发展项目，修建小学初中学校危房、购置教学仪器、课桌椅和图书资料、培训教师及管理人员。项目覆盖四川、新疆、青海等21个省（自治区、直辖市）的466个贫困县中10余万所小学校。

②中国政府—联合国儿童基金会“促进贫困县初等教育”项目。自1996年起在陕西、甘肃、宁夏、青海、云南、贵州、四川、重庆、广西、新疆、内蒙古、西藏等12个省（区、市）贫困县的2 318个学校实施“促进贫困县初等教育”项目，初等教育普及率进一步提高。

③国际组织支持中国教育扶贫工作。1999—2002年，中英甘肃基础教育合作项目在中国甘肃省4个少数民族聚居的国家级贫困县实施，英国政府国际发展部提供援助资金1 120万英镑（折合人民币约1.5亿元），采取了免收学杂费、设立助学金、提供免费午餐、实行课本循环等措施帮助贫困儿童；通过改善办学条件、培训校长教师、完善管理信息系统等方式加强学校能力建设；启动和实施了学校发展计划。2006年5月30日，甘肃省教育厅副厅长、中英项目办公室主任李贵富在项目总结大会上指出：该项目凝聚了中英两国政府、教育部、商务部、甘肃省人民政府、英国国际发展部、英国剑桥教育咨询公司、项目州县广大教育工作者的心血和汗水，是集体智慧的结晶。

习之堂

激发贫困地区和贫困人口的内生动力是中国教育现代化内生性的典型特征之一。教育扶贫旨在增强帮扶地区的“自我造血功能”。

（三）系统改革

中国教育现代化成功的经验之一是系统发展、改革和持续改革。改革是教育发展的根本动力，也是中国教育现代化最为重要的内在动力。

中国政府与民众的共识是：不断获得发展动力的最好方法是持续推进改革。改革是一项系统工程，需要整体设计、分步实施、持续推进。邓小平是中国社会主义改革开放和现代化建设的总设计师，是中国特色社会主义道路的开创者。

中国的教育改革开放是在一种“封闭半封闭的状态下起步和特殊的国际环境下进行的”[①]。中国领导人十分清楚国家改革

① 郝克明．中国教育体制改革20年［M］．郑州：中州古籍出版社，1998．

面临的形势，1978 年 9 月，邓小平同志在一次谈话中做出这样的判断：“现在在世界上我们算贫困的国家，就是在第三世界，我们也属于比较不发达的部分。”国家贫困，基础薄弱，体制僵化，情况复杂，人民群众对于改革的心理需求强烈但又对改革的承载力不强。在中国这一个文化历史悠久的人口大国推行改革并非易事，任何过激的改革思路与举措都有可能引发难以预料的反映和结果。中国改革面临其他国家所没有的困难、压力和风险。中国教育改革有以下主要任务。

1. 改革传统僵化、高度集中的计划体制

中国计划经济体制是参照苏联经济发展模式而建立的，与之相适应的教育体制同样具有高度的计划经济特点。为此，1993 年，《中国教育改革和发展纲要》进一步明确改革目标与策略：“教育体制改革要采取综合配套、分步推进的方针，加快步伐，改革包得过多、统得过死的体制，初步建立与社会主义市场经济体制和政治体制、科技体制相适应的教育新体制。”① 由此拉开了一场面向 21 世纪中国教育改革的大幕。

中国政府采取的是一种渐进式改革模式。采取渐进式模式可以简化对环境与挑战的认识过程，更好地利用现有经验与资源，在较短的时间内取得改革效果。同时，可以在一定程度上推迟和规避突变的风险。渐进式模式是指国家和组织变革从量变到质变的长期演变过程，其渐进性主要体现在两个方面：一是规划目标扩大的地理顺序，表现为教育规划和服务范围扩大都是遵循“由近及远，先熟悉后陌生”的路线。二是采取渐进式战略，还是采取突变型战略要与决策者和规划者的水平与行为方式紧密结合，与其能力、经验和掌控能力相适应，不能超越领导者的地位和能力。这种模式的风险在于决策者和规划者常常以近期和眼前利益为标准进行决策与规划，而忽视长远利益和总体利益。

20 世纪 80 年代至 90 年代，中国教育改革以体制改革为突破口，从改革计划经济体制下政府对教育“统得过死，包得过多”的弊端入手，逐步进行办学体制、管理体制、投资体制、招生就业体制改革，高度集中的、以行政计划手段为主的管理体制逐步瓦解，合理发挥市场在聚集、调节和分配教育资源中的重要作用，并使政府管理与市场机制相结合。应该说，中国改革涉及范围之广，触及问题之深，都是前所未有的，对于破除计划经济体制框架内对教育发展的体制性束缚，解放教育生产力，促进教育的跨越式发展产生了不可估量的作用。

打破政府大包大揽办教育的体制，建立公共教育发展中的分担机制。《中共中央

① 国家教育委员会办公厅．中国教育改革和发展文献选编［M］．北京：人民教育出版社，1993：11．

关于制定国民经济和社会发展第十个五年计划的建议》提出："逐步建立适应社会主义市场经济要求的公共财政框架"，中共中央、国务院召开的第三次全国教育工作会议提出："政府的教育拨款主要用于保证普及义务教育和承担普通高等教育的大部分经费。地方各级人民政府要确保义务教育的资金投入并做到专款专用。在非义务教育阶段，要适当增加学费在培养成本中的比例，逐步建立符合社会主义市场经济体制和政府公共财政体制的财政教育拨款政策和成本分担机制。"①

习之堂

改革开放40多年以来，教育管理体制的改革经历了几个发展阶段，在管理重心"上移"还是"下放"的选择上不断探索，但改革的总体趋势是遵循着"放权"的原则，改革的内涵继续深化，采取的形式多样化，作为办学主体的政府逐渐认识到将举办权、管理权分离管理体制的重要性。

2. 办学体制改革，形成办学主体多元化和办学模式多样化局面

党的十二届三中全会关于经济体制改革的决定，为我国社会生产力的大发展、为我国社会主义物质文明和精神文明的大提高，开辟了广阔的道路。通过一系列配套改革政策和措施，我国教育的办学体制发生了巨大的变化，传统的计划经济体制下的教育模式转型为社会主义市场经济体制下的教育模式；以宪法为基础制定完善一系列教育法律法规，教育法律体系不断健全，依法治教步入轨道；普通教育、职业技术教育、高等教育和成人教育结构更加合理、协调互补，公办学校、民办学校共同发展；义务教育投入由政府为主、社会集资为辅的办学模式发展到城乡义务教育全免学杂费，贫困家庭女子和进城务工人员子女上学得到保障；教育开放水平不断提升，国际交流与合作办学广泛开展，我国成为世界最大的留学生输出国和最重要的留学生目的地之一。

各级政府明确办学主体责任，引入社会资源，形成多元化办学格局。1978年，《全日制小学暂行工作条例（试行草案）》和《全日制中学暂行工作条例（试行草案）》中提出了"全日制小学由县（市属区）教育行政部门统一领导和管理。社队办的小学，可以在县的统一领导下，由社队管理""全日制中学由县以上教育行政部门领导和管理。社队办

① 教育部．深化教育改革，全面推进素质教育：第三次全国教育工作会议文件汇编［M］．北京：高等教育出版社，1999：12．

的中学，可以在县的统一领导下，由社队管理”。1979 年，中共中央批转的《关于加强高等学校统一领导、分级管理的决定》，同意对高等院校实行统一领导，归口管理。

1985 年中共中央、国务院颁布的《中共中央关于教育体制改革的决定》中对各级教育体系办学体制的改革提出了指导性的意见，明确指出了基础教育要鼓励国有企业、社会团体和个人办学，鼓励单位、集体和个人捐资助学；在中等职业技术教育发展方面，鼓励集体、个人和其他社会力量办学，要提倡各单位和部门自办、联办或与教育部门合办各种职业技术学校；高等教育的改革以招生计划和毕业分配制度为突破口，逐渐扩大高等学校办学自主权。《中共中央关于教育体制改革的决定》的颁布标志着我国教育体制改革的全面展开。《中共中央关于教育体制改革的决定》进一步指出，“必须从教育体制入手，系统地进行改革，改革管理体制，在加强宏观管理的同时，坚决实行简政放权，扩大学校办学自主权，调整教育机构”。这一改革指明了我国教育管理体制的方向和内容，概括地说就是中央放权给地方，地方也逐级放权直到乡镇，教育领导部门也放权给校长。

具体来说主要包括三个方面的改革内容：一是将发展基础教育的责任交给地方政府，实施“基础教育由地方负责，分级管理”的原则，以调动地方政府和广大群众的办学积极性。二是扩大高等教育办学自主权。改革政府对高等学校统得过多的问题，是我国推进高等教育的关键，其目标之一是在中央、地方、学校与社会的关系上，建立中央统一领导、地方分级管理、学校自主办学、社会参与管理的运行机制，防止出现权力的过度集中和过度分散，调动中央、地方、学校与社会各方办学的积极性，共同发展教育事业。三是中等职业技术教育主要由地方负责。中央各部门办的这类学校，地方也要予以协调和配合。这一系列的体制统称为“地方负责、分级办学、分级管理”的教育管理体制。

1992 年 1 月，邓小平同志在考察武昌、深圳、珠海、上海等地的谈话中指出：“社会主义的本质，是解放生产力，发展生产力，消灭剥削，消除两极分化，最终达到共同富裕。”“革命是解放生产力，改革也是解放生产力。推翻帝国主义、封建主义、官僚资本主义的反动统治，使中国人民的生产力获得解放，这是革命，所以革命是解放生产力。社会主义基本制度确定以后，还要从根本上改变束缚生产力发展的经济体制，建立起充满生机和活力的社会主义经济体制，促进生产力的发展，这是改革，所以改革也是解放生产力。”邓小平同志在更高的历史站位，科学设计和谋划中国的改革。①

① 邓小平．邓小平文选：第三卷［M］．北京：人民出版社，1993：372．

为落实邓小平南方谈话精神，教育部开始研究起草《中国教育改革和发展纲要》。经过一年的努力，1993 年《中国教育改革和发展纲要》正式颁布，明确提出了改变政府包揽办学的格局，逐步建立以政府办学为主体、社会各界共同办学的办学体制改革的目标。《中国教育改革和发展纲要》提出，基础教育应以地方政府办学为主，高等教育要逐步形成以中央、省（自治区、直辖市）两级政府办学为主、社会各界参与办学的新格局，职业技术教育和成人教育主要依靠行业、企业、事业单位办学和社会各方面联合办学。在保证正确引导和方向的前提下，积极鼓励和支持社会团体和公民个人依法办学，欢迎来自港澳台同胞、海外侨胞等捐资助学的行为。

《中国教育改革和发展纲要》进一步明确指出："随着经济体制、政治体制和科技体制改革的深化，教育体制改革要采取综合配套、分步推进的方针，加快步伐，改革包得过多、统得过死的体制，初步建立起与社会主义市场经济体制和政治体制、科技体制改革相适应的教育新体制。"《中国教育改革和发展纲要》同时对各级教育事业管理体制也提出了具体改革目标要求，深化中等以下教育体制改革，继续完善分级办学、分级管理的体制，深化高等教育体制改革。进行高等教育体制改革，主要是解决政府与高等学校、中央与地方、国家教委与中央各业务部门之间的关系，逐步建立政府宏观管理、学校面向社会自主办学的体制。

在《面向 21 世纪教育振兴行动计划》文件中，再次明确了今后办学体制改革的主要目标是："深化办学体制改革，调动各方面发展教育事业的积极性"；社会力量办学实行"积极鼓励，大力支持，正确引导，加强管理"的方针，并在今后 3～5 年，基本形成以政府办学为主体、社会各界共同参与、公办学校和民办学校共同发展的办学体制。2001 年《国务院关于基础教育改革与发展的决定》中，对进一步完善农村义务教育管理体制做出了明确指示，农村义务教育实行在国务院领导下，由地方政府负责、分级管理、以县为主的体制，明确了中央、省、地市、县、乡各级管理主体的责任。

1999 年 6 月 13 日，《中共中央国务院关于深化教育改革　全面推进素质教育的决定》（以下简称"决定"）的基本改革要求是进一步简政放权，加大省级人民政府发展和管理本地区教育的权力以及统筹力度，促进教育与当地经济社会发展紧密结合。加快完成高等教育管理体制和布局结构的调整，形成中央和省级人民政府两级管理、以省级人民政府管理为主的新体制，合理配置教育资源，提高教育质量和办学效益。这次的重大改革措施在于，把发展高等职业教育和大部分高等专科教育的权力以及责任交给省级人民政府，将这些学校包括招生计划和招生考试事宜在内的管理权下移给省级人民政府。《决定》指出要继续完善基础教育主要由地方负责、分级管理的体制，加大县级人民政府对教育经费、教师管理和校长任免等方面的统筹权。通过以上一系列改革政策的运行，改革成效逐渐显现，取得了显著的阶段性成果。义务教育实行的是国务院领导，省、自治区、直辖市人民政府统筹规划实施，县级人民政府为主的管理体制；高等教育实行的是中央和省级人民政府两级管理、以省级人民政府为主的管理体制；职业教育逐渐完善和形成了分级管理、地方为主、政府统筹、社会参与的管理体制。

随着国家整体开放大门进一步打开，教育领域的国际交流和合作愈加频繁，交流的水平、层次和质量日益提高，为了推进和规范中外合作办学事业，1995 年制定的《中外合作办学暂行规定》，为中外合作办学的发展奠定了基础。但是，随着形势的迅速发展，为了适应中外合作办学发展和我国加入世界贸易组织的需要，满足中外合作办学实践的需要，《中外合作办学条例》应运而生，该条例从法律上确定了教育对外开放和中外合作办学的成果，在立法上取得积极成果。该条例明确了中外合作办学属于公益性事业，明确了“扩大开放、规范办学、依法管理、促进发展”的十六字方针，明确了国家重点支持和鼓励的方向、领域和层次，明确规定引进优质教育资源，鼓励在高等教育领域和职业教育领域开展合作，鼓励与外国知名高等学校合作。

随着国际化进程不断加快，国际高等教育交流活动日益频繁。作为对我国教育、特别是高等教育的补充和提升，中外合作办学已经成为我国高等教育对外交流与合作和加快培养各级、各类人才的形式之一，并由计划经济条件下的国家负责、学校包办、封闭运行的制度安排，逐步转向社会主义市场经济条件下的制度保障、责任共担和法制化的运作体制。截至 2004 年底，全国共有中外合作办学机构或项目 800 多个，覆盖 28 个省、自治区和直辖市。中外合作办学填补了我国高等教育某些教学领域的空白，增加了教育供给，促进了薄弱学科的建设，在满足公众求学需求的同时，促进了人才培养模式的多样化和教学条件的改善，增加了高等教育供给的多样性和选择性，并在培养紧缺和急需人才的同时，形成了一些各具特色、受到部分学生关注和欢迎的办学机构或合作项目。

3. 大力发展民办教育，使其成为社会主义教育事业的组成部分

1997 年 7 月 31 日国务院颁布的《社会力量办学条例》把我国办学体制改革推向了新阶段，标志着我国社会力量办学步入了一个依法办学、依法管理、健康发展的新阶段。该条例从总体上、宏观上明确了社会力量办学的重点和方向，发展社会力量办学是在我国已经拥有庞大的政府办学体系的前提下，由我国教育发展的要求和办学体制改革的方向所决定的。1999 年《中共中央国务院关于深化教育改革　全面推进素质教育的决定》指出，要进一步解放思想、转变观念，积极鼓励和支持社会力量以多种形式办学，满足人民群众日益增长的教育需求，形成以政府办学为主体、公办学校和民办学校共同发展的格局。2001 年《国务院关于基础教育改革与发展的决定》再次提出基础教育以政府办学为主，积极鼓励社会力量办学的要求。学前教育以政府办园为骨干，积极鼓励社会力量举办幼儿园；义务教育坚持以政府办学为主，社会力量办学为补充；普通高中教育在继续发展公办学校的同时，积极鼓励社会力量办学。

特别是 2002 年 12 月 28 日，《中华人民共和国民办教育促进法》正式发布，将民间资本办学以法定的形式纳入了社会主义教育事业体系中，再次重申和确定民办教育“积极鼓励、大力支持、正确引导、依法管理”的发展方针，民办教育事业从此走上规范化、法制化的新道路，各级社会团体和个人办学积极性得到极大调动，无论是从办学规模还是办学水平都达到了一个新的高度，社会力量办学成为我国国民教育体系中不可缺少的部分和有益补充，我国社会力量办学事业迎来了历史上最好的发展时期。

在发展过程中，民办教育法律政策体系不断完善。根据 2013 年 6 月 29 日第十二届全国人民代表大会常务委员会第三次会议《关于修改〈中华人民共和国文物保护法〉等十二部法律的决定》第一次修正。此后，根据 2016 年 11 月 7 日第十二届全国人民代表大会常务委员会第二十四次会议《关于修改〈中华人民共和国民办教育促进法〉的决定》第二次修正。一系列政策、法律、法规的出台和实施，使政府包揽办学的格局有了根本性的转变，形成了政府办学为主与社会各界参与办学的体制。办学形式越来越灵活多样，学历教育与非学历教育、全日制与业余培训，面授教育与远距离教育、职前教育与继续教育等形成了一整套形式多样、灵活多变、适应社会需求的社会主义教育体系。中国管理体制改革成效显著，学校自主权增强，办学主动性、积极性明显提升。

4. 深化教育经费投入体制及保障机制改革，形成多渠道筹措教育经费的格局

自新中国成立以来，我国教育财政拨款和投资体制总体上经历了“统支统收、分级管理”“条块结合、块块为主”和“划分收支、分级包干”三个发展阶段。特别是改革开放以来，对于教育事业的投资体制改革的总体目标是建立以政府投资为主的多元投资体制。经过 40 多年的努力，建立和完善了以政府为主、社会各方面广泛参与、多渠道筹措教育经费的格局。由于民间资本对教育事业关注程度的提高，政府对社会力量办学的政策支持，民办的幼儿园、小学、中学甚至是高等学校大量涌现，在国家对教育投入仍然有所不足的情况下，起到了很好的补充作用。

一是深化教育投入机制改革，逐渐形成政府投入为主，各种力量捐资助学成为重要补充的局面。20 世纪 80 年代初，国务院颁布的《关于实行划分收支、分级包干财政管理体制改革的规定》中规定了国家预算管理由“统收统支”改为“划分收支，分级包干”的“分灶吃饭”体制。80 年代中期教育行政管理实行基础教育地方管理，高等教育中央与地方两级管理。与此相适应，基础教育经费由地方负担和筹集，中央只给予少量专项补助。高等教育根据学校隶属关系，分别由中央和地方财政负担。在地方财力不断增强的情况下，1985 年《中共中央关于教育体制改革的决定》明确规定了分级办学、分级管理的办学管理体制。其中规定了乡村义务教育实行三级办学、两级管理的体制。

1986 年 4 月 28 日，国务院决定开征教育费附加，同时《教育法》规定省级政府可以开征教育费附加。收取的费用专门用于义务教育，这一政策为缓解义务教育经费不足起到了积极促进作用，成为教育经费的重要来源。《全国教育事业十年规划和“八五”计划要点》提出了“坚定不移地把教育放到优先发展的战略地位，使教育同经济协调发展并适当超前”“教育是社会主义现代化的基础工程”等重要方针。教育优先发展的战略地位写进了中共十四大报告之中。在随后出台的《中国教育改革和发展纲要》和《教育法》中都明确规定，“国家建立以财政拨款为主，其他多种渠道筹措教育经费为辅的体制。”从而在制度上规范了政府对教育投资的义务，以及财政拨款在多元教育投资中的主体地位，有利于防止教育经费来源过于市场化和商业化。

二是扩大保障范围，增强保障力度，城乡义务教育实现免费。2005 年 12 月，国务院发出《关于深化农村义务教育经费保障机制改革的通知》，要求建立中央和地方分项目、按比例分担的农村义务教育经费保障机制，提高保障水平。农村义务教育经费保障机制改革是党中央、国务院总揽全局，高瞻远瞩做出的一项具有里程碑意义的重大决策，是构建社会主义和谐社会和建设社会主义新农村大局中基础性、先导性的战略举措。农村义务教育经费保障机制改革从 2006 年春季在西部地区开始实行，到目前已在全国迅速展开，免除了全国 1.5 亿农村义务教育阶段学生的学杂费和教科书费，对农村贫困家庭寄宿生补助了生活费，同时提高了农村义务教育阶段中小学公用经费标准和校舍维修改造资金标准，并不断完善农村中小学教师工资保障机制。这一改革有力保障了农村义务教育普及、巩固、提高的发展进程。2007 年底，财政部、教育部印发了《关于调整完善农村义务教育经费保障机制改革有关政策的通知》，进一步深化了改革，落实了有关政策和经费分担机制，提高保障水平。2008 年 8 月 15 日，国务院颁发《关于做好免除城市义务教育阶段学生学杂费工作的通知》，决定从 2008 年秋季学期开始在全国范围内全面免除城市义务教育阶段学生学杂费。进城务工人员随迁子女接受义务教育要以流入地为主、公办学校为主解决。地方各级人民政府要将进城务工人员随迁子女义务教育纳入公共教育体系，根据进城务工人员随迁子女流入的数量、分布和变化趋势等情况，合理规划学校布局和发展。

2009年9月1日，免除了全国城市2 800万义务教育阶段学生学杂费，至此，全国城乡义务教育阶段1.6亿多名学生的学杂费全部免除，这是继农村免费义务教育全面实现之后，我国教育发展史上的又一个里程碑，是一个伟大的历史性成就。中国义务教育进入一个崭新的发展阶段。

三是建立健全家庭经济困难学生资助政策体系，促进教育公平。1999年，开始实行国家助学贷款。2000年8月，国务院办公厅转发了中国人民银行、教育部和财政部制定的《关于助学贷款管理的补充意见》。

2005年，中国政府实施招生工作的“阳光工程”，加强了招生工作的透明度和效率；2000年开始逐步推广的自主命题，使考试制度更加符合各地教育实际发展水平；取消报考人员的年龄和婚姻限制，使高等教育在提高全民素质方面更加开放；从2003年开始将高考时间提前到每年的6月7日，体现了高考管理制度的人性化；通过实施公办高校入学“绿色通道”制度、国家奖学金、助学金等助学制度，使家庭困难学生享受了接受高等教育的平等权利；通过逐渐下放给部分高校一定的自主招生权力，探索了高校招生制度改革的发展趋势，提高了考生报考和高校办学的积极性，灵活且符合考生个性发展的招生模式，成为统一招生体系的有益补充。

2007年5月，国务院发布了《国务院关于建立健全普通本科高校高等职业学校和中等职业学校家庭经济困难学生资助政策体系的意见》，完善了国家奖学金和助学金制度，完善和落实了国家助学贷款政策，并从2007年起，教育部直属师范大学新招收的师范生实行免费教育。

通过系列改革，理顺了中央与地方对教育事业投入的职责权限，扫清了诸多体制上的障碍，逐渐明确了中央与地方、公办与民办、政府力量与社会力量投资办学的总体比例和发展思路。国家对教育投入的渠道更加顺畅，民间资本对教育投资的积极性更为高涨，关键是由于在改革的进程中，对于教育在经济发展中作用的认识逐步改变，随着国家财力的迅速发展，教育财政拨款总量和比例不断提高，教育事业获得了前所未有的资金和物质支持，基础教育、职业教育、高等教育纷纷呈现出了一幅良好的发展态势。教育投入形成了政府投入为主，社会投资为重要补充的局面。

四是改革高等教育招考制度，不断创造教育机会，提升高等教育大众化水平。1977年10月12日，国务院批转了教育部《关于1977年高等学校招生工作的意见》。随后不久，恢复了从高中毕业生中直接招考并选拔大学新生的制度。经过十年“文革”后的首次高考，全国报考人数最终达到570多万人，录取总人数近27.3万人，录取率不到5%。40多年来，高考在考试模式、考试时间、录取方式、录取比例等方面都发生了巨大的变化，发展趋势越来越科学化、标准化、人性化，高考成为公民进入高等学校深造的最重要的渠道，是现有条件下选拔人才最公平和切实可行的方式。在我国高等教育资源严重短缺的情况下，高考为国家集中选拔、培养人才发挥了巨大的作用。

《中国教育改革和发展纲要》指出，国家统一计划招生的体制逐渐得以改变，采用国家任务计划和调节性计划相结合的方式。在保证国家重点建设项目、国防建设、文化教育、基础学科、边远地区和某些艰苦行业所需要的专门人才培养的前提下，逐步扩大招收委托培养和自费生的比重。根据《中国教育改革和发展纲要》的要求，原国家教委先后颁布了《关于进一步改革普通高等学校招生和毕业生就业制度的试点意见》《关于 1995 年深入进行普通高等学校招生和毕业生就业制度改革的意见》两个文件，推进高校招生制度的改革进程。

习之堂

中国根据自身发展水平和人民承受能力，比较好地借鉴和学习了西方发达国家成本分担理论，逐步实现从免费高等教育制度向高等教育成本补偿制度过渡，为推进和实现中国高等教育大众化进程发挥了特殊作用。

为了满足人们对高等教育日益增强与迫切的需求，提高全民族素质，同时也为扩大教育消费，缓解就业压力。1985 年中共中央做出关于教育体制改革的决定，把深化分配就业制度改革工作提上日程。在实行国家计划招生，用人单位委托培养招生和国家计划外招收自费生的同时，开始试行在自主分配比例部分有偿分配。为后来运用经济管理手段调节毕业生合理布局提供了借鉴。

据 2002 年《中国教育经费统计年鉴》统计，2001 年高等学校学费收入达 312.43 亿元，占当年高等学校经费收入的 25.75%，已经接近发达国家水平。如果将学生的食宿费、“赞助费”和其他收费计算在内，将可能超过 30%。高等教育收费增长过快是对教育资源存量进行“突击性”开掘的结果。以清华大学为例，1998—2000 年，城镇居民家庭人均收入增长 16%，农村居民人均收入增长 10.3%，而学生学费增长了 92%。必须指出的是，学生收费占高等教育经费比重接近发达国家水平，潜力有限。学费的提高，在一定程度上增加了人民群众特别是农村地区、贫困地区的家庭负担，必须考虑老百姓的承受能力，把握一定力度，为未来发展留有更大空间。居民人均收入与大学生学费增长比较见表 5-1。

表 5-1　居民人均收入与大学生学费增长比较

年　份	1998	1999	2000
城镇居民家庭人均收入 / 元	5 425	5 854	6 322
农村居民家庭人均收入 / 元	2 162	2 210	2 386
清华大学本科生收费 / 元	2 500	3 200	4 800
学费占城镇家庭收入 /%	15.3	18.2	25.3
学费占农村家庭收入 /%	28.0	36.3	50.3

资料来源：根据《2000 年中国统计年鉴》整理。

在政府与社会各方参与和支持下，中国高等教育经费增长，教育机会明显增长。从 1998 年全国普通高校招生 108 万人到 2002 年的 275 万人，增幅高达 154.6%。到 2007 年，全国高校招生计划已达到 567 万人，毛入学率达到 23%，2008 年招生规模大致为 599 万人，各类高等教育在学人数达到 2 700 万人，按照国际标准，我国高等教育已全面进入大众化发展阶段。与此同时，研究生招生规模也从 1978 年的万余人达到 2007 年的近 42 万人，在学人数达到近 120 万人。

高等教育大众化直接拉动高等教育投资与消费，增加和扩大了高等教育资源，为高等教育发展奠定了更加坚实的基础。扩大招生的一个直接效应是高等学校教育资源的迅速增长。以普通高等学校为例，从 1998—2001 年，教育总经费从 545 亿元提高到 1 145 亿元，上升了 110%；学校占地面积从 386.9 百万平方米增加到 604.3 百万平方米，上升了 56%；校舍面积从 152.8 百万平方米增加到 255.7 百万平方米，增长了 67.4%，具体如表 5-2 所示。

表 5-2　1990—2001 年全国普通高等教育资源变化情况

年份	普通高校事业经费总收入 / 亿元	生均教育经常费支出 / 元	学校占地面积 / 百万平方米	校舍建筑面积 / 百万平方米
1998	545	9 422	386.9	152.8
1999	704	9 768	417.5	174.5
2000	904	10 787	470.9	204.4
2001	1 145	10 786	604.3	255.7

资料来源：根据《中国教育统计年鉴》（1990—2002）整理。

高等教育总体实力的增强，提升了高等教育的培养能力和服务能力，为全面建设小康阶段我国高等教育奠定了更为坚实的基础。在高层次人才培养方面，2015 年，中国有权授予学士学位的高等学校共有 665 所；有权授予硕士学位的单位共 312 个（其中高等学校 245 个），博士学位授权一级学科点 682 个（其中高等学校 628 个）。高校学术质量和水平有了显著提高。截至 2001 年底，高校共获得国家自然科学奖 250 项，占全国授奖总数的 50%；获得国家技术发明奖 1 022 项，占全国授奖总数的 34%；获得国家科技进步奖 2 100 多项，占全国授奖总数的 26%。高校每年发表的国内外科技论文占我国发表论文总数的 60% 以上。高等学校承担的国家社会科学规划和基金项目历年都占项目总数的 60% 以上。高等学校科研实力不断增强。高校的科研经费从 1990 年的 14 亿元增加到 2001 年的 173 亿元，增长了约 11 倍。

高校毕业生国家统包统分的局面得以改变，就业方式逐渐市场化。长期以来，国家对高等学校毕业生采取统一的计划分配制度，这一制度在计划经济体制下为国民经济建设和社会发展提供了巨大的智力和人才支持，但随着社会主义市场经济制度的逐渐建立，由国家统包统分的毕业生就业格局面临严峻的改革压力，通过一系列政策的调整，毕业生就业制度改革逐渐深化，毕业生就业自由选择与市场需求相结合成为高校毕业生就业的主渠道。1993 年发布的《中国教育改革和发展纲要》中提出了改革高等学校毕业生“统包统分”和“包当干部”的就业制度，实行少数毕业生由国家安排就业，多数由学生“自主择业”的就业制度。

改革的目的不仅是为了改变体制机制，同时也是为了积聚能量和汇集力量。从 1994 年开始，经过 8 年的持续努力，高等教育管理体制改革取得重大进展。这项改革涉及 900 多所高等学校，有 597 所高校合并组建为 267 所，有利于学科的交叉综合与资源的优化配置；原国务院有关部门直接管理的 367 所普通高等学校中，有近 250 所划转省级政府管理，实行地方与中央共建的体制，克服了部门和地方条块分割、重复办学、资源浪费的弊端。中央和省级政府两级管理，以省级政府管理为主的高等教育管理新体制已经形成，为 21 世纪中国高等教育发展特别是一流大学建设奠定了体系框架和制度框架。

2012 年 12 月 31 日，习近平在主持十八届中央政治局第二次集体学习时的讲话强调：“改革开放只有进行时没有完成时。没有改革开放，就没有中国的今天，也就没有中国的明天。改革开放中的矛盾只能用改革开放的办法来解决。”

教育改革的攻坚期和深水区，按照完善和发展中国特色社会主义制度、推进国家治理体系和治理能力现代化的总目标，全面深化改革，进一步扩大开放，不断推进依法治国，革除体制机制弊端，构建发展新体制，到 2020 年使国家治理体系和治理能力现代化取得重大进展，各领域基础性制度体系基本形成，各方面制度更加成熟更加定型。具体到教育领域的体制改革，通过进一步解放思想，更新观念，深化改革，提高教育开放水平，全面形成与社会主义市场经济体制和全面建成小康社会目标相适应的充满活力、富有效率、更加开放、有利于科学发展的体制机制，推进教育治理体系和治理能力现代化。

新时代，教育改革进一步走近学校、走近课堂、走近教师、走近学生。

（四）市场动力

发现市场的力量是中国经济发展成功的关键所在，也是实现教育快速发展、实现教育现代化的重要促进力量。在经济学理论上，邓小平同志的伟大创新是社会主义市场经济理论。邓小平关于社会主义市场经济理论对于正确认识计划与市场、社会主义与市场经济的关系具有重大启发作用。

习之堂

1992年初，邓小平在南方谈话时，明确而系统地表达了他长期以来形成的对计划经济和市场经济的看法，指出："计划多一点还是市场多一点，不是社会主义与资本主义的本质区别。计划经济不等于社会主义，资本主义也有计划，市场经济不等于资本主义，社会主义也有市场。计划和市场都是经济手段。""不要以为，一说计划经济就是社会主义，一说市场经济就是资本主义。"①

制度创新是中国教育改革的重要任务和改革模式。所谓制度创新指的是一些非正式的制度安排，这些制度安排吸收了民间资金、社会资本和地方政府资源，缓解了政府特别是地方政府教育财政压力，更多地为城乡居民提供了教育机会。逐步从计划经济转变为市场经济。教育市场性行为与市场资本介入教育事业。从政府包办教育事业，到人民教育人民办，再到学习者分担，民办资本、社会资本、公共资源共同构建教育服务体系。

教育体制改革深受经济体制改革和社会体制改革的双重制约和影响。经济体制改革的核心问题是处理好政府和市场的关系，使市场在资源配置中起决定性作用，而其中的关键又在于转变政府职能，推进简政放权、放管结合、优化服务改革；社会体制改革则要按保基本、建机制原则，增加公共产品、公共服务供给，合理区分基本需求与非基本需求，政府主要是保基本、兜底线，非基本需求主要依靠市场来解决，同时要创新公共产品、公共服务供给机制，通过政府与社会资本合作、特许经营等市场化办法，引导社会资本及外商投资参与，使公共服务体系更加健全，基本公共服务均等化水平不断提高，公平性和可及性明显增强。目前，我国经济发展进入新常态，财政收

① 邓小平．邓小平文选：第三卷［M］．北京：人民出版社，1993：373．

入的增速放缓，增加公共服务供给的财力保障，尤其是财政用于教育支出两位数的高速增长难以为继。为此需要探索建立起与经济发展水平和政府财力增长相适应的教育经费增长的长效机制和制度安排，同时创新公共教育服务方式，鼓励社会力量和民间资本提供多样化教育服务，增强保障能力。

中国教育拥有巨大的市场潜力。教育市场变革的巨大效应，是中国教育快速发展的一个十分重要的因素。教育开放程度与教育发展程度呈现正相关关系。1978—1992年，改革开放之初，中国居民储蓄率只占国民生产总值的10%。2018年，中国住户的存款余额约为72.44万亿元，平均算下来人均有5万多的存款。居民储蓄率占国民生产总值的比例上升为40%。人民群众的消费特别是教育消费呈现多元化、高质量的特点。

1. 改革招生制度，推行“双轨制”，扩大高等教育机会

改革开放以来，中国从改变高等教育收费制度开始，适当引入市场机制，促进教育资源快速聚集，加快高等教育发展。

教育改革的核心是建立新体制和新机制。旧体制、旧机制与新体制、新机制之间有一道鸿沟，中国教育发展找到了跨越这一鸿沟的桥梁，即“双轨制”。从改革理论分析，“双轨制”是一个过渡性体制和机制，同时具有新旧两种体制机制的共同特点，这种过渡性恰好是新旧两种体制不具备的；“双轨制”具有过渡性、替代性、暂时性特点，它只是改革的短期策略，而不是改革的最终目标。从改革实践分析，“双轨制”是桥梁、是工具、是手段，没有或缺少这种过渡性方法，就难以实现新旧体制的跨越和平衡过渡。中国政府的聪明之举在于，既设立了改革的最终目标，也找到了到达彼岸目标的桥梁。许多发展中国家经济社会改革和教育改革之所以失败的原因是没有找到适合的方法，缺少“过渡性战略思维”。

习之堂

20世纪90年代，部分高等学校试行计划外招生，实行小幅收费改革，“发明”并逐步推行“双轨制”——免费上大学与收费上大学两种制度并行，打破了免费高等教育的制度。

大学收费制度是高等教育发展进程中的一项重大改革，中国政府和教育行政部门采取慎重态度，制定配套文件，在先行试点的基础上逐步推开。高等教育成本分担理论是由美国教育经济学家布鲁斯·约翰斯通提出的。所谓高等教育成本分担，是指高等教育成本完全或大部分由政府或纳税人负担转向至少部分依靠家长和学生负担，他们交学费补偿部分教学成本，或支付合理费用补偿由政府或大学提供的食宿费和膳食费。“成本分担”已成为各国重构大学资助政策的一项重要支柱。

从20世纪90年代初开始，国家在高等教育阶段实行成本分担机制。为顺利实施和推进适当缴费上大学的制度，1994年国务院发布《〈中国高等教育改革和发展纲要〉的实施意见》提出，高等教育和中等专业学校、技工学校的“学生实行缴费上学制度。缴费标准由教育主管部门按生均培养成本的一定比例和社会及学生家长随能力因地、因校（或专业）确定”。1998年颁布的《高等教育法》规定：“国务院教育行政部门会同国务院其他有关部门根据在校学生人均教育成本，规定高等学校年经费开支标准和筹措的基本原则。”1999年高等教育扩大招生后，国家正式出台了高等学校成本分担的收费制度，政策规定学校可以按照生均成本的25%左右收取学费，换句话说，等于当年高等教育经费比上一年增加了25%。2001年高等学校学费收入达312.43亿元，占当年高等学校总经费收入的25.75%。

高等教育收费制度改革是中国高等教育发展的一项重要改革，成为中国推进高等教育大众化进程中一项不可缺少的配套政策，从按计划发展高等教育，到按需发展高等教育，高等教育的规模从完全的计划控制，到计划与市场双向调控。与此同时，对于上大学收费给一些低收入家庭学生带来了困难的问题，党中央、国务院十分重视，现在符合中国国情的经济困难学生资助政策体系已经建立，主要内容是“奖、贷、助、补、减、免”，即通过奖学金、贷款、助学金、减免学费等多种手段，做到使学生不因经济困难而失学。国家助学贷款工作初见成效。截至2002年6月，签订贷款合同学生数达到35万人，贷款金额达到30亿元，各级财政安排贴息4.59亿元。

2. 汇聚社会资源，积极发展民办教育

政府是社会进步的产物，是公共服务的主导者。在政府产生之前，教育发展始终依靠的是民间和市场的力量。中国具有5 000年的文明史，4 000多年的教育发展历史，私学发展历史悠久。

习之堂

古代中国高等教育事业起于朝廷，所以有“学在官府”的说法。在春秋战国时期，中国社会发生了巨大的变革，在奴隶主贵族的政治统治走向崩溃的时候，“天子失官，学在四夷”，原来由贵族垄断、官府掌管的文化也散失至民间，私人办学成为这个时期的一大景观。私学成为官学的必要补充，并促进了官学的发展。

20 世纪 50 年代，中国完全取消了私立学校，政府包揽了所有公共教育事务。在穷国办大教育的背景下，由于政府财政及管理能力薄弱，公共教育资源稀缺，公共教育事业发展缓慢。改革开放以后，中国采取了政府与市场结合的方式发展公共事业，民间办学又重新得到国家的认可和支持，发展民办教育成为中国政府教育政策的重要内容。早在 20 世纪 80 年代，山东平度县创造了“人民教育人民办”的发展典型，通过捐资捐物、出工出力，形成了以农村为主发展公共教育事业的新模式，使农村地区公共教育事业得以快速发展，全国各地纷纷参观学习借鉴。

中国民办高等院校中办学类别共有 6 种形式：普通高等教育、高等职业教育、高等教育学历文凭考试、高等教育自学考试助学班、高等教育职业资格考试、与境外教育机构合作办学。民办教育的创办，有效地动员和利用了中国民间资本，国外教育机构也纷至沓来。1991 年，全国民办高等学校数量达到 450 所。为进一步吸收社会资本进入公共教育服务领域，1993 年，国家教委制定了《民办高等学校设置暂行规定》，允许国家机关、国有企事业组织以外的各种社会组织及公民个人按规定设立实现高等教育机构，引导社会资本和民间资本进入高等教育领域，设立独立学院和合作办学。同时，该规定明确：“民办高等学校不得以营利为办学宗旨，其财产归学校所有，任何单位和个人不得侵占；其收入主要用于改善办学条件和学校的进一步发展。”一大批高等学校设置评议委员会正式批准民办学校建校，具有独立颁发“学历文凭”的民办高校诞生。1997 年，国务院颁布《社会力量办学条例》，明确了“积极鼓励、大力支持、正确引导、加强管理”的方针。1999 年，第三次全国教育工作会议进一步提出了“形成以政府办学为主体、公办学校和民办学校共同发展的格局”，民办教育进入加速发展的时期。进入新世纪，社会资本大量涌入高等教育领域，增强了高等教育办学能力。2002 年，全国共举办独立学院约 146 个，新增校园约 44 百万平方米、教学行政用房 336 万平方米、仪器设备 9 亿多元、图书 1 500 多万册、专任教师近万人，形成了 30 多万人规模的办学能力。为规范办学行为，保证独立学院健康、稳定发展，2003 年 5 月教育部印发的《关于规范并加强普通高校以新的机制和模式试办独立学院管理的若干意见》明确规定，独立学院专指由普通本科高校按新机制、新模式与社会力量合作举办的本科层次的二级学院。

2003 年 5 月《中华人民共和国民办教育促进法》公布，其中第三条明确规定：“国家对民办教育实行积极鼓励、大力支持、正确引导、依法管理的方针。各级人民政府应当将民办教育事业纳入国民经济和社会发展规划。”对于民办教育的性质、地位、管理、办学行为及投资回报等内容进行了明确法律规定，为民办教育发展奠定了更为有利的法律环境。

吸收社会、民间与个人资源举办教育事业，走先发展后规范的道路，是中国教育发展中的一种重要做法。公办教育与民办教育联手，创办民办二级学院。随着我国高等教育规模快速增长，一些地方和高等学校进行了高等教育办学机制的大胆探索，普通高等学校试办了按照新机制和新模式运作的相对独立的二级学院（以下简称“独立学院”），对于扩大高等教育资源、保障高等教育规模增长起到了积极作用。伴随民办教育发展，中国高等学校结构和财政资源结构均发生重大变化。2004 年，中国有各级各类高等学校 3 423 所，其中普通高等学校 1 731 所、成人高等学校 505 所、民办高等教育机构 1 187 所。高等教育在学总人数达 2 000 多万人，其中普通本专科在校生 1 333 万人、在学研究生 82 万人，分别是 2000 年的 2.4 倍和 2.7 倍。2004 年，国家财政投入高等教育经费达 931 亿元，占财政总投入（4 028 亿元）的 23%。更为重要的是，社会资本与民间资本进入高等教育服务领域，教育体制机制发生深刻变革，为教育发展注入了新的活力。

专栏：

2018 年中国民办教育发展情况统计

2018 年，全国共有各级各类学校 51.88 万所，各级各类学历教育在校生 2.76 亿人，专任教师 1 672.85 万人。在园幼儿 4 656.42 万人，学前教育毛入园率达到 81.7%，高中阶段毛入学率 88.8%。全国共有各级各类民办学校 18.35 万所，比上年增加 5 815 所，占全国比重 35.36%；招生 1 779.75 万人，比上年增加 57.89 万人，增长 3.36%；各类教育在校生达 5 378.21 万人，比上年增加 257.74 万人，增长 5.03%。

民办幼儿园 16.58 万所，比上年增加 5 407 所，增长 3.37%；入园儿童 997.26 万人，比上年减少 2.06 万人，下降 0.21%；在园幼儿 2 639.78 万人，比上年增加 67.44 万人，增长 2.62%。

民办普通小学 6 179 所，比上年增加 72 所，增长 1.18%；招生 155.31 万人，比上年增加 17.61 万人，增长 12.79%；在校生 884.57 万人。

民办初中 5 462 所，比上年增加 185 所，增长 3.51%；招生 230.47 万人，比上年增加 21.38 万人，增长 10.22%；在校生 636.30 万人，比上年增加 58.62 万人，增长 10.15%。

民办普通高中 3 216 所，比上年增加 214 所，增长 7.13%；招生 116.95 万人，比上年增加 5.54 万人，增长 4.97%；在校生 328.27 万人，比上年增加 22.01 万人，增长 7.19%。

民办中等职业学校 1 993 所，比上年减少 76 所，下降 3.67%；招生 81.23 万人，比上年增加 2.55 万人，增长 3.24%；在校生 209.70 万人，比上年增加 12.37 万人，增长 6.27%。

民办高校 750 所（含独立学院 265 所，成人高校 1 所），比上年增加 3 所。普通本专科招生 183.94 万人，比上年增加 8.57 万人，增长 4.89%；在校生 649.60 万人，比上年增加 21.14 万人，增长 3.36%。

（资料来源：教育部规划司。）

3. 中国民办高等教育的特点

（1）民办高校数量多，类型多样，办学水平持续提升。2004 年，共有 1 500 多所民办高校，其中有 25 所本科院校，205 所专科院校，233 所本科独立学院，1 000 多所高等教育学历文凭试点高校和自学考试助学机构。

（2）民办高校地域分布广和相对集中的特点并存。地区经济发展的不平衡和民办高等教育管理的分权特点，对于不同地区民办高校的特征产生了一定的影响。据 2002 年的统计数据，在中国大陆 31 个省、直辖市和自治区中，除新疆和西藏外，其他各个地方均有民办高校。民办高等教育规模最大的 5 个地区分别是上海、北京、陕西、山东和河南，上述 5 个地区民办高等教育规模占全国民办高等教育规模的 60.4%。到 2018 年，东部地区民办普通本专科占全国的比例为 43.8%，广东民办普通本专科在校生规模最大，达 66.8 万人。

（3）与公立高校的在校生规模和办学质量相比，民办高校竞争优势相对薄弱。第一，由于民办高等教育发展时间短，在办学层次和民办水平方面与公办教育存在一定差距。第二，具有特色的民办教育仍然不多，在高等教育发展和市场竞争中缺少品牌优势。目前，只有 25 所本科层次的民办高校，加上新出现的 233 所独立学院，两者之和占全部 644 所本科院校的 40%。这些民办本科院校在录取学生时，一般只能安排在第二批之后，无法与重点公立大学相比。

（4）民办高等教育发展历史比较短，但发展速度较快。20 世纪 80 年代初，当民办学校刚刚出现时，办学条件非常差，办学行为也不规范。多数学校没有固定的校舍，教室是租借的，教师是兼职的，接收的学生多数为高考落榜者，教学内容仅局限于职业教育。随着时间的推移，一些企业参与办学，投入资金，办学条件得到了改善，民办高校的发展开始受到关注。

（5）民办高校产权特性比较模糊，民办高等教育与公立高等教育之间的界线难以划定。在世界范围内，很难对私立高等教育下一个统一的定义，各国的私立高等教育之间存在着较大差异，在有些情况下，私立高等教育系统内部的差异甚至比公立与私立高等教育之间的差异还要大。这种情况在中国也同样存在。另外，中国还有一些公私立混合办学形式，如独立学院，则是其他国家没有的独特办学形式。

总之，在一个经济不太发达特别是公共教育资源短缺的国家，举办教育事业，推进教育现代化，仅仅依靠政府的力量是不够的，必须拓展教育资源的渠道，吸收社会资本和民间资本，通过市场与政府相结合的模式扩大公共教育资源，促进公共教育快速发展和高质量发展。

（五）战略设计

规划是一种力量，是一个国家必须具备的战略力量。进入新世纪以来，中国从望发达国家项背而追赶，到实现局部赶超，从政治、经济、军事、外交和教育等方面多领域、多层次地参与全球竞争。在近 200 年人类发展历史中，发达国家始终处于教育发展的战略优势地位，领跑全球人力资源开发。从 1949—2015 年，中国从一个文盲占 80% 的贫穷大国，发展成为世界第一教育大国，各级教育普及超过世界平均水平，人均受教育年限大幅增长，高等教育规模世界第一，人力资源竞争力水平接近美国的 80%。

习之堂

中国唐宋八大家之一柳宗元在《敌戒》中指出："敌存灭祸，敌去召过。"敌人——危机的存在并不可怕，可怕的是敌存而惧，敌去而舞。要学会在危机中生存与发展，利用危机，在危机中寻找发展创新的机会。美国著名战略学家阿尔文·托夫勒指出："在我们迈入不可知的未来之前，我们手中最好先握有一张虽不完整却有粗略雏形的地图，一路摸索一路更正修改，总比完全摸不着方向来得好。"

进入 21 世纪，世界各国根据日益复杂的国际环境和全球经济一体化的国际背景，相继制定本国面向 21 世纪的教育发展战略。从"学习—跟随"到"竞争—发展"是进入新世纪的中国发展模式转变总趋势。

2000 年，中国 GDP 总量仅为 89 404 亿元，在美国、日本、德国、法国、英国、意大利之后排世界第七位。中国人均 GDP 仅为 848 美元，教育发展支持能力依然不足。教育经费投入快速增长，总投入从 1978 年的 94 亿元，增加到 2007 年的 12 000 多亿元，增长 128 倍，在 GDP 和财政支出中所占比例持续扩大。经过数十年的不懈努力，中国对西方发达国家逐步开始从战略追赶到部分超越，从望其项背到短兵相接。西方国家同中国在全球政治、经济、外交和教育的战略地位正在发生前所未有的深刻变化，交往方式也正在发生着前所未有的深刻变化。这种趋势具有以下特点。

第一，发达国家教育优势正在发生结构性变化。1991 年 12 月 25 日晚 7 时 32 分，克里姆林宫屋顶旗杆上的苏联国旗开始下落，7 时 45 分，一面三色的俄罗斯联邦国旗取而代之，苏联——第一个社会主义国家宣布解体。以美国为首的西方国家在持续进行了 45 年的冷战后，美国成为这场战争的最大赢家。但是，事态的发展并没有如美国等西方国家政治家所愿，朝他们所希望的方向发展。一方面，在进入 21 世纪的关键时期，发达国家经济社会发展、教育发展依然保持整体优势。另一方面，这种优势由于中国经济社会和教育的快速发展正在缩小，加之发达国家内部发展不均衡、不可持续的矛盾，发达国家教育优势正在发生着结构性变化。

早在中国东周时代的名著《列子》记载着一个“多歧亡羊”的故事：杨子的邻居跑掉了一只羊。那个邻居发动了他家所有人去追赶，又来请杨子的僮仆去帮着追。杨子说：“只跑了一只羊，为什么要这么多人去追赶？”邻居说：“这一带有很多岔路。”等到邻人回来，杨子问道：“羊找到了吗？”邻居回答说：“跑掉了。”杨子说：“怎么跑掉的？”邻居又回答：“岔路之中又分岔路，我们不知道羊跑到哪里去了，只得回来了。”杨子听了很不愉快，神色骤变，半晌不说话，整天不欢笑。他的学生觉得很奇怪，问道：“羊不过是一种不值钱的牲口，又不是先生自己的，跑掉一只羊，先生却这么闷闷不乐，这是什么原因呢？”面对复杂的道路系统，杨子沉默不语，学生们搞不懂杨子的意思。

在 2000—2010 年间，美国的国家优势逐渐减弱。与此同时，中国经济实力更加强大，教育体系建设更加完善，教育培养能力更加强大，人力资源竞争力持续上升。作为世界最发达的国家，美国力图长久维持其在国际政治、经济、军事、科技和教育领域的霸主地位，但是缺乏与之适应的很好的国家战略，战略野心与国家战略和战略实力之间严重失衡，这就导致了一种现象：即有一种“杨子”叫美国。面对一个全球化时代更加开放的国际政治经济体系——复杂的道路、复杂的趋势和复杂的事态，“美国杨子”仿佛失去战略定力，陷入困惑、无奈与狂躁。

第二，世界各国相继制定新一轮教育发展战略。着眼于国家发展绝对优势和国际竞争格局，从经济发展、社会进步和国家安全多重视角考虑，美国历届政府高度重视教育发展，将教育发展战略作为美国国家战略的重要组成部分，相继制定教育发展长期目标和持续战略。以一个学者的视角来看，在 2000—2005 年间，一方面发达国家教育发展全面实现高等教育普及化，教育发展水平达到“顶峰”；另一方面由于长期的冷战消耗，发达国家经济社会发展深层次矛盾日益凸显，学校安全事件频发。发达国家之间、国家部分不同人群之间教育发展水平差距日益拉大。

21 世纪初，为保持在世界教育发展中处于战略领导地位，美国政府研究制定了一系列教育发展战略规划。进入新世纪以来，美国政府为保持其在教育发展方面的领先优势，先后制定了《2001—2005 战略规划》（*Strategic Plan* 2001—2005）和《2002—2007 战略规划》（*Strategic Plan* 2002—2007）；俄罗斯和韩国分别提出《21 世纪教育——战略性的优先发展及俄罗斯 2010 年前的教育现代化构想》和《21 世纪韩国教育改革计划》；英国“教育与技能部”发布《2002—2006 年国家教育战略框架》；澳大利亚联邦教育部长和各州教育部长共同签署了《关于 21 世纪国家学校教育目标的阿德莱德宣言》。许多国家提出了适应全球化和知识经济时代的教育与人力资源开发战略和策略。

运用战略手段制造战略危机，寻找战略机遇是美国教育发展的有益经验。运用战略方法，制造国家战略危机、寻求战略机遇是美国国家发展战略的总体方略，也是美国政府在多元文化背景下形成国家意识的常用手段。面临国家战略危机，政府的地位凸显，运用战略手段明确“战略敌人”，形成战略目标，调动战略资源，形成国家意识和全民行为，这已经成为美国对国家实施战略管理的成功经验。早在 1958 年，苏联发射第一颗人造卫星，就使处在自我满足中的美国人警醒，提出“国家教育处在危险之中”，对美国教育特别是高等教育发展与改革提出重大战略方针。美国《2001—2005 战略规划》强调：倘若没有下一代的成长与发展，一个国家就不可能强大。“9・11”事件之后，美国国家主义抬头。教育为国家安全服务的思想成为美国教育新的主导思想，《美国教育战略规划（2002—2007）》便是这一思想的新产品。

与中国一水之隔的日本正在实施新一轮教育战略规划。2008 年 7 月，日本出台《教育振兴基本计划》的中长期教育发展规划，提出日本教育未来 10 年的发展目标是：争取在义务教育阶段培养所有学生在社会独立生存的基本能力，提高公共教育质量，树立社会信任感，以全社会力量共同培养教育下一代。在高等教育阶段要实现培养杰出人才的目标，培养主持社会活动、推动社会发展、领导国际潮流的领袖人才。

中国政府清醒地意识到，与发达国家相比，中国教育尚存在较大差距。中国人均预期受教育年限仅相当于澳大利亚（21.1 年）的 50% 略高一点。与发达国家相比，2005 年中国人均受教育年限确实存在较大差距，德国全日制教育预期年限高达 17.1 年，大部分 OECD 国家超过 16 年，中国与之相比相差 5 年以上，并且，中国大约需要 30 年左右的时间才能赶上德国现有的人均预期受教育水平。

习之堂

这种“混血游戏”具有非常大的风险和不确定性，只有有大战略、大谋划的政治家才有这样的智慧，只有有大梦想、大目标的国家才有这样的担当！

中美关系进入“热络”时期，“混血游戏”依然在持续。老布什政府提出“全面接触”战略，其内在逻辑是通过与中国的全面接触，使中国在经济、政治、文化及生活方式上受到西方民主思潮的影响，从而在中国实现另一场颜色革命。所以针对西方国家对于中国的封锁而言，他认为这种封锁无助于西方化中国，需要采取接触战略方能奏效。1994 年，克林顿政府提出对中国实施大规模的接触战略。接触政策在很大程度上防止了中美之间的对抗，对于中国的发展有利，对于地区的和平和稳定也非常重要。

中国按照邓小平的指示，采取韬光养晦战略，面对复杂的国际形势不出头，不搞对抗，坚定不移地实行改革开放政策，与世界各国特别是发展中国家加强合作，从而为中国经济社会发展谋求一个长期和平发展的外部环境。进一步分析，我们不难看到，在中美两个大国之间，各自所采取的战略不同，目的更是各不相同。但是，两国战略在一点上是相同的——那就是“接触”。美国设想与中国保持全面接触，通过“输血”，以民主化的方式使中国从内部生变，从而颠覆甚至分裂中国；而中国则是要通过保持对外开放，让中国人民走出去，通过“吸血”，学习借鉴世界各国特别是发达国家先进的科学技术和管理经验，提高国家发展水平，提升人民生活水平。

中国与发达国家持续这场更加深刻的“混血游戏”，游戏的核心是在学习、吸收发达国家经验的同时保持中国特色。

美国是希望中国能够通过不断地改革开放实现从经济到政治领域的“西方化”。中国不是日本，日本的文化是再生性文化，而中国则是原生性文化。中国更不同于苏联，早在 1271 年中国的元朝就建立了统一的国家，苏联则是 1945 年第二次世界大战的产物。它们一个是有千年根基的国家，另一个是“喀斯特”地貌的国家—— 一遇地壳变化便四分五裂。美国没有能够将来也不能够从根本上改变中国，但是大国之间的游戏还要持续。

中国教育为世界经济与和平发展提供人力资源动力。据教育部官方统计，1978 年至 2007 年底，中国各类出国人员总数达 121.17 万人，留学回国人员总数达 31.97 万人。以留学身份出国在外的留学人员有 89.20 万人，其中 65.72 万人正在国外从事本科、硕士和博士阶段的学习，或从事博士后研究与学术访问。数千万华人在世界各地从事辛勤劳动，促进了全球不同文化的融合，促进了不同国家民族之间的相互理解与包容。

进入新世纪，中国继续向美国学习战略规划。在深入研究美国战略规划和发展经验的基础上制定国家教育发展战略。从之后中美两国实力对比和竞争模式转换的视角来看，这似乎是中国“最后一次”向美国教育的战略性学习。

面临世界复杂的世界政治经济形势，中美两国元首都同时谈到“一流教育”。2006 年 7 月至 11 月，温家宝在北京中南海先后主持召开四次座谈会时强调指出：“教育振兴是中国振兴的重要标志。”[①]2008 年 1 月，美国总统奥巴马在其总统大选演讲中多次强调：“我们正处在一个严峻挑战和重大机遇并存的时刻。”“我们必须为美国未来的繁荣进行投资——制定果敢的新能源战略，修缮学校，提供人们负担得起的高质量的医疗保健，兴建 21 世纪的基础设施。要建设世界一流的学校，并招聘新一代的教师，确保每个孩子都可得到世界一流的教育。”教育是一个国家最重要的战略资源，是创新国家硬实力和软实力最重要的发动机。

习之堂

“有一流的教育，才能有一流的国家实力，才能真正成为世界上一流的国家。”

2008 年是中国改革开放 30 周年。截至 2008 年底，我国学前教育毛入园率达到 44.6%，小学净入学率达 99.5%，初中阶段毛入学率达 98%，高中阶段毛入学率达 66%，高等教育毛入学率达 23%。15 岁以上人口人均受教育年限接近 9 年，全民科学文化素质明显提高。中国高层次人才培养的绝对数量处于世界第一位。客观地说，中国依然是一个教育大国，还不

① 温家宝. 有一流的教育，才能真正成为一流的国家［EB/OL］.（2006-11-12）［2019-02-19］. http://www.china.com.cn/authority/txt/2006-11/22/content_7390878.ht.

是一个教育强国，依然是一个人力资源大国，还不是一个人力资源强国。就教育现代化进程而言，中国刚刚进入第一次现代化阶段，还没有进入第二次教育现代化。中国与发达国家相比，仍然存在相当大的差距。这种差距不仅是发展水平的差距，而且是发展阶段的差距——在我们努力完成工业化时代教育普及任务的时候，发达国家已经进入到知识经济社会的后普及教育时代。

2008 年，观察中国教育发展要坚持辩证法和两点论，既要看到我国农村地区和西部地区教育资源短缺、教育发展相对落后，又要看到东部特大城市教育资源相对富裕，教育发展比较先进；既要看到城乡之间、地区之间教育发展不平衡以及教育与社会经济发展之间的不适应性、不协调性和不和谐性，又要看到这种不平衡性状态中的客观性、历史性和过渡性；既要认识处于工业化中期国家整体教育发展需求的普遍性，又要认识处于知识经济萌芽阶段的东部发达地区对于教育需求的特殊性。中国教育发展正处于局部跨越阶段。局部跨越时期的发展战略是一种非均衡发展战略。非均衡发展是后发国家经济、社会和教育发展的共同特征，也是后发国家实现跨越发展的必经之路。

中国必须在利用产业革命的同时，参与知识革命，以适应日益全球化的知识社会。中国教育肩负双重使命：教育与人力资源开发既要为实现工业化服务，也要为从工业社会向知识社会转型服务。这既是由中国经济社会发展的现实特点与未来趋势所决定的，也是由教育的基础性、战略性和长远性特点所决定的。

改革开放 30 年，中国教育再出发。2008 年，中国政府开始正式启动新一轮教育战略规划研究工作。温家宝在国家科教领导小组会议上的讲话："研究制订《国家中长期教育改革和发展规划纲要（2008—2020 年）》，是本届政府必须着力做好的一件大事。当前，在应对国际金融危机对我国经济的冲击，促进经济平稳较快发展的关键时期，把教育摆在突出位置，既有紧迫性，又有深远意义。"

一个具有权威性、代表性和参与度的战略领导班子，是战略规划成功的组织基础。中央领导强调，为做好《国家中长期教育改革和发展规划纲要（2008—2020 年）》，要成立一个工作班子，由教育部袁贵仁同志牵头，国家发展和改革委员会、财政部、国务院研究室、科技部、人力资源和社会保障部、农业部、中国科学院、社会科学院、中国工程院和自然基金委员会等部门参加。这是一个高层次的战略决策团队，对于《教育规划纲要》的成功研究制定提供了重要的组织保障。

2010 年 8 月，成立国家教育体制改革领导小组。第一次会议，审议通过《教育规划纲要任务分工方案》《国家教育体制改革总体方案》和《国家教育咨询委员会章程》。形成中央与地方协同的政策体系。中央有关部门出台了 100 多个文件，各省（区、市）以党委、政府名义出台 370 多个文件，初步构建了相互衔接、相互支撑的规划配套政策体系。

2008 年 8 月 11 日，在奥运会的音乐声中，由教育部部长周济带队，《国家中长期教育改革和发展规划纲要（2008—2020 年）》起草小组入住位于北京郊区大兴区的国家教育行政学院专家公寓。起草小组的全体同志，每人都在专家公寓的房间里学习周济部长关于研究制定教育发展纲要的报告。

美国《生活科学》8 月 15 日文章，原题：中国将成为头号超级大国吗？“当世界在奥运会期间把焦点放在中国时，世人有一种潜在的期望——对于一些人来说甚至是担心：中国注定会成为世界上新的头号超级大国。”我们要正确分析和看待这种评价与议论，以免掉入被捧杀的舆论陷阱。

2008 年 8 月 19 日 9 点，教育部副部长袁贵仁提前来到会议室，召开工作小组办公室第一次会议。袁贵仁声音凝重地说：“从今天起，起草小组开始开展实质性工作，各方面工作全面启动，综合组、文件组和调研组要全力以赴、高效运行，高质量地完成《国家中长期教育改革和发展规划纲要（2008—2020 年）》工作。”袁贵仁同志强调，本次研究制定《教育规划纲要》工作，是党中央、国务院的重大战略决策，并由温家宝总理亲自担任组长。这是教育部 2008 年第一件事，对国家教育发展做出贡献。各位参与起草工作的同志，要高度重视，全力以赴、集中时间精力投入到《教育规划纲要》的研究和起草工作之中。

2010 年，中国教育发展具有以下的阶段性特征。

（1）中国处于战略转型的关键时刻。中国教育改革和发展正在发生战略转型，并体现出新的阶段性特点：一是人力资源水平，从低层次开发进入中等层次阶段；二是教育发展特征从量的扩张为主向质的提升为主转变；三是教育发展模式正在从非均衡发展走向均衡发展转变；四是教育改革价值取向，从扩大资源向提高质量转变；五是教育发展总体趋势，从教育大国向教育强国迈进。2010 年，中国已经开始从对西方发达国家战略追赶，进入到局部跨越的新阶段。

（2）中国在校生规模快速增长。中国成为世界第一教育大国。2004 年中国高等教育规划达到 1 900 万，2005 年达到 2 100 万，2006 年达到 2 500 万，成为世界第一高等教育大国。2008 年高等教育毛入学率达到 23.3%，2009 年达 26.5%，达到世界平均水平。2001—2010 年中国各级教育普及率详见表 5–3。

表 5-3　2001—2010 年中国各级教育普及率

阶段	2001	2002	2003	2004	2005	2006	2007	2008	2009	2010
学前教育	35.9%	36.8%	37.4%	40.8%	41.4%	42.5%	44.6%	47.6%	50.9%	56.6%
小学	99.1%	98.6%	98.7%	98.9%	99.2%	99.3%	99.5%	99.5%	100.1%	99.08%
初中	88.7%	90.0%	92.7%	94.1%	95.0%	97.0%	98.0%	98.5%	99.7%	100.1%
高中	42.8%	42.8%	43.8%	48.1%	52.7%	59.8%	66.0%	74.0%	82.5%	84.0%
大学	13.3%	15.0%	17.0%	19.0%	21.0%	22.0%	23.0%	23.3%	26.5%	26.9%

（3）中国教育发展不充分，短板明显。

短板之一：少数民族农牧区中小学学校建设任务艰巨。中国地域广阔，教育资源分布十分不均衡。全国共有 264 个牧区半牧区县，其中牧区县 121 个，半牧区县 143 个，分布在内蒙古、四川、新疆、西藏、青海（牧区半牧区县数量最多的 5 个省区）等 12 个省区。264 个牧区半牧区县土地面积 385 万平方千米，占全国国土面积的 40%，总人口 4 517 万人，占全国总人口的 3.5%。牧区地广人稀，办学相对集中，学校主要集中在县（旗）所在地。办学规模偏小，一般小于本省平均规模。2010 年，全国 75.4% 的牧区半牧区县小学有危房，全国 63.8% 的牧区半牧区县初中有危房，在这些牧区半牧区县每所初中平均危房面积 1 828.3 平方米。

短板之二：教育普及水平整体不高。在 264 个牧区半牧区县（旗）中，西藏江达县、青海班玛县等 17 个县没有一所幼儿园，学前教育完全空白；四川若尔盖县、山西右玉县、内蒙古镶黄旗等 72 个县全县仅 1 所幼儿园，约 1/3 的牧区半牧区县学前教育基本空白。全国牧区学前教育毛入园率远低于全国平均水平，特别是有 1/4 的牧区半牧区县学前三年教育毛入园率低于 10%。在 264 个牧区半牧区县中有 56 个牧区半牧区县没有高中阶段教育，占牧区半牧区县总数的 21.3%。没有设中职学校的牧区半牧区县有 100 个，占牧区半牧区县总数的 37.9%。据初步测算，2009 年牧区半牧区县高中阶段毛入学率平均为 52.9%。

2010 年 7 月 13 日至 14 日，中共中央、国务院在北京召开全国教育工作会议。这是党中央、国务院在新世纪召开的第一次全国教育大会。这次会议对我国未来 10 年教育事业发展进行了全面谋划和前瞻性部署。中共中央、国务院印发了《国家中长期教育改革和发展规划纲要（2010—2020 年）》，这是一部推动教育优先发展，谋划人力资源强国建设的纲领性文件，是推进中国教育现代化、构建全民学习、终身学习的学习型社会的行动指南，这在全面建设小康社会的历史上、在中国教育现代化建设的历史上、在世界人力资源开发的历史上都具有里程碑性的重大意义。

《国家中长期教育改革和发展规划纲要（2010—2020年）》（以下简称《规划纲要》）具有十大亮点，即十个“第一次”。

①第一次明确确定“两基本、一进入”的战略目标。《规划纲要》提出的战略目标是，“到2020年，基本实现教育现代化，基本形成学习型社会，进入人力资源强国行列。”这充分体现了党的十七大报告关于“优先发展教育，建设人力资源强国”，“提升教育现代化水平”和“形成全民学习、终身学习的学习型社会”的重要思想。中国是一个后发的发展中大国，中国的发展和崛起不可能走西方列强依靠自然资源和人力资源掠夺实现强国之路。通过未来10年的努力，中国将基本实现教育现代化，为国家现代化奠定人才和人力资源基础。

②第一次提出基本普及学前教育。学前教育始终是中国教育发展的软肋。到2009年，学前三年毛入学率仅为50.9%。《规划纲要》第一次提出：“基本普及学前教育。”

并将学前教育发展的总体目标确定为，“积极发展学前教育，到2020年，普及学前一年教育，基本普及学前两年教育，有条件的地区普及学前三年教育。”基本普及学前教育的目标，将为学前教育发展注入强大动力，也将成为我国学前教育发展的重要里程碑。

中国学前教育具有发展基础弱、普及起点低的特点，学前教育发展的重点在农村，难点也在农村。学前教育发展面临园所建设、教育投资、师资配备和传统文化影响等多重矛盾及问题，《规划纲要》起草小组反复论证将基本普及学前教育的目标从85%下调到75%，又再次下调到70%。

③第一次提出建立城乡一体化的义务教育发展机制。为实现普及九年义务教育，中共中央、国务院曾在2006年提出建立义务教育保障机制。全国实现免费义务教育之后，从有学上到上好学，从部分孩子上好学到所有孩子都上好学，推进义务教育均衡发展成为义务教育发展的战略任务。《规划纲要》提出：“建立健全义务教育均衡发展保障机制。”“建立城乡一体化的义务教育发展机制。”义务教育保障机制建设，正在从建立义务教育保障机制向建立城乡一体化的义务教育发展机制转变。中国义务教育实现了从追求有学上到追求上好学的目标转变。

④第一次提出建立健全职业教育质量保障体系。进入新世纪以来，在党中央、国务院关心和指导下，我国职业教育快速持续发展，中等职业教育在校生占高中阶段在校生和高等职业教育在校生占高等教育在校生的比例双双突破 50%。面对新形势、新要求和新期待，《规划纲要》在强调大力发展职业教育的同时，更加强调要着力培养学生的职业道德、职业技能和就业创业能力；更加强调把提高质量作为重点，推进教育教学改革，提升职业教育基础能力；更加强调建立健全职业教育质量保障体系，吸收企业参加教育质量评估，这是中国职业教育发展历史的一次重要转折。

⑤第一次明确提出高等教育强国思想。人力资源强国呼唤教育强国，人才强国呼唤高等教育强国。高等教育强国是教育强国的重要特征，是建设人力资源强国的本质要求。《规划纲要》第一次提出："提高质量是高等教育发展的核心任务，是建设高等教育强国的基本要求。"从实现高等教育大众化到建设高等教育强国，是中国高等教育发展目标和发展战略的一次历史性转变。进一步提升高等教育大众化水平，2020 年达到 40%，中心城市达到 50% 以上，特大城市达到 60% 以上。工程师、科学家培养规模世界第一，硕士和博士研究生培养规模保持世界第一，质量不断提高。

⑥第一次将继续教育、终身教育列入《规划纲要》。将继续教育和终身教育作为教育改革和发展的重要领域，列专章进行谋划反映出在全面建设小康社会背景下，我国教育需求水平、教育发展阶段的重大变化。未来的战略重点是：加快发展继续教育，建立健全继续教育体制机制，构建灵活开放的终身教育体系，搭建终身学习"立交桥"，建设终身学习网络和服务平台，为学习者提供方便、灵活、个性化的学习条件，提供多次选择机会，满足个人多样化学习的发展需要，促进人的全面发展。

⑦第一次提出以人才培养体制改革为核心推进教育体制改革。教育改革是教育发展的根本动力。中国教育发展的一个重要的阶段性特征，是教育改革的价值取向从聚集和扩大教育资源，向提高教育质量和人才培养质量转变。《规划纲要》以人才培养体制改革为核心，以提高人才培养水平为目标，系统配套、整体推进各项教育改革。其所设计的人才培养体制、考试招生制度、现代学校制度、办学体制和管理体制等六大改革，核心聚焦到一点——提高教育质量，创新人才培养模式，形成各类人才辈出、拔尖创新人才不断涌现的局面。

⑧第一次将建立现代学校制度列入《规划纲要》。《规划纲要》既重视教育宏观领域的改革和发展，也更加重视教育微观领域的改革和发展。将建立现代学校制度列为重要内容，旨在建立与社会主义现代化教育相适应的现代学校制度，构建政府、学

校、社会之间的新型关系。建立现代学校制度，一是要转变政府职能，建立公共服务型政府；二是要依法制定学校章程，完善学校治理结构；三是落实和扩大学校办学自主权，形成不同层次不同类型学校的新的管理模式；四是引入社会评价监督机制，建立科学、规范的评估制度；五是推进各类教育资源共享，形成协调合作的有效机制，政府、学校和社会共同促进教育事业稳定健康发展。

⑨第一次明确提出提高我国教育国际化水平。《规划纲要》明确提出："坚持以开放促改革、促发展。开展多层次、宽领域的教育交流与合作，提高我国教育国际化水平。"提高教育国际化水平是全球化背景下世界教育发展趋势的新判断，是邓小平同志关于教育面向现代化、面向世界、面向未来思想的新体现，是中国教育持续改革开放的新举措。教育国际化就是要在国际教育贸易市场开放的前提下，教育资源在国际间进行配置，教育要素在国际间加速流动，教育国际交流与合作日益频繁，世界各国教育相互影响、相互依存的程度不断提高，各国教育相互交流、相互竞争、相互包容、相互激荡，共同促进世界教育的繁荣和发展。

⑩第一次提出建立统一的中小学教师职务（职称）系列。百年大计，教育为本；教育大计，教师为本。造就一支师德高尚、业务精湛、结构合理、充满活力的高素质专业化教师队伍，是提升民族素质的必然要求，是建设教育强国的必然要求，是实现教育现代化的必然要求。这是从 1986 年恢复教师职称评定以来教师管理政策的重大调整和完善，其重要意义在于：打破传统的教师职务（职称）管理系列，建立统一的教师职务（职称）管理制度。这有利于提升教师特别是中小学教师、职业学校教师的社会地位和经济待遇，有利于吸引更加优秀的人才进入教师队伍，有利于形成教师队伍建设的长效机制，从根本上改善教师队伍的整体素质。

为全面落实《国家中长期教育改革和发展规划纲要（2010—2020 年）》，中央财政和地方财政给予了大力支持。2010 年，中国教育经费占 GDP 比例达到 3.66%。2011 年，国务院专门印发了《关于进一步加大财政教育投入的意见》的文件，提出严格落实教育经费法定增长要求；明显提高财政教育支出占公共财政支出的比例；明显增加用于教育的预算内基建投资。同时提出两项重大措施：一是决定自 2010 年 12 月 1 日起，对外商投资企业、外国企业及外籍个人，统一按"三税"实际缴纳税额的 3% 征收教育费附加。二是全面开征地方教育费附加。从土地出让收益中按比例计提教育资金，支持教育发展。2010 年以来中国教育经费持续增长，为实现从教育大国向教育强国的转变发挥了不可估量的作用。

第六章

教育新时代：

从教育大国到教育强国（2012—2020）

我们党领导的革命、建设、改革伟大实践，是一个接续奋斗的历史过程，是一项救国、兴国、强国，进而实现中华民族伟大复兴的完整事业。

——习近平

建国君民，教育为先。这是中国古代教育强国思想的最早体现。在积弱贫穷的落后中国，中华民族的仁人志士艰难探索民族复兴之路。建设教育强国是中国教育百年梦想。进入新时代，中国正在从一个教育大国迈向教育强国。

（一）教育中国梦

十月北京，金秋送爽。2017 年 10 月 18 日，中国共产党第十九次全国代表大会在北京胜利召开。党的十九大是在全面建成小康社会的决胜阶段、中国特色社会主义进入新时代的关键时期召开的一次十分重要的大会，开启全面建设社会主义现代化强国的新征程。习近平总书记做了题为《决胜全面建成小康社会　夺取新时代中国特色社会主义伟大胜利》的报告，明确提出了新时代中国特色社会主义思想和基本方略，总任务是实现社会主义现代化和中华民族伟大复兴。从 2020 年到 21 世纪中叶可以分两个阶段来安排。第一个阶段，从 2020 年到 2035 年，在全面建成小康社会的基础上，再奋斗 15 年，基本实现社会主义现代化。第二个阶段，从 2035 年到 21 世纪中叶，在基本实现现代化的基础上，再奋斗 15 年，把我国建成富强、民主、文明、和谐、美丽的社会主义现代化强国。

习之堂

教育强国是教育综合实力、培养能力、国际影响力和竞争力具有突出地位和强大世界影响的国家。

新时代社会主义现代化强国呼唤教育强国。在党的十九大报告中，习近平总书记进一步强调指出，“建设教育强国是中华民族伟大复兴的基础工程”。建设教育强国，第一次写入中国共产党全会报告，成为全党和全国人民的奋斗目标，这是党中央发出的建设教育强国的动员令，这是教育在中华民族伟大复兴中的新定位、新使命，是新时代社会主义教育事业的新特征、新征程，必将成为未来几十年中国教育发展的重要指南。从“有学上”到“上好学”，从“大起来”到“强起来”，是中国教育发展的一个重要分水岭，是中国教育进入新时代的一个重要标志。2035 年，中国要成为教育强国，提前 15 年为社会主义现代化强国奠定人才和智力基础，为中华民族伟大复兴做出重大贡献。

建设教育强国是中国共产党着眼于世界教育与人力资源发展趋势，着眼于中华民族伟大复兴所做出的政治抉择和战略选择。教育强国是一个中国本土概念，是中国共产党领导集体的智慧结晶，是马克思主义国家思想与教育思想中国化的最新成果。

1．教育强国是中国共产党几代领导人的伟大梦想

建设教育强国是中国共产党几代领导人的伟大梦想。中国特色社会主义不断取得重大成就，中华民族实现了从站起来、富起来到强起来的历史性飞跃。1949 年，新中国成立，中国人民从此站立起来。1955 年 10 月 29 日，毛泽东在工商业社会主义改造问题座谈会上说："我们的目标是要赶上美国，并且要超过美国，……究竟要几十年，看大家努力，至少是五十年吧，也许七十五年。""哪一天赶上美国，超过美国，我们才吐一口气。"2014 年 9 月 9 日，习近平总书记指出，教育是提高人民综合素质、促进人的全面发展的重要途径，是民族振兴、社会进步的重要基石，是对中华民族伟大复兴具有决定性意义的事业。

早在改革开放初期，邓小平就高瞻远瞩地提出，把我们的国家建设成为社会主义的现代化强国，是我国人民肩负的伟大历史使命。"教育是一个民族最根本的事业。要搞四个现代化关键靠人才，基础在教育。"邓小平同志明确指出："一个十亿人口的大国，教育搞上去了，人才资源的巨大优势是任何国家比不了的。有了人才优势，再加上先进的社会主义制度，我们的目标就有把握达到。"邓小平同志早在 1985 年第一次全国教育工作会上就高瞻远瞩地指出："我们国家，国力的强弱，经济发展后劲的大小，越来越取决于劳动者的素质，取决于知识分子的数量和质量。"人才问题既有数量问题，更有质量问题，邓小平的思想充分体现了教育强国的思想精髓。

20 世纪 90 年代，江泽民同志创造性地提出人才资源是第一资源的重要思想，要开发利用我国巨大的人力资源特别是人才资源，把我国的人口压力转化为人才资源优势，把我国由人口大国转化为人才资源强国。他还进一步强调指出，百年大计，教育为本，教育是社会主义物质文明和精神文明建设极为重要的基础工程，必须把教育摆在优先发展的战略地位，努力提高全民族的思想道德和科学文化水平，这是实现我国现代化的根本大计。2010 年，在全国教育大会上胡锦涛同志明确提出了教育强国的思想，并强调指出："推动教育事业在新的历史起点上科学发展，加快从教育大国向教育强国、从人力资源大国向人力资源强国迈进，为中华民族伟大复兴和人类文明进步做出更大贡献。"2013 年 12 月 26 日，习近平总书记在纪念毛泽东同志诞辰 120 周年座谈会上的讲话中明确指出："我们党领导的革命、建设、改革伟大实践，是一个接续奋斗的历史过程，是一项救国、兴国、强国，进而实现中华民族伟大复兴的完整事业。"

习近平总书记多次强调指出，教育决定着人类的今天，也决定着人类的未来。

教育是强国富民之本，是中华民族伟大复兴之本。一个国家的繁荣，不取决于其国库之殷实、城堡之坚固、公共设施之华丽，而取决于其公民所受的教育如何。教育在实现“两个一百年”奋斗目标、实现中华民族伟大复兴中国梦的历史进程中，具有不可替代的基础性、先导性、全局性地位和作用。只有实现教育现代化，才能实现人的现代化；只有实现人的现代化，才能实现国家和民族的现代化。

2. 建设教育强国是社会主义现代化强国的基础工程

习之堂

教育强国既是指教育综合实力强大，培养能力雄厚，具有全球性教育影响力和竞争力的国家；也是指通过优先发展教育，全面提升国民整体素质，使国家更加强大、更加文明、更加富强。教育强国思想的本质特征是：通过优先发展教育，建设一个教育综合实力和服务能力强大的国家，构建全体人民普遍享受优质基本公共教育服务的教育制度和具有世界先进水平，实现教育强国，实现教育富民，为社会主义现代化国家提供强有力的人力和智力支撑。

教育强国是国家意志，是强国之基。建设教育强国是新时代社会主义教育思想的重要组成部分，是党中央在社会主义新时代做出的重大战略部署，是国家意志和国家行动。习近平总书记提出了一系列具体的强国目标，包括：加快建设制造强国、质量强国、贸易强国、海洋强国、航天强国、网络强国、文化强国、人才强国、人力资源强国、知识产权强国、科技强国，建设法治中国、平安中国、美丽中国、健康中国，建设创新型国家。建设教育强国，为社会主义现代化建设服务，为中华民族伟大复兴奠定基础，实现全体人民的共同富裕和共同发展是新时代社会主义教育的新要求、新标志和新特征。

从教育第一到质量第一，体现了经济发展对于教育发展水平和质量的新要求。2013 年 9 月，习近平总书记在联合国“教育第一”全球倡议行动 1 周年纪念活动上发表贺词时指出：中国将坚定实施科教兴国战略，始终把教育摆在优先发展的战略地位。党的十九大报告指出：“坚持质量第一、效益优先，以供给侧结构性改革为主线，推动经济发展质量变革、效率变革、动力变革，提高全要素生产率，着力加快建设实体经济、科技创新、现代金融、人力资源协同发展的产业体系，着力构建市场机制有效、微观主体有活力、宏观调控有度的经济体制，不断增强我国经济创新力和竞争力。”教育第一为质量第一奠定国民素质和人才基础，教育第一为质量第一提供创新人才和创新动力。教育第一是质量第一的基础，只有教育第一，才有质量第一。

3. 建设教育强国是建设文化强国的奠基事业

文化强国是社会主义强国的本质特征。建设文化强国是增强国家文化软实力、中华文化国际影响力，通过创新与创造进一步解放文化生产力的重大工程。党的十九大报告提出：文化是一个国家、一个民族的灵魂。要坚持中国特色社会主义文化发展道路，激发全民族文化创新创造活力，建设社会主义文化强国。

建设文化强国，必须要培养有理想、有道德和有文化的一代新人。2014 年 9 月 9 日，在同北京师范大学师生代表座谈时，习近平总书记指出："我们的教育是为中国特色社会主义服务、为改革开放和社会主义现代化建设服务的，党和人民需要培养的是社会主义事业建设者和接班人。"人民有信仰，国家有力量，民族有希望。要"广泛开展理想信念教育，深化中国特色社会主义和中国梦宣传教育，弘扬民族精神和时代精神，加强爱国主义、集体主义、社会主义教育，引导人们树立正确的历史观、民族观、国家观、文化观"，这是文化建设的根本，也是社会主义文化的力量。

习之堂

党的十九大报告强调："要全面贯彻党的教育方针，落实立德树人根本任务，发展素质教育，推进教育公平，培养德智体美全面发展的社会主义建设者和接班人。推动城乡义务教育一体化发展，高度重视农村义务教育，办好学前教育、特殊教育和网络教育，普及高中阶段教育，努力让每个孩子都能享有公平而有质量的教育。"

4. 建设教育强国是民生发展的根本保证

教育强国是人民意愿，是富民之本。智穷则恒穷，智富则常富，富民之本在于富智。"百年大计，教育为本。教育是人类传承文明和知识、培养年轻一代、创造美好生活的根本途径。"习近平总书记在党的十九大报告中进一步强调指出："坚持在发展中保障和改善民生。增进民生福祉是发展的根本目的。必须多谋民生之利、多解民生之忧，在发展中补齐民生短板、促进社会公平正义，在幼有所育、学有所教、劳有所得、病有所医、老有所养、住有所居、弱有所扶上不断取得新进展，深入开展脱贫攻坚，保证全体人民在共建共享发展中有更多获得感，不断促进人的全面发展、全体人民共同富裕。"集中体现了民生发展全保障全覆盖的理念。

教育是最为重要的民生工程。未来要使绝大多数城乡新增劳动力接受高中阶段教育，更多接受高等教育。办好继续教育，加快建设学习型社会。党的十九大报告，全面系统地概括和部署了未来一个时期教育改革发展的新任务。为实现教育强国目标，中国教育持续推进改革。中国共产党第十八届中央委员会第三次全体会议通过的《中共中央关于全面深化改革若干重大问题的决定》（以下简称《决定》），对于全面深化改革进行了顶层设计、科学把握和总体布局。

建立完善基本公共服务体系是党中央惠及民生的重要内容，也是教育改革和发展的重要任务。《决定》系统全面阐述了党和政府建立完善基本公共服务体系的战略部署和重大举措，为基本公共教育服务体系建设和改革创造新环境，提出新任务。

第一，“加强和优化公共服务”和“加强地方政府公共服务”，重视公共服务体系的系统设计和整体安排。基本公共教育服务体系建设，是中央和地方政府的重要责任，必须投入更多精力、更多时间和更大财力，提升教育公共服务投入水平、建设水平和服务质量。

第二，完善城镇化健康发展体制机制，“推进金融、教育、文化、医疗等服务业领域有序开放”，“稳步推进城镇基本公共服务常住人口全覆盖”。扩大教育对内对外开放，是教育改革和发展的长久任务，需要进一步拓展教育开放领域，提升教育开放水平。

第三，“国家重大科研基础设施依照规定应该开放的一律对社会开放”。需要研究和制定新的政策，要求和鼓励国家特别是高等学校中的重大科研基础设施投资、建设和使用，对社会开放。

第四，“鼓励社会组织、中资机构等参与孔子学院和海外文化中心建设，承担人文交流项目”。为了建设文化强国，需要利用更多的社会资本和社会资源，加强孔子学院和海外文化中心建设，提高建设水平和建设质量，扩大中华文化的世界影响。

第五，“促进以高校毕业生为重点的青年就业”，“完善城乡均等的公共就业创业服务体系，构建劳动者终身职业培训体系”。终身职业培训体系，是《决定》提出的新理念，是对建设公共教育服务体系和建设学习型社会提出的新要求、新任务。

在人口政策方面，《决定》提出：“坚持计划生育的基本国策，启动实施一方是独生子女的夫妇生育两个孩子的政策。”由于计划生育政策的变化，预计每年将会增加数百万新生儿，直接影响人口出生率和学龄人口规模，各省、自治区、直辖市教育行政部门特别是县级教育行政部门要根据不同地区新生儿出生情况，主动适应，提前谋划，在学校布局、学校建设和师资培养等方面及早做好准备，做好幼儿园和学校布局规划及资金安排。

在老龄人口政策方面，《决定》提出：“积极应对人口老龄化，加快建立社会养老服务体系和发展老年服务产业。”老龄化是中国经济社会以及人口发展面临的重要问题。据预测，我国已经进入人口老龄化快速发展阶段，到 2025 年，老年人口总数将超过 3 亿人，2033 年将超过 4 亿人，平均每年增加 1 000 万老年人口。伴随老龄化进程，中国老年人口教育问题将日益突出，要将老年人纳入全民学习、终身学习重要的服务对象，积极发展老年教育。

全面深化改革不仅对教育提出新要求和新任务，还为教育改革发展提供新机遇。《决定》明确："对于跨区域且对其他地区影响较大的公共服务，中央通过转移支付承担一部分地方事权支出责任。"北京、上海、天津、重庆以及部分承担国家及区域教育公共服务大项目的地区，有望得到中央财政的更多支持。《决定》还提出："提高国有资本收益上缴公共财政比例，2020 年提高到 30%，更多用于保障和改善民生。"教育是重要的民生工程，有望得到中央与地方政府更多的财政支持。概括而言，党的十八届三中全会，在中国经济社会发展历史上具有重大转折意义，是中国教育特别是教育改革发生历史性转折的重要战略结点。

（二）第一方阵

从 2000 年到 2020 年，20 年间中国由一个人口大国变为一个人力资源强国。教育部教育发展中心研究成果明显，中国人力资源竞争力排名从第 32 位上升到第 13 位，将进入人力资源强国第一方阵。这是拥有 14 亿人口的中国对于世界人力资源开发的重要贡献，更是实现中国梦的核心支撑。

人力资源开发分为四个阶段：以普及九年义务教育为基础的人力资源开发初级阶段——人均受教育年限为 8 年以下；以普及义务教育和普及高中阶段为基础的中初级阶段——人均受教育年限为 8～10 年；以普及高中阶段教育和高等教育大众化为基础的中高级阶段——人均受教育年限为 10～12 年和以普及高中阶段教育和普及高等教育为基础的高级阶段——人均受教育年限达到 12 年以上。中国人力资源开发正处在从人均受教育年限 8 年以下的低层次开发向人均受教育年限 8～10 年的中层次开发转变。

未来 30 年，实现中国人力资源开发的"三次跨越"。未来 30 年，中国要全面建设小康社会、实现现代化的宏伟发展

习之堂

马克思把资本分为两种：一种是不变资本，指机器、厂房、原材料等以生产资料形式存在的资本；另一种是可变资本，即购买劳动力的部分资本。马克思认为，不变资本在生产过程中只改变其存在的方式，价值只是转移到新产品中，并不会有所增减。而可变资本的价值不是被转移，而是由工人的劳动再生产而来的，即创造的新价值。

目标，必须选择一条符合中国国情的发展道路，从经济追赶的国际经验来看，在自然资源、有形资本、人力资源三大资产中，我国唯有人力资源具有潜在的比较优势，而教育是将潜在优势变成竞争优势，提升人力资源开发水平的最有效途径。在未来 30 年的发展历程中，中国要实现教育强国的理想，必须实现教育发展的三步历史性跨越，即从教育欠发达国家水平跃升到教育中等发达国家水平，再跃升到教育较发达国家水平，最后达到教育发达国家水平，从而实现从教育大国到教育与人才强国的历史性跨越。

改革开放以来，中国人均 GDP 水平持续提升，为教育发展不断提供需求动力。

1978 年，中国 GDP 排在世界第 9 位，人均 GDP 仅为 381 美元，在全球处于低水平发展阶段。2006 年，我国人均 GDP 达到 2 042 美元，首次突破了 2 000 美元大关。2018 年，世界银行发布消息，全球的经济总量为 85.8 万亿美元，人口为 75.94 亿，人均 GDP 为 1.13 万美元。国家统计局公布，2019 年我国 GDP 的总量达到了 99.1 万亿元，接近 100 万亿元人民币，按平均汇率折算，人均 GDP 达到了 10 276 美元，首次突破了 1 万美元大关，接近全球人均 GDP 水平。

2020 年，我国九年义务教育在进一步发展的基础上达到世界先进水平，高中阶段教育毛入学率达到 85% 左右，基本普及高中阶段教育，高等教育毛入学率超过 50%，达到教育较发达国家水平，实现了从教育中等发展水平国家向教育与人才较发达国家的跨越。

预计 2021—2050 年，我国将高标准、高质量普及 12 年基础教育，高等教育毛入学率达到 80% 以上，进入高等教育高水平普及化阶段，各级教育都达到较高发展水平，实现从追赶到超越的战略转变，跨入教育发达国家行列，以教育人口的绝对规模和普及化水平两个方面，成为世界教育和人力资源强国。

人力资源是指一个国家或地区具有劳动能力人口规模与质量的总称，是最重要的财富基础和战略资源。人力资源强国是中国特色的创新概念，是指人力资源总量丰富、开发充

习之堂

李克强总理在 2018 年政府工作报告中强调：“我国拥有世界上规模最大的人力人才资源，这是创新发展的最大‘富矿’。”

分、结构合理、效能发挥达到世界先进水平的国家，包含人力资源数量、质量、结构、开发能力及利用效率等方面重要因素。人力资源强国是实现中国梦的重要基础和保障，也是实现中国梦的重要标志。实现全体国民的能力和潜力充分开发、合理配置和有效利用，是促进经济持续发展、保障国家和平发展的根本途径。

中国人力资源竞争力，提升速度明显（见表 6–1）。

表 6–1　2000—2015 年全球人力资源竞争力指数（前 20）变化情况

国别	2000		2005		2010		2012		2015	
	指数	排名	指数	排名	指数	排名	指数	排名	指数	排名
美国	0.801	1	0.799	1	0.805	1	0.794	1	0.788	1
澳大利亚	0.704	4	0.703	6	0.714	3	0.714	3	0.706	2
德国	0.721	3	0.706	5	0.701	5	0.695	4	0.697	3
韩国	0.681	9	0.707	4	0.724	2	0.738	2	0.683	4
英国	0.697	6	0.710	3	0.703	4	0.683	5	0.680	5
丹麦	0.659	10	0.665	9	0.663	10	0.669	9	0.665	6
挪威	0.686	8	0.687	8	0.685	7	0.675	7	0.665	7
日本	0.761	2	0.720	2	0.691	6	0.679	6	0.659	8
法国	0.703	5	0.689	7	0.684	8	0.671	8	0.656	9
荷兰	0.651	12	0.651	12	0.659	11	0.66	10	0.651	10
瑞典	0.693	7	0.66	10	0.645	13	0.631	14	0.642	11
新西兰	0.638	16	0.653	11	0.666	9	0.654	11	0.636	12
中国	0.498	32	0.563	26	0.605	23	0.625	16	0.629	13
以色列	0.652	11	0.624	19	0.62	19	0.619	18	0.615	14
奥地利	0.634	18	0.616	20	0.624	18	0.617	19	0.613	15
比利时	0.631	19	0.602	21	0.611	21	0.608	21	0.606	16
俄罗斯联邦	0.594	21	0.63	17	0.643	15	0.639	12	0.604	17
爱尔兰	0.617	20	0.637	15	0.645	14	0.625	15	0.601	18
芬兰	0.642	14	0.641	13	0.629	16	0.616	20	0.599	20

资料来源：根据中国教育学会发布的《人力资源强国报告》整理。

从表 6–1 可看出，世界各国竞争力指数变化可谓是趋势延续，此消彼长。处于全球竞争力前 10 位的国家均为发达国家，中国紧随其后，居于第 13 位——是唯一一个进入前 15 的发展中人口大国。中国已经形成以规模结构为基础优势、以开发贡献为效率优势、开发能力不断提升、开发质量有待提高的人力资源开发模式。同时，大部分发展中国家排名提升，部分发达国家排名显现下降趋势。

中国是世界第一大留学生输出国。对待留学工作和留学生，中国政府的方针政策是"支持留学、鼓励回国、来去自由、发挥作用"。中国是美国、英国、澳大利亚、加拿大、日本、韩国、新加坡、德国、瑞典和新西兰等国家的最大的留学生来源国。从全世界看，国际留学生总量占全球高等教育总在校生人数的近 2%，而在许多国家这一比重甚至要更高。澳大利亚的国际留学生人数占其高等教育在校生总数的 18%，英国为 17%，OECD 国家的平均值已达到 8%。① 据美国国际教育协会《2013 年门户开放报告》的统计，2013 年，中国在美留学生人数为 235 597 人次，在全美国际留学生中所占比重为 28.7%。

截至 2013 年，中国出国留学总人数达到了 305.86 万人。进入 21 世纪以后，中国留学生的人数除了在 2004 年有小幅度下滑外，一直呈上升趋势，每年的出国留学人数不断增长。据教育部统计数据显示，2013 年中国出国留学总人数为 41.39 万人，较 2012 年约增加 14 300 人。同时据教育部统计，2013 年留学回国人数达到 35.35 万人，增长率达到了 29.5%。从中国留学生分布情况分析，中国在外留学生遍布全球 100 多个国家，但其中 90% 以上集中在美国、澳大利亚、日本、英国、韩国、加拿大、新加坡、法国、德国和俄罗斯等 10 个国家。在新兴国家特别是发展中国家，中国留学生偏少，不利于中国长远利益和战略影响力。

中国女性人力资源开发水平。从性别视角分析，2010 年女性文盲人口依然占全国文盲比例的 73.84%。据第五次人口普查数据分析，我国女性中文盲比例从 2000 年的 13.47% 下降为 7.29%。在发达地区，如北京（78.22%）、天津（77.31%）、上海（80.88%）、福建（81.09%）和广东（81.08%），女性文盲比例高于全国平均水平。到 2015 年，全国九年义务教育巩固率达到 93%，高中阶段教育毛入学率达到 87%，高等教育毛入学率达到 36%，新增劳动力平均受教育年限达到 13.3 年，接近中等发达国家平均水平。2000—2010 年全国男女受教育年限差距缩小 0.4 年，城市地区女性就业人员受教育水平高于男性就业人员受教育年限。

---

① 中国稳居世界留学第一大国［EB/OL］.（2014-12-19）［2019-03-03］. http://www.chineendirect.com/china/news/13804.html.

2018 年人力资源竞争力报告有以下重要结论。

重要结论一：新一轮人力资源强国竞争力指标排名显示，中国更加接近人力资源强国门槛。2000 年，中国人力资源竞争指数整体排名第 32 位，2015 年上升为第 13 位，上升了 19 个位次。人力资源开发规模世界第一，开发能力持续提升，开发质量不断提高，开发贡献举世瞩目。特别需要指出的是：中国人力资源开发具有良好的“成长性”，未来前景广阔。

重要结论二：中国人力资源竞争力的总量优势正在向人均优势转变，开发质量提升。专利申请量处于世界第一位，人均申请量上升为第 4 位。中国每十万人口中工程师与科学家的数量发生积极变化。同时，我们可以看到，美国在高层次人才中的比较优势逐步“下降”。中国从 2000 年的第 43 名，上升到 2015 年的第 5 名，提升 38 个位次，为高层次人才资源开发做出重要贡献。2017 年 9 月 28 日教育部新闻发布会公布，我国新增劳动力平均受教育年限已超过 13.3 年，相当于大学一年级水平，在发展中国家处于前列，大大缩小了与发达国家的差距。在各项指标中，高层次人才培养能力可能是变化最为明显的指标。除从美国 2000 年至 2015 年持续保持第一、澳大利亚第 7 和韩国处于第 10 位外，到 2015 年，居于高层次人才培养规模前 10 位的国家有 7 个都是发展中国家。

重要结论三：中国初步探索并形成了一条人力资源“低成本—高效益”的开发模式。中国是一个发展中的人口大国，受到历史、经济发展水平因素的影响，人力资源整体开发能力不是太高。公共教育经费和公共卫生经费指标，在 52 个国家中位列 39～45 位之间。但是，中国人力资源开发表现出“低投入—高产出”的特点，在人均指标不高的情况下，整体效益和规模效益比较高。人力资源开发贡献水平从 2000 年的第 26 位，大幅提升为第 5 位，成为全球这一指标进步最快的国家。

重要结论四：作为最大的发展中国家，中国正处于“追赶和被追赶”的双重过程之中。从 1955 年，毛泽东确立了对发达国家的追赶模式以来，经过 60 多年的努力，中国已经成功地实现了对发达国家的战略追赶。人力资源开发能力、开发水平和开发质量明显提高，竞争力明显增强，已经成为全球排名第 13 位的国家，一些发达国家人力资源开发竞争力已经落后于中国——中国还在追赶。如何保持既有的发展态势，持续提升人力资源强国建设水平，将成为中国未来教育与人力资源开发的重要使命。

中国与美国人力资源竞争力指数变化与对比情况表明，2000 年中国相当于美国竞争能力的 62.17%，2015 年相当于美国的 79.82%，“成长系数”为 17.65 个百分点，从中我们可以看到中国与美国人力资源竞争力的消长趋势。

表 6-2　2000—2015 年中美人力资源竞争指数及名次变化趋势比较

国别	2000		2005		2010		2012		2015	
美国	0.945	1	0.952	1	0.963	1	0.960	1	0.876	1
土耳其	0.689	18	0.670	21	0.758	6	0.820	5	0.873	2
阿根廷	0.811	3	0.789	4	0.809	3	0.824	4	0.777	3
智利	0.636	30	0.648	25	0.722	8	0.754	6	0.734	4
中国	0.565	43	0.677	18	0.677	10	0.682	11	0.731	5
俄罗斯联邦	0.882	2	0.924	2	0.895	2	0.844	3	0.720	6
澳大利亚	0.745	12	0.724	8	0.736	7	0.744	8	0.709	7
巴西	0.663	22	0.671	20	0.654	15	0.672	12	0.696	8
哥伦比亚	0.650	27	0.611	32	0.617	27	0.658	18	0.663	9
韩国	0.656	25	0.650	23	0.623	24	0.847	2	0.662	10

数据来源：根据中国教育学会发布的《人力资源强国报告》整理。注：本表统计以各年度数据与评价为准。

在大学生培养方面，欧洲重要的发展中国家土耳其在过去十几年取得了飞速发展，在该项指标上从第 36 位上升至第 1 位。智利 2000 年每十万人口在校大学生数为 2 926 人，2015 年上升至 6 878 人，在样本国家中的排名从第 32 名跃居第 2 名。中国上升了 11 个位次。此外，哥伦比亚、哥斯达黎加、巴西等国在该项指标上的排名提升也比较大。

中国 GDP 在样本国家排名逐步提升至第 2 位，仅次于美国，中美差距逐步缩小。2000 年，中国 GDP 在样本国家排名第 6 位，2005 年上升 1 位，排名第 5。到 2010 年，排名已达样本国家第 2 位，2015 年依然维持了 2010 年的排名位置。美国的 GDP 排名虽然一直维持世界第 1，且也呈现增长趋势，但增长速度相较中国较缓，两者之间的差距不断缩小。2010 年，两国 GDP 差距缩小为 9 014.75 亿美元，美国 GDP 是中国的 2.5 倍。到 2015 年，两者差距锐减至 6 971.99 亿美元，美国 GDP 是中国的 1.6 倍。

习之堂

1964 年，中国第一颗原子弹爆炸成功，1967 年中国第一颗氢弹爆炸成功，20 世纪 90 年代中国建成了大亚湾核电站。中国拥有世界首颗量子科学实验卫星“墨子号”、世界最大单口径射电望远镜“天眼”。

第一，知识贡献。中国人力资源贡献力排名持续上升，与美、日、韩、德等发达国家之间的差距快速缩小。数据统计分析结果显示，中国的人力资源贡献力呈现快速、持续上升的趋势。2000 年，中国的人力资源贡献力指数为 0.46，排名第 26

位，与排名第 1 的日本和排名第 2 的美国相差较大；2005 年，中国的排名上升至第 22 位，与美国、日本和德国的差距不断缩小；2010 年，中国人力资源贡献力排名跃升至第 9 位；到 2015 年，中国的排名已经上升至样本国中的第 5 位，仅次于美国、日本、韩国和德国，人力资源的贡献度和贡献效率均不断提升，为国家经济、社会和文化的发展注入了强大的动力。

中国每百万人口专利申请量排名跃居样本国前 5 名，增幅冠绝一时。2000 年，中国每百万人口专利申请量在样本国中排名第 36 位，与发达国家有较大差距；2005 年，中国排名上升了 11 位，位居样本国第 25 名，与发达国家的差距开始逐步缩小；2010 年，中国排名样本国 13 位，排名提升了 12 位，开始加速赶超；2015 年，中国排名已经跃居样本国第 4 名，位列前五，超过了德国、英国、法国和瑞典等发达国家，仅次于韩国、日本和美国，15 年间的排名增幅位列第一，上升了 32 位。由此可以看出，中国在过去 15 年间，国家在科技创新研发的产出成果丰富，产出效率较高，科创实力显著增强，科技竞争力不容小觑，但较之亚洲的韩国和日本，仍有提升空间。

进入 21 世纪第三个 10 年，几乎没有人怀疑中国将成为未来世界的知识创新中心。

世界知识产权组织相关报告显示，2018 年中国专利申请数量继续在全球领先。2018 年，中国受理专利申请数量为全球最多，达到创纪录的 154 万件，占全球总量的 46.4%，其数量相当于排名第 2 位至第 11 位申请量之和。① 中国正在成为专利巨人和知识创新的引领者。更深刻地理解教育的本质与内涵。2019 年，中国在“全球创新指数”排名中居第 14 位，比 2018 年上升 3 位，成为排名最高的新兴经济体。高等学校是创新型人才培养的基础，承担着培养创新型人才与研发创新型技术、成果的重要使命。

第二，人才培养贡献。中国高层次人才培养能力显著提高。20 世纪末以来，我国高等教育经历了较大幅度的规模扩张，普通高等学校招生数从 1998 年的 108 万人提高到 2015 年内的 738 万人。我国大学在校生数快速增长。2000 年我国大学在校生数在样本国家中排在第 3 位，低于美国和印度。2005 年超过其他国家成为世界第一，并到目前一直保持第一。

高等教育的快速发展直接提高了总人口中高层次预备人才的比例，2000 年我国每十万人口在校大学生数为 575 人，2015 年增长至 3 163 人，后者是前者的 5.5 倍。我国每十万人口在校大学生数排名从 2000 年的第 51 名上升至 2015 年的第 40 名，上升

① 世界知识产权组织年度报告：中国专利申请数量全球领先［EB/OL］.（2019-10-17）［2019-11-10］.（https://baijiahao.baidu.com/s?id=1647602867045416453&wfr=spider&for=pc .

了 11 名。高等教育的规模优势，为提升中国人力资源开发水平提供了条件和机遇。依照我国人口优势以及高等教育规模的稳步发展，在大学在校生规模这一指标上，未来一个时期仍将保持领先。

（三）教育治理中国方案

中国是一个发展中的大国，人口多、底子薄、起点低是教育发展的基本国情。在这样一个国家实现教育现代化，是人类社会发展的一大难题。中国共产党人和中国政府在国家教育治理过程中，表现出初心与责任担当。教育部教育发展研究中心原主任张力研究员认为："改革开放新时期教育改革的主要环境因素，大致有四个方面，一是国家、区域和人的现代化——影响教育改革的三个重要维度。以构建社会主义市场经济体制为主的改革，导致教育改革与经济、科技、社会、文化等领域改革相互套叠，逐渐形成依托公共政策协调推进改革的新路径。二是教育服务属性的分化——政府和社会配置资源的体制机制。政府开始推动基本公共教育服务均衡覆盖城乡，对市场不好调节的公共教育服务重点负责，民办教育和社会资本在满足社会多样化需求上占据一席之地。三是中央和地方政府关系——教育改革宏观运行的关键环节。在区域差异很大的基本国情下，国家层面教育改革决策确立总体方向，地方政府负有更多教育权责，会强调因地制宜，对国家改革政策进行选择性执行或调整。四是决策与执行的关系——教育改革决策的传播、理解与实施。在'互联网 +'时代多媒体自媒体环境中，基层学校和教育机构在理解宏观改革决策意图会受网络信息或个人体验影响，需要政务公开法治化、公众有效参与、过程评价监测的跟进配合。"这一切构成了中国教育现代化、教育改革和教育治理的宏观生态环境、外部条件约束和内部治理要求。

1. 教育优先发展是中国教育发展的核心战略

从 20 世纪 80 年代开始，国家在制定国民经济和社会发展五年计划和中长期规划时，都把教育事业计划摆在重要位置。1982 年 9 月，党的十二大首次将教育确定为今后社会主义现代化建设的重点之一，同年全国人大通过的《中华人民共和国宪法》把教育方针、教育地位和作用等列入了根本大法。党的十四大上，江泽民同志提出"必须把教育放在优先发展的战略地位，努力提高全民族的思想道德和科学文化水平，是实现我国现代化的根本大计"，这是中国共产党执政史上第一次明确提出要把教育摆在优先发展的战略地位。1995 年，全国科技大会首次正式提出要实施"科教兴国"战略。同年，党的十四届五中全会把实施科教兴国战略列为今后 15 年乃至整个 21 世纪加速我国社会主义现代化建设的重要方针之一。1996 年的八届全国人大四次会议正式将“科教兴国”确定为基本国策。1997年，党的十五大报告提出“切实把教育摆在优先发展的战略地位”。2002年，党的十六大报告提出“教育是发展科学技术和培养人才的基础，在现代化建设中具有先导性全局性作用，必须摆在优先发展的战略地位”。

到21世纪初，科教兴国这一基本国策已逐步成为全党和全国各族人民的统一认识和自觉行动。2003年，中共中央提出了人才强国战略，制定并实施了加强和改进人才工作的一系列重大方针政策，确立了人才工作的基本思路和宏观布局，这对于我国从人口大国向人才强国转变具有重要的意义。2006年，胡锦涛总书记深刻地指出：“世界范围的综合国力竞争，归根到底是人才特别是创新型人才的竞争。谁能够培养、吸引、凝聚、用好人才特别是创新型人才，谁就抓住了在激烈的国际竞争中掌握战略主动、实现发展目标的第一资源。”2007年，党的十七大报告中提出了“优先发展教育，建设人力资源强国”的号召。中国教育事业的发展正站在一个新的历史起点上，正处于从人力资源大国向人力资源强国转变的历史关键时期。

2013年9月25日，习近平总书记在联合国“教育第一”全球倡议行动1周年纪念活动上发表贺词强调，百年大计，教育为本。教育是人类传承文明和知识、培养年轻一代、创造美好生活的根本途径。中国将坚定实施科教兴国战略，这是基于对当前我国面临国际环境的准确把握而形成的顺应世界发展形势的战略决策。习近平总书记提出：“教育发达—科技进步—经济振兴是一个相辅相成、循序递进的统一过程，其基础在于教育。”他强调：“坚持科教兴国战略和人才强国战略，坚持把教育放在优先发展的战略地位。”习近平总书记的思想为我们更加科学地认识和把握教育与经济社会发展关系提供指南，为我们更加坚定地坚持优先发展教育提供了思想动力。

习之堂

教育在实现“两个一百年”奋斗目标、实现中华民族伟大复兴中国梦的历史进程中，具有不可替代的基础性、先导性、全局性地位和作用。

中国领导人对于教育改革的决心和意志，始终如一，一脉相承。

党中央特别是中央领导高度重视和把握教育改革和发展的战略方向。党的十八大以后，习近平总书记不仅做出了我国发展重要战略机遇期“正在由原来规模快速扩张的机遇转变为提高发展质量和效益的机遇”这个重大判断，而且明确指出：“提高质量是教育改革发展的核心任务，是立足我国现代化的阶段性特征和国际发展潮流提出的深刻命题。”

一方面，国家现代化的总体目标不断引领着教育现代化的进程；另一方面，教育现代化的持续推进有力地支撑着国家现代化的逐步实现。

2. 建立国家教育政策体系，实现教育现代化科学治理

教育政策是一个具有不同目标、不同层级的完整系统。公共教育服务可以划分为不同的类型：第一类，基本公共教育服务，是保障国家发展和社会成员个体发展的基本教育服务，是一个国家经济社会发展水平和文明进步水平的重要标志。第二类，一般公共教育服务，是指除基本公共教育服务以外的公共教育服务。其中，基本公共教育服务具有公共性、普惠性、基础性和发展性特点。第三类，非基本公共教育服务，是指政府为满足更高层次的社会公共需求而提供的公共服务和产品，具有选择性、市场性和排他性，是社会公共服务的高级形态，旨在满足和提升更高层次教育服务需要。

第一，教育战略规划体系。1983 年，邓小平同志为北京景山学校题词：“教育要面向现代化，面向世界，面向未来。”1985 年，《中共中央关于教育体制改革的决定》进一步明确要求，教育必须面向现代化，面向世界，面向未来。2010 年，《国家中长期教育改革和发展规划纲要（2010—2020 年）》的主目标确定为：“基本实现教育现代化，基本形成学习型社会，进入人力资源强国行列。”为实现以上长远目标，分为三个阶段：一是 2020 年完成《国家中长期教育改革和发展规划纲要（2010—2020 年）》确定的战略目标，基本实现教育现代化，基本建成学习型社会，进入人力资源强国行列，为建设教育强国奠定基础。二是 2035 年基本建成教育强国，为创新型国家和人才强国奠定坚实基础。三是 2050 年成为世界级教育强国，中国模式更加成熟，成为世界教育发展的重要推动力量。

2018 年 9 月 10 日，习近平总书记在全国教育大会上指出：“加快推进教育现代化、建设教育强国、办好人民满意的教育。”全面加强党对教育工作的领导，坚持立德树人，加快补齐教育短板，教育事业中国特色更加鲜明，教育现代化加速推进，教育方面人民群众获得感明显增强。2019 年新年伊始，党中央、国务院正式印发《中国教育现代化 2035》明确提出，到 2035 年，总体实现教育现代化，迈入教育强国行列，推动我国成为学习大国、人力资源强国和人才强国，为到 21 世纪中叶建成富强、民主、文明、和谐、美丽的社会主义现代化强国奠定坚实基础。

第二，基于共同利益的行动方案。中国政府和教育规划专家想出了一个“五年行动方案”的可替代方法，即以政府任期为主，定制一个体现本届政府特别是主管副总理战略意图、工作重点和重大措施的行动方案。1999 年，在时任国务院副总理李岚清同志倡议下，教育部制定了《面向 21 世纪教育振兴行动计划》，提出了科教兴国的重要战略举措。2003 年，在时任国务委员陈至立同志的倡议下，教育部出台了《2003—2007 年教育振兴行动计划》，实施了跨世纪素质教育工程。2018 年 3 月，孙春兰副总理提出根据党的十九大精神，制定本届政府推进教育改革和发展的行动方案。这种"行动方案"集中地体现了本届政府的教育战略、教育谋划和教育政策，是政府推进教育工作的时间表和路线图，更是教育政策制定的最好体现。

公共利益是公共政策的共同基础，个性方案是解决特殊问题的针对性策略。公众参与是形成共识的过程。共识是思想观念、价值理论和利益分配的最大公约数。中国政府坚持从实际出发，正确把握不同地区、不同民族和不同人群的发展水平及特别需求，按照"一省一策""一校一策"模式，充分尊重我国地区发展不平衡、差异比较大的现状，加强分类管理、分类指导，鼓励不同区域、不同学校进行差别化探索，提高各地各校综合改革方案的针对性、实效性。同样，对于不同产业、不同时期和不同阶段，都应该有切合实际、切中要害和切实可行的特定解决方案。

第三，推进目标实现的政策体系。中国政府以公平、质量、现代化、终身学习为政策价值，构建起系统的教育政策框架体系。实现基本公共教育服务均等化，努力让全体人民享受更公平的教育，这一战略任务关乎国民基本素质，关乎社会和谐稳定，关乎民族未来发展。主要内容包括提升义务教育均等化水平、推进随迁子女待遇同城化、实现困难群体帮扶精准化和提高特殊教育服务水平等四个方面。为补齐学前教育短板，《国务院关于当前发展学前教育的若干意见》（简称"国十条"）以及《中小学和幼儿园教师资格考试标准（试行）》《中小学和幼儿园教师资格定期注册试行办法》《幼儿园建设标准》《幼儿园教师专业标准》《幼儿园教育质量评估标准》等一系列配套文件，形成全方位的政策框架，有力地促进了学前教育稳步健康发展。

3. 采取非均衡发展战略，先进地区带动落后地区共同发展

中国在教育自然资源、财政资源和人力资源并不丰富的情况下，着力于未来战略创新，通过战略理念、思想、目标及方式创新，持续激发国家、社会和人民群众发展教育的内在需要与内生动力。

一是动员国家力量，从战争智慧到发展智慧的战略运用。早在 1928 年 10 月，毛泽东在《中国的红色政权为什么能够存在？》一文中明确指出："集中红军相机应付当前之敌，反对分兵，避免被敌人各个击破；割据地区的扩大采取波浪式的推进政策，反对冒进政策。"①

① 毛泽东．毛泽东选集：第一卷［M］．北京：人民出版社，1999：

毛泽东很好地运用了中国古代军事战略思想，在战争中创造了以少胜多、以弱胜强的典型案例。新中国成立以后，毛泽东将贫穷落后国家的特点概括为“一穷二白”。对于一个贫穷落后的国家来说，“一穷”是主要问题和主要矛盾，但是贫穷既是一个现实问题，又是一个历史问题，是一个必须通过一个历史过程方能解决的现实问题。对于发展中国家想要实现国家整体的快速发展，既不现实，也不可能。

一个国家教育现代化既取决于其优势，更取决于其短板，甚至更多地取决于发展短板弥补的能力和水平。重要的策略是：利用国家动员优势，发挥地方积极性、主动性推进教育发展。为推进地方高等教育整体发展，2016 年，国务院办公厅印发《关于加快中西部教育发展的指导意见》，第一次全口径对中西部教育发展做出顶层设计。国务院印发《关于统筹推进县域内城乡义务教育一体化改革发展的若干意见》，中央政府为教育奖补资金达到 30 亿元，覆盖 573 个特困县，惠及 100 万乡村教师；采取各项措施逐步消除义务教育城乡二元结构壁垒。同年，国务院审议通过《教育脱贫攻坚行动计划（2016—2020 年）》，正式启动“职业教育东西协作行动计划”，让更多的西部地区贫困家庭孩子接受优质职业教育。

二是以试点为引领，以点上突破带动整体发展。中国人创造了一个词语：脱颖而出。如何实现脱颖而出？物理学上有一个原理告诉我们：在最小的面积上施加足够的力。因此，在整体贫困的情况下，发展中国家只有一条路可走——集中国家整体财力，才能实现办大事目标。整体中国采取这种战略，各个地区同样也采取这种战略，这就是毛泽东在论持久战中所说的“集中兵力，打歼灭战”的方式，通过局部地区的相对优势，实现局部发展的战略目标。通过点上的突破，带动局部的发展；再通过局部的发展，以点带线，以线带面，从而带动和实现国家的整体发展。

在实施义务教育均衡发展 38 个试点的基础上，教育部与 27 个省（区、市）和新疆生产建设兵团签署了义务教育均衡发展备忘录。中央与地方政府确定全国 2 528 个县要在 2020 年前实现县域均衡发展。

①启动农村薄弱学校建设计划，持续弥补教育发展短板。2010 年中央财政安排资金 81.9 亿元，2011 年投入 85.3 亿元。2011 年启动实施第二期“中西部农村初中校舍改造工程”，下达资金 30 亿元。

②实施中小学安全工程。2009—2011 年中央共安排资金 280 亿元。建立了涵盖每一所学校、每一栋校舍的信息安全档案。

③ 2010—2011 年，中央财政安排 79.6 亿元补助和奖励专项资金，用于支持解决随迁子女接受义务教育问题。

2016 年 7 月 2 日发布的《国务院关于统筹推进县域内城乡义务教育一体化改革发展的若干意见》要求巩固和均衡发展九年义务教育。2017 年 3 月 5 日，政府工作报告提出，统一城乡义务教育学生“两免一补”政策，提升公共教育服务水平，进一步缩小教育发展区域差距、城乡差距和校际差距。

三是运用差距杠杆，撬动整体教育渐进式发展。这种杠杆效应发挥得适当和科学，能够激发现代化追赶国家的集体目标，成为后发者的战略动力。中国领导人十分清楚地认识到自己国家与发达国家之间存在的发展差距，采取“化整为零”的长期追赶战略，通过以时间换空间的战术，通过积小胜为大胜的方式，分阶段、分地区、分人群地逐步实现发展目标。

习之堂

发展中国家与发达国家在发展水平、发展质量上存在一种历史形成的“现实差距”，这种差距既是一种“自然状态”，也是一种杠杆，对于发展中国家更是一种动力。

4. 创新教育共治模式，形成教育现代化的地方力量

中国是一个中央统一领导的国家，各地方政府负有管辖和治理区域发展的责任，并在公共事业发展中发挥着重要的作用，在推进教育现代化进程中，地方享有教育改革、教育创新和推进教育发展的自主权。地方政府始终是推进国家教育现代化的一支不可忽视的重要力量。区域发展不平衡是发展中国家特别是中国教育现代化进程中存在的普遍现象，如表 6-3 所示。

表 6-3　不同地区按教育发展指数（EDI）大小的分类

按 EDI 分类	发达 (100 ≥ EDI ≥ 85	较发达 （85>EDI ≥ 70）	发展一般 （70>EDI ≥ 60）	发展滞后 （60>EDI）
京津沪	北京、上海	天津	—	—
东部	—	浙江、辽宁、江苏、广东、吉林	山东、福建、河北、海南、黑龙江	—
中部	—	—	湖北、山西、湖南、江西、河南、安徽	—
西部	—	—	重庆、陕西、四川、新疆、内蒙古、宁夏	广西、甘肃、青海、云南、贵州、西藏

资料来源：闵维方 . 中国教育与人力资源发展报告 2005—2006［M］. 北京：北京大学出版社，2006：170. 原文中部采取 8 省的口径，本文做了调整。

中国政府在推进教育现代化进程中，正视发展不平衡的问题，运用治理智慧，克服发展不平衡带来的挑战，利用不平衡带来的发展势能，通过东中西地区、城乡地区发展特点制定有针对性的发展战略和发展政策。一方面，基于国家现代化全局，推进和实施国家级教育项目，努力解决教育现代化进程中全局性、整体性和战略性问题；另一方面，中央与地方联手推进教育发展。通过签约义务教育普及协定、省部共建高等学校、教育精准扶贫等多种形式，形成国家与地方教育现代化合力。一方面，依靠地方政府实现教育发展，在国家动员机制的同时，发挥地方在教育发展中的积极性，形成区域教育现代化的竞争机制；另一方面，建立区域教育现代化合作机制，通过京津冀、长三角、粤港澳大湾区等区域教育合作，形成区域合力，实现区域共享，区域共同发展。

《中国教育现代化 2035》指出，要建立协同规划机制、健全跨部门统筹协调机制，建立教育发展监测评价机制和督导问责机制。2019 年 7 月，国务院教育督导委员会办公室印发了《2019 年对省级人民政府履行教育职责评价方案》规定，要对省级人民政府重点评价 15 项教育职责的履行情况，国务院教育督导委员会办公室采取“一对一”方式向受检省份反馈评价意见。

5. 建立风险防范机制，稳步推进教育现代化

国家现代化进程并非一帆风顺，特别是发展中国家现代化路途更是充满艰辛和风险。现代化发展过程中通常受到外部压力和内部冲突两种力量的影响，更为重要的是没有一个国家能够保证在现代化的道路上不走弯路，不犯错误。既然这样，如何看待和对待错误是国家领导人素质和能力的重要体现。

1989 年 3 月 23 日，中央军委主席邓小平在人民大会堂会见应邀来访的乌干达共和国总统约韦里·卡古塔·穆塞韦尼时说，“在过去的 10 年中，我们有可喜的发展，中国的经济、生活水平可以说上了一个台阶。发展中也出现了新的失误，但主要的还是我们的成就，因为在 10 年中翻了一番是不容易的，这是坚持‘四化’路线、坚持改革开放政策带来的，路线、方针、政策是正确的。我们大错误没犯、小错误没断，因为我们没有经验，今后这也难以避免。”小平同志睿智地发现和预测了中国现代化的中长期挑战与风险。

在教育现代化进程中，中国借鉴了拉丁美洲教育过程发展教训，避免了教育民粹主义，避免了自由市场的消极影响。创造了中国特色社会主义教育发展理论，将义务教育作为重中之重，作为公共教育服务体系的首要内容。为实现国家现代化，大力发展高等教育和职业教育；在此基础之上，推进学前教育和普通高中教育发展，进入 2015 年之后，更加重视家庭教育和社会教育发展。为努力补齐家庭教育的短板，《中国教育现代化 2035》在家庭教育方面明确提出："丰富家庭教育资源，加强对家长的教育指导服务，通过家长、学校、家长会、家长委员会等多种形式，引导家长树立正确的教育观念，掌握科学教育方法，注重家风建设，推进家庭学校共同育人。""教育、妇联等部门要统筹协调社会资源支持服务家庭教育。"因此，家庭教育现代化是人的现代化的起点，并在一定程度和水平上决定着一个国家现代化的水平；家庭教育的水平决定着学校教育的质量和水平。

（四）教育现代化新时代

中国正在进入建设社会主义现代化教育强国的新时代。2019 年 2 月 23 日，中共中央、国务院印发了《中国教育现代化 2035》，这是新时代中国教育现代化发展的宏伟蓝图，是推进中国教育现代化的纲领性文件。《中国教育现代化 2035》关系到每个人和每个家庭。

中国特色社会主义进入新时代，这是中国经济社会和教育发展新的战略方位。2018 年 9 月 10 日，全国教育大会在北京召开，习近平总书记再次强调："加快推进教育现代化、建设教育强国、办好人民满意的教育。"新时代教育发展的总战略是优先发展，总方向是教育现代化，总目标是建设教育强国，总任务是立德树人，总追求是办人民满意的教育。社会主义现代化教育进入新时代的核心标志是：

习之堂

中国正走在教育现代化的新时代。这是一个中国从教育大国迈向教育强国的新时代，是中国教育服务于经济社会高质量发展的新时代，是中国人民享受世界先进水平教育的新时代，更是一个中国教育走向世界舞台中央的新时代。

第一，中国教育从大到强、建设教育强国的新时代。教育强国是教育综合实力、培养能力、国际影响力和竞争力具有突出地位和强大世界影响的国家。2020 年，全面落实《国家中长期教育改革和发展规划纲要（2010—2020 年）》，实现或超过全面建成小康社会的教育目标，提前 15 年基本实现教育现代化，基本形成学习型社会，进入人力资源强国行列，教育发展的主要指标达到高收入国家水平。2035 年，教育质量和教育竞争力、影响力全面提升，提前 15 年基本建成现代化教育强国、进入人力资源强国先进行列。教育综合实力、竞争力和影响力全面提升，将更多地承担国际教育责任，参与国际教育治理。

教育兴则国兴，教育强则国强。建设教育强国是中华民族的百年梦想。党的十九大报告提出："建设教育强国是中华民族伟大复兴的基础工程。"经过 70 多年特别是改革开放后 40 多年的发展，我国已经成为全球第一教育大国，教育发展水平达到世界中等收入国家领先水平。但是，仍然不是一个教育强国。要推进和实现中国教育从大到强，建设教育强国，需要教育体系、教育制度、教育资源和发展方式上加强战略布局、整体谋划和精心实施。

第二，中国人民享受世界水平现代化教育的新时代。中国教育普及水平和质量整体达到世界水平，构建起世界最大规模的现代化教育体系，人人学习、处处学习、时时学习的学习型社会日趋成熟，社会主义教育体系和教育制度进入成熟阶段。新增劳动力人均受教育水平将进入世界第一梯队。2035 年高中阶段教育普及率达到 98% 左右；高等教育毛入学率达到 60% 以上；新增劳动力受教育年限将达到 15 年左右，实现与最发达国家同起点、高质量发展。

从 2020 年到 2035 年，人民平等参与发展权利得到充分保障；人民生活更加富裕，中等收入人群比例明显提高，城乡区域发展差距和居民生活水平差距显著缩小，基础公共服务均等化基本实现，全体人民共同富裕迈出坚实步伐。我们认为，受教育权是全体人民平等参与发展的最重要的权力。中国将成为社会主义现代化强国，也将成为世界教育最发达的国家之一，教育与人力资源开发水平处于世界前列。2035 年，我国将在总体上实现教育现代化，教育总体发展水平达到发达国家平均水平，全体人民受教育水平和可持续发展能力全面提升。换句话说，中国新增劳动力人均受教育水平将进入世界第一梯队，这对拥有 14 亿人口的社会主义中国具有里程碑性的重大意义，对于世界人力资源开发同样也具有里程碑性的意义。

第三，中国教育服务于经济社会高质量发展的新时代。中国教育现代化和人的全面现代化，将全面提升国家现代化水平。中国人力资源总量将继续保持世界第一，受过高等教育的人口规模将有望超过 23 个发达国家的总和，并将成为唯一一个有可能进入人力资源强国的发展中国家。2035 年，中国人力资源开发将进入高层次开发阶段，人均受教育年限有望达到 12 年以上；全国主要劳动人口中高等教育文化程度者的比例达到 35%～40%，为经济发展带来"第二次人口红利"和创新动力。教育的服务能力、服务水平和服务质量全面提升，保障经济社会稳定、健康、高质量发展。

人口质量是经济社会发展的决定因素。高质量的教育将培养高水平的人才，将促进生产要素的改变和提升，为未来我国经济发展提供新动力，实现从传统产业到现代产业的转变，促进产业发展模式向低耗能、低污染、绿色低碳产业转变，国家创新能力和水平不断提升，为建成创新型国家做出贡献。

第四，中国教育走向世界教育舞台中央的新时代。习近平总书记在全国教育大会上明确指出：要扎根中国大地办教育。教育发展水平要同我国综合实力和国际地位相匹配。世界教育中心城市发展是一个逐渐成长的过程，作为一个拥有 5 000 年文明史的中华民族，需要有世界级的教育中心城市。我们预测，到 2035 年，在北纬 30°～45° 之间，将形成以德国（柏林）、英国（伦敦）、美国（纽约—华盛顿）、日本（东京）和中国部分城市为主的 21 世纪世界教育中心城市带，共同引领和带动世界教育发展。北京将代表国家成为世界级教育中心，上海、天津、广州、成都将率先成为区域性国际教育交流与发展中心。

中国将实现从战略追赶向战略自信的转变，中国教育发展经验、发展道路、发展模式和发展理论将为解决世界教育发展问题提供中国智慧和中国方案，为发展中国家提供典范，真正实现战略自信、道路自信、理论自信、制度自信和文化自信。

中国教育现代化具有特色品质和共同价值。2017 年 1 月 18 日习近平同志在联合国日内瓦总部的演讲中指出："世界怎么了？我们怎么办？这是整个世界都在思考的问题。中国方案是，构建人类命运共同体，实现共赢共享。"到 2035 年，在一个拥有 14 亿人口的发展中大国实现教育现代化是人类教育历史上的最重要事件和重要里程碑。从教育现代化缘起和动力两方面分析，世界各国现代化模式可以分为先发内源型、先发外源型、后发内源型和后发外源型四种模式，中国现代化是一种后发内源式现代化。这种内在动力来源于中华文化，来源于制度优势，来源于全民参与，更来源于党的正确领导。

中国特色社会主义教育现代化是世界教育现代化的重要组成部分。中国学习借鉴了发达国家现代化的经验，并基于中国社会特点和优势进入模式创新，走出了一条有中国特色的社会主义现代化道路。公平、质量、现代化、终身学习都是世界教育的共同价值，更是中国教育为世界教育提供的中国实践和典型范例。中国教育现代化的成功是对世界教育的重要贡献，向世界贡献中国智慧、中国经验、中国方案是中国教育的责任，也是中国教育现代化的世界意义。中国教育现代化智慧启示世界，中国教育现代化方案推动世界，中国教育现代化成就贡献世界。中国教育现代化将开辟一个发展中人口大国教育现代化的范例，为发展中国家实现教育现代化提供经验和希望。中国教育应该为构建人类命运共同体做出历史性贡献。

学习之堂

中国教育现代化是一种不成熟、不平衡和不全面的现代化状态，可以称其为“青涩现代化”。[①]

一方面，中国是一个发展中国家，在教育现代化进程中处于追赶位置，教育发展阶段与发展水平与发达国家存在差距。尽管这种差距在不断缩小，但是依然相对落后；另一方面，在中国教育整体现代化进程中，发展是不平衡的，北京、上海等发达地区教育发展水平追赶上发达国家平均水平，城市地区教育与发达国家差距正在明显缩小，而广大农村地区、西部地区和少数民族地区则仍存在巨大差距；更为重要的是，区域之间、学校之间和不同人群之间教育水平和质量差距明显，初步实现了教育机会公平，教育过程特别是教育质量公平尚未实现。更为形象地说，每一个学龄儿童都能够有一把椅子在学校上课，但是人民大学附小与贵州山区的孩子所享受到的教育质量是完全不同的。中国教育面临新的国际挑战和内部压力。

1. 发达国家教育发展对于中国的新挑战

OECD 确立“未来的教育与技能：教育 2030”（*Future of Education and Skills*：*Education* 2030）项目，旨在帮助各国在两个重大战略问题上找到答案，即今天的学生需要什么样的知识、技能、态度和价值观，才能在 2030 年健康成长并主动构建属于他们的未来世界？教学系统如何才能有效地培养学生具备这些知识、技能、态度和价值观？

构建面向 2030 年的关键能力框架，即是回答面向 2030 年的学生应该学什么。OECD 将四个议题整合进 2030 年的关键能力框架中：一是加速发展与变革传统学科课程，设计适应 21 世纪的知识和理解；二是重新思考塑造人类行为的技能、态度和价值观；三是每一个学习者应该掌握反思自己学习的能力；四是每一个学习者应该努力获得一套关键能力，例如自主行动的能力。能够调动知识、技能、态度和价值观，以及反思学习的过程，其中态度和价值观主要包含尊重、信任、责任、自信、成长型思维等。

2. 人口结构变化对于教育提出的挑战

第一，中国人口生产进入到“严重少子化”时代。一般而言，人口学家认为，一个社会 0～14 岁人口占比 15%～18%

① 此为本书作者总结。

为“严重少子化”，15% 以内为“超少子化”。根据全国第六次人口普查数据统计，目前中国 0～14 岁人口仅占 16.60%，比 2000 年人口普查下降 6.29 个百分点。中国 0～14 岁人口比例从 1950 年的 33.5% 下降到 20.9%，下滑幅度快于全球，其中 1960—1970 年间，该比例达到或接近 40%。新生人口在生活、教育和就业方面形成巨大压力。人口出生规模和速度直接影响人口结构。中国在实施计划生育 36 年后，现在已跻身劳动力逐年减少的国家行列，并与老龄化叠加。2012 年劳动力减少 345 万人，2013 年劳动力减少 244 万人，2014 年减幅更创下纪录。专家已认定中国是“超低生育率国家”。

第二，中国老龄化的速度严重超过预测。中国社科院发布的《2014 年中国社会形势分析与预测》蓝皮书显示，2013 年我国 60 岁及以上老年人口已达 2 亿人；全国老龄工作委员会办公室有关负责人指出，今后 20 年，中国将年均增加 1 000 万老年人口；到 21 世纪中叶将迎来老龄化高峰，老年人口预计达 4.87 亿人。中国的老龄化水平在 2020 年将会是 12%，但在 2021 年至 2050 年则会迅速增加到 23%。中国现有 60 岁以上的老年人 1.4 亿人，2020 年将增至 2.4 亿人，2050 年将增至 4.36 亿人。人口转变最直接的影响是将来越来越重的老年抚养负担。作为中国的时代，崛起的经济总资源的份额将从工作年龄的成年人转移到非工作的长辈。2010 年，中国老龄抚养比 7.8：1，2030 年和 2050 年将分别降至 3.8：1 和 2.4：1。从 2015 年左右开始，中国劳动年龄人口将达到高峰并开始下滑，人口的生态将发生剧变，未来将面临重大的人口结构压力。迅速老龄化对于处在发展中阶段的中国是一个前所未有的重大挑战。老龄抚养比上升，将增加对劳动者和家庭的压力，同时必将出现在公共预算的扩大和税率的提高，影响国家综合实力提升和人民生活水平提高。

第三，劳动力结构发生根本变化。以年龄为限，人口结构可以划分为 0～14 岁、15～64 岁和 64 岁以上三个阶段，这是划分人口结构的三项重要指标。三个层次人口结构比例和规模的变化，直接引发教育结构、劳动力结构和人力资源供给与需要的变化。中国统计显示，到 2013 年末，中国总人口（不包含香港、澳门和台湾地区以及海外华侨人数）136 072 万人，人口自然增长率为 4.92‰。长期而言，中国劳动力结构比例仍将长期保持在 70% 左右。其人口结构变化的突出特点是 0～14 岁学龄人口逐渐减少，60 岁以上人口规模迅速上升，非劳动力人口和老年抚养比增加。

2013 年，出生人口性别比为 117.60。独生子女家庭占家庭总数的 37%，“4-2-1”家庭结构逐渐成为主流结构。2015 年人口调查数据显示，大陆 31 个省、自治区、直辖市和现役军人的人口中，具有大学（指大专以上）教育程度人口为 17 093 万人；具有高中（含中专）教育程度人口为 21 084 万人；具有初中教育程度人口为 48 942 万人；具有小学教育程度人口为 33 453 万人。[①]“十三五”期间劳动年龄人口总量年均将减少 183.29 万人，2021—2030 年期间年均减少 304.67 万人。

表 6-4　1964—2015 年中国每十万人口受教育程度

普查年份	大专以上 / 人	高中和中专 / 人	初中 / 人	小学 / 人
1964	416	1 319	4 680	28 330
1982	615	6 779	17 892	35 237
1990	1 422	8 039	23 344	37 057
2000	3 946	11 746	35 813	38 210
2010	8 930	14 032	38 788	26 779
2015	12 445	15 350	35 633	24 356
1964—2015 年变化	+ 289.1%	+105.4%	+65.2%	-14.03%

资料来源：（1）国家统计局 . 中国人口统计年鉴［M］. 北京：中国统计出版社，2001.

（2）2010 年数据来自于全国第六次人口普查公报，http：//www.stats.gov.cn/tjgb/rkpcgb/qgrkpcgb/t20110428_402722232.htm.

（3）2015 年数据来自于国家统计局发布报告显示：全国人口受教育程度提升明显［EB/OL］. https：//www.sohu.com/a/70532777116897.

注：比例为本书作者计算。

中国人均受教育年限区域差距。从 2000 年全国 15 岁及以上人口受教育程度看，人均受教育年限为 7.79 年。东部地区平均受教育年限为 8.16 年，中部地区为 7.87 年，西部地区为 7.12 年；平均受教育年限超过 10 年的省份（自治区、直辖市）有北京（10.29 年），超过 9 年的有上海（9.53 年）、天津（9.33 年）。最低的分别是西藏（3.11 年）、贵州（6.04 年）和青海（6.08 年）。人均受教育年限最高的北京与最低的西藏相差 7.18 年。

总之，从 2030 年人口趋势来看，一方面，中国因老龄化到来，老龄扶养比上升，养老负担加重；我国老龄人口迅速增长，人口老龄化程度加快。2020 年 60 岁以上人口达到 2.66 亿人，所占比例将从 2010 年的 13.24% 提高到 18.70%，2030 年将提高到 27.35%。“十三五”期间劳动年龄人口总量年均将减少 183.29 万人，2021—2030 年期间年均减少 304.67 万人。我国已进入人口老龄化国家，这种情况的出现，短期内可以

① 国家统计局 . 2015 年全国 1% 人口抽样调查主要数据公报［EB/OL］.（2016-04-20）［2019-04-20］. http://www.stats.gov.cn/tjsj/zxfb/201604/t20160420_1346151.html.

减轻中国教育压力，有利于快速提升中国人均受教育年限和人力资源开发水平。幼儿扶养比下降，学前教育、义务教育入学压力相对减轻，有利于进一步提高学校发展水平，提升教育质量。幼儿扶养比下降，社会负担相对降低，社会资本可以更多地用于儿童教育发展。而从长期分析，中国人力资源面临长期深度隐忧。这将对中国新生人力资源供给产生长期负面效应，直接影响人力资源结构、资源供给和人力成本，必须科学地加以对待。

习之堂

人口老龄化和少子化将使得中国从一个人力资源“无限供给”的国家，转变为一个新生劳动力结构性短缺的国家。

《中国2010年人口普查资料》数据显示，2010年全国总和生育率为1.18，低于事先统计的1.54。其中城市为0.88，镇为1.15，乡村为1.44。中国总和生育率远低于国际通行（2.1）的人口替代水平。

人口出生政策调整成为大趋势。人口总和生育率过低影响社会经济发展。2013年，在计划生育政策正式实施40年之际，中国实现了从人口过快增长到低生育率的战略转变。

中国人口的主要矛盾已经不再是增长过快，而是人口红利消失、临近超低生育率水平、人口老龄化、出生性别比失调等问题。《中共中央关于全面深化改革若干问题的决定》指出：“坚持计划生育的基本国策，启动实施一方是独生子女可生育两个孩子的政策，逐步调整完善生育政策，促进人口长期均衡发展。”中国人口的超低生育率已延续30年之久，实行“单独二胎”政策将使中国人口结构更为健康、完善，并将有利于稳定适度低生育水平，促进人口长期均衡发展，促进人口与经济、社会、资源、环境的协调和可持续发展。但这一政策的扩大效应，将可能引发一次人口出生的小高峰，这直接影响学龄人口规模和教育规模。

2015年，为了进一步改善人口结构，提升人民群众生育积极性，《中共中央关于制定国民经济和社会发展第十三个五年规划的建议》提出：“全面实施一对夫妇生育两个孩子的政策。”在“十三五”期间实行“普遍二胎”政策在一定程度上缓解中国新生人口下降过快趋势，促进人力资源结构良性改善、劳动力可持续增长和人口可持续发展。

表 6-5　2015—2035 年我国人口年龄及构成预测

年份	各年龄段人口数 / 亿人			各年龄段人口数占总人口比例 /%		
	0～14 岁	15～64 岁	60 岁以上	0～14 岁	15～64 岁	60 岁以上
2015	2.43	9.99	2.27	17.46	71.84	16.33
2020	2.46	9.85	2.66	17.30	69.21	18.70
2030	2.00	9.60	3.93	13.94	66.87	27.35
2035	2.06	8.18	4.18	14.39	57.07	28.54

资料来源：2030 年数据是据全国第六次人口普查资料建立人口仿真模型测算的结果。2035 年数据是联合国预测数。联合国预测：2035 年中国 0～14 岁人口数量或将降至 2.06 亿，http：//mp.163.com/v2/article/detail/DD1R0KFE0526AIMG.html.

2030 年，在中国 300 多个地级城市中，将有 60 个城市城镇化率达到或接近 80%。世界银行预计在未来的 20～25 年内，中国还会有另外 3 亿人移居城市。这也会使中国成为全世界首个拥有超过 10 亿城市人口的国家。2030 年，中国将新增 3.1 亿城市居民，城镇化水平将达到 70%。届时，城市人口总数将超过 10 亿人。大城市特别是特大城市发展，对于中国教育提出了全新的挑战和需求。城市对国内生产总值的贡献将达到 75%。2030 年，中国在世界 10 大城市中将占据 7 个席位，其市场发展前景十分广阔。另据全国老龄工作委员会数据显示，从 2015 年到 2035 年，我国将进入急速老龄化阶段，老年人口将从 2.12 亿人增加到 4.18 亿人，占比提升到 29%。

习之堂

英国学者维克托·迈尔·舍恩伯格和肯尼思·库克耶在其著作中提出世界进入大数据时代："大数据开启了一次重大的时代转型。""这仅只是一个开始，大数据时代对我们的生活，以及与世界交流的方式都提出了挑战。最惊人的是，社会需要放弃它对因果关系的渴求，而仅需关注相关关系。也就是说只需要知识是什么，而不需要知道为什么。这就推翻了自古以来的惯例，而我们做决定和理解现实的最基本方式也将受到挑战。"①

3. 科学技术革命带来的机遇与挑战

大数据是以容量大、类型多、存取速度快、应用价值高为主要特征的数据集合。21 世纪，数据成为最重要的战略资源之一，人类开始拉开从小数据时代进入大数据时代的序幕。

互联网时代的教育深刻变革。互联网是 20 世纪最伟大的

① 舍恩伯格，库克耶．大数据时代：生活、工作与思维的大变革［M］．盛杨燕，周涛，译．杭州：浙江人民出版社，2013：9．

发明之一。“20 世纪 70 年代以来，信息革命带来的变化是那么巨大，人类不得不努力适应新的生活空间——网络空间（赛博空间）。[①]

在仅仅 25 年间，互联网将世界日益紧密地联系在一起，成为一个不可分割的地球村，人类世界的政治、经济、军事、科技和教育越来越离不开互联网，人们的生存、生产和生活也因互联网而变得更加丰富多彩。联合国下属机构国际电信联盟最新全球互联网年度报告显示，2014 年，全球互联网网站数量破 10 亿，网民数量逼近 30 亿人，移动互联网连接数将达到 70 亿。发展中国家是互联网发展最快的地区，同时在仍没有接入互联网的家庭中有 90% 位于发展中国家。2013 年，中国大陆在有 157 个国家参与的全球信息与技术排名中位居第 78 位。2016 年，中国全球排名上升三位列第 59 位[②]。有关组织预测，2025 年全球网民数量将增加到 50 亿人。

智慧社会是运用大数据、云计算、物联网、空间地理信息集成等新一代信息技术，促进城乡规划、建设、管理和服务智慧化过程的新模式。人工智能无疑是推进知识社会建设的新引擎。从人类活动方式分析，智慧社会包括智慧生产、智慧生活、智慧学习等三个层面。从城乡结构分析，智慧社会包括智慧城市和智慧乡村建设两大板块。要主动引导学习方式革新，推进人类学习方式向智慧互联演变，从学习资源获取、学习过程记录、学习成果累积到学习成果使用，都可以快速数字化、个性化和高效化，建设智慧学习城市和智慧学习乡村。要利用人工智能，推进学习资源供给的智能化、学习成果记录的智能化、学习质量评价的智能化，培养学生的批判能力，为终身学习奠定基础。在城乡生产、生活、治理、服务一体化的同时，促进城市学习资源共建、共享。人们将在物理空间和赛博空间等两个空间里往返。我们已经目睹信息化、数字化和网络化浪潮席卷全球、因特网爆炸性成长、电子商务和电子政务走进生活等，未来还会体会电脑网络、通信网络和媒体网络的数字化统一，我们工作和生活的方方面面都经受着数字化网络的洗礼。知识社会也是一个网络社会和信息社会。”

互联网背景下的学习革命。2012 年被视为慕课（MOOC）元年。大规模、在线和开放是慕课的三大突出特点。大规模网络公开课程（Massive Open Online Courses，MOOCs）是国际高等教育机构将大学课程与远程教育技术相结合的产物，旨在帮助世界各国学生自主选择课程、自主学习，并扩大各国高等教育的世界影响。MOOC 课程

---

① 教育部．国家教育现代化研究总报告［R］．未发表．

② 2016 年球信息技术报告：中国全球排名上升三位列第 59 位［EB/OL］．（2016-07-07）［2019-03-21］．http://news.cri.cn/20160707/f0d9d9dd-956e-4b0f-8e4a-63bbaecfea43.html．

学习之堂

“互联网 + 教育”构成了一种全新的、开放互联的学习环境，具有开放性、分布式和协作共享的特点。

涵盖理、工、文等各个学科，由世界著名大学教授录制，通过各个不同的 MOOC 平台向学习者提供。

“互联网 + 教育”，就是将互联网基因与现代教育思想、教育资源和教育需求紧密结合、相互融通，形成新的教育观、课程观、学习观和发展观。

这为学校教育、学习方式的改革提供了技术路径和现实可能，“互联网 + 教育”背景下产生了“互联网 + 学校”“互联网 + 教师”“互联网 + 学生”等一系列的学习形态。学习时空从封闭走向开放，学习方式从集中走向分散，学习内容从系统化走向碎片化，学习评价从标准化走向个性化。实体空间与虚拟空间相结合的学习空间建设成为教育发展和学习建设的新主题。“互联网 +”教育思想、教育体系、教育制度的深刻变革，呼唤教育实践和教育理论的伟大创新。互联网教育可以引入文本、视频、动画、图片等多种元素，创立模拟课堂、在线互动、线上问答等立体多维的学习模式。中国浙江温州市开展了“智慧校园建设工程”，启动建设 100 多所智慧校园，800 多个智慧教室。推广使用集身份识别、成长记录、综合消费、社会服务和安全管理为一体的“智慧教育卡”，促进知识教育建设。

表 6-6 显示，2000 年中国每十万人口各类教育在校生数呈现“两端低、中间高”的“哭脸”形状[①]；以小学三年在校生数为基准，2000 年各级教育在校生之间比例 0.34∶1∶0.96∶0.38∶0.14，教育发展处于低层次普及阶段；2018 年，每十万人口在校学生变化增长情况，呈现出学前教育、高等教育在校生规模大幅上升，小学、初中下降，高中在校生稳步上升，呈现“笑脸”状态。同样，以小学三年在校生数为基准，2018 年各级教育在校生之间比例 0.90∶1∶0.90∶0.76∶0.72[②]，教育发展处于低层次普及阶段，

① 小学六年分为两个三年统计，每阶段平均在校生规模为 4 179 人。下同，2018 年小学每阶段平均为 3 709 人。

② 特别注释：这一比例与各年龄段的人口出生数有直接关系，不能简单地推论各级教育之间的非在校生比例。

即各级教育之间均衡指数大幅改善；由此也表明，中国各级教育普及水平持续提升，教育发展能力均衡发展。

表 6-6　2000—2018 年每十万人口各级教育在校生数变化情况

年份	学前教育 / 人	小学 / 人	初中阶段 / 人	高中阶段 / 人	高等教育 / 人
2000	1 782	10 335	4 969	2 000	723
2005	1 676	8 358	4 781	3 070	1 613
2010	2 230	7 448	3 955	3 504	2 189
2015	3 118	7 086	3 152	2 965	2 524
2016	3 211	7 211	3 150	2 887	2 530
2017	3 327	7 300	3 213	2 861	2 576
2018	3 350	7 418	3 347	2 828	2 658
变化情况 /%	87.99	−28.22	−32.64	41.40	264.34

资料来源：根据教育部规划司《2018 全国教育事业发展简明统计分析》整理。

以上数据显示，教育发展的总体趋势是：每十万人口中学前教育在园儿童规模增长迅速 87.99%；每十万人口中小学在校学生规模下降 28.22%；每十万人口中初中在校生人数从 4 969 人降至 3 347 人，明显下降 32.64%；每十万人口中高中阶段在校生人数变化则较快上升 41.40%，这或许与人口出生率有关。特别值得关注的是，每十万人口中高等教育在校生人数从 723 人，增至 2 658 人，增长率为 264.34%，高等教育快速发展格局明显。

4. 中等收入群体带来机遇与挑战

中等收入群体是社会群体中一个重要的群体。2016 年 5 月 16 日，习近平总书记在中央财经领导小组第十三次会议提出："扩大中等收入群体，关系全面建成小康社会目标的实现，是转方式调结构的必然要求，是维护社会和谐稳定、国家长治久安的必然要求。扩大中等收入群体，必须坚持有质量有效益的发展。"据有关专家研究，我国中等收入群体比例大体为 20.1%，大大低于美国（37.3%）和日本（59.5%）的水平。

中等收入群体是一个经济收入较高，教育期望值高，动态变化易于出现社会性焦虑的群体。缓解中等收入群体教育焦虑问题，既是一个教育问题，更是一个社会问题和政治问题。未来中等收入群体将成为社会的中坚力量，必须高度重视这一群体在教育方面所表现出来的焦虑现象和背后根源，认识这一问题的长期性和阶段性特点，从教育理念、制度安排和政策取向等方面加以深入细致地研究，制定有针对性、有实效、有获得感的政策与对策。

中等收入群体是重要的社会群体，在经济社会发展中发挥着重要的“中腰”支撑作用；扩大中等收入群体是国家经济社会发展的长期策略。党的十六大报告提出：“以共同富裕为目标，扩大中等收入者比重，提高低收入者收入水平。”①《中华人民共和国国民经济和社会发展第十三个五年规划纲要》提出：“实行有利缩小收入差距的政策，明显增加低收入劳动者收入，扩大中等收入者比重。”

《全球财富报告 2015》显示，美国依然是全球最富裕的国家，中国取代日本成为全球家庭财富总值第二国家，并以 1.09 亿的中等收入群体人数，位列全球第一。2019 年 OECD《影响教育的趋势》报告预测：在未来十年内，世界上人口的大多数将由中产阶层构成，这一趋势主要受中国和印度驱动，这两个国家将构成全世界中产阶层新成员的 90%。报告同时指出：“这不仅将迫切需要为更多人提供更好的教育，而且这些更苛刻的客户也对教育寄予了更高的期望。”

2016 年 5 月 16 日，习近平主持召开中央财经领导小组第十三次会议，分别研究落实供给侧结构性改革、扩大中等收入群体工作并强调指出：“扩大中等收入群体，关系全面建成小康社会目标的实现，是转方式调结构的必然要求，是维护社会和谐稳定、国家长治久安的必然要求，要在发展中不断扩大中等收入群体。扩大中等收入群体，必须坚持有质量有效益的发展，保持宏观经济稳定，为人民群众生活改善打下更为雄厚的基础；必须弘扬勤劳致富精神，激励人们通过劳动创造美好生活；必须完善收入分配制度，坚持按劳分配为主体、多种分配方式并存的制度，把按劳分配和按生产要素分配结合起来，处理好政府、企业、居民三者分配关系；必须强化人力资本，加大人力资本投入力度，着力把教育质量搞上去，建设现代职业教育体系。”

中等收入群体具有高学历、高期望值、高社会心理压力和低稳定性四大特点。中国社科院社会政法学部、中国社科院国家治理研究智库《中等收入群体的分布与扩大中等收入群体的战略选择》报告显示，按总人口计算，中国有 4.5 亿多人口属于中等收入家庭。如果将中间收入群体、中上收入群体和高收入群体相加在一起，则大约有 6 亿人口属于中等收入以上家庭。中国目前低收入群体占比重为 35%，中低收入群体占 22.7%，中间收入群体占 19.6%，中高收入群体占 14%，高收入群体占 8.7%。

在 2017—2021 年五年间，中国经济平均增速在 6.5% 左右；在 2023 年前后，中

① 2017 年国家统计局相关报告指出，低收入群体是指调查对象月收入在 2 000 元以下的群体；中等收入群体是指月收入在 2 000～5 000 元的群体；较高收入群体是指月收入在 5 000～10 000 元的群体；高收入群体是指月收入在 1 万元以上的群体。此外，按照世界银行的标准，中等收入标准为：成年人每天收入在 10～100 美元，也即年收入 3 650～36 500 美元。按照美元与人民币 1∶7 的保守汇率计算，世界银行中等收入标准为 2.5 万～25 万元。

国人均 GDP 预计将超过 12 500 美元的国际分界线，跨越“中等收入陷阱”；在 2029 年前后，中国 GDP 规模预计将超过美国，成为世界第一大经济体；在 2049 年，中国占全球经济份额将提升至约 26.9%，接近历史峰值。同时，2015 年全球财富报告显示：中国中等收入人数居全球第一。2019 年《全球财富报告》出炉：中国超高净值人群全球第二，“全球富裕人口”数量首超美国。

扩大中等收入阶层规模，对于我国经济社会发展和教育发展具有十分重要的积极作用。第一，扩大中等收入群体是实现共同富裕的重要手段，是实现全面小康社会建设战略目标的重要任务，对于第二个百年乃至国家整体现代化进程具有重大战略意义。第二，扩大中等收入群体比重对于实现我国城乡居民消费模式转型具有重要作用。一般而言，低收入阶层的消费模式为生存性消费，中等收入阶层开始从生存型消费向发展型消费转变，高收入阶层则从发展型消费向享受型消费转变。在食品消费、日用工业品消费的基础上，发展型消费更多地倾向教育、卫生、健康、保险等消费，拉动国家和地方第三产业发展。第三，中等收入者是重要的生产要素和社会进步的力量之一。中等收入群体经过多年的积累，拥有资本、知识、技术和管理要素。他们以自己的知识资本、社会资本推动社会经济发展，又以其较为丰富的金融资本、消费能力和高层次教育与人力开发需求扩大消费，拉动社会经济以及教育发展。第四，发达国家的发展历史证明，一个庞大而成熟的中等收入阶层的出现，代表着一个国家长期稳定发展时期的到来。

中等收入群体的战略地位。中产阶级即中等收入群体是国家和社会的稳定器。中等收入群体既是高品质人力资源、技术进步、社会资金等生产要素的主要来源，也是市场消费的主要群体、社会治理的主要参与者和高水平公共服务的基本对象。扩大中等收入群体对于国家经济社会稳定发展意义重大，对于保持国家未来人口持续健康发展意义重大，对于提升教育与人力资源开发水平和质量意义重大。

中等收入群体的产生和成熟，直接促进和推动教育普及

习之堂

中等收入群体是社会稳定的坚强维护者。稳定的职业、稳定的收入、稳定的消费能力和稳定的价值标准，以及民主包容的社会心态和追求长远预期的目标要求，使中等收入者日益成为现代社会的稳定器。

和高质量发展。中等收入阶层的产生和成熟，对于高质量教育提出迫切要求，由于中产阶级收入稳定、家庭富裕，教育需求旺盛、教育投入能力强，不断追求高水平、高质量的教育，使得中等收入群体在财富增长和家庭人力资源投资形成良性循环，对于国家教育发展和人力资源开发也做出重要贡献。教育经济学研究表明，教育投资能够为受教育者或家庭带来丰富的回报。中等收入群体在参与教育与人力资源开发过程中，既提升了自身及其家庭成员的整体素质，更为国家提升全民科学文化素质发挥引领作用，做出重要贡献。

中等收入阶层的产生和成熟，为科学泰斗的出现奠定社会基础。20 世纪美国顶尖科学家大部分出身于中高产阶级。他们的成长除具有财力保障和资源优势以外，家庭背景决定了家庭教育的质量，父母的表率作用与悉心培养为顶尖科学的事业发展奠定了有益基础。据统计，诺贝尔奖获得者的父亲的职业多种多样，其中专业人士和商务人才比例高达 78%，这表明出身于中上层以上家庭的为绝大多数[①]。诺贝尔奖获得者的父亲的职业 56.3% 为专业人士，21.1% 为公司主管与企业经理，7.5% 为推销员、服务员和办事员，10.1% 为技术与非技术型工人，4.5% 为务农者，0.5% 为其他人员。绝大部分诺贝尔奖获得者并非出自收入丰厚、财富充裕、生活奢华的上上阶层，而是出自丰衣足食、事业稳定、知书达理的中产阶级家庭。出身专业人士家庭的诺贝尔得主，在童年时代大都得到父母的悉心培养和良好的教育熏陶。

（五）中国教育现代化 2035

教育梦就是中国梦。2017 年 10 月 18 日，习近平总书记在党的十九大做报告明确提出，中国特色社会主义进入新时代，我国社会主要矛盾已经转化为人民日益增长的美好生活需要和不平衡不充分的发展之间的矛盾。综合分析国际国内形势和我国发展条件，从 2020 年到 21 世纪中叶分两个阶段来安排：第一阶段，到 2035 年，基本实现社会主义现代化；第二阶段，到 2050 年，把中国建成富强、民主、文明、和谐、美丽的社会主义现代化强国。

习近平总书记强调指出，“建设教育强国是中国民族伟大复兴的基础工程”，更加坚定了中国共产党和中国人民建设教育强国的决心和意志，中华民族建设教育强国的

---

① 付美榕．为什么美国盛产大师：20 世界美国顶尖人才启示录［M］．北京：科学出版社，2009：40．

百年梦想正在辽阔的中国大地变为现实。

2019 年 2 月 23 日，中共中央、国务院印发了《中国教育现代化 2035》，2035 年是中国特色社会主义现代化强国建设的重要节点。学习、理解和贯彻《中国教育现代化 2035》纲要，必须深刻理解中国特色社会主义现代化的发展历程与时代特征。这是中国人民实现教育强国百年梦想的里程碑，是中国实现对发达国家教育整体赶超的里程碑，是中国实现人力资源高质量开发的里程碑，同时也是发展中国家实现教育现代化的里程碑。

①《中国教育现代化 2035》是实现教育强国百年梦想的里程碑。中国教育现代化是薪火传承的现代化，教育强国是 100 多年来中华民族的伟大梦想。1840 年鸦片战争以来的近 180 年，是中国人民逃离愚昧与贫困的 180 年，是中国人民实现自强复兴的 180 年，更是中国人民追梦教育强国和教育现代化的 180 年。

中国教育现代化是党全面领导的现代化。中国共产党几代领导人率领中国人民不懈奋斗，努力实现国家经济社会文化和教育现代化。早在 1964 年，周恩来总理代表党中央、国务院在政府工作报告中首次提出：在 20 世纪内，把中国建设成为一个具有现代农业、现代工业、现代国防和现代科学技术的社会主义强国。以毛泽东为代表的中国共产党人带领全党和全国人民制定了一个适合中国情况的社会发展战略，积极探索中国教育现代化道路。

2018 年 9 月 10 日，习近平总书记在全国教育大会上指出："加快推进教育现代化、建设教育强国、办好人民满意的教育。"全面加强党对教育工作的领导，坚持立德树人，加快补齐教育短板，教育事业中国特色更加鲜明，教育现代化加速推进，教育方面人民群众获得感明显增强。新时代中国教育现代化的本质特征是中国特色社会主义，根本保证是党的全面领导，根本任务是发展中国特色世界先进水平的优质教育，根本目的是办好人民满意的教育。

②《中国教育现代化 2035》是实现对发达国家整体赶超的里程碑。中国教育现代化是举国体制的现代化。《中国教育现代化 2035》对于国家和地方教育现代化乃至经济社会和人的现代化具有十分重大的战略意义，这种战略意义与影响有一个逐步传导、聚集和扩大的过程。未来 1～2 年，全国各省、市、自治区都将研究制定本区域的教育现代化规划，全国 627 个地级城市、2 797 个县市区都要制定本区域的教育现代化 2035。此外，各高等学校、职业院校等也要制定相应的规划和实施方案。

未来十几年，将进入中国教育现代化的高潮期，中国教育体系将因此而更加现代化，教育和培训能力更强，教育水平和教育质量更高，教育发展水平进入发达国家行列，从而真正实现对发达国家的战略赶超。《中国教育现代化 2035》明确提出：坚持中国特色，充分发挥我国的制度优势，走中国特色社会主义教育现代化道路。届时，中国高等教育将进入高普及化阶段，劳动力平均受教育年限将达到发达国家平均水平。这个时候，也只有这个时候才是中国人可以扬眉吐气的时候。

③《中国教育现代化 2035》是人力资源实现高质量开发的里程碑。中国拥有世界上最庞大、最丰富的人力资源。人口资源特别是人力资源是中国唯一具有的最大优势，并可以持续开发的战略资源。为实现和平发展，《国家中长期教育改革和发展规划纲要（2010—2020 年）》提出，进入人力资源强国行列。2018 年，全球人力资源竞争报告显示，中国在 52 个进入统计的国家中排名第 13 位，更加接近人力资源强国行列。预计到 2035 年，中国将成为人力资源最丰富、开发水平最高的国家之一。

《中国教育现代化 2035》全面分析了中国教育改革发展取得的伟大成就，未来发展面临的外部环境与内部压力，提出了更加注重以德为先、全面发展、面向人人、终身学习、因材施教、知行合一、融合发展、共建共享等八大理念，重点部署了面向教育现代化的十大战略任务，并明确提出：到 2035 年，总体实现教育现代化，迈入教育强国行列，推动我国成为学习大国、人力资源强国和人才强国，为到 21 世纪中叶建成富强、民主、文明、和谐、美丽的社会主义现代化强国奠定坚实基础。

全民参与、共建共享是《中国教育现代化 2035》提出的重要理念，要坚持政府主导、全社会多元参与，坚持人人尽责、人人享有，多渠道扩大教育供给，构建全社会共同参与建设、共同参与治理、共同分享成果的教育发展新格局。在主要任务的许多部分都涉及高质量教育和高质量人力资源开发的内容。其中最为主要的是：发展中国特色世界先进水平的优质教育，提高教育质量是教育现代化的核心要求。要构建德智体美劳全面培养的教育体系和科学的评价体系。将中国特色社会主义特色和优势有效转化为培养社会主义建设者和接班人的能力，努力培养又红又专、德才兼备，能够满足党、国家、人民及时代需要的人才。这是新时代中国教育的新任务，也是人力资源强国建设的更高目标。

中国教育现代化是全民参与的现代化。人的现代化是现代化的核心，需要全民族、全社会共同参与，不断提升受教育水平和人口文化素质，实现更高水平的人力资源强国。为此必须坚持以学习者为中心，建成服务全民终身学习的现代教育体系，建立渠道更加通畅、方式更加灵活、资源更加丰富、学习更加便利的终身学习体系，形成全民积极向学、随时随地可学的制度环境，推进全民终身学习，建设学习大国，大力提高国民素质。

习之堂

《中国教育现代化2035》提出，将学有所教与终身受益作为衡量教育发展水平的重要标准，加快建成伴随每个人一生的教育，让学习成为生活习惯和生活方式。

④《中国教育现代化2035》是发展中国家实现教育现代化的里程碑。联合国教科文《全球教育监测报告（2017）》显示，全球的小学普及率为83%，初中为69%，高中为45%，在128个国家中，有40个国家不到1/4的青年完成了中学学业，有60个国家不到1/2的青年完成了中学学业。只有14个国家中学毕业率达到90%。2017年，中国九年义务教育巩固率达93.8%，高中阶段教育毛入学率达88.3%，在发展中国家表现最为优秀，接近发达国家平均水平。

中国特色社会主义教育现代化是世界教育现代化的重要组成部分。中国学习借鉴了发达国家现代化的经验，并基于中国社会特点和优势进入模式创新，走出了一条有中国特色的社会主义现代化道路。公平、质量、现代化、终身学习都是世界教育的共同价值，更是中国教育为世界教育提供的中国实践和典型范例。中国教育现代化的成功是对世界教育的重要贡献，向世界贡献中国智慧、中国经验、中国方案是中国教育的责任，也是中国教育现代化的世界意义。中国教育现代化智慧启示世界，中国教育现代化方案推动世界，中国教育现代化成就贡献世界。中国教育应该为构建人类命运共同体做出历史性贡献。

成熟的制度是现代化的重要标志。2019年，《中共中央关于坚持和完善中国特色社会主义制度　推进国家治理体系和治理能力现代化若干重大问题的决定》进一步明确提出："到我们党成立一百年时，在各方面制度更加成熟更加定型上取得明显成效；到二〇三五年，各方面制度更加完善，基本实现国家治理体系和治理能力现代化；到新中国成立一百年时，全面实现国家治理体系和治理能力现代化。"成熟的制度优势将显示出巨大的生命力、创造力和影响力。从国家治理层次分析，现代化制度包括经济、政治、文化、社会、生态文明和党的建设等各领域体制机制、法律法规安排，也就是一整套紧密相连、相互协调的国家制度。

现代化治理模式需要更多地投资于人。未来要建立投资于人的基础教育现代化发展模式和治理模式，要从偏重硬件投入转向更多对“软件”和人的投入。有四点建议：一是制定教育经费投入动态标准，在确保投入总量充足的同时更加关注教师发展，更加关注学前教育和家庭教育等薄弱环节。二是制定公共财政对基本教育服务的保障清单，重视劳动教育、美育和体育方面的投入。三是合理配置事权财权，厘清各级政府职能边界。合理配置中央政府、地方政府与各政府部门之间事权与财权的划分，明确清晰界定中央与地方支出责任边界。四是建立起投资于教师就是投资于教育质量的发展理念。建立教师工资长期增长机制，提高教师基本工资待遇。

推进教育治理体系和治理能力现代化还需要教育评价的现代化。建立以公共共享和共同发展为理念的评价工具，构建基于大数据的教育评价数据库，鼓励学校和地方建立多样化的评价手段和评价模式，构建有中国特色、能够走向世界的教育评价理论、评价方法和评价工具。

未来教育改革、发展和治理的重点在于实现四个回归，即回归学校、回归课堂、回归教师、回归学生。要从以政府宏观治理为主转为宏观与微观相结合的治理模式为主，让每所学校——教育的每个细胞都充满生机和活力。

第七章

整体跨越：最大规模的教育现代化实验（2021—2035）

天之道，不争而善胜，不言而善应，不召而自来，然而善谋。天网恢恢，疏而不失。……以其不争，故天下莫能与之争。

——老子

新中国成立 70 年，是一次中国从落后走向强大的伟大实验；改革开放 40 年，是一次发展中国家实现现代化的伟大实验；未来 40 年，将是又一次中国从教育大国到教育强国的伟大实验。《老子》云："天之道，不争而善胜，不言而善应，不召而自来，然而善谋。天网恢恢，疏而不失。……以其不争，故天下莫能与之争。"中国奉行的是王者之道，核心是自我追求、自我塑造和自我实现，所以中国更多采取的是守势而不是攻势，正如《易经》所云："一阴一阳之为道，阴阳之道乃为太极。"太极的作用：健身、交友、防御和攻敌。中华文明赋予其战略的灵魂就是就和平、谋统一、重防御。儒家主张"夷狄之入中国者则中国之"。

人们大都记得三个世界划分的理论。在某种意义上，中国一只脚仍在第三世界，另一只脚已经跨入了第一世界[①]。或许这就是中国现阶段教育现代化的真实写照，最优质的教育与差距最大的教育同时并存。

（一）世界先进水平优质教育

习之堂

第一次提出"中国特色世界先进水平的优质教育"的价值理念、发展目标，充分显示了中国教育的发展水平、理论创新和教育自信，是新时代中国教育面向现代化、面向世界、面向未来的集中体现。

《中国教育现代化 2035》正式发布是中国教育发展进程中具有历史性意义的重要事件，中国特色世界先进水平的优质教育，包含三个关键词：一是中国特色。中国特色是本质特征，是中国社会主义教育的根本属性；二是世界先进水平。先进水平是公共价值，是中国教育所具备的世界性的共同价值；三是优质教育。优质教育是内在品质，是中国教育所具有的品质特征。概括地说，中国特色世界先进水平的优质教育是新时代中国教育现代化进程中重要的理念创新、思想创新和目标创新。

（1）中国特色世界先进水平的优质教育是体现社会主义教育根本任务的教育。社会主义是中国教育的本质特征。《中

① 美国：中国让世界不断震惊：1 只脚跨入第 1 世界！[EB/OL].（2008-07-10）[2019-10-11]. http://bbs.enoya.com/stock-3513236-1-1.htm.

国教育现代化2035》明确提出，坚持党的领导、坚持中国特色。这需要我们把培养社会主义建设者和接班人作为根本任务，为党育人、为国育才。要坚持教育的公益性，充分发挥我国制度优势，立足国情、面向世界，扎根中国、融通中外，走中国特色社会主义现代化道路。

（2）中国特色世界先进水平的优质教育是体现世界先进质量标准的教育。构建完善的标准体系是教育现代化的必备条件，也是现代化水平的重要体现。改变过去几十年教育发展进程中以规模发展为核心，以数量增长为标志的标准体系，“完善教育质量标准体系”，其中包括课程标准、教学标准、教师标准、质量保障标准、质量评估标准等诸多方面。这是《中国教育现代化2035》制度创新的重要领域。

（3）中国特色世界先进水平的优质教育是体现中华优秀文化传统的教育。中国是四大文明古国，中华民族有5 000年文明史。加强中华优秀传统文化、革命文化、社会主义先进文化教育，增强民族自豪感和自信化，是中国特色世界先进水平优质教育的应有之义。今天之中国，日益走向强盛；今天之民族，日益走向教育文化自信。

（4）中国特色世界先进水平的优质教育是更加公平、让人人出彩的教育。教育的人民性，既体现在作为一个整体的人民性，也体现在作为每一个生命个体的人民性。坚持教育为人民服务，把满足人民群众接受良好教育的需要作为教育改革发展的出发点和落脚点，实现公平而有质量的教育，让人人出彩，这是努力办好人民满意教育的重要内涵。

（5）中国特色世界先进水平的优质教育是体现中国智慧中国方案的教育。正如习近平总书记所指出，“中国特色社会主义拓展了发展中国家走向现代化的途径，为解决人类问题贡献了中国智慧、提供了中国方案”。在教育发展和教育现代化进程中，中国同样也为世界贡献了中国智慧，提供了中国方案。

（6）中国特色世界先进水平的优质教育是更加自信地走向世界的教育。未来中国教育将更加开放，一方面学习借鉴世界各国先进的教育理念、教育思想和教育研究成果；另一方面将主动参与国际教育事务，在适时、适度、适量和双方自愿的原则下，逐步向外介绍中国教育发展经验和模式。中国教育要积极推动人类命运共同体构建，为人类更加美好的未来做出更大贡献。

未来人口总体规模持续增长，结构性变化明显。第一，6～22岁学龄人口规模不断下降，将从2009年的25.1%下降到2020年的20.9%。预示着伴随我国经济实力增长和人民生活水平提高，更少的学龄人口将得到更多的教育财政支持。第二，60岁以上的老龄人口规模不断扩大，老年教育需要将成为教育发展的增长点。第三，15～64岁劳动力人口基本稳定，略有下降。伴随产业结构调整，劳动力结构将必然与之相适应。用以支撑劳动力再生产和可持续发展的继续教育，特别是终身教育需要将更加旺盛。

早在1998年，世界银行曾发表一份《中国高等教育改革》报告，其中预测：中国将在2000年实现人均GDP 600～700美元，2010年达1 100～1 600美元，2020年可达2 100～3 500美元。2018年，中国统计公报公布，人均国内生产总值为64 644元，约9 780美元，比2017年的约8 800美元增长了11%。中国成长之快难以预测，但是无论中国多么快速发展，有一条是不会改变的，这就是从让一部分人先富起来，逐步实现共同富裕。

习之堂

共同富裕思想体现在精神层面，就是要追求和实现全体人民的共同发展。

共同富裕是以制度为基础、以改革为动力，促进并实现全体人民共同致富、共奔小康。共同发展是以知识为基础、以教育为动力，促进并实现全体人民共同学习、共同发展。1955年，毛泽东在《关于农业合作化问题》的报告中第一次明确提出共同富裕的概念。《中共中央关于教育体制改革的决定》明确提出："中央认为，在新的经济和教育体制之下，各地将有充分的可能发挥自己的经济和文化潜力，加快教育事业的发展。不仅要承认全国各省市区之间经济文化发展的不平衡性，而且要承认在一个省、一个市、一个县范围内的发展也是不平衡的，所以必须鼓励一部分地区先发展起来，同时鼓励先发展起来的地区帮助后进地区，达到共同的提高。"

共同发展是共同富裕思想的继承发展。1986年8月19—21日，邓小平在天津听取汇报和进行视察的过程中说："我的一贯主张是，让一部分人、一部分地区先富起来，大原则是共同富裕。一部分地区发展快一点，带动大部分地区，这是加速发展、达到共同富裕的捷径。"1993年，《中国教育改革和发展纲要》确定"在地区发展格局上，从各地经济、文化发展不平衡的实际出发，因地制宜，分类指导。鼓励经济、文化发达地区率先达到中等发达国家八十年代末的教育发展水平，积极支持贫困地区和民族地区发展教育"的总体战略思想。经过近20年的努力，我国的教育发展和人力资源水平不断提高，为实现教育公平和均衡发展奠定了坚实的基础。共同富裕体现在物质发展和精神发展两个层面，只有实现了全体人民的共同发展，才能真正实现全体人民的共同富裕。

共同发展是更高水平小康社会的必然要求。胡锦涛总书记在“七一”讲话中指出：“在本世纪上半叶，我们党要团结带领人民完成两个宏伟目标，这就是到中国共产党成立 100 年时建成惠及十几亿人口的更高水平的小康社会，到新中国成立 100 年时建成富强民主文明和谐的社会主义现代化国家。”① 所谓更高水平的全面小康社会，就是人民实现的共同富裕，生活水平持续提高的社会；就是人民实现了共同发展，人力资源得到普遍开发的社会；就是人民实现共同参与，人人享受民主文明的社会。

2011 年 9 月 4 日，时任中共中央政治局常委、中央书记处书记、国家副主席习近平同志表示，中国将坚定不移地走共同富裕道路，努力使全体人民学有所教、劳有所得、病有所医、老有所养、住有所居，做到发展为了人民、发展依靠人民、发展成果由人民共享。共同发展是建设更高水平小康社会的必然要求和必由之路。2015 年 10 月 16 日，习近平在 2015 减贫与发展高层论坛的主旨演讲，进一步强调：“中国人民正在为实现全面建成小康社会目标、实现中华民族伟大复兴的中国梦而努力。全面小康是全体中国人民的小康，不能出现有人掉队。”中国政府将改善民生、实现共同富裕，作为社会主义的本质要求和价值追求，明显提出到 2020 年基本实现消除贫困目标。2020 年 2 月底，全国 832 个贫困县中已有 601 个宣布摘帽，179 个正在进行退出检查，未摘帽县还有 52 个，区域性整体贫困基本得到解决。习近平总书记在决战决胜脱贫攻坚座谈会上的重要讲话强调，2020 年脱贫攻坚任务完成后，我国将有 1 亿左右贫困人口实现脱贫，提前 10 年实现联合国 2030 年可持续发展议程的减贫目标，世界上没有哪一个国家能在这么短的时间内帮助这么多人脱贫，这对中国和世界都具有重大意义。

（二）中国成为高等教育强国

德国联邦政治教育中心编写的“政治教育信息丛书”这样描述：“自从 80 年代以来，有两件事情让这个世界发生了彻底持续的变更，那就是中华人民共和国的崛起，和与此几乎同时发生的苏联的衰落……（中国）这个‘中央的帝国’在不到几年的时间内就从国际政治舞台的边缘再度回到了中心。”“中国的崛起扎根于 70 年代末邓小平领

① 胡锦涛．在庆祝中国共产党成立 90 周年大会上的讲话［EB/OL］.（2011-07-01）［2019-10-11］. http://news.xinhuanet.com.

导的经济路线的根本变革。中国自从那时起开始进入高速发展阶段”。[①] 美国著名战略学家阿尔文·托夫勒指出：“在我们迈入不可知的未来之前，我们手中最好先握有一张虽不完整却有粗略雏形的地图，一路摸索一路更正修改，总比完全摸不着方向来得好。”

习之堂

中国发展的成功，首先是中国发展战略的成功；中国战略的成功，首先是战略判断的正确。

建设高等教育强国是重要的国家战略。从实现高等教育大众化到建设高等教育强国，是中国高等教育发展目标和发展战略的一次历史性转变。《国家中长期教育改革和发展规划纲要（2010—2020年）》确定高等教育强国思想，提升了高等教育发展的国家目标，成为未来中国高等教育发展的重要方向。建设高等教育强国是加快从教育大国向教育强国、从人力资源大国向人力资源强国迈进的重大战略部署和国家行动。其内在要求是：实现人才培养、科学研究和社会服务整体水平的全面提升；建成一批国际知名、有特色高水平的高等学校，若干所大学达到或接近世界一流水平；高等教育国际化水平不断提升，国际竞争力显著增强，促进国家综合实力和竞争力的整体提升。

江泽民同志在党的十四大报告中指出，当今世界正处在大变动的历史时期。世界正朝着多极化方向发展，新格局的形成将是长期的、复杂的过程。和平与发展仍然是当今世界两大主题。发展需要和平，和平离不开发展。世界的发展决不能长期建立在广大发展中国家贫穷落后的基础之上。中国始终不渝地奉行独立自主的和平外交政策，中国外交政策的目标是维护独立和主权，促进世界和平与发展。中国是发展中国家，我们绝不把自己的社会制度和意识形态强加于人，也绝不允许别的国家将自己的社会制度和意识形态强加于中国。

尽管当今世界霸权主义和强权政治依然存在，但推动国际秩序朝着更加公正合理方向发展的呼声不容忽视，国际关

① 德国教科书里给“中国崛起”以历史地位［EB/OL］.（2007-03-20）［2019-10-11］. http//:www.china.com.cn/international/txt/2007-03/20/eontent_7984857.htm.

系民主化已成为不可阻挡的时代潮流。习近平指出："新兴市场国家和一大批发展中国家快速发展，国际影响力不断增强，是近代以来国际力量对比中最具革命性的变化。"① 当前，世界多极化、经济全球化、文化多样化、社会信息化深入发展，人类社会充满希望。我国处于近代以来最好的发展时期，世界处于百年未有之大变局，两者同步交织、相互激荡。习近平进一步强调指出，现在的世界，你中有我，我中有你，国际上的问题本应大家商量着来。

2020 年人类开启 21 世纪的第三个 10 年，2035 年中国将成为一个智能社会，70% 以上的人口——约 10 亿人——将居住和生活在城市。伴随 21 世纪逐步展开的世界趋势，全球的政治家和战略家更加清楚地看到，世界权力中心由西向东转移的理论普遍为政治家和学术界所认同。

联合国 2011 年预测，2050 年世界城市化人口将达到 63 亿人，该数字与 1999 年全人类的人口一样。到 2050 年，超过 2/3、近 70% 的世界人口将居住在城市。中国城镇化进程预测显示：2040 年中国的城镇化率预计达到 75% 左右，将进入高级城市型社会；2050 年中国的城镇化率将超过 80%，达到 81% 左右，总体完成城镇化的任务。中国推进城镇化建设具有多重目标。一是城镇化速度保持适度。2013—2030 年，城镇化速度保持在 0.8～1.0 个百分点；2031—2050 年保持在 0.6～0.8 个百分点。相应地，到 2020 年，中国将新增城镇人口 1.26 亿，2030 年新增城镇人口 2.41 亿，2050 年新增城镇人口 3.5 亿左右。② 高度城镇化将成为中国教育高质量发展的重要推动力。

《中国生育报告》（2018）披露：2018 年出生人口降至 1 523 万，"全面二孩"政策不及预期，生育堆积效应业已消退。2018 年出生人口较 2017 年大幅下降 200 万人，创 1949 年以来除 1960—1961 年自然灾害时期外的新低。2018 年出生率降至 10.94‰，创 1949 年以来新低；总和生育率降至 1.52，即一个育龄妇女平均生育 1.52 个孩子。2016 年"全面二孩"政策实行以来，出生人口攀升至 2016 年的 1 786 万，然后连续两年下滑。从近期视角来看，人口出生率下降，学龄人口减少会减轻学源增长压力，有利于促进和实现各级教育的高层次普及，特别是对高等教育普及化十分有利；从长期观念来看，人口出生率下降，新生劳动力人口减少，中长期影响中国劳动人口供应。因此，中国必须从战略上实现劳动生产的发展转型，全面提升新增劳动力

---

① "平语"近人——关于全球治理，习近平有哪些深刻阐述？［EB/OL］.［2019-12-11］. http://www.xinhuanet.com/politics/2016-08/31/C_129263694.htm.

② 魏后凯. 新时期中国城镇化转型的方向［EB/OL］.（2014-07-11）［2019-11-01］. http://theory.people.com.cn/n/2014/0711/c83865-25268066.html.

的科学文化素质，谋求以高学历为标志的中国人力资源第二次红利。[①]

中国长期人力资源的增长将完全告别数量无限供给阶段，进入到一个以质量增长为主的发展阶段。中国只有依靠以高等教育普及为特征的“第二次人口红利”，才能保障人力资源的稳定供给和长期安全。

中国教育为实现和平发展提供不竭动力，中国代表着一种教育发展模式。[②]英国著名经济历史学家安格斯·麦迪森（Anfus Madison）强调指出：“假定中国的人均收入增长可以保持它在1990—2001年期间的速度，那么到2015年时，中国可以在GDP总量和人口数量上重新获得它昔日曾经拥有的头号世界经济地位。”澳大利亚前总理基廷早就指出：“中国已经成为世界经济的发动机，而且它是一个在我们后院运转的发动机。”“中国是一个和平的动力室。”美国前总统卡特对中国的论述。习近平总书记指出：“从全面建成小康社会到基本实现现代化，再到全面建成社会主义现代化强国，是新时代中国特色社会主义发展的战略安排。我们要坚忍不拔、锲而不舍，奋力谱写社会主义现代化新征程的壮丽篇章。”[③]中国正在进入一个新时代，世界正在进入一个新时代。《中国教育现代化2035》纲要的实施，将使中国整体实现教育现代化，也将改变教育现代化国家的总体格局。中国第一教育大国和未来教育现代化强国的地位将孕育一个新的全球教育体系，中国教育现代化既是中国教育的必然，更具有世界意义。

①建设教育强国是现代化强国的必然选择。教育强国是一个中国本土的概念，建设教育强国是中国共产党着眼于世界教育与人力资源开发趋势做出的政治选择，体现了中国共产党重要的政治理想和战略决策，体现了14亿中国人民的共同愿望。[④]

《国家中长期教育改革和发展规划纲要（2010—2020年）》第一次在国家教育战略规划中提出“教育强国”的理念。为实现在21世纪中叶建成富强、民主、文明、和谐、美丽的社会主义现代化强国的总体目标。习近平总书记在全国教育大会上进一步强调：“我们要抓住机遇、超前布局，以更高远的历史站位、更宽广的国际视野、更深邃的战略眼光，对加快推进教育现代化、建设教育强国做出总体部署和战略设计，坚持把优先发展教育事业作为推动党和国家各项事业发展的重要先手棋，不断使教育同

① 高书国．第二次“人口红利”的内涵及其影响：基于全国第六次人口普查数据分析［J］．天津电大学报，2014（2）：1．

② 麦迪森．世界经济千年史［M］．伍晓鹰，许宪春，叶燕斐，等译．北京：北京大学出版社，2003：中文版前言6．

③《党的十九大报告学习辅导百问》编写组．党的十九大报告学习辅导百问［M］．北京：党建读物出版社，学习出版社，2017：23．

④ 支菊生，钟南．杂家妙语选［M］．北京：百花文艺出版社，1996：131．

党和国家事业发展要求相适应、同人民群众期待相契合、同我国综合国力和国际地位相匹配。”《中国教育现代化 2035》确定到 2035 年提前 15 年基本建成现代化教育强国、进入人力资源强国先进行列。建设世界教育强国将为社会主义现代化强国提供战略支撑。

②建设教育强国是教育现代化的必由之路。古人说，强者健也。教育强国是教育综合实力、培养能力、国际竞争力和影响力具有突出地位和强大世界影响的国家。教育强国要具备强大的现代化教育体系、现代化教育制度、最高水平的教育质量和强有力的教育保障条件。

习之堂

体系完备、制度先进、质量优秀、保障有力是现代化教育强国的必备条件。

走中国特色教育强国之路，建设教育强国，是 21 世纪中国和世界教育赋予我们的庄严的历史使命。从教育层级分析，教育强国要包括学前教育强国、基础教育强国、职业教育强国、高等教育强国和终身学习强国。我们走的是中国特色社会主义教育强国之路。什么是中国特色社会主义教育强国之路？一是中国特色的教育文化传统，二是中国特色发展模式，三是中国特色的教育制度，四是中国特色的教育理论体系，在教育的国际地位、竞争力和影响力方面与社会主义现代化强国相匹配。

③建设教育强国是中国对人类教育的巨大贡献。目前，中国已经成为世界教育人口最多的教育大国，教育普及水平和质量整体达到世界水平，构建起世界最大规模的现代化教育体系，人人学习、处处学习、时时学习的学习型社会逐步建成，社会主义教育体系和教育制度更加成熟。未来一个较长的时期，中国高等教育毕业生将保持在 900 万～1 000 万人的规模，预计 2025 年中国受过高等教育的人口总数将超过所有发达国家该人口的总和，新增劳动力人均受教育水平将进入世界第一梯队。2035 年高中阶段教育普及率达到 98% 左右；高等教育毛入学率达到 65% 左右；新增劳动力受教育年限将达到 15 年左右，实现与最发达国家同起点、高质量发展。

近 10 年来，中国一流大学建设取得了突破性成绩。从大中国的视角可以看出，在世界大学前 100 排名中，美国占据 40 所，英国有 10 所，中国已经超过英国，共有 12 所大学进入全球大学排名前 100（详见表 7-1）。

表 7-1　中国大学 2019 年与 2020 年 QS 世界大学排名

2020	2019	大学名称
16	17	清华大学
22	30	北京大学
25	25	香港大学
32	37	香港科技大学
40	44	复旦大学
46	49	香港中文大学
52	55	香港城市大学
54	68	浙江大学
60	59	上海交通大学
69	72	台湾大学
89	98	中国科技大学
91	106	香港理工大学

资料来源：2019QS 世界大学排名，2020QS 世界大学排名［EB/OL］.［2020-12-11］. https://www.compassedu.hk/qs.

1. 未来中国高等教育布局结构调整

面向国家战略调整区域高等教育布局。中国经济正在由高速增长阶段转向高质量发展阶段。在推动经济的高质量发展中，区域协调统筹发展是重要举措。“一带一路”倡议、京津冀协同发展、长江经济带、粤港澳大湾区等国家发展战略，其目的是为了加快经济一体化的步伐，打破省际、城际行政界限，发展城市群，在更大的范围内配置资源，谋求经济上融合共进的局面。“一带一路”倡议涉及我国 18 个省份和 43 个节点城市，京津冀协同战略包含了我国两大直辖市和 11 个地级市，长江经济带战略覆盖了两个直辖市和 9 个省，粤港澳大湾区涉及我国两个特别行政区和 9 个城市，这些都是国家建设世界级城市群和提升国际竞争力的重要空间。因此高等教育发展不能再将视野局限于省域、城市之内，而是应拓展到更大的省际区域，为区域一体化、都市圈和城市群发展提供人才和智力支撑，进一步统筹和优化高等教育资源配置，全方位、宽领域、多渠道加强区域间的交流合作，形成互动合作、优势互补的高等教育动力机制，共建区域经济互动发展体系，促进高等教育各要素在省际间的合理流动，增强区域发展整体合力，推动区域高等教育人才培养适应地方经济发展战略和经济结构调整对人才与智力的需求，实现区域经济协同发展。

紧密结合人口、经济增长趋势调整高等教育布局。人口规模与分布是确定教育结构的重要依据。如果2035年人口规模按14亿计算，按照50万人口一所高等学校计算，需要有2 800所高等学校，加之考虑到特定地区、特殊行业和特定专业的需要，为保证学校布局的弹性和适应性，普通高等学校规模可否控制在3 000～3 100所左右（2017年普通高等学校数量为2 631所）。到2025年基本形成与人口布局和国家经济规划布局大体相适应的高等学校布局体系。

未来高等教育布局要更加紧密地结合区域经济发展需要和人口结构变化需求，从“粗放型的省域布局”到“精细化的市域布局”转变，构建多层次区域高等学校布局体系，努力适应高等教育普及化时代的新特点和高等教育人才培养地方化的新要求，更加重视区域高等教育体系建设和市域高等学校发展。

以省级为单位，考虑到区域经济社会发展、人口发展和教育发展，按照每50万人口一所高等学校进行重新布局，2030年前实现高等学校在所有地级以上市的“全覆盖”。按照省区与市域产业总体发展要求，建设跨市域的高等综合类学校，形成合理的人才培养结构体系，为全省培养通用性、复合性和高层次人才。

优化东中西部地区高等教育布局整体结构。加强中西部高校建设力度，缩小东中西部的教育差距。继续推进《中西部高等教育振兴计划（2012—2020年）》《对口支援西部地区高校计划》《省部共建高校计划》等政策的实施，加大政府高等教育投入，在经费、科技项目、高端人才等方面加大对中西部地区高等学校的倾斜支持力度。通过加强西部地区高水平大学建设、吸引中东部地区一流高校设立分校、在地级中心城市布局综合性大学等方式促进中西部高校发展。充分发挥重点大学的标杆作用，以多种方式支持非重点院校、地方院校改革创新，激发办学活力，推动特色发展，提升其服务区域经济社会发展的能力。

2. 整体提升高等教育层次结构

要稳步扩大研究生教育的比例，逐年扩大博士研究生培养规模，加强基础科学、应用科学博士研究生培养力度。增加专业博士数量，提高在职高级研究人员和大学教授的学历层次。考虑到经费投入、导师培养和专业需求等多种因素，初步预测，到2020年博士学位在学人数超过40万人以上；2025年达到45万～48万人；2030年达到55万人；2035年达到60万～62万人以上。

3. 完善高等教育类型结构

加强高校分类建设与管理。与国家战略和地方的区域发展功能相匹配、与经济转型发展和产业结构转型升级相衔接、与当地教育诉求和教育发展阶段性特点相对照，进一步确定高等学校的办学类型结构和人才培养供给结构。推动一批地方本科高校加快转型发展，积极发展本科层次的职业教育，使普通高等教育与职业高等教育的人才培养比例更加合理。继续加大复合型、应用型和技能型人才培养比重，健全专业学位研究生教育体系，继续扩大专业学位研究生教育的规模，尤其是博士专业学位研究生教育。

（三）更加自信地走向世界

习之堂

未来世界将亚洲化是一个学术界的共识。世界银行预测，2028 年中国 GDP 规模将超过美国；2040 年印度经济规模甚至也有可能超过美国。

21 世纪，世界权力中心由西向东转移的理论普遍为政治家和学术界所认同，但其转移的速度震惊世界——美国、中国和印度将同时成为新世界的权力和影响力中心。[①] 新加坡国立大学亚洲与全球化研究中心高级研究员帕拉格·康纳在他的《未来在亚洲》一书中笃定预测，亚洲已经变得越来越重要，并越来越关注自身发展，这将对未来的经济、人与人之间的关系以及国家间的关系产生影响，最终都将不可避免地“亚洲化”。该作者称，未来世界的秩序将更关注亚洲需求和趋势，甚至“美国正在以自己的方式亚洲化”。2018 年 7 月，世界知识产权组织和美国康奈尔大学等机构发布《2018 全球创新指数报告》，中国排名第 17 位，首次跻身最具创新力经济体 20 强，是唯一一个进入 20 强的中等收入经济体。毫无疑问，亚洲在未来世界中的政治经济地位将越来越重要，科技和教育竞争力和影响力将越来越强大。

未来世界将亚洲化，未来的世界教育将更快、更多地亚洲化。中国、新加坡、韩国、日本等亚洲国家以及中国香港、中国澳门、中国台湾等地区教育测试水平长期排名世界前列。从英国工业革命起，全球化曾经经历了四次浪潮，先后缔造了英国、德国、美国等世界强国。与前四次浪潮不同，第五次浪潮将是以中国和平崛起为标志，以一个发展中国家为主要动力改变世界发展方向和发展模式的新浪潮。似乎世界上的战略家、政治家和军事家没有人怀疑中国的崛起，人们关心、争论甚至担心的是：中国如何崛起？美国沃顿商学院教授保罗·蒂法尼甚至认为，中国的崛起将改变世界，中国崛起的方式更将

① 西媒文章：世界不可避免地迈向“亚洲化”[EB/OL].（2019-04-12）[2019-11-10]. http://finance.sina.com.cn/roll/2019-04-12/doc-ihvhiqax2033972.shtml.

影响世界的未来和发展方向。大国崛起必然要对现实世界的利益格局、权力格局和国际体系产生冲击。太极第一要义为和：正奇之和；动静之和；阴阳之和。狭隘的民族主义与国际霸权思想是同样不可取的，我们要的是在全球化时代对于未来世界发展趋势的科学判断。再过10年，世界即将进入2030年，而2030年世界发展的总体经济格局仿佛回到了200年前的1830年。

中国基础教育影响力正在逐步增强。2014年9月英国中央和地方政府首先派遣数学教师60名（随行有10位自费参加项目的中小学校长），来上海师范大学学习中国数学教育理论，走进中小学开展浸入式的学习，实地考察和体验小学数学教学。2018年，英国政府委托中国教育部教材研究中心与北京师范大学为英国8 000所小学编写数学教材。

预计到2035年，高等教育毛入学率达到65%～70%或以上，每年将有1 000万～1 100万人大学毕业。届时，中国接受高等教育的人口规模将超过所有国家，位居世界第一。换句话说，中国新增劳动力人均受教育水平将进入世界第一梯队，这对拥有14亿人口的社会主义中国具有里程碑性的重大意义，对于世界人力资源开发同样也具有里程碑性的意义。

如何认识中美教育竞争？

2 050多年前，中国古代政治家管仲曾入木三分地指出："夫争天下者，必先争人。"伴随中国经济社会发展，综合实力、竞争能力和影响力持续增长，未来发展面临前所未有的竞争环境。美国学者罗伯特·萨莫尔森指出："美国人正在经历另一个与苏联发射第一颗人造地球卫星对美国构成的威胁相似的时刻。20世纪50年代和60年代是苏联人，20世纪70年代和80年代是德国人和日本人，而现在是中国人和印度人。"

美国对中国的长期遏制政策没有取得其预期的效果，中国的总体实力和竞争能力不断成长和壮大。新加坡著名学者郑永年认为："美国针对中国的作为阻碍不了中国现代化的进程。简单地说，中国的崛起有其自身的逻辑，这种逻辑不会因为外在环境的变化而改变。改革开放以来，中国的发展是在全球化状态下展开的，中国也在全球化过程中取得了巨大的利益，但这并不是说中国的现代化要依赖美国和西方才能实现。中国的现代化主要是中国老百姓努力的产物，也是国家开放的产物。"[①]美国和世界在很大程度上从中国的发展中获益，美国需要与崛起的中国共存。

美国拥有世界最庞大的高等教育体系和最先进的高层次人才培养体系，是全球最为重要的知识创新、科技创新和教育创新摇篮。但是，美国教育特别是基础教育长期

① 新加坡教授郑永年文章：中美关系向何处去？［EB/OL］.（2019-12-26）［2020-01-11］. http://finance.sina.com.cn/wm/2019-12-26/doc-iihnzahkoo13417.shtml.

质量不佳，并受到社会多方的诟病。

习之堂

美国前教育部长邓肯意识到："美国公立学校的学生上课的时间，每年比中国学生少 20%～45%，却长期比中国学生多浪费起码 25% 的时间在所谓的'探索性''建构性'活动里面。很多老师让学生花大量时间进行所谓'探究'，试图让学生发现最基本的公理、定律，比如'等腰三角形的两个底角是相等的'，或者'作用力等于反作用力'这样用 5 分钟就能讲清楚的问题。久而久之，美国学生在数学和科学方面，其实每年少学了 50% 的时间，有可能少学的知识和技能比 50% 要多。12 年积累下来，是个非常恐怖的实事。意味着美国学生将来会远远落后于中国学生。"

对于中美关系另一种典型的观点是合作。美国著名政治家基辛格认为，中美是在技术、政治经验和历史方面最有能力影响世界进步与和平的国家。中美有为世界和平寻找合作方式。美国教育部副部长爱德华多·奥乔亚对中美教育未来合作持一种开放的态度："教育模式或许有别，但殊途同归。中美两国有各自的教育传统，应该在尊重传统的基础上加强交流、相互学习，通过人文交流促进中美关系的健康发展。"2016 年澳大利亚总理特恩布尔在一次讲演中预测，中国几乎将不可避免地恢复 19 世纪以前的地位，成为全球主要经济体。同时，他援引修昔底德《伯罗奔尼撒战争史》第一卷的内容说："你我都知道，正义只存在于实力相当的强者之间。至于其他人，强者可以为所欲为，弱者则必须逆来顺受。"特恩布尔表示，和平与繁荣具有紧密的内在关联性，有赖于美中两国的合作。

①《2019 胡润全球独角兽榜》显示，全球确定了 494 家估值在 10 亿美元以上的企业，其中 206 家来自于中国，203 家来自于美国。

② 2019 年，美国一半以上州的公立学校八年级学生平均阅读成绩出现下降，美国国家统计中心副主任佩姬·卡尔撰文指出："过去十年，无论是在数学，还是在阅读方面都没有进步，成绩最差学生的表现更差了。"对于美国来说，这是一种潜在的"未来恐惧"。

③ 2019 年，美国高校上榜最多，有 249 所；中国有 188 所高校上榜。同时调查显示，申请美国商学院的国际留学生减少了 13.7%。留学回国人员日益增多，成为中国经济发展和科技进步的重要力量。

④ 2019 年 10 月 16 日，世界知识产权组织（WIPO）发表的数据显示，2018 年中国专利申请件数比上年增加 12%，达到 154 万件，占到世界专利申请量的近五成，连续 8 年排在首位。

2019 年初，美国民主、共和两党达成一种新的共识，即中国在美国战略中的定位不再是一个"有缺点的伙伴"，而是主要的战略竞争对手。面对中国的和平发展，美国高层的手脚或许有些忙乱，失去战略定力，抓住一切时机打压中国。2020年2月14日，美国众议院议长佩洛西在慕尼黑安全会议讲话时表示，“中国正试图通过其电信巨头——华为，来输出其‘数字专制’，以实行经济报复来威胁那些还没有采用他们技术的国家。”中国全国人大外事委员会副主任委员、前外交部副部长傅莹也在场，并当场用英语驳斥：“中国自改革开放以来，引进了各种各样的西方技术。我们的政治体制并没有受到技术的威胁。那么，为什么将华为的5G技术引进西方国家，就会威胁到政治体制呢？你真的认为民主制度如此脆弱，会受到华为这一家高科技的威胁吗？”傅莹的话音未落，会场响起一片掌声……在中美竞争中，美国几乎使用了除军事手段以外的一切方式，我们不能过于天真，过于乐观。

习之堂

中美之间将进入长期“马拉松式”的战略竞争之中，中美两国的教育竞争更是一种实力竞争、质量竞争、模式竞争和制度竞争！

《中国教育现代化2035》明确提出，到2035年，总体实现教育现代化，迈入教育强国行列，推动我国成为学习大国、人力资源强国和人才强国，为到21世纪中叶建成富强、民主、文明、和谐、美丽的社会主义现代化强国奠定坚实基础。

表7–2　中国教育现代化2035主要指标

教育事业和人力资源开发主要预期指标	2017年	2020年	2035年
学前教育毛入园率/%	79.6	85	>95
九年义务教育巩固率/%	93.8	95	97
域内义务教育均衡县（市、区）的比例/%	81（基本均衡）	95（基本均衡）	95（优质均衡）
高中阶段教育毛入学率/%	88.3	90	97
高等教育毛入学率/%	45.7	50	65
学前教育教师接受专业教育比例/%	69.3	75	>95
义务教育专任教师中本科以上学历比例/%	66.1	75	>95
新增劳动力中受过高中阶段教育及以上教育比例/%	88.0	90	95
劳动年龄人口平均受教育年限/年	10.5	10.8	12

资料来源：根据《中国教育现代化2035》整理。

现代化教育制度体系：在知识社会，产业与信息化深度整合，直接嵌入生产力环节，改变生产关系，提升人类研究与生产水平提升。简单劳动被替代，社会供应结构发生变化。知识传送个性化、人本化。教育多元化、数字化、个性化、终身化。

习之堂

十三届三中全会，中国确定了“一个中心、两个基本点”的思想路线，改革开放推动中国经济社会和教育学习西方，走向世界。

教育是中国最早对外开放的领域。邓小平同志深刻地指出：“我们进行社会主义现代化建设，是要在经济上赶上资本主义国家，在政治上创造比资本主义国家的民主更高更切实的民主，并且造就比这些国家更多更优秀的人才。”1978年6月23日，时任中共中央副主席的邓小平同志在听取清华大学工作汇报时对出国留学工作做出具有划时代意义的指示：“我赞成留学生的数量增大，主要搞自然科学。”“这是五年内快见成效，提高我国水平的重要方式之一。要成千成万地派，不是只派十个八个。教育部研究一下”，“要千方百计加快步伐，路子要越走越宽。”1988年，原国家教育委员会成立了“中国留学服务中心”，为留学人员提供咨询与服务。留学生制度的建立，打开了中国系统学习西方先进科学技术的大门，引进了先进的教育思想和办学理念，培养了国家急需的建设人才，扩大了中国对外开放的窗口，开启了中国教育的新时代。

提高我国教育国际化水平是中国教育发展历史进程的必然选择。中国发展离不开世界，世界繁荣稳定也离不开中国。中国政府、学者和民众持续学习先进国家的管理经验、科技成果和生产生活知识。中国有数亿人在学习外语，并成为世界最大的留学派出国家。我们开放的层次与水平正在逐步加深和提高。

改革开放以来，中国日益重视对世界范围内高等教育发展趋势的科学认识和准确把握，广泛开展多种形式、多种层次的国际教育交流与合作，学习、吸引和借鉴国际高等教育发展先进经验，中国教育的国际竞争力、吸引力和影响力明显增强。目前，中国已经成为世界第一大留学生输出国。改革开放以来，中国日益重视对世界范围内高等教育发展趋势的科学认识和准确把握，广泛开展多种形式、多种层次的国际教育交流与合作，学习、吸引和借鉴国际高等教育发展先进经验，中国教育的国际竞争力、吸引力和影响力明显增强。2000 年，全球国际学生总数为 210 万人，2010 年增长到 410 万人的规模，上升幅度高达 95.2%。具体分析，美国的国际留学生占世界总数的 18%，英国占 12%，中国、法国和澳大利亚分别为 7%，德国占 6%，日本占 3%，其他国家占 34%。国际教育流动竞争激烈。以在美国留学人数最多的国家为例，1999—2000 年，中国取代日本成为美国国际学生的最主要来源国；2001 年，印度超越中国成为首位；2009—2010 年度，中国重新夺回了第一的位置。

截至 2013 年，中国出国留学总人数达到了 305.86 万人。进入 21 世纪以后，中国留学生的人数除了在 2004 年有小幅度下滑外，一直呈上升趋势，每年的出国留学人数不断增长。

对外交流与国际合作是中国教育长期坚持的重要方针。但是，在如何开放？开放到什么程度等方面，不同的人有不同的观点和立场。2009 年，教育部在研究制定《国家中长期教育改革和发展规划纲要（2010—2020 年）》（以下简称《教育规划纲要》）的过程中，对于教育国际化问题曾经发生过一场十分激烈的争论。一位全国著名的学者声音有些颤抖地说："教育国际化？'化'是什么？毛泽东主席说了，化就是百分之百。我们的教育要向谁化？是美国化？英国化？还是日本化？"听到这位学术权威的话，在场的起草组全体成员不知说什么，甚至不敢说什么。国家教育行政学院会议室一时鸦雀无声。又沉默了一会，起草工作小组组长、时任教育部副部长的袁贵仁同志对大家说："教育国际化是一个新事物。如何理解教育国际化？'化'到什么程度？对于这些问题，我们还研究得不够，许多问题还没有想得十分清楚。我们要向小平同志学习——不争论。在全球化背景下，教育国际化的方向是对的。在规划纲要中，我们坚持实事求是，能写多少写多少，能写到什么程度写到什么程度。"袁贵仁同志声音不高，话语斩钉截铁。最后，在《教育规划纲要》第十六章"扩大教育开放"中写下沉重的一笔："开展多层次、宽领域的交流与合作，提高我国教育国际化水平。"与此同时，中国政府明确提出：提升我国教育的国际地位、影响力和竞争力，培养大批国际化人才。2010 年，中国教育国际化进程翻开了新的一页，进入双向国际化发展阶段（2010—2035 年）。

如果说 1840 年后对于如何处理中西文化关系中国整体陷入"全民纠结"的话，伴随越来越多人持续学习，逐步"明白"而进入到群体纠结阶段。从 1978—2008 年，中国改革开放已经 30 年依然有部分人在纠结，再一次跨越这种纠结，中国教育现代化再一次提升到新的高度。中国致力于和平发展，将始终不渝地奉行互利共赢的开放战略，致力于面对全面建设小康社会和中国和平发展的新形势、新任务，不断提出"提高我国教育国际化水平”，提高我国教育国际化水平是中国教育理论和发展战略的重大突破。在全球化背景下，我国经济日益全球化，参与国际竞争的实力和能力不断增强。对于教育要不要提国际化，社会各界存在不同的观点和认识。

中国政府正式提出提升教育国际化水平。《国家中长期教育改革和发展规划纲要（2010—2020年）》在总结中国教育改革开放历史经验的基础上正式明确提出：“坚持以开放促改革、促发展。开展多层次、宽领域的教育交流与合作，提高我国教育国际化水平。”在党中央、国务院文件中明确提出提高教育国际化水平，尚属第一次，具有理论突破和实践创新的重大意义。双向国际化是教育国际化的一种历史必然。

教育国际化就是要在国际教育贸易市场开放的前提下，教育资源在国际间进行配置，教育要素在国际间加速流动，教育国际交流与合作日益频繁，世界各国教育相互影响、相互依存的程度不断提高，各国教育相互交流、相互竞争、相互包容、相互激荡，共同促进世界教育的繁荣和发展。提高教育国际化水平是全球化背景下世界教育发展趋势的新判断，是邓小平同志关于教育面向现代化、面向世界、面向未来思想的新体现，是中国教育持续改革开放的新举措，其目标是适应国家经济社会对外开放的要求，培养大批具有国际视野、通晓国际规则、能够参与国际事务与国际竞争的国际化人才。

提高我国教育国际化水平是教育开放进入新阶段的重大任务。教育国际化是教育现代化的重要标准。在提升教育现代化水平的进程中，必须将提高我国教育国际化水平作为一项战略任务。坚持面向国际、国内两个大局，面对国际、国内两个市场，积极引进国际优质教育资源，提高教育交流合作水平，实施“请进来，走出去”战略，参与国际教育政策规划、标准的研究制定，培养大批具有国际视野、通晓国际规则、参与国际事务和国际竞争的国际化人才。学校是教育的最基本单位，建设国际化学校是未来教育发展的一项重要任务。国民的国际意识是国际化的重要体现。要在小学、中学和大学普遍进行国际理解教育，培养国民对世界多元文化的包容精神。

中国教育国际化从学习借鉴走向双向交流。习近平总书记对于中国教育对外开放提出新要求：“中国将加强同世界各国的教育交流，扩大教育对外开放，积极支持发展中国家教育事业发展，同各国人民一道努力，推动人类迈向更加美好的明天。”① 新一届政府大力推进“千人计划”“万人计划”，千方百计创造条件，使留学回到祖国的有用武之地，留在国外的有报国之门。

---

① 习近平．在联合国“教育第一”全球倡议行动一周年纪念活动上的视频贺词（2013年9月25日）[N]．人民日报，2013-09-27．

全球化背景下，教育国际化成为一种世界性的趋势，成为世界教育应对全球化挑战的重要手段与工具。当今，全球经济和社会相互依赖，深刻而持久地影响着教育包括中小学教育的教育思想、教育内容、教育方式和教育行为。人类在前所未有的空间、前所未有的联系和前所未有的不确定性之中，探索新型教育发展模式和人才培养模式。

习之堂

教育国际化是一种文化潮流，是一次世界教育观念、内容、手段和成果大交流、大融合和大集成的历史过程。

中国教育为世界经济与和平发展提供人力资源动力。数千万华人在世界各地从事辛勤劳动，促进了全球不同文化的融合，促进了不同国家民族之间的相互理解与包容。

全面深化教育国际交流合作。世界教育的格局中，镌刻着中国教育开拓性建构的路径。我国与世界上 188 个国家和地区建立了教育合作与交流关系，与 47 个重要国际组织经常性开展教育合作与交流，与 50 个国家和地区签订了学历学位互认协议。中国已与 24 个“一带一路”沿线国家签署高等教育学位学历互认协议，60 所高校在 23 个沿线国家开展境外办学。这些长期探索形成的领域，构成了全面深化教育国际交流合作的基石。据教育部官方统计，1978—2007 年底，中国各类出国人员总数达 121.17 万人，留学回国人员总数达 31.97 万人。以留学身份出国在外的留学人员有 89.20 万人，其中 65.72 万人正在国外从事本科、硕士和博士阶段的学习，或从事博士后研究与学术访问。

《2019 美国门户开放报告》显示：2018—2019 年，美国高校连续第四年接纳了 100 多万名国际学生，在美学习的国际学生总数达到 109.5 万人，这也是美国高等教育留学生总数连续第 13 年保持增长。中国仍是美国最大的国际学生来源国，占全部国际学生数量的 33.7%，其次为印度、韩国。2018/2019 学年中国有近 37 万名学生在美国就读，其次是印度，韩国排名第三，留美学生人数占国际学生总数的 5.0% 以上。

2018 年 2 月，经济合作与发展组织（OECD）启动了“2030 年教育和技能的未来”项目，形成的《教育促进更美好世界：经合组织 2030 年学习框架》报告提出“为 2030 而学习”的共同愿景，号召致力于帮助每个学习者作为一个整体发展，发挥他或她的潜能，并帮助塑造一个建立在个人、社区和地球福祉之上的共同未来。

2020 年，英国《国际教育战略》报告显示：根据 QS 世界排名，英国有 4 所大学进入世界前 10 名，有 18 所世界前 100 名。英国教育国际化目标是支持英国国际教育向更加广度和多样性方向发展，以巩固英国作为世界各国与个人选择的伙伴关系和提供者的地位。具体目标是教育贸易在 2020 年将达到 230 亿英镑，到 2030 年将教育贸易增加到 350 亿英镑。

据统计，2018 年，中国共有来自 196 个国家和地区的 492 185 名各类外国留学人员在全国 31 个省（区、市）的 1 004 所高等院校学习，比 2017 年增加了 3 013 人，增长比例为 0.62%。按洲别统计：亚洲学生总数为 295 043 人，占 59.95%；非洲学生总数为 81 562 人，占 16.57%；欧洲学生总数为 73 618 人，占 14.96%；美洲学生总数为 35 733 人，占 7.26%；大洋洲学生总数为 6 229 人，占 1.27%。其中接受学历教育的外国留学生总计 258 122 人，占来华生总数的 52.44%，比 2017 年增加了 16 579 人，同比增加 6.86%；硕士和博士研究生共计 85 062 人，比 2017 年增加 12.28%，其中，博士研究生 25 618 人，硕士研究生 59 444 人。2018 年，非学历留学生 234 063 人。按经费办法统计：中国政府奖学金生 63 041 人，占来华生总数的 12.81%；其他留学生 429 144 人，占来华生总数的 87.19%。

2018 年 1 月，全国经审批机关批准设立或举办的中外合作办学机构和项目已有 2 626 家，涉及 34 个国家、1 746 所高校（其中中方高校 785 所，外方高校 961 所）；覆盖了各个教学层次和类型，涉及自然科学与工程科学类以及人文社科类共计 12 个学科门类 200 多个专业。全国新增本科及以上中外合作办学项目 118 个，占全国本科及以上中外合作办学项目总数的 8.90%；新增具有法人资格高等教育中外合作办学机构 3 个，占总数的 25%；新增不具有法人资格中外合作办学机构 23 个，占总数的 25%。

据教育部统计，从 1978 年到 2018 年底，各类出国留学人员累计达 585.71 万人。其中 153.39 万人正在国外进行相关阶段的学习和研究；432.32 万人已完成学业，365.14 万人在完成学业后选择回国发展。近年来，留学人员回国更加集中，形成新一轮回国热潮。与中国教育大门持续开放的趋势，西方国家对于教育开放却回归于保守。也是在 2018 年，在外部压力和所在国的要求之下，中国在全球开设的孔子学院有 11 个被迫停办。中国教育对外开放局面面临着来自各个方面的压力和挑战。

在国际方面，美国已经将中国列为最重要的竞争对手。2005 年，中国在校大学生规模达到创历史的 2 300 万人，超过美国，成为世界第一高等教育大国。美国总统布什在 2006 年 1 月 31 日国情咨文中提出："美国经济是优秀的，但不能自满。在多变的世界经济中，我们看到了竞争对手，中国和印度。"布什表示，美国将继续在人才的创造力和天赋上保持世界领先地位。美国最大的优势就是一直以来拥有教育良好的、努力工作和雄心勃勃的人才。美国将继续保持这一优势。美国不仅面临发达国家的竞争压力，而且面临中国、印度、俄罗斯等国的追赶压力。[①]

据英国《泰晤士报》预测，2025 年国际流动学生数量将比现在翻一番，达到 800 万人。由于主要生源输出国：中国、新加坡、马来西亚、约旦等国家正在成为留学目的地国，国际学生流动模式将可能发生变化。据中国相关部门预测，中国政府启动"留学中国计划"，提出到 2020 年，接受外国留学生的规模达到 50 万人次。

中国着眼于 21 世纪国际竞争，着眼于国家的前途和民族命运，做出在一个发展中国家建设世界一流大学的世纪性抉择。1998 年，江泽民同志明确提出："为了实现现代化，我国要有若干所具有世界先进水平的一流大学"，吹响了建设世界一流大学的动员令。

经过"十四五"期间近 5 年的努力，中国已经全面实现各级各类教育普及目标，全面构建现代化教育制度体系，教育总体实力和国际影响力大幅提升。实现更高水平、更有质量的普及，教育改革发展成果更公平地惠及全体人民，教育服务经济社会发展的能力显著提高，社会关注的教育热点难点问题得到有效缓解，多样化可选择的优质教育资源更加丰富，人民群众受教育机会进一步扩大，学习大国建设取得重要进展。

2018 年，习近平总书记在全国教育大会上进一步强调，我们要抓住机遇、超前布局，以更高远的历史站位、更宽广的国际视野、更深邃的战略眼光，对加快推进教育现代化、建设教育强国做出总体部署和战略设计，坚持把优先发展教育事业作为推动党和国家各项事业发展的重要先手棋，不断使教育同党和国家事业发展要求相适应、同人民群众期待相契合、同我国综合国力和国际地位相匹配。

《中国教育现代化 2035》提出：到 2020 年，全面实现"十三五"发展目标，教育总体实力和国际影响力显著增强，劳动年龄人口平均受教育年限明显增加，教育现代化取得重要进展，为全面建成小康社会做出重要贡献。在此基础上，再经过 15 年努

① 美国国家科学技术委员会．技术与国家利益［M］．李正风，译．北京：科学技术文献出版社，1999：17．

力，到 2035 年，总体实现教育现代化，迈入教育强国行列，推进我国成为学习大国、人力资源和人才强国，为到 21 世纪中叶建成富强、民主、文明、和谐、美丽的社会主义现代化强国奠定坚实基础。

中国高等教育大众化进程分为四个阶段：第一阶段（1949—1993 年）为高等教育长期低速发展，高等教育毛入学率在 3% 左右。1992 年中国高等教育加快发展，1993 年普通高校、成人高等学校在校生规模分别达到创纪录的 253.6 万人和 186.3 万人，高等教育毛入学率一跃进入 5%，比 1992 年提高了 1.1%。第二阶段（1994—2002 年）为高等教育实现大众化阶段。高等教育毛入学率以年均近 1 个百分点的速度提高，在 1998 年达到了 9.8% 的水平，2002 年首次达到 15%，进入国际通行的大众化阶段。第三阶段（2003—2020 年）提高高等教育大众化水平，提前进入普及化阶段，成为世界第一的高等教育大国。第四阶段（2021—2035 年），持续提高高等教育发展水平和人才培养质量，提升高等教育的竞争力和影响力，建设成为高等教育强国。

① 2020 年，高等教育毛入学率达到 50%，实现高等教育普及化。全国人口中受过高等教育的人口规模超过 1.25 亿人。

② 2025 年，高等教育毛入学率达到 55%，进一步提高高等教育普及化水平，全国人口中受过高等教育的人口规模达到 1.7 亿人左右。

③ 2030 年，高等教育毛入学率接近或达到 60% 以上，高等教育进入高水平普及发展阶段，人均受教育年限达到 12 年左右，劳动力人口中受过高等教育的比例达到 35% 左右。

④ 2035 年，高等教育毛入学率稳定在 60%～65% 之间，巩固高等教育普及化成果，劳动力人口中受过高等教育的比例进一步提升，并进入世界第一梯队。

《中国教育现代化 2035》提出，到 2020 年，若干所大学和一批学科进入世界一流行列，若干学科进入世界一流学科前列。到 2035 年，更多的大学和学科进入世界一流行列，若干所大学进入世界一流大学前列，一批学科进入世界一流学科前列，高等教育整体实力显著提升。

（四）从好学生成为好教师

举国持续学习是中国经济社会高速发展，实现对发达国家整体赶超最重要的法宝。从 1840 年鸦片战争失败之后，中国一直在认认真真做学生，向西方发达国家学习，学习世界各国的先进思想、理念、技术与方法——这是一场持续180年而且依然要持续下去的全民族、全社会最伟大的一次学习运动。从皇帝到臣民，从领袖到平民都在持续刻苦学习，认认真真地做一名“好学生”，可以毫不夸张地说，中华民族是近代以来世界各国、各民族中最好的一位好学生。

（1）中华民族在学习中探索道路。180年来，整体中国，全体中华民族的儿女们，潜下心来，虚心地向世界学习。一个民族在学习中不断觉醒，在学习中寻找道路，在学习中持续发展。中国就是中国，中国并没有如西方政治家和战略家所愿，美国前总统比尔·克林顿曾自信地说：“我们越是将中国带向世界，世界就会把越多的自由带向中国。”中国没有也不会按照美国前总统的预言行事。今天的中国日益自信地走向世界，而中国并不需要他们所谓的“自由”。中国在教育现代化的道路上，探索出一条中国特色社会主义现代化教育发展之路，教育发展既坚持改革开放，更坚持社会主义方向。2019年10月，德国知名中国问题专家弗兰克·泽林发表题为《世界将变得中国化》的文章认为，中国崛起是一个划时代的变化。有一点是清楚的：西方完全低估了中国的崛起。

（2）中华民族在学习中逐步强大。学习的过程是一个成长的过程，是一个积蓄能量的过程，更是一个逐步强大的过程。70年来，中国扫除了3亿多人的文盲，全面普及九年义务教育，基本普及高中阶段教育，高等教育毛入学率接近50%的普及化水平，15岁人口人均受教育年限提升了8年以上，成为最有希望进入人力资源强国的发展中人口大国。中国将建设世界最大规模的学习型社会，成为学习强国。

（3）中华民族在学习中走向自信。2018年，是美国著名教育家杜威到中国讲学100年。早在100年前，杜威先生就告诉中国人民：“中国不必步步依照西洋，尽管可以自辟新路。”1840年以来的180年是中国向西方发达国家和世界各国学习的180年，从学习、吸收、借鉴，中国发展不仅到了创造自我理论、自我模式和自我文化的时候，而且这种理论、模式和文化正在对世界产生越来越重要的影响。

中国教育为世界提供一种道路。从一个文盲充斥的国家到教育大国，从一个人口大国到一个人力资源强国，正在向教育强国迈进，中国教育发展与人力资源开发成就令世界赞叹，中国成功地探索出一条发展中人口大国实现教育现代化的道路。

中国教育为世界提供一种模式。中国有国家意志、战略目标以及实现教育现代化特殊的实践路径，加之有一个伟大政党的坚强领导和制度优势。

学习之堂

中国教育保留着自己优秀的传统教育文化基因，并将再次复兴，向世界展示中国优秀的教育文化。

中国教育为世界提供一种品质。教育品质是教育现代化的内在要求，更是有质量教育的集中体现。基于优秀教育传统、高水平教师队伍和严谨教育教学的中国中小学教育在国际测试中表现令人惊羡。中国高等学校本科教育特别是工程教育质量受到世界好评，职业教育技能和大师培养卓有成效。

PISA（Programme for International Student Assessment）（国际学生评估项目的缩写）是一项由经济合作与发展组织（OECD）统筹的学生能力国际评估计划。主要对接近完成基础教育的 15 岁学生进行评估，测试学生们能否掌握参与社会所需要的知识与技能。第一次 PISA 评估于 2000 年首次举办，此后每 3 年举行一次。评估主要分为 3 个领域：阅读素养、数学素养及科学素养。2009 年，在经济合作与发展组织进行的 2009 年第四次国际学生评估项目（PISA）测试中，上海是中国内地第一个正式参加该项目的地区，152 所学校 5 115 名学生的平均成绩为 556 分，在阅读、数学和科学素养三方面的成绩均排名全球第一。后面依次为韩国（539 分）、芬兰（536 分）和中国香港（533 分），美国学生排名第 26 位。

2008 年，笔者在任教育部教育发展研究中心战略研究室主任的时候，曾经接待过美国兰德公司的一位高级研究员。我们在讨论世界教育特别是中国与美国教育的时候，发现中国向美国学习了很多，美国也开始向中国学习。比如说全国统一考试，重视小学数学教学；学习中国中小学教研经验，开展教师共同学习、共同备课。发现中美两国数学教学差异的是敏感的记者。2011 年 2 月，美国《纽约时报》资深记者及专栏作家尼古拉斯·克里斯托夫（Nicholas Kristof）考察了中国教育，感受颇深。克里斯托夫先生说，在他所到过的中国南方一个非常贫穷的小村庄，那里农家子弟的数学水平，都比纽约最好的公立学校的孩子要高出好几个等级，可见中国的数学教育达到了一个多么高的水平。克里斯托夫撰文称："对美国的战略挑战并非中国的隐形战机，而是中国公众改进教育体系的决心，以及向外部世界学习的激情。他认为儒学思想对教育的重视已深深地浸润于中华文化，由此才衍生了中国学校体系的最伟大的力量。”

中国拥有人类最早的数学发展历史，数学教育普及到中国每一个普通老百姓，这或许是中国中小学数学成绩好的深层次原因。

意大利将汉语纳入国民教育体系。2009 年起，罗马国立住读学校开设了以中文为必修课程的国际理科高中项目，包括中国语言和文化类课程，还开设有以中文为教学语言的历史和地理课程，成为意大利教育体系中推广汉语语言文化教学的先行者和成功典范。2016 年 9 月，意大利教育部正式颁布了《适合全意高中汉语文化教学实际的国别化大纲》，更标志着汉语文化教育首次纳入意大利国民教育体系。罗马“维多利奥·埃马努埃莱二世”国立住读学校是一所有着悠久历史的国立学校，其历史可追溯至 1595 年。学校涵盖了包括小学、初中和高中在内的各级国立学校教育。社会转型过程，从特殊形态向一般形态转变；文化演进从特殊进化向一般进化转变。中国正在进入“后转型期”。

2012 年，中国上海第二次参加了第五次国际学生评估项目（PISA）测试，根据 OECD 对测试抽样的技术标准要求，上海 155 所学校的 6 374 名学生代表全市各类中学约 9 万名 15 岁在校生参加测试，再次在有 65 个国家（地区）参加的测试中取得第一名。2015 年，中国北京、上海、江苏和广东组成的中国部分地区联合体（B-S-J-G，China）参加了 PISA 测试，位居总分第十，排名下降的主要原因是广东北部地区的孩子对于电脑不熟悉，网上答题存在问题。2009 年以来，中国上海连续两次在 PISA 项目中荣获第一名。一时间，全世界的政治家、学者甚至普通百姓，对于中国经济社会特别是教育取得的伟大的成就，惊叹羡慕不已。世界银行曾派专家来研究中国教育现象，其研究虽富有自己的视角，但也没有得到有足够说服力的报告，没有揭示中国教育发展的内在逻辑和战略动力，更不足以全面、客观和权威地研究中国教育的普遍价值。

2019 年 12 月 3 日，国际学生评估项目（PISA）2018 年结果公布，中国四省市学生阅读、数学和科学平均成绩在所有参与国家（地区）中居于首位，遥遥领先其他国家和地区。北京、上海、江苏和广东再次参加该测试。按照国家来说，新加坡排名第一，而北京科学、阅读、数学三门成绩均比新加坡高出 10～15 分。从 2009 年和 2012 年上海代表中国参与 PISA 测试取得第一名，到 2018 年中国四省市学生重回榜首，足以证明中国基础教育的竞争优势。对于 PISA 测试的结果，我们应该冷静看待，既不要因为四省市取得了第一名就过于狂喜，贸然地认为中国基础教育世界第一；更不要认为中国的基础教育发展成绩大、问题小。

更值得高兴的是，2014 年英国教育部开启一个 1 100 万英镑新项目：引进 60 名中国数学教师来教英国人数学。这60位来自中国的数学教师须具有较好的英文能力，将会在2014年秋季学期被分配到英国的30个数学中心。他们会推广自己的教学方法，运用到班级里的尖子生身上，同时一对一地帮助那些在学习数学上有较大困难的学生。同时，该项目还包括让英国30个数学中心各派两位数学教师前往中国，接受至少一个月的培训，向中国的同行学习，再回到英国，将学到的经验运用到之后的数学教学当中。一个向中国学习的教育运动正在悄然兴起。从学夷之长以制夷，到发达国家的教师上门来中国学习，这是一种历史性的变迁，也是一个历史性挑战——但是，中国做好当老师的准备了吗？

2018年12月24日，世界报业辛迪加网站刊登了题为《向中国学习》的文章，欧洲复兴开发银行前首席经济学家、伦敦经济政治学院全球事务研究所所长埃里克·伯格卢夫在文章中写道："自从40年前开始改革开放以来，中国一直是一个好学生。如今，经过40年的快速发展，中国已经越来越像一个老师了。"

（五）影响世界教育的伟大实验

2020年新年伊始一场突如其来的新冠病毒疫情—— 一场传播速度最快、感染范围最广、防控难度最大的重大突发公共事件突袭了武汉，突袭了中国，突袭了整个世界。面对突发疫情，党中央、国务院高度重视疫情防控工作。习近平高度重视，亲自指挥、亲自部署，第一时间做出重要指示："生命重于泰山，疫情就是命令，防控就是责任"，"把人民群众生命安全和身体健康放在第一位，坚决遏制疫情蔓延势头，坚决打赢疫情防控阻击战"。[①] 中国人民开始了一场全民共同参与的抗击疫情的人民战争、总体战、阻击战。目前，中国已经基本遏制新型冠状病毒在国内的传播，取得重要的阶段性胜利。

大疫当前，人类面临全球性危机和挑战；大疫当前，国家日常管理和人民日常生活受到极大影响。按照中央的统一要求，教育部办公厅发布《关于深入做好中小学"停课不停学"工作的通知》，坚持把做好疫情防控作为头等大事，努力为中小学生居家学习提供指导服务。[②] 此后，教育部连续发文，要求"大中小学、幼儿园开学时间原则上继续推迟"。

---

① 习近平．要把人民群众生命安全和身体健康放在第一位 坚决遏制疫情蔓延势头［EB/OL］．（2020-01-21）［2020-01-29］．http://cpc.people.com.cn/n1/2020/0121/c64094-31557684.html．

② 教育部部署深入做好中小学"停课不停学"工作［EB/OL］．（2020-03-06）［2020-03-10］．http://www.moe.gov.cn/jyb_xwfb/gzdt_gzdt/s5987/202003/t20200306_428342.html．

大疫当前，原本习以为常的一切在一瞬之间全部改变！如果说新冠肺炎疫情，是新中国成立以来最大的公共卫生事件的话，居家学习则是新中国成立以来、网络背景下最大规模、前所未有的公共教育模式探索和实践。据报道，有60万名教师和5 000万名学生使用“钉钉”在线上课，作为疫情防控期间的应急之举，中国“史无前例”的大规模居家在线教育实践，引起了世界各国新闻媒体的高度关注。2020年2月19日，西班牙《国家报》网站的报道指出，“新冠肺炎疫情临时让中国变成了一个大规模的测试平台，在实践中检验近几十年来有关在线教学突破传统学校模式的许多理论，它将最大程度检验在线教育模式的可行性”①。继而在3月2日《俄罗斯报》报道称，“中国进行一项世界上规模最大的教育实验，这一景象史无前例。”②在中国则将2020年称为“全民网课元年”③。诚然，这一大规模的居家学习实践是具有创新性，但又是困难多多的；是值得高度赞扬，但又是不尽如人意的。大疫当前，让我们深刻地体会到，只有体味生命存在的意义，才能实现生命存在的价值。

常言道，多难兴邦。中华民族是一个在5 000年中克服了无数的自然灾难、社会灾难走向伟大的民族，也是一个与时俱进、富于变革的民族。《周易》又被称为《易》，其中有一名句：“易，穷则变，变则通，通则久。”中华民族的发展历史，就是一部在面临灾难不断改变生存方式，并持续发展的历史。大疫促大易，变革促发展。新冠病毒疫情，为学校教育与家庭教育的融合提出了客观要求和重要机遇。如何实现从大疫冲击到教育政策变革的转变？如何实现居有学习在体制、制

习之堂

大疫导致大易，春节之后，本该开学之际，全国大中小学全部持续停课，全国有近2亿中小学生收拾起对疫情的恐惧，开启了居家学习、空中课堂模式，这也标志着中国开启了人类教育历史上第一次最大规模居家学习实验。

---

① 中国正在进行的这场史无前例的教育大实验 世界都在关注［EB/OL］．（2020-02-21）［2020-03-10］．http://mil.news.sina.com.cn/2020-02-21/doc-iimxxstf3273615.shtml．

② 俄媒：史无前例！中国在线教育体系“拔地而起”［EB/OL］．（2020-03-04）［2020-03-10］．http://kuaibao.qq.com/s/20200304A0JDV500?refer=spider．

③ @教育人：全民网课元年，你获得这四大“成长增量”了吗？［N］．中国教师报，2020-03-10．

度、内容、技术与方法的集群突破，驱动教育形态改革和整体发展？整体思路是实现四个转变：居家学习，要从各自为战向系统设计、系统作战转变，实现从应急机制到建立长效机制转变，从以家为主向家校协同转变，从学科中心向能力中心转变。为实现上述目标，在未来5～10年，中国教育将发生六大变革。

变革之一：将居家学习纳入国家教育发展战略。居家资源体系建设绝非一时之功，更难以毕其功于一役，需要有长远谋划和战略性资源支撑。要建立教育资源开发战略投资机制，设立专项经费予以长期支持。建立健全教育信息化可持续发展机制，构建网络化、数字化、智能化、个性化、终身化的教育体系，建设面向所有家庭、全体公民，建立人人皆学、处处能学、时时可学的学习型社会，推动我国教育信息化整体水平走在世界前列，真正走出一条中国特色的教育信息化发展路子。

变革之二：提升家庭教育公共服务水平。国是家的国，家是国的家，家国一体为提升家庭教育公共服务意识、服务能力和服务水平创造了先天的理论基础。学校教育、家庭教育、社会教育协同育人尚处于国家政策层面，需要在法律层面确立其地位、责任和路径，运用法律手段确定三者在培养目标的一致性、体系建设共通性、育人方式的协调性和人才成长的多样性。根据居家正规学习公共性、公益性特点，逐步将其纳入公共教育服务体系范畴，政府和学校需要向家庭投入更多的公共资源，推进教学内容同质化、规范化，为所有学龄儿童少年提供公平而有质量的居家学习机会和学习资源。逐步扩大公共终身学习服务范围，为所有社会成员提供终身学习公共资源和终身发展机会。

习之堂

居家学习对教师整体素质提出更高要求，要同时具备学校教学和居家学习的双重领导力，率先成为一位终身学习者，做学生的组织者、引导者和陪伴者，成为现代化、智慧型的一流教师。

变革之三：实施居家学习供给侧改革。针对疫情中反映出来的居家学习公共资源供给短缺现象，要整体实施教育供给侧改革，重点从课程资源供给、网络服务供给、教师服务供给等方面，推进居家学习供给侧改革，集中优势力量、优质资源和优秀教师，统一制作各种丰富的教育教学资源，实现各学科全覆盖、学校全覆盖和学生全覆盖。一是拓宽教育资源“供给通道”。按照教育管理体系，以省为单位，调动全省电信企业资源、教育资源、教师资源、研究力量，实现网络资源与教育资源有机结合、科学配置。二是改革公共教育资源配置方式。构建居家学习新模式，建立资源配置新机制，探索未来居家学习的发展趋势和发展路径，实现学校教育与家庭教育资源共建、共通、共享。三是提升教师队伍信息技术应用能力。

变革之四：建立教育技术与教育内容互联机制。科学有序地推进居家正规学习的一项核心任务是建立教育技术与教育内容互联机制。运用智慧互联将中国最好的教师与最好的多媒体专家相互结合，通过更加便宜的连接器将信息传送到电视机，利用云网络、云平台、云课堂，及时高效地为所有的孩子提供最好的教育。让技术跨越贫穷，让技术跨越空间、时间与心理距离。

变革之五：建立和完善教育技术扶贫机制。贫困地区和贫困家庭在缺少经济资本、社会资本和文化资本的同时，普遍缺少技术资本。教师不会教、学生不会学、家长不会帮的现象，在贫困家庭普遍存在，成为其开展居家学习的技术障碍。要针对这次居家学习在农村地区、农村家庭暴露出的问题，采取教师集中培训、家长免费培训、学生免费上网学习等方面，提升农村贫困家庭应用教育信息技术的能力和水平。

变革之六：建立适应家校协同育人的支持体系。教育核心的变革实际上是课堂的变革，课堂变革的核心是在课堂的反馈与质量评价。建立以育人为本位，以技术为支撑，以课程资源为载体，学校教育与家庭教育相互融合的居家学习体系、评价标准和教育评价体系。建立有利于教师终身学习和专业发展的评价激励机制。

要尊重教育规律和学生成长规律，建立适应学校、家庭、社会协同育人体制机制，建立“三位一体”的教育质量和学生发展质量评价指标体系，推进协同育人，促进人的全面发展。

中国大规模的居家学习，是互联网背景下教育现代化的一次伟大探索和实践，在人类学习史上具有标志性意义。正当本文即将收笔之际，联合国教科文组织公布，全球已有 102 个国家和地区全面停课，即全球超过 5.8 亿名儿童和青少年——占全球一半的学生——因新冠肺炎疫情而停课。作为一个负责任的大国，为建设人类学习的共同体，居家学习法律、制度、科学、资源、路径的理论研究与实践探索不能停歇，找到路径，突破困境，进入佳境，为全球居家学习提供中国实践、中国经验和中国方案——这是 21 世纪世界教育发展的共同任务。只有这样，才能让中国的每一个孩子、全球的所有人都握有一张通向 21 世纪学习型世界的个人护照。

让我们再一次回到“中国滚梯”。2019 年 7 月的一天，笔者受上海市教育委员会邀请，参加《上海教育现代化 2035》研讨会。由于时间宽裕，笔者便想再一次做另外一个实验：一个年轻的女孩走在水磨石上。笔者站在滚梯上，站在原处，随其前行。女孩匀速走着，一会就超过了笔者，最后离笔者远去。这一次的实验告诉笔者，单靠“滚梯”自身的动力，不足以在速度上超过对方。

深入研究中国教育的成功经验与模式，至此，我们是否可以得到另一个重要的结论：学习借鉴世界各国的先进经验和依靠自身的制度优势，是中国经济社会发展包括教育发展成功的“双重武器”。无论是学习借鉴，还是制度优势，缺了哪一项都不能创造“中国发展奇迹”——用一个更加形象的比喻，就如同中国的筷子，学习与创新不可分割。在中国的发展中，学习和借鉴世界先进经验是不可或缺的，同时只靠学习借鉴他人的经验而没有社会主义的制度优势，也是不可能成功的。进一步说，中国特色社会主义的制度优势是根本，因为善于举国学习也是社会主义的重要制度优势。

习之堂

学习，学习，再学习，在学习中应对挑战，在学习中创新前行，在学习中战胜自我，这才是中国立于不败之地的制胜之道！

第八章

王者之道：为世界教育提供成功模式（2036—2049）

从1911年到2052年，在经历了一百五十年漫长而艰难的现代化进程之后，中国终于再次成为经济上的强国，并且能够在本国的历史和天性的基础上，成熟自如地开展各种行动。

——拉斯穆斯·雷万

随着发展中国家逐步实现国家现代化，发达国家与发展中国家之间的发展差距将进一步缩小。西方国家的相对衰落，将改变世界的政治经济生态，我们将走向更加多极化的世界。甚至外国学者认为："在这个世界中，中国、俄罗斯和印度等新的角色有能力构建出稳定的区域极点并从华盛顿及其传统盟友手中争夺世界霸权。"[①] 这进一步证明，许多学者和政治家并不真正懂得中国。

习之堂

在中国古代治理理论中，分为霸道与王道，霸者修于外，王者修于内；霸道者依靠竞争谋取霸主地位，王者依靠自身修炼赢得别人尊重；霸道依靠武力征服天下，王者依靠民心汇聚天下。霸者召而往之，王者不召自来。

中国追求的是王者之道。王者之道，作为王者，行事之时讲究以德服人，行为方式、谈吐、处世态度给人一种自然凌驾于众人之上的感觉，平易近人却是王道的表现，在平淡的生活中又透露出威严，自然而从容，给人值得信赖之感，遇事处之泰然，三思而后行，处世周全，能够做到即使是对手也会佩服他的为人。王者以气度见长如深渊细流。王道就是王者走的道路，在低位时要卧薪尝胆，在高位时要知人善用。在于有无夺取天下的才能、度量、谋略，这三者若缺其一，就唯有失败一途。所以王者之道，又是取舍之道。正如习近平总书记进一步强调指出的一样："中国特色社会主义特就特在其道路、理论体系、制度上，特就特在其实现途径、行动指南、根本保障的内在联系上，特就特在这三者统一于中国特色社会主义伟大实践上。这是中国特色社会主义的最鲜明特色。"[②] 道路、理论、制度、文化的一致性和自信性是中国现代化成功的核心所在。

罗马俱乐部最新研究报告《2052——未来 40 年的全球预测》一书明确指出：2052 年的中国将不再是一个传统意义上的民族国家。2052 年的中国将是这样一个国家，一个全球化的民族认同，有着强烈的辉煌过去的感觉，在 1911—2052 年一次长达 150 年的动荡现代化进程之后，中国经济将再次强大，并将足够成熟，能够根据自己的历史和本能采取行动。

自改革开放以来，中国经济社会持续发展，综合国力、竞争力和影响力持续增长，并在逐步成为世界经济强国。1986 年，

---

① 拉莫内特．世界新体系的十个关键［N］．参考消息，2016-10-11．

② 习近平．紧紧围绕坚持和发展中国特色社会主义 学习宣传贯彻党的十八大精神［EB/OL］．(2012-11-19)［2020-03-20］．http://cpc．people．com．cn/n/2012/1119/c64094-19615998-2．html?appinstall=0．

中国经济总量首次突破 1 万亿元。2000 年突破 10 万亿元，成为世界第六大经济体。2010 年超过日本，成为世界第二大经济体。2016—2018 年 3 年，连续突破 70 万亿、80 万亿和 90 万亿元。2018 年国内生产总值是 1952 年的 175 倍。不断增强的财政能力对于中国教育改革和发展提供了强有力的支撑。1952 年，全国财政收入仅为 62 亿元，1978 年为 1 132 亿元，2018 年达到 18.34 万亿元。中国 GDP 总量已经占世界的 15.9%，但工业增加值的占比超过 28%；美国的 GDP 占世界接近 24%，但工业增加值占比只有不到 15%。有预测表明，2028 年左右中国经济规模将超过美国；2100 年将是美国 1.9 倍。

世界上最著名的宏观经济学家之一、2011 年的诺贝尔经济学奖获得者马斯·萨金特教授认为，一个国家经济增长必须有三个核心要素：一是产品和服务，它的提供者是人，因而人是最重要的要素，即劳动力。男人、女人都是一样，他们通过辛勤的工作来生产商品提供服务。二是资本，资本包括机器、设备等这样的物质资本，还有重要的人力资本。三是技术，技术帮助我们把各个要素结合起来，比如说上海到深圳进行物流的运输模式和过去肯定不一样，甚至只要进行数字层面的传输就行了。[①] 中国有最好的工业体系和产品生产及服务体系，有高质量的低价劳动力；有大量的资本特别是优质的人力资源资本；有与数字化相链接的现代物流模式——可以说，中国完全具备了成为世界经济强国的核心要素。关键的问题是，一定要在上述优势的基础上，加大教育与人力资源开发投资，加快科技创新，以教育现代化带动人的现代化和整体经济社会的现代化。

2017 年 12 月 1 日，中共中央总书记、国家主席习近平在人民大会堂出席中国共产党与世界政党高层对话会开幕式，并发表题为《携手建设更加美好的世界》的主旨讲话并强调，中国共产党将一如既往为世界和平安宁、共同发展、文明交流互鉴做贡献。中国共产党是为中国人民谋幸福的党，也是为人类进步事业而奋斗的党。我们要把自己的事情做好，这本身就是对构建人类命运共同体的贡献。

党的十九届四中全会审议通过的《中共中央关于坚持和完善中国特色社会主义制度推进国家治理体系和治理能力现代化若干重大问题的决定》充分肯定了中国特色社会主义的制度优势。就教育而言，中国特色社会主义教育制度是中国特色社会主义制度的重要组成部分，包括教育法律制度、标准制度、管理制度、运行制度和保障制度。具体包括：党的全面领导的制度优势、以人民为中心的制度优势、落实立德树人的制度优势、保障教育公平的制度优势、优先发展教育的制度优势、集中力量办大事的制度优势、政府主导与社会参与相结合的制度优势和坚持依法治教的制度优势等八个方面。在未来 10—15 年期间，中国特色社会主义教育制度将更加成熟更加定型，率先基本实现教育

---

① 中美最新消息 美国经济学家说中国经济必超美国［EB/OL］.（2019-07-23）［2020-04-02］. https://www.gucheng.com/hot/2019/3768607.shtml.

治理体系和治理能力现代化。这是中国特色社会主义教育坚持道路自信、理论自信、制度自信、文化自信的历史逻辑和战略逻辑。我们也要通过推动中国发展给世界创造更多机遇。我们不“输入”外国模式，也不“输出”中国模式，不会要求别国“复制”中国的做法。中国无论发展到什么程度，都永远不称霸，永远不搞扩张。我们倡议世界各国政党同我们一道，做世界和平的建设者、全球发展的贡献者、国际秩序的维护者。习近平总书记揭示了中国现代化发展的重要内涵与发展模式。同样，中国的教育现代化坚持自力更生和自主发展，依靠中国自身的力量，持续开发本国的教育与人力资源，努力实现教育现代化，建设人力资源强国和教育强国的伟大目标。

（一）中国教育现代化四大基石

1. 党的领导

中国共产党始终将教育摆在优先发展的战略地位。坚持优先发展，坚持以人的发展为核心带动国家现代化进程，充分发挥教育在国家发展中的基础性、先导性、全局性作用，高度注重教育与人力资源开发，加大投资于人的力度，面向现代化，面向世界，面向未来，谋划好、发展好各级各类教育事业，充分挖掘自身人力资源优势，为国家发展和民族振兴奠定基础。

中国共产党是一个具有领导力、执行力和影响力的政党。1977 年，邓小平在科学和教育工作座谈会上提出，“我们国家要赶上世界先进水平，从何着手呢？我想，要从科学和教育着手”，“不抓科学、教育，四个现代化就没有希望，就成为一句空话”，明确把科教发展作为发展经济、建设现代化强国的先导，摆在中国发展战略的首位。江泽民继承了邓小平“教育基础论”和“科技关键论”，提出了科教兴国战略。

1982 年 9 月，党的十二大首次将教育确定为今后社会主义现代化建设的重点之一，同年全国人民代表大会通过的《中华人民共和国宪法》把教育方针、教育地位和作用等列入了根本大法。党的十四大上，江泽民同志提出“必须把教育放在优先发展的战略地位，努力提高全民族的思想道德和科学文化水平，是实现我国现代化的根本大计”，这是中国共产党执政史上第一次明确提出要把教育摆在优先发展的战略地位。1997 年，党的十五大报告提出“切实把教育摆在优先发展的战略地位”。2002 年，党的十六大报告提出“教育是发展科学技术和培养人才的基础，在现代化建设中具有先导性全局性作用，必须摆在优先发展的战略地位”。

2006 年 8 月 29 日，在中共中央政治局第三十四次集体学习时，时任中共中央总书记的胡锦涛同志指出：“必须坚定不移地实施科教兴国战略和人才强国战略，切实把教育摆在优先发展的战略地位，推动我国教育事业全面协调可持续发展，努力把我国建设成为人力资源强国，为全面建设小康社会、实现中华民族的伟大复兴提供强有力的人才和人力资源保证。”2014年9月9日，在第30个教师节来临之际，习近平总书记指出：“‘两个一百年’奋斗目标的实现，中华民族伟大复兴的实现，归根到底靠人才、靠教育。源源不断的人才资源是我国在激烈的国际竞争中的重要潜在力量和后发优势。”

教育是党之大计，国之大计。中国几代领导人的教育思想，既一脉相承又与时俱进。党的全面领导是中国特色社会主义教育的根本制度和本质特征，也是中国教育改革发展成功实践的根本保障。《中共中央关于坚持和完善中国特色社会主义制度、推进国家治理体系和治理能力现代化若干重大问题的决定》十分明确地指出：“党是最高的政治领导力量。必须坚持党政军民学，东西南北中，党是领导一切的。”加强党的领导，关乎教育的根本性质，关乎教育的兴衰成败。坚持教育的中国特色，就必须坚持中国共产党的领导，必须坚持社会主义办学方向，必须坚定不移地走中国特色社会主义现代化教育发展之路。党的坚强领导，既是中国特色社会主义的本质特征，也是中国成功实现现代化的重要保障。

坚持和完善党对教育工作全面领导制度，形成从高等教育到职业教育、从义务教育到学前教育、从公办教育到民办教育、从学校教育到校外的领导体系。把党的领导落实到教育改革发展的各方面各环节，落实到立德树人、教书育人的全过程，深刻理解和把握坚持社会主义办学方向的政治原则，切实做到为人民服务、为中国共产党治国理政服务、为巩固和发展中国特色社会主义制度服务、为改革开放和社会主义现代化建设服务。

组织能力是国家最重要的战略竞争能力。中国共产党从建党之初的十几名党员，发展成为拥有9 200万名党员的世界最大政党，成为世界最大规模的政治组织。中国共产党是最有组织性、纪律性的政党，是最有组织能力、宣传能力和号召能力的政党，我们党敢于领导、善于领导，克服千难万险，前赴后

习之堂

中国共产党敢于和善于自我革命，以刮骨疗毒的勇气，坚决反腐败，“坚持‘老虎’‘苍蝇’一起打”，保证了党组织的纯洁性和战斗力，更保证了党在人民群众中的感召力、影响力和领导力，党的根基在于人民，血脉系于人民，力量源于人民。

继，英勇奋斗，领导人民取得一个又一个伟大成就。

2. 人民参与

国为民之基，民为国之本。坚持以人民为中心是中国特色社会主义教育制度的本质特征。人民性是中国教育的核心特征之一，也是中国教育理论与实践的重要基石。中国共产党始终坚持以人民为中心，尊重人民主体地位，保障人民权利，代表人民利益，反映人民意愿。改革开放之初，我们创造了人民教育人民办的先例，创立了以人民为中心的教育制度典范。习近平总书记在全国教育大会上提出的“凝聚人心、完善人格、开发人力、培育人才、造福人民”的二十字工作方针，集中关注一个大写的“人”字，充分体现了中国特色社会主义教育的核心使命、发展任务、工作职责和最终目标，与中国共产党全心全意为人民服务的宗旨完美统一、高度契合，在更高层级上体现出中国教育以人民为中心的本质特性。

习近平总书记在“不忘初心、牢记使命”主题教育工作会议上明确提出：“人民是我们党执政的最大底气，是我们共和国的坚实根基，是我们强党兴国的根本所在。我们党来自于人民，为人民而生，因人民而兴，必须始终与人民心心相印、与人民同甘共苦、与人民团结奋斗。”十八届四中全会《中共中央关于坚持和完善中国特色社会主义制度 推进国家治理体系和治理能力现代化若干重大问题的决定》指出：“把尊重民意、汇集民智、凝聚民力、改善民生贯穿党治国理政全部工作之中，始终做到为了人民、相信人民、依靠人民、引领人民。”各级党委政府及教育行政部门坚持以人民为中心，持续推进教育公平，补齐民生短板。保基本、补短板、促公平，城乡义务教育一体化发展水平不断提升。

全面保障人民公平的受教育权益是人民参与的核心体现。坚持以人民为中心，就是要坚持有教无类，保障每个人平等受教育权利，提供更加公平、更加优质、更加包容的教育；坚持以人民为中心，就是要面向学习者个性化、多样化的学习与发展需求，为每一个公民创造适合的教育；坚持以人民为中心，就是要坚持人民主体地位，不断扩大人民群众对于教育的知情权、参与权、管理权和监督权；坚持以人民为中心，就是要体现为人民负责的主动精神与使命担当，发展中国特色世界先进水平的优质教育，办好人民满意的教育。中国政府始终将教育发展作为最重要的民生工程。据教育部新闻办发布，2012—2018 年，全国共资助学生 6.2 亿人次，资助总金额累计突破 1 万亿元，达到 10 907 亿元，成为一项重大、重要民生支出。

中国政府高度关注人民群众的获得感。2015 年 2 月 27 日，在中央全面深化改革领导小组第十次会议上，习近平总书记在公开场合第一次提到“获得感”，此后反复多次提到人民群体的“获得感”，体现了坚持以人民为中心的发展思想。坚持为人民服务的发展观，坚持发展为了人民，发展依靠人民，发展成果由人民共享，增进人民团结，朝着共同富裕方向稳步前进。

习之堂

习近平强调，要处理好改革“最先一公里”和“最后一公里”的关系，突破“中梗阻”，防止不作为，把改革方案的含金量充分展示出来，让人民群众有更多获得感。

3. 制度优势

社会主义制度优势是一种巨大的力量。习近平同志指出：“中国特色社会主义政治制度过去和现在一直生长在中国的社会土壤之中，未来要继续茁壮成长，也必须深深扎根于中国的社会土壤。”中国制度在我国历史传承、文化传统、经济社会发展的基础上，经过长期发展、渐进改进、内生性演化而来。所以，中国制度与我国历史传承、文化传统、现实国情相符合，有根、有源、有生命力。[①]中国特色社会主义教育制度是中国特色社会主义制度的重要组成部分，是中国教育制度的核心价值体现与普遍行动准则，包括教育法律制度、标准制度、管理制度、运行制度和保障制度。中国特色社会主义教育制度是国家、地方、集体、个人从事教育事业的普遍规范与行为准则，对于教育改革发展发挥着规范、协调、监督、激励和保障作用。新中国成立 70 年，特别是改革开放 40 年，我国已经建立了中国特色社会主义教育的根本制度、基本制度、重要制度，并体现出具有先进性、创造性和生命力的制度优势。在未来 10～15 年，中国特色社会主义教育制度将更加成熟、更加定型，率先基本实现教育治理体系和治理能力现代化。这是中国特色社会主义教育坚持道路自信、理论自信、制度自信、文化自信的基本依据。

中国教育制度具有十大优势：党的全面领导的制度优势、立德树人的体系制度优势、优先发展教育的制度优势、以人民为中心的制度优势、保障教育公平的制度优势、集中力量办大

① 人民日报．人民要论：中国制度的优越性［EB/OL］．（2019-03-04）［2020-04-10］．http://theory.people.com.cn/nl/2019/0304/c40531-30955034.html．

事的制度优势、政府主导与社会参与相结合的制度优势、教育服务发展的制度优势、促进全民终身学习的制度优势和坚持依法治教的制度优势。

集中力量办大事是社会主义制度最突出的优势性。通过集中力量，在战略研究领域取得重大突破；通过集中力量，实现国家重大发展目标；通过集中力量，顶住外部压力、克服前进风险；通过集中力量，积小胜为大胜、全面建成小康社会，推进现代化建设。正如习近平同志所强调的："我们最大的优势是我国社会主义制度能够集中力量办大事。这是我们成就事业的重要法宝。"①

中国正处在社会经济转型期。"社会转型"是指人类社会由一种存在类型向另一种存在类型的转变，它意味着社会系统内在结构的变迁，意味着人们的生产方式、生活方式、心理结构、价值观念等各方面全面而深刻的革命性变革。富而知教，同样富求民主。在一个充斥贫困的国家绝没有人民当家作主，也绝没有真正意义上的民主。对于一个贫穷的国家，外来的民主是富裕的强权国家支配和控制贫穷国家的一种手段，甚至是一种新殖民主义占有他国资源的一种手段。

建立中国特色社会主义民主的政治制度。习近平总书记指出："人民民主是社会主义的生命，是我们党始终高扬的光辉旗帜。没有民主就没有社会主义，就没有社会主义现代化。社会主义越发展，民主也越发展。全面建成小康社会、实现中华民族伟大复兴的中国梦，必须坚定不移走中国特色社会主义政治发展道路，发展社会主义政治文明，建设社会主义法治国家，使我国社会主义民主政治展现出更加旺盛的生命力。"② 伴随中国经济社会发展、人民生活水平提升和人口科学文化素质提高，中国特色社会主义民主进程必将稳步推进。

4. 社会稳定

老子讲："治大国如烹小鲜。"中国之大，乱则误国害民；稳则发展前行。发展中国家现代化进程中最大的忧患是国家动乱。"天下大乱，无有安国；一国尽乱，无有安家；一家皆乱，无有安身。"③ 数千年来，中国战乱不断，追求国家安定成为长期追赶的目标。无论是国家领导人，还是普通老百姓都懂得国家稳定是国家安全之要，没有国之稳定难有民之福祉。经过新中国成立以来的长期探索，在现代化的历程中，中

---

① 习近平. 形成充满活力的科技管理和运行机制［EB/OL］.（2016-06-03）［2020-04-20］. http://scitech.people.com.cn/n1/2016/0603/c1007-28410557.html.

② 习近平总书记系列重要讲话读本［EB/OL］.（2014-07-08）［2020-04-21］. http://theory.people.com.cn/n/2014/0708/c40531-25250565.html.

③ 支菊生，钟南. 杂家妙语选［M］. 北京：百花出版社，1993：21.

国领导人与普通百姓形成了一个共同的集体共识：稳定是国家进步最为重要的基石，是人民政治生活、经济发展和民生保障的基础。

1989 年 3 月 4 日，邓小平同志在同中央负责同志的谈话时指出："我们搞四化，搞改革开放，关键是稳定。我同布什谈了，中国的问题，压倒一切的是需要稳定。凡是妨碍稳定的就要对付，不能让步，不能迁就。不要怕外国人议论，管他们说什么，无非是骂我们不开明。多少年来我们挨骂挨得多了，骂倒了吗？总之，中国人的事中国人自己办。中国不能乱，这个道理要反复讲，放开讲。不讲，反而好像输了理。要放出一个信号：中国不允许乱。"

钢必须具有更大的内在韧性，才能承担外部更大的压力。如果内在刚性和韧性不够，则会由内部破裂。

40 多年来，中国改革开放取得的成就，是国家稳定、社会稳定和民心稳定的必然结果。科学、正确地处理改革发展中的重大关系，坚持底线思维，增强忧患意识，提高防控能力，着力防范化解重大风险，是实现中国现代化的核心保障。2018 年 12 月 18 日，习近平总书记在庆祝改革开放 40 周年大会讲话指出："必须坚持辩证唯物主义和历史唯物主义世界观和方法论，正确处理改革发展稳定关系。改革开放 40 年的实践启示我们：我国是一个大国，决不能在根本性问题上出现颠覆性错误。我们坚持加强党的领导和尊重人民首创精神相结合，坚持'摸着石头过河'和顶层设计相结合，坚持问题导向和目标导向相统一，坚持试点先行和全面推进相促进，既鼓励大胆试、大胆闯，又坚持实事求是、善作善成，确保了改革开放行稳致远。"①

习近平总书记进一步明确指出："增强忧患意识，做到居安思危，是我们治党治国必须始终坚持的一个重大原则。我们

习之堂

中国从拉美国家现代化过程中汲取经验，从东欧剧变中汲取教训，寻找到一条渐进式改革模式，改革的历程遵循的是逐步推进的务实路线，谋求的是由点及面的稳步推进。条件成熟一点、能力强一点的领域或地区先改革，条件不成熟、改革能力不足的暂缓推进，否则欲速则不达。

① 习近平用"五个坚持"谈正确处理改革发展稳定关系［EB/OL］．（2018-12-18）［2020-04-28］．http://news.cctv.com/2018/12/18/ARTIUyqI3gXa90p6Da0EfXTm181218.shtml．

党要巩固执政地位，要团结带领人民坚持和发展中国特色社会主义，保证国家安全是头等大事。”[①] 生于忧患，死于安乐。只有长期的稳定，才可能实现长期的发展，这是中国现代化持续走向成功的关键所在。

（二）中国教育现代化六大趋势

自鸦片战争以来，经过 180 年的教育现代化演变和发展，特别是经历了新中国成立 70 年和改革开放 40 年的发展，在国家与地方政府和全体人民长期共同努力下，中国教育已经取得令世界瞩目的伟大成就，进入中等发展国家以上水平，为世界教育发展和人力资源开发做出重要贡献，总体上可以用“四个基本”加以概括，即：世界最大规模的教育体系基本建成；公共教育服务体系基本建立；教育机会公平及教育扶贫任务基本完成；中国特色社会主义教育现代化基本实现。

2 000 多年前，中国的战略家孙武就在《孙子·势篇》形象地指出：“木石之性，安则静，危则动，方则止，圆则行。故善战人之势，如转圆石于千仞之山者，势也。”进入新时代，教育改革发展呈现新特点、新趋势和新标志。

习之堂

教育哲学研究专家、北京师范大学教育学部特聘教授迈克·皮特（Michael A.Peters）在其著作《中国梦：教育的未来》一书中著述道：“伴随中国现代化的过程，中国未来的教育相信也必然会发生巨大的变革，从跟跑者变为领导者。”

未来 15～20 年，中国教育综合实力将持续增强，实现从教育大国向教育强国、从人力资源大国向人力资源强国的战略转变；实现更高水平的普及教育、惠及全民的公平教育和更加丰富的优质教育，构建体系完备的终身教育，提前 15 年实现教育现代化，建成教育强国，为 2050 年建设社会主义现代化强国奠定坚实基础。《国家中长期教育改革和发展规划纲要（2010—2020 年）》提出，2020 年基本实现教育现代化；《中国教育现代化 2035》提出，2035 年总体实现教育现代化。从 2035—2050 年，是中国教育全面实现高水平、高质量发展的重要阶段，也是中国教育现代化进入高级化阶段的关键时

① 习近平．在中央国家安全委员会第一次会议上的讲话［EB/OL］．（2014-04-15）［2020-05-01］．http://www.gov.cn/xiu wen/2014-04/15/contt_2659641.html．

期。从基本现代化到总体现代化，再到全面现代化，第二个百年，未来中国教育将面临六大改革和发展趋势。

趋势一：现代化教育体系更加完善。

现代化中国需要现代化教育体系。现代化教育体系是现代化教育基本框架、基本制度、运行方式和治理模式的总称，宏观上分析包括学校教育、家庭教育、社会教育三大体系；中观上分析包括学前教育、基础教育、职业教育、高等教育和终身教育体系；微观上分析包括学校、制度、标准、培养、课程、质量、评价和管理等体系，并由此构成一个庞大的社会组织系统。《中国教育现代化 2035》提出：构建服务全民的终身学习体系，建设学习大国。《中共中央关于坚持和完善中国特色社会主义制度 推进国家治理体系和治理能力现代化若干重大问题的决定》（以下简称《决定》）进一步明确提出："建成服务全民终身学习的现代教育体系。"未来 15 年，将是中国现代化教育体系更加完善的重要时期，要构建与教育强国相适应的现代化基础教育体系，立足于中国特色社会主义的本质特点，建设适应未来国家发展和人的全面发展需要的现代化基础教育公共服务体系。

公共教育服务体系更加完善。基本公共教育服务是指在教育领域提供的基础性公共服务，具有公共性、普惠性、基础性、发展性四个主要特征，包括义务教育、学前教育和高中阶段教育，也包括进城务工人员随迁子女、家庭经济困难学生和残疾学生的教育保障政策体系等方面。在义务教育阶段，全面免除城乡义务教育阶段学生学杂费、免费提供教科书，对家庭经济困难寄宿生提供生活补助，实施营养改善计划；加快学前教育发展步伐，出台学前教育资助政策，补齐公共教育服务短板；普通高中教育阶段，建立了国家助学金制度，实施了建档立卡等家庭经济困难学生免学杂费政策。2016 年 7 月 2 日，发布《国务院关于统筹推进县域内城乡义务教育一体化改革发展的若干意见》，进一步加强以九年义务教育为主的基本公共教育服务能力建设。2017 年 3 月 5 日，政府工作报告提出，统一城乡义务教育学生"两免一补"政策，提升公共教育服务水平。国家公共教育体系和教育政策基本健全。未来公共教育服务体系中，家庭教育与将学校教育目标的同质性增强，家庭教育的公共性将不断提升，家庭、学校、社会协同育人体系将更加健全。[①]

---

① 家庭教育发展中存在的一些问题日渐凸显，主要包括：一是家长家庭教育主体责任不落实，家庭教育意识和履责能力不强；二是家庭教育管理体制和工作机制不够完善，家庭教育指导、服务、管理等制度不够健全和规范；三是家庭教育与学校教育、社会教育协同育人体系不健全，学校对家庭教育指导不够；四是家庭中教育者和受教育者的权利、义务和责任不明确；五是家庭教育公共服务滞后，指导服务市场比较混乱；六是家庭教育激励保障机制不完善。

为科学应对疫情等突发公共卫生事件，未来将更加重视运用云网络、云平台、云课堂等现代技术，实现家校互联、资源互联、智慧互联，将中国最好的教师与最好的多媒体专家相互结合，进一步完善公共服务体系，为所有的孩子提供最好的教育。习近平总书记强调指出："办好教育事业，家庭、学校、政府、社会都有责任。"随着学校教育、家庭教育、社会教育有机结合，协同育人体系、体制、机制将逐步完善。"十四五"期间，将重点建立以育人为本位，以技术为支撑，以课程资源为载体，学校教育与家庭教育相互融合的居家学习的资源体系、评价标准和教育评价体系。

义务教育年限或将进一步延长。义务教育是公共教育服务体系的核心组成部分，延长义务教育年限是教育现代化的必然趋势，是义务教育后普及阶段的重要特征。联合国教科文组织统计，目前发达国家大多普及了 10 年以上（含 10 年）义务教育，其中经合组织国家义务教育年限基本在 12 年左右，并且正在向 15 年义务教育迈进。[①]我国已经成为世界第二大经济体，教育财政能力持续提升。2018 年，全国教育经费达到 46 143.00 亿元，比 2017 年的 42 562.01 亿元增长 8.41%，超过 GDP 增长近 2 个百分点。其中，义务教育经费达到 20 858 亿元，比 2017 年增长 8.15%，占总经费的 42.44%。"十四五"期间，中国学前教育服务体系将更加体现公共性、公益性、普惠性特点。我们建议，进行"中国义务教育年限延长的可能性与可行性问题研究"；并提议，义务教育未来可向学前教育（向下）或高中阶段教育（向上）延长，在全局考量和利弊分析的基础上做出决策。同时考虑着手修订《中华人民共和国义务教育法》，争取在第十五个五年规划期间即 2026—2030 年在全国实施 12 年义务教育。

走向之一：小步延长。义务教育向下延伸，即实施学前两年义务教育。2025 年起延长 1 年，义务教育延长至 10 年；2030 年，义务教育延长到 12 年。

走向之二：一步到位。先期选择 3～5 个地级市进行试点；第十五个五年规划期间在全国实施 12 年义务教育。延长义务教育年限是一个重大战略，需要做好法律、制度、课程、资源、师资等方面准备，但最为关键的是经费。

---

① 联合国教科文组织表明，全球有 9 个国家实施 13 年义务教育，18 个国家实施 12 年义务教育，35 个国家实施 10 年义务教育，37 个国家实施 9 年义务教育，其他国家在 4～8 年。

经过进一步论证，我们认为，第一，实现义务教育向下延伸1年，最容易实现；[①] 第二，义务教育实现向上延伸至高中阶段三年教育，比较容易；[②] 第三，义务教育向下延伸至学前三年教育，比较不容易。对此需要在进行全面、系统、科学的研究论证基础上，再加以决策和实施。

城乡教育一体化是高级城镇化的必然趋势。《决定》提出“推动城乡义务教育一体化发展”。陈宝生部长：推进城乡义务教育一体化发展，主要目标是推动县域内城乡义务教育学校建设标准统一、教师编制标准统一、生均公用经费基准定额标准统一、基本装备配置标准统一和“两免一补”政策城乡全覆盖，基本实现县域义务教育均衡发展和城乡基本公共教育服务均等化。[③] 城乡义务教育实现“六统一”，即：统一建设标准，统一经费标准，统一教师标准，统一教学标准，统一质量标准和统一评价标准。健全优质教育资源共享机制，在学校布局、资源配置、学校管理、教育教学等方面实施城乡一体化管理。“城市—城镇—乡村”三级公共教育服务体系更加健全，九年义务教育实现城乡一体化均衡发展，保障适龄儿童普遍接受良好义务教育，教育公平从机会公平、过程公平向质量公平转变。

2035年职业教育4.0体系[④] 基本建立。现代化职业教育4.0体系具有数字化、网络化、智能化的鲜明特点，提升职业教育信息化基础能力，推动优质数字教育资源共建共享，加快管理服务平台建设与应用是未来职业教育发展的战略重点。2018年，国务

---

① 根据教育部、国家统计局、财政部关于2018年全国教育经费执行情况统计公告，以20 858亿元为基数，由中小学9个年级，整体计算每个年级平均为2 317.6亿元。2018年全国学前教育经费总投入为3 672亿元，比上年增长12.79%。幼儿园按照三年计算，每一年平均经费为1 224亿元，如果义务教育只向下延长一年，从经费角度考虑，只需要增加1 000亿元。

② 2018年，全国高中阶段教育经费总投入为7 184亿元，比2017年增长8.23%，其中，中等职业教育经费总投入为2 463亿元，比2017年增长6.17%。以此计算，高中阶段每年年度经费为2 394.67亿元。

③ 陈宝生．国务院关于推动城乡义务教育一体化发展 提高农村义务教育水平工作情况的报告：2018年8月28日在第十三届全国人民代表大会常务委员会第五次会议上［EB/OL］.（2018-08-28）［2020-05-01］. http://www. moe. gov. cn/jyb_xwfb/moe_176/201808/t20180828_346404. html.

④ 从全球教育发展历史来看，职业教育发展经历了四个发展阶段：一是农业社会，以手工业为特点的职业教育发展1.0时代；二是工业社会初期，以机械化为特点的职业教育发展2.0时代；三是工业社会中后期，以自动化为特点的职业教育发展3.0时代；四是知识社会时代，以数字化为特点的职业教育4.0时代。从体系建设、制度建设和能力建设方面分析，目前中国职业教育整体处于3.0时代。2019年发达国家联邦教研部部长婉卡：“我们需要一个‘职业教育4.0’计划，以促进职教的数字化发展。”选自：陈正．德国加快进入“职业教育4.0”时代［J］．世界教育信息，2017（10）：75.

院明确提出："深化人力资源供给侧结构性改革，推行终身职业技能培训制度，大规模开展职业技能培训，着力提升培训的针对性和有效性，建设知识型、技能型、创新型劳动者大军，为全面建成社会主义现代化强国、实现中华民族伟大复兴的中国梦提供强大支撑。"

发展终身化的职业教育体系，将职业教育全面纳入终身教育体系，坚持服务全局、突出特色，统筹规划、协调推进，深化应用、融合创新，完善机制、持续发展，努力改善职业教育服务供给方式，提升职业教育现代化水平。建设世界最为强大的现代化职业教育体系，推进"产教融合—校企合作—工学结合—知行合一"，全面提升职业教育品质和人才培养质量，打造现代化职业教育升级版，为世界制造业强国提供人才和智慧支撑。

趋势二：教育综合实力全球领先。

教育兴则国兴，教育强则国强。教育强国是教育综合实力、培养能力、国际影响力和竞争力具有突出地位和强大世界影响的国家。我国教育发展目标是，到 2020 年，全面落实《国家中长期教育改革和发展规划纲要（2010—2020 年）》，实现或超额完成全面建成小康社会的教育目标，比国家现代化提前 15 年基本实现教育现代化，基本形成学习型社会，进入人力资源强国行列，基础教育发展的主要指标达到高收入国家水平。到 2035 年，教育质量和教育竞争力、影响力全面提升，比建成现代化强国提前 15 年基本建成现代化教育强国、进入人力资源强国先进行列。教育综合实力、竞争力和影响力全面提升，将更多地承担国际教育责任，参与国际教育治理。

建设教育强国是中华民族的百年梦想。党的十九大报告提出："建设教育强国是中华民族伟大复兴的基础工程。"经过近 70 年特别是近 40 年的发展，我国已经成为全球第一教育大国，教育发展水平达到世界中等收入国家领先水平。但是，仍然不是一个教育强国。要推进和实现中国教育从大到强，建设教育强国，需要教育体系、教育制度、教育资源和发展方式上加强战略布局、整体谋划和精心实施。

《中国教育现代化 2035》明确提出"发展中国特色世界先进水平的优质教育"，即中国特色是中国教育的根本属性；世界先进水平是中国教育的共同价值；优质教育是中国教育的品质特征，也是中国人民将享有的现代化教育的品质特征。在一个不太长的时期，中国教育将构建起世界最大规模的现代化教育体系；人人学习、处处学习、时时学习的学习型社会日趋成熟，社会主义教育体系和教育制度进入成熟阶段；教育普及水平和教育质量将有可能整体达到世界先进水平。《中国教育现代化 2035》提出，到 2035 年高中阶段教育普及率将达到 98% 左右；高等教育毛入学率将达到 60% 以上；劳动力年龄人口人均受教育年限 12 年以上。

从2020年到2035年，人民平等参与发展权利将得到充分保障；人民生活更加富裕，中等收入人群比例明显提高，城乡区域发展差距和居民生活水平差距显著缩小，基础公共服务均等化基本实现，全体人民共同富裕迈出坚实步伐。中国新增劳动力人均受教育水平将进入世界第一梯队，这对拥有14亿人口的中国特色社会主义国家具有重大的里程碑意义，对于世界人力资源开发同样也具有里程碑意义。

中国基础教育将成为世界教育的典范。中国基础教育从"有学上"到"上好学"，从规模增长到质量提升，从外延扩张到内涵发展，要在进一步学习借鉴发达国家基础教育发展经验的基础上，发展世界先进水平的基础教育。中国将拥有更加先进的教研体系和教研制度。[①]《中共中央 国务院关于深化教育教学改革全面提高义务教育质量的意见》进一步明确要求，"发挥教研支撑作用。加强和改进新时代教研工作，理顺教研管理体制，完善国家、省、市、县、校教研体系，有条件的地方应独立设置教研机构。……建立专兼结合的教研队伍，省、市、县三级教研机构应配齐所有学科专职教研员。完善区域教研、校本教研、网络教研、综合教研制度，建立教研员乡村学校联系点制度。鼓励高等学校、科研机构等参与教育教学研究与改革工作。"[②]让人民享受世界先进水平的优质教育和九年义务教育学生学业质量进入世界前列，是基础教育发展的核心目标。未来中国的基础教育将成为最好的基础教育之一，并成为教育人才培养和教育人力资源开发的世界典范。

习之堂

"教而不研则惘，研而不教则怠。"新中国成立70年，健全完善了国家、省、市、县、校五级教研网络和教研体系。教研的价值在于教师在教育教学研究过程中资源共享、经验融合和共同成长，教师带着最优的教育内容和教学方法走入每一间教室，教授每一个学生，发挥集体智慧，集思广益，博采众长，不断改进教育教学方法与策略，以达到教育教学的最佳效果，实现有质量的教育。

世界一流学习强国体系基本建成。形成服务全民终身学习体系是新时代教育发展的国家战略。《中国教育现代化2035》科学规划了全民终身学习的现代教育体系的基本框架和学习型社会未来建设框架：一是在正规教育体系上，包括基础教育、

① 丁致聘．中国近七十年来教育记事［M］．北京：国立编译馆，商务印书馆，1935：17．

② 中共中央 国务院关于深化教育教学改革全面提高义务教育质量的意见［EB/OL］．（2019-07-08）［2020-05-01］．http://www.gov.cn/zhengce/2019-07/08/content_5407361.htm?trs=1．

职业教育、高等教育和继续教育的一体化学习；各级各类的培养目标、课程体系、质量标准、资源安排要相互衔接、协同一致、统筹安排。二是在人生的时间维度上，包括学前教育、学历教育、非学历教育和职后教育乃至老年教育的持续学习；培养全体公民持续学习的习惯和能力，促进人的全面发展和人力资源的持续开发。三是在教育发展的社会空间上，终身学习体系包括学校教育、社会教育、家庭教育的协同学习，体现了学习的全民性、全方位、全系统和全过程特征。即通过十几年的努力，建立起以终身教育思想为理念、以现代信息与通信技术为基础、符合国际教育标准、与经济社会发展相适应、能够充分满足市民终身学习需要的开放、立体、现代化的终身学习服务体系，实现学习目的、学习方式、学习资源和学习质量的变革与提升。以学习者为中心，以中国开放大学和“学习强国”APP 等系统，构建世界最大的全民学习平台，建立渠道更加畅通、方式更加灵活、资源更加丰富、学习更加便利的终身学习体系，形成全民积极向学、随时随地可学的制度环境，推进全民终身学习，建设世界一流学习强国。

趋势三：教育发展模式战略转型。

中国教育将从公平优先向质量优先发展战略转变。构建与教育强国相适应的现代化义务教育体系，实现高水平高质量发展，是新时代中国教育改革和发展的重大战略课题。

习之堂

T 字形结构即学龄人口结构从幼儿园、小学、初中、高中到大学，基本形成各学段入学规模大体相当的局面，这是下面的“柱形”，“柱形”上面的“横形”则代表全民学习。中国教育将进入“质量优先”的新时代。

中国即将形成全面普及的 T 形教育结构体系。据国家统计局统计，2017 年，我国出生人口总数为 1 723 万人，2018 年为 1 523 万人。2020 年之后新生人口规模将大体在 1 500 万～1 600 万人左右小幅波动。这种稳定的学龄人口结构，导致中国正规学历教育结构相对稳定，标志着中国教育特别是高等教育结构从 20 世纪 90 年代的精英模式的三角形结构，进入到 2010 年大众化模式的梯形结构，2025—2030 年将形成倒梯形的普及化模式。进一步分析，到 2035 年将有可能形成全民普及的 T 形结构（如图 8-1）。

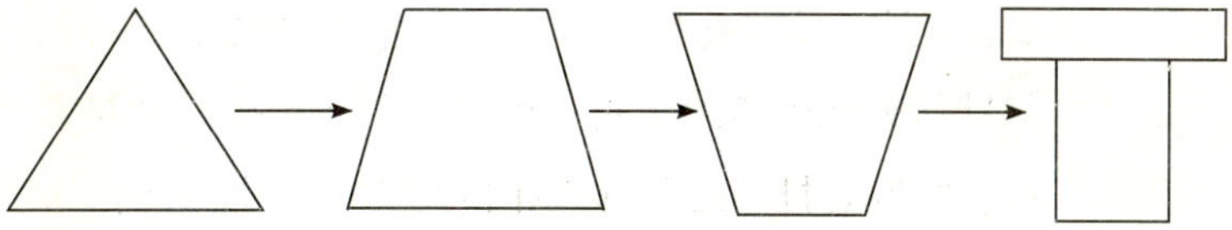

图 8-1 教育层次结构形态转换过程

发达国家教育发展历程告诉我们，教育发展可以分为“教育公平优先—有质量的公平—教育质量优先”三个发展阶段。从以规模增长为主的公平优先发展阶段，向以质量提升为主的质量优先阶段转变，将是中国未来教育发展的时代标志。在步入未来的“T形结构时代”，中国教育要坚持和实现质量优先，必须要有与之相适应的治理思想、资源配置和治理模式。不同于规模数量增长，质量优先在教育体系上要求建立以质量为中心的治理体系和治理模式。建立投资于教师、投资于学生就是投资于教育质量的观念、制度和政策机制，建议教师工资在全国教育经费中的比例上升并保持在60%以上，吸引更多的一流人才进入教育领域，建设一支世界水平的现代化教师队伍，形成一支理念先进、品德高尚、素质一流的高水平教师队伍。

趋势四：教育中心地位更加巩固。

世界教育中心是一个不断发展和演进的过程。中国唐朝时期的西安是东亚、东南亚乃至中亚地区重要的教育中心城市。1500—1700年，意大利的佛罗伦萨是当时最为重要的高等教育中心。工业革命后，英国伦敦成为重要的教育中心城市，接着是德国的柏林、法国的巴黎相继成为世界性教育中心城市。第二次世界大战之后，美国成为新的教育中心。

科技中心理论认为，世界的科技中心伴随科技革命在持续发生转移。我们的研究发现，教育中心城市并没有像科技中心一样，伴随科技革命发生飘移，而是在不断地产生新的教育中心城市。新的中心城市产生，老的中心城市依然发挥重要作用，并相互构成教育中心城市带。

北京将代表国家成为世界级教育中心，上海、天津、广东、成都将率先成为区域性国际教育交流与发展中心。中国将实现从战略追赶向战略自信的转变，中国基础教育发展经验、发展道路、发展模式和发展理论将为解决世界基础教育发展问题提供中国智慧和中国方案，为发展中国家提供典范。

中国“一带一路”倡议将引领世界，以一种新思维、新理念和新模式共同促进国际教育交流与合作，到2049年中国国际教育中心地位将更加巩固。

习之堂

中国将成为最有竞争力的教育强国，中国教育将更加自信地走向世界。

中国基础教育国际化进程整体加快。2017 年，上海小学数学教材已经“出口”英国。2035 年，中国教育研究体系将更加庞大，更加国际化，通过以教促教、以研促教、以教促研、以学促教等多种模式，积淀丰厚的教育知识，形成一种世界品质的优秀教育文化。我们建议：积极参加国际义务教育教学质量标准制定工作，推进中国教育评价模式的国际化，提升全球竞争力和影响力；中国基础教育包括中小学、幼儿园要更多地走出去，实现国际化办学，向世界展示中国教育智慧和中国教育文化，在教育交流与融合发展中促进人类命运共同体建设。

根据国家教育国际化整体战略和中国教育具有的国际竞争优势，我们预测，未来中国教育国际化将出现四个新特征：第一，中国将成为国际教育教学标准和规则的重要制定者。中国从引入国际优质教育资源为主，转变为既引入优质资源，也更多地鼓励各级各类学校到海外投资办学，更多地参与国际体系、规则与制度制定，为全球提供更多的国际公共教育产品。第二，中国将成为世界特别是发展中国家教师培养培训的国际基地，更多国家和外国学校采取中国教师培养方案和发展方案，更多外国学校采取中国的集体备课制度。第三，从对外派出留学生为主，向吸引国际学生来华留学为主转变；从吸引国际学生为主转变为输出优质课程教学内容为主。全面实施“留学中国计划”，坚持“扩大规模、优化结构、提高质量、规范管理”的方针，来华留学生规模持续增长。教育部《推进共建“一带一路”教育行动》明确提出：“全面提升来华留学人才培养质量，把中国打造成为深受沿线各国学子欢迎的留学目的地国。”我们预计到 2035 年，来华外国留学人员将达到 100 万～120 万人，中国将成全球最为重要的国际教育中心。第四，未来中国教育将更加开放。国际教育界特别是国际教师十分关注并赞赏中国教育发展经验，希望更多分享中国经验、资金和技术，他们将从学习中国学校教学经验，到学习中国学校建设制度；从学习中国课程，到学习中国教育标准。中国将坚持面向世界，坚持教育对外开放。教育开放地域，从沿海学校为主向东西南北中同步开放。

趋势五：世界一流大学引领发展。

从汉朝的太学算起，中国有 2 000 多年的高等教育发展历史。工业革命后，现代大学制度产生，中国在现代大学建设和发展中曾经长期落后。为追赶世界高等教育发展潮流，1999 年，国务院批转教育部《面向 21 世纪教育振兴行动计划》，“985 工程”正式启动建设，这也成为全球新一轮一流大学建设的重要起点。《国家中长期教育改革和发展规划纲要（2010—2020 年）》进一步明确提出：“建设一批国际知名、有特色、高水平的高等学校，若干所大学达到或接近世界一流大学水平，高等教育国际竞争力显著增强。”

中国正在成为亚洲高等学校的领头羊。在 2019—2020 年度英国泰晤士报世界大学排名中，中国有 12 所大学进入前 100 名，在前 100 名大学中占 12%，更可喜的是清华大学进入前 20 名，排名第 16 位，向一流大学又迈近一步。另据 2020 年 QS 亚洲大学排名显示，中国大学在前 10 名中占据 7 席，除新加坡国立大学、新加坡南洋理工大学分列第一、第二，韩国科学技术院列第九以外，中国的香港大学、清华大学、北京大学、浙江大学、复旦大学、香港科技大学、香港中文大学分列其中。

2019 年，中国已经实现高等教育普及化，毛入学率超过 50%，达到 51.3%。马丁·特罗高等教育理论的一个重要方面是，伴随高等教育普及化，必然出现高等教育地方化趋势。高等教育后普及时代，中国高等教育管理体制必将发生深刻变革。未来应以建设高等教育强国为目标引领，以人口布局为主要依据、以区域产业布局为依托，精细规划高等学校布局结构调整，学校布局进一步向下延伸，逐步实现每 50 万人口至少平均有 1 所普及高等院校；发挥中央与地方两个积极性，加强高等学校与经济社会发展的协同机制建设，基本形成与教育强国相适应、具有中国特色的现代化高等教育结构体系；适应高等教育大众化趋势，适应经济强省和教育强省建设需要，建立中央、省、地市三级高等教育管理体系。加快一流大学和一流学科建设步伐，建立一个更加开放、具有竞争力的现代化高等教育体系。①

未来一个时期，我国高等教育结构调整的总体目标是：瞄准未来 2035 年中国经济社会发展与人力资源开发需求，形成教育结构与人口结构、产业结构和社会结构之间相互匹配、灵活调整的体制机制；教育体系结构基本稳定，教育制度体系更加成熟定型，教育服务能力更加强大，中国特色高等教育体系更加完善，国际竞争力和影

① 高书国，李捷，石特．新时代中国高等教育结构调整的战略研究［J］．高校教育管理，2019（3）：8．

响力明显增强，成为国家与地区经济社会发展体系的重要支撑，成为促进人的全面发展的重要保障。

习之堂

2049年，中国将成为最为重要的高等教育强国，其标志是高等教育知识创新能力全面提升，人才培养质量世界领先；高等教育总体实力、国际竞争力和影响力明显增强。

世界教育强国的重要标志之一是高等教育强国，中国已经成为世界第一高等教育大国，中国拥有世界最大规模的工程师和科学家，每年培养的工程与科学类大学生和研究生世界第一。

趋势六：现代化教育制度更加成熟。

教育体系是教育的基本框架、基本制度、治理模式的总称，包括学校体系、标准体系、培养体系、课程体系、评价体系和管理体系。《中共中央关于坚持和完善中国特色社会主义制度　推进国家治理体系和治理能力现代化若干重大问题的决定》明确提出："坚持和完善中国特色社会主义制度、推进国家治理体系和治理能力现代化的总体目标是，到我们党成立一百年时，在各方面制度更加成熟更加定型上取得明显成效；到二〇三五年，各方面制度更加完善，基本实现国家治理体系和治理能力现代化；到新中国成立一百年时，全面实现国家治理体系和治理能力现代化，使中国特色社会主义制度更加巩固、优越性充分展现。"从宏观上把握新时代基础教育发展战略定位，应深入研究面向21世纪的现代化基础教育体系，包括管理体系、制度体系、标准体系和治理模式的现代化等问题。到2035年，以后发内生型或内源发展理论，即内生或内源性的发展理论将更加成熟，该理论是20世纪70—80年代出现的一种后发国家现代化理论，体现的是发展中国家寻求一种由自身内部动力和制度优势，充分利用发展地区自身力量和资源、尊重自身的价值与制度、不照搬西方发达国家发展模式的发展思想和发展模式。后发内生型现代化模式的特点是，现代化起源自于外，动力则发自于内，主要依靠自身的资源、自身的动力、自身的文化变迁力量，实现现代化过程。

《中国教育现代化2035》明确提出："全面构建现代化教育制度体系。"在内生型的教育现代化过程中，更加自信地构建完善成熟的制度体系是新时代中国教育改革和发展的治理逻辑。未来一个时期，我国要建立更加完善的教育法律法规体系，形成比较完整的中国特色的教育法律体系；健全完善具有世界水平的教育质量评估指标体系，覆盖全国各级各类教育质量监测评估体系；完善学校内部质量控制机制，推进学校不断改进教学过程；建立教育教学监测反馈机制，实现常态化的人才培养质量跟踪监测；完善标准化、制度化、法治化的教育投入保障机制；高度重视治理能力建设，建立多元参与、共建共享的协同治理新机制。在未来10～15年期间，中国特色社会主义教育制度将更加成熟更加定型，率先基本实现教育治理体系和治理能力现代化。这是中国特色社会主义教育坚持道路自信、理论自信、制度自信、文化自信的依据。

未来中国形成持续可靠的教育发展投入体系。经过几十年的发展，中国基本建立了政府主导、权责清晰、分担合理、更为多元的教育经费筹措体制机制，基本形成规划科学、标准支撑、配置合理、更可持续的教育经费使用结构。坚持“保基本、补短板、促公平、提质量”，统筹考虑、科学规划、合理划分中央与地方教育财政事权和支出责任，优化财政支出结构，全面落实财政教育投入公共责任。中国教育将更加重视人的早期教育，特别是家庭教育的发展，即每一个学段培养人的成本、经费支出呈现均衡发展局面。更加注重制度建设，更加注重软件建设，更加注重教育质量，教育经费更多地投向学校建设、课堂教学、教师发展和学生成长。

未来中国教育将继续发生结构性的变化，其趋势已经在发达地区显现出来。以北京为例，北京是中国教育最发达的地区，也是世界教育最发达的城市之一。早在1998年，北京就已经实现了高等教育普及化，进入各级教育全普及的时代。2017年，北京教育经费显示，从初中到大学均达到或接近4万元，可以称之为“1”时代，其重要的意义在于：各级在校生均可以享受到大体相当的经费。一是有利于实现教育资源均衡配置，促进教师资源均衡配置；二是可以鼓励更多优秀人才进入中小学从教，实现教育质量均衡提升。北京教育投入结构代表着中国未来教育发展的方向。

整体而言，中国教育现代化的成功是对世界教育的重要贡献，向世界贡献中国智慧、中国经验、中国方案是中国教育的责任，也是中国教育现代化的世界意义。中国教育现代化智慧启示世界，中国教育现代化方案推动世界，中国教育现代化成就贡献世界。中国教育现代化将开辟一个发展中人口大国教育现代化的范例，为发展中国家实现教育现代化提供经验和希望。中国教育应该为构建人类命运共同体做出历史性贡献。

（三）中国教育现代化十大工具箱

1. 顶层设计

中国是一个拥有战略文化的国家，中国领导人都具有非凡的战略智慧。中国共产党是中国经济社会快速发展的总规划者和组织者，从战略层面注重顶层设计，五代领导人与中国人民几十年矢志不渝，不懈追求。毛泽东主席是中华人民共和国的主要缔造者，在长期的革命和建设中表现出非凡的战略智慧和国家领导力。以毛泽东同志为代表的中国共产党人，面对帝国主义国家的长期封锁，将马克思主义基本原理与中国发展实际相结合，提出了建设伟大国家的战略设想，创立了毛泽东思想，确定了实现社会主义四个现代化总目标和总方向，制定了以“超英赶美”为标志的总战略和总路径。在中国现代化探索过程中，虽经历了严重的曲折，但依然取得了前所未有的伟大建设成就，积累了十分丰富而宝贵的经验，为新时期加快推进现代化建设奠定了理论基础、物质基础和民意基础。

1977 年初，邓小平同志《在关于科学和教育工作的几点意见》一文中明确提出：“我总觉得科学、教育目前的状况不行，需要有一个机构，统一规划，统一高度，统一安排，统一指导协作。……不管采取什么组织形式，都要有一个统一规划。”可见，小平同志对于整体规划、顶层设计的高度重视和反复强调。1977 年 8 月，在拨乱反正的关键时刻，邓小平同志明确指出：“我建议，明年开个全国教育大会。”1977 年 9 月小平同志进一步强调指出：“要健全教育部的机构。要找一些四十岁左右的人，天天到学校里去跑。搞四十个人，至少搞二十个人专门下去跑。要像下连队当兵一样，下去当‘学生’，到班里听听课，了解情况，监督计划、政策等的执行，然后回来报告。这样才能使情况反映得快，问题解决得快。可以首先跑重点大学，跑重点中学、重点小学。这些就是具体措施，不能只讲空话。”

党的十一届三中全会以后，以邓小平同志为代表的中国共产党人，面对复杂的国际国内局势，深刻总结了我国社会主义建设发展正反两方面经验，拨乱反正，学习借鉴世界各国发展经济特别是社会主义历史经验，把党和国家工作中心转移到经济建设上来，做出改革开放的历史性决策。更为重要的是创立了邓小平理论，确定了社会主义初级阶段基本路线，制定了到 21 世纪中叶三步走、基本实现社会主义现代化的发展战略。中国党和政府领导高度重视教育规划。邓小平是改革开放后教育战略规划的主要倡导者。[①] 在全国教育工作会议上的讲话中，小平同志强调指出：“国家计委、教育部

---

① 邓小平．邓小平选集：第二卷［M］，北京：人民出版社，1994：69．

和各部门，要共同努力，使教育事业的计划成为国民经济计划的一个重要组成部分。这个计划，应该考虑各级各类学校的发展比例，特别是扩大农业中学、各种中等专业学校、技工学校的比例；要研究发展什么样的高等学校，怎样调整专业设置、安排基础理论课程和进行教材改革 。”同时，“我们制订教育规划应该与国家的劳动计划结合起来，切实考虑劳动就业发展的需要”。中国教育完成了一次历时 180 年的现代化过程。习近平总书记指出：“战略思维，是邓小平同志一生最恢宏的革命气度，也永远是中国共产党人应该树立的思维方式。”中国教育战略规划在小平同志的关心之下，逐步走向成熟，在教育改革和发展中发挥着越来越重要的指导作用。江泽民、胡锦涛两代领导人，不断丰富社会主义现代化理论，完善社会主义市场经济体制和基本框架。中国成为全球第二大经济体，社会公平水平不断提升，人民生活持续改善，中国特色社会主义现代化取得历史性成就。

习之堂

可以说，100 多年以来，中国革命的成功，是一次战略成功；70 年以来，中国建设的成功，是一次战略成功；40 年以来，中国改革的成功，更是一次战略成功。

以习近平为首的党中央高度重视教育工作，始终将教育摆在党和国家发展的战略地位，坚持以人的发展和人的现代化为核心带动国家现代化进程，长期坚持投资于人，持续提升教育发展水平和人力资源开发水平。在中华民族伟大复兴和国家现代化的整体进程中，优先发展教育是国家战略，也是一种长期有效的制度性安排。习近平总书记在全国教育大会上指出：“我国是中国共产党领导的社会主义国家，这就决定了我们的教育必须把培养社会主义建设者和接班人作为根本任务，培养一代又一代拥护中国共产党领导和我国社会主义制度、立志为中国特色社会主义奋斗终身的有用人才。这是教育工作的根本任务，也是教育现代化的方向目标。”在习近平总书记的关心指导下，中共中央、国务院正式发布《中国教育现代化 2035》，对加快推进教育现代化、建设教育强国、办好人民满意的教育进行总体部署。

做国家教育现代化顶层设计，要正确处理实现追赶与均衡发展的关系。中国是一个后发国家，在 2035 年基本实现现代化目标之前，社会经济发展的总体任务是实现追赶。这种追赶是协调的、和平的和可持续的。就教育发展而言，总体目标要实现追赶，总体战略要保持均衡。从国际视角看，中国教育发展要实现对发达国家（外部的）追赶目标；从国内视角看，中国教育发展要实现追赶的长期目标就要保持体系之间、区域之间、城乡之间和各类教育之间（内部的）的均衡。没有总体战略的协调与均衡，就难以实现未来的长远战略目标。

中国教育现代化规划，高度重视理顺中央与地方教育管理关系，既要统一治理又要富有活力；高度重视逐步缩小东中西部教育发展差距，既要鼓励局部率先发展，先进地区先步入教育现代化，又要步调大体一致，不让一个地区掉队；高度重视教育整体现代化，既要突出中国的教育优势，又要做到各级各类教育均衡协调发展；高度重视推进教育公平，既要让每个孩子享受到公平而有质量的教育，又要随时代进步提供更个性化、多样化、终身化的教育。坚持以共享发展成果为目标，以增强人民群众获得感为标准，持续提升教育公平的质量和水平，逐步实现从机会公平，到过程公平，进而实现质量公平。

2. 精心组织

严谨高效的组织体系是中国现代化治理的秘诀。组织行为学告诉我们，一个国家、一个组织的行动需要一个科学的系统，目标—决策—实施—监测—评估环环相扣。尽管1966—1976年间“文化大革命”爆发，中国进入到一个特殊时期，生产停滞，社会动荡。1975年1月，在四届人大会议上，周恩来总理代表国务院依然再次向全世界宣布：“遵照毛主席的指示，三届人大的政府工作报告曾经提出，从第三个五年计划开始，我国国民经济的发展，可以按两步来设想：第一步，用十五年时间，即在一九八〇年以前，建成一个独立的比较完整的工业体系和国民经济体系；第二步，在本世纪（20世纪）内，全面实现农业、工业、国防和科学技术的现代化，使我国国民经济走在世界的前列。”这是中国政府第一次明确提出四个现代化的发展目标。1985年，万里同志在全国第一次教育工作会议上的讲话中就指出：“教育是开发智力资源的一个重要投资部门，教育投资是效益最大的一种投资。”明确各级政府对教育的责任。中国共产党领导人对于现代化目标的不懈追求和坚强领导，是中国实现教育现代化的最重要保障。

如何驾驭得了中国教育改革和发展的“大船”？这需要依靠高超的领导智慧和治理能力。社会主义市场经济是中国对于世界经济学和经济发展模式的一次伟大创新。邓小平同志在1992年南方谈话中指出：“总之，社会主义要赢得与资本主义相比较的优势，就必须大胆吸收和借鉴人类社会创造的一切文明成果，吸收和借鉴当今世界各国包括资本主义发达国家的一切反映现代社会化生产规律的先进经济方式、管理方法。”中国学习、借鉴和懂得了市场经济在促进国家现代化中的促进作用。

中国现代化成功的力量来自于政府的坚强领导。只有一个强大的政府，才能遏制社会动荡和官僚腐败，才能推进国家现代化稳步实现。中国有这样一个强大的政府，可以接受来自全球各方面的冲击和挑战。

习之堂

美国著名政治家塞缪尔·亨廷顿认为发展应该包括五个大目标：增长、公平、民主、稳定、自主。亨廷顿提出了第三世界国家走向现代化的“强政府理论”，即所谓强大的政府也就是有能力制衡政治参与和政治制度化的政府。

3. 改革开放

改革开放是中国人民和中华民族发展史上的一次伟大革命。1949年，社会主义制度的建立，在中国成功实现了一场最深刻最伟大的社会变革。改革解放生产力。改革首先是观念提升、模式提升和理论提升。从科技是生产力，到和平是生产力，再到民主也是生产力，是中国生产力理论的三大转折。改革开放后邓小平指出：“改革促进了生产力的发展，引起了经济生活、社会生活、工作方式和精神状态的一系列深刻变化。”“现在我们干的是中国几千年来从未干过的事。这场改革不仅影响中国，而且会影响世界。”[①] 邓小平同志提出过一个重要判断：“改革是中国的第二次革命。”“改革和开放是手段”，“我们的改革要达到一个什么目的呢？总的目的是要有利于巩固社会主义制度，有利于巩固党的领导，有利于在党的领导和社会主义制度下发展生产力”。[②]

把教育改革作为推进教育事业发展和实现教育现代化的重要抓手，稳步推进教育的管理体制和运行机制改革，在深化教育管理体制、办学体制、投入体制改革和现代学校制度建设中，聚集能量，发展教育，提升水平。中国教育发展的一条成功经验是试点先行，即实施一项政策、推进一项改革之前，在一个或几个县区先行试点，在经过实践取得经验之后，再在

① 邓小平．邓小平文选：第三卷［M］．北京：人民出版社，2001：118．

② 邓小平．邓小平选集：第二卷［M］．北京：人民出版社，1994：266，241．

更大的范围内予以实施。后续地区可以学习试点地区的成功经验，避免失败和少走弯路，达到事半功倍的效果。在不同历史阶段，明确改革的方向和任务，推进教育改革全面深化、攻坚克难。

改革开放是解决中国发展和社会转型复杂问题的一把钥匙。2013 年，《中共中央关于全面深化改革若干重大问题的决定》提出："全面深化改革的总目标是完善和发展中国特色社会主义制度，推进国家治理体系和治理能力现代化。"① 教育体系机制改革，加快推进教育治理体系和治理能力现代化，是新时代教育改革的核心任务，也是实现教育现代化的关键。未来一个时期，我国要建立更加完善的教育法律法规体系，形成比较完整的中国特色的教育法律体系；健全完善具有世界水平的教育质量评估指标体系，覆盖全国各级各类教育质量监测评估体系；完善学校内部质量控制机制，推进学校不断改进教学过程；建立教育教学监测反馈机制，实现常态化的人才培养质量跟踪监测；完善标准化、制度化、法治化的教育投入保障机制，构建促进教育强国建设的教育资源配置机制；高度重视治理能力建设，建立多元参与、共建共享的协同治理新机制。

在中国特色社会主义教育制度体系不断完善，教育总体发展进入世界中上行列的关键时期，中共中央办公厅和国务院办公厅发布《关于深化体制机制改革加快推进教育治理现代化的意见》于 2017 年 12 月正式发布，成为指导新时代中国教育改革向纵深发展、实现教育治理的重要文献。教育发展方式必须逐步摆脱低教育投入—低素质人才—低劳动生产率—低收入水平—低资本积累—低教育投入的恶性循环，向高教育投入—高素质人才—高生产率—高收益率—再一轮高教育投入的良性循环转变。

2018 年，中共中央办公厅、国务院办公厅《关于深化体制机制改革加快推进教育治理现代化的意见》明确指出，深化教育体制机制改革的主要目标是：到 2020 年，教育基础性制度体系基本建立，形成充满活力、富有效率、更加开放、有利于科学发展的教育体制机制，人民群众关心的教育热点难点问题进一步缓解，政府依法宏观管理、学校依法自主办学、社会有序参与、各方合力推进的格局更加完善，为发展具有中国特色、世界水平的现代教育提供制度支撑。40 年教育改革，40 年艰辛探索，40 年教育辉煌。习近平强调，改革在中国只有进行时，没有完成时。当前，中国改革已进入深水区，牵一发而动全身，要敢于啃硬骨头。我们的改革是全面改革，包括经济、政治、文化、社会、生态文明领域，还包括中国共产党自身建设制度改革。我们

①《中共中央关于全面深化改革若干重大问题的决定》辅导读本［M］. 北京：人民出版社，2013：3.

已经做出了顶层设计，提出了时间表和路线图，正在逐项落实。[①] 改革包括教育改革已经进入深水区，其“深”的内涵和标志是什么？我们认为至少有以下主要表现形态。

一是深在思想观念“深处”。改革从冲破传统观念开始，通过改革人们树立了改革开放、社会主义市场经济、教育现代化、教育国际化等方面的新思想和新理念。改革只有进行时，没有完成时。没有一成不变的正确思想和正确理论，解放思想、与日俱增永远是一个新课题和新境界。一时正确的认识，不一定永远正确；一时做得对的事情，不一定应该永远做下去，不存在一成不变而又放之四海的改革模式。随着改革的深入和发展，人们所谓的正确认识有可能会固化甚至僵化，以至不能适应教育改革发展的新挑战和新需求。只有持续不断地深化和完善人类的认识，才能客观、科学和准确地认识和把握改革开放的现实与未来。

二是深在体制机制“深处”。体制机制的深刻变革是改革的核心内容。如果说，教育改革40年的核心任务，是聚焦政府、社会和民间资源将中国教育做大的话，那么未来40年，即到2035年，中国教育改革和教育发展的重点将是要实现从教育大国向教育强国、从人力资源大国向人力资源强国的战略转变。伴随着体制改革的变化，容易解决的问题都解决了，留下的是最难啃的骨头，特别是财政管理体制问题、教师编制问题和教师工资问题都是制约教育改革深化的核心问题。政府有关部门需要动一下“自己的奶酪”，有的部门甚至需要革一下“自己的命”，才能持续推进教育整体改革，才能全面开启新时代实现中国教育现代化新征程。

三是深在课堂教学“深处”。教育改革从宏观向中观延伸，从中观向微观不断深化，以往的整体动员、大规模整体作战、追求统一高效的改革模式和推进思路，不完全适应微观的课堂教学改革。微观领域的改革参与主体更多，形态多样，更加复杂，其特点及规律也更难以认识和把握。如果说，政府是管理体制、办学体制、投资体制改革的主体，那么学校则是内部管理体制改革的主体，教师则是课堂教学改革的主体，学生则是学习方式改革的主体。教育需要进入以质量为基准的时代，但是我们仍然缺少有效的教育质量标准。教育质量和课堂质量参与者——教师和学生在学习过程中的主体地位还没有得到牢固确立。提高教育质量，不仅需要激发教师教书育人的内在动力，更需要激发学生主动学习的内在动力。

四是深在资源配置“深处”。传统的教育资源配置方式，是适应教育公平和规模发展的方式，需要转变为适应提高教育质量和学习质量的资源配置方式。规模发展需

① 习近平．改革已进入深水区　顶层设计在逐项落实［EB/OL］．（2014-03-30）［2020-05-05］．http://www.chinanews.com/gn/2014/03-30/6008558.shtml．

求投入，提升教育质量更需要投入。实现教育改革模式转变是建设教育强国必须跨越的“门槛”。建设人力资源强国，需要转变教育发展模式，教育发展需要找出一条适应规模增长向质量提升的战略资源、政策资源、人力资源和财政资源配置方式。

在 2018 年中国改革开放 40 年之际，习近平总书记在庆祝改革开放 40 周年大会上的讲话中指出：“40 年的实践充分证明，中国发展为广大发展中国家走向现代化提供了成功经验、展现了光明前景，是促进世界和平与发展的强大力量，是中华民族对人类文明进步做出的重大贡献。”根据中共中央《深化党和国家机构改革方案》，组建中央教育工作领导小组，全面加强党对教育工作的领导。2018 年 9 月 10 日，在全国教育大会上习近平总书记进一步明确指出：要深化办学体制和教育管理改革，充分激发教育事业发展生机活力。要提升教育服务经济社会发展能力，调整优化高校区域布局、学科结构、专业设置，建立健全学科专业动态调整机制，加快一流大学和一流学科建设，推进产学研协同创新，积极投身实施创新驱动发展战略，着重培养创新型、复合型、应用型人才。要扩大教育开放，同世界一流教育资源开展高水平合作办学。

4. 公平优先

正确处理教育公平与发展效率的关系。教育公平是最重要的社会公平，是促进和谐社会建设的重要内容。受教育权是法律规定的公民的基本权利。在经济领域，20 世纪 80 年代中国基本上以效率优先，兼顾公平，2002 年党的十六大提出了初次分配注重效率，再分配注重公平。但是，在公共领域中国政府始终坚持公平优先，不分地域、不分民族、不分性别，保证所有人民公共平等接受教育的权利。

习之堂

梯度推进是中国教育发展长期坚持的政策方向。常言道，成也萧何，败也萧何。梯度战略在取得空前巨大成功的同时，也在不知不觉中酝酿着另一种潜伏的战略危机：发展差距。

由于资源短缺，改革开放以来，为加快发展，实现战略追赶，中国长期实施梯度推进战略。这一战略较好地解决了战略目标与战略资源之间的关系问题，在较短时间内大大缩小了与发达国家教育发展存在的历史差距，初步实现了对于发达国家的局部超越。

公平与效率相互制约、相互促进。第一，教育公平是教育改革与发展所要追求的最大的社会效益。要摒弃任何“教育市场化思想”，摒弃单纯追求效率的观点，将教育公平作为最大的社会效益。第二，由于发展阶段和发展水平所限，我们现有教育公平是一个低水平的教育公平，是教育机会和教育程序的公平，而不能完全做到教育资源分配、教育质量和教育结果的公平。第三，教育公平与教育效率是辩证统一相互联系的整体。一方面，教育公平是最大的教育社会效益，另一方面教育效率和教育效益的提高，能够在更大范围、更高层次上促进教育公平。实现教育公平是教育发展本质目的，提高教育效率也是教育发展应有之意。要以公平为目标，以效益促公平。教育发展是永恒的硬道理，不能以牺牲发展来换取公平。同时，要在促进公平的更大平台上实现国家和个人的发展，也要在不断发展中实现区域之间、校际之间和个人之间的教育公平。

自新中国成立以来，历届政府高度重视教育公平，重视男女受教育机会平等。1990 年，全国小学学龄儿童入学率达到 99.1%。女童入学率达到 99.04%。在研究和总结中国教育现代化成功经验，另外一个重要的核心词是：有序发展。由于不同地区的文化历史、资源禀赋、发展环境、发展水平及成长能力各不相同，所面临的发展窗口打开的时间与方式也各不相同。“龙”是中国的图腾，龙头、龙身、龙尾形象地展示了中国经济社会发展的整体形态。国家现代化是有其历史逻辑、现实逻辑，更有未来逻辑和战略逻辑。中国现代化进程是一个自然成长与国家战略相互结合的产物，推进教育现代化既要尊重自然之序，更要服从国家整体战略。邓小平同志关于“让一部分人先富起来”的思想，很好地解决了有序发展的理论与实践问题。对于教育现代化来说，所谓顺序发展，可以分为教育战略之序、层次之序、结构之序、水平之序。

中国教育已经进入“让人民享受世界先进水平的优质教育”的新时代，义务教育的发展思路和发展目标要实现从公平优先到质量优先的战略转移，为实现有质量的公平奠定制度、资源和条件基础。“十四五”期间，要从重视学校基本建设，转向更加重视教师能力提升；从重视教学设备改善，转向更加重视教学内容与方式改革；从重视孩子走进学校，到更加重视为孩子们提供有质量的教育。

5. 全民参与

自古以来，中国人意识到个体的力量难以面对洪水泛滥、疾病肆虐等自然灾害，必须依靠集体的力量才能生存下去，特别是在抵御外族侵略过程中需要有一个领导权威和依靠集体的力量才能成功，并由此产生了一种基于群体底色的集体文化。这种集体文化也成为中国实现国家富强和教育现代化的重要支撑。

党的十八届五中全会指出：“必须坚持发展为了人民、发展依靠人民、发展成果由人民共享，做出更有效的制度安排，使全体人民在共建共享发展中有更多获得感。”在党和国家的领导下，人民群众积极参与国家教育现代化进程，20 世纪 50 年代出现了全民扫盲热潮，男女老少，你教我学；70 年代，乡乡办中学、村村办小学，人民教育人民办，家家户户出人出力；80 年代，全体人民如饥似渴地学习知识，中小学校全面开放，业余时间全民补习；90 年代，全国大力发展职业教育，广播电视大学如火如荼，全民提升学历；21 世纪初，生活刚刚进入温饱，人民群众开始追赶更高水平的教育，将更多的钱花在教育文化消费之中；2010 年，中国人为了赶上世界信息化的潮流，有 50% 以上的人运用手机进行自主式学习，人人学习、时时学习和处处学习成为一种时尚和文化。

在中国，人民既是教育改革发展最大的参与者，也是教育成果的最大共享者和受益者。粗略估计，中国城乡居民继续教育，家长、学生每年用于校外学习及社会参与教育投资的经费大体占 GDP 的 4% 左右。[①]2018 年，中国教育经费总投入为 46 135 亿元，比上年增长 8.39%。所以整体而言，中国政府与社会民众投入教育的总经费大约占 GDP 的 8% 以上。正是教育经费的“双重来源”支撑着中国教育快速发展和快速追赶。

社会结构具有复杂性、整体性、层次性、相对稳定性。社会结构演变的理想目标是构建具有公正性、合理性、开放性的现代社会结构。教育现代化核心要素包括：①教育观念的更新与进步；②教育功能的变革；③教育实力增强和服务体系不断健全；④教育内容与方法的革新；⑤教育发展手段的现代化；⑥教育水平和质量的提高。从空间上讲，发展是指核心区域向边缘区域扩展的过程。这一过程中，核心区域与边缘区域之间存在的文化和教育差别将逐步缩小，以至于最终消除，使整个区域发展由不平衡到平衡。正确处理教育发展的国家责任与个人责任的关系。教育发展的国家责任与个人责任是推进教育发展的两个重要的车轮。现代教育发展重视社会功能与个人发展功能的统一，全体发展和个体发展的统一，一般发展与特殊发展的统一，长远发展与近期发展的统一；强调发展的多样性、发展的选择性、发展的自主性和发展的持续性。

---

① 据国家统计局统计，2018 年，全国居民人均消费支出 19 853 元，其中教育文化消费在 2 226 元，占 11.6%，比上年增长 6.7%。北京大学中国教育财政科学研究所正式发布了国内首个专门针对家庭教育支出的全国家庭跟踪调查数据——2017 年中国教育财政家庭调查数据估算，2016 年下学期和 2017 年上学期，全国学前和基础教育阶段家庭教育支出总体规模约 19 042.6 亿元，占 2016 年 GDP 比重达 2.48%，远高于 2016 年全国教育经费统计中非财政性教育经费占 GDP 比重 1.01% 的结果，总量上相当于财政性教育经费的 60%。注：其中统计计算有重叠，本书作者只是粗略估计。

6. 辩证思维

辩证思维是一种方法，更是一种力量。中国哲学充满了辩证思维的思想。1956 年 2 月后，毛泽东用了两个多月的时间先后听取了中央 34 个部委的汇报，同年 4 月 25 日，毛泽东在政治局扩大会议上做了《论十大关系》的报告，全面论述了在国家建设和发展中应该正确处理的十个重大关系，表现了系统思想和辩证思维。一个贫穷落后的人口大国，要实现现代化绝非易事。毛泽东的策略是在制定国家发展战略目标之后，清醒地认识和把握主要矛盾。现代化是一个过程，“过程发展的各个阶段中，只有一种主要的矛盾起着领导的作用”。毛泽东在《矛盾论》中深刻地指出：“任何过程如果有多数矛盾存在的话，其中必定有一种是主要的，起着领导的、决定的作用，其他则处于次要和服从的地位。因此，研究任何过程，如果是存在着两个以上矛盾的复杂过程的话，就要用全力找出它的主要矛盾。捉住了这个主要矛盾，一切问题就迎刃而解了。”[①] 在革命战争中，主要矛盾是敌强我弱、敌我力量悬殊问题，所以要搞统一战线和人民战争；革命建设时期，是战略追赶与战略能力不足问题，所以要学习世界各国的先进经验，发挥人民群众的创造性。

邓小平的智慧是抓根本方向，抓本质问题。在如何认识社会主义、如何认识市场等重大理论与现实问题上，邓小平同志表现出强大的辩证思维能力，为解决国家发展的重大理论问题提供了新思想、新路径，也为各级领导和广大人民群众树立了辩证思维的榜样。[②] 邓小平同志科学地分析了社会发展手段与目标之间的关系，解决了社会主义发展的重大理论与方法问题：“计划多一点还是市场多一点，不是社会主义与资本主义的本质区别。计划经济不等于社会主义，资本主义也有计划；市场

习之堂

邓小平强调：“改革是社会主义制度的自我完善，在一定的范围内也发生了某种程度的革命性变革。”

① 毛泽东．毛泽东著作选读：上册［M］．北京：人民出版社，1986：162．

② 邓小平．邓小平文选：第 3 卷［M］．北京：人民出版社，1994：142．

经济不等于资本主义，社会主义也有市场。计划和市场都是经济手段。社会主义的本质，是解放生产力，发展生产力，消灭剥削，消除两极分化，最终达到共同富裕。”邓小平的思想与毛泽东的思想一脉相承，具有东方哲学家的博大胸怀。从这个意义上讲，中国社会主义现代化和改革开放的成功，首先是中国哲学的成功！

中国政府的战略思维能力受到国际社会和学术界的高度重视与肯定。印度外交部部长苏杰生在《中国治下的和平》新书发布会上说：“中国带来的一大启发是，一个社会必须有坚决解决现有问题的心态才能腾飞。”中国人遇到问题，会冥思苦想怎样解决问题。这是一种系统性的思维。渐进发展和运气成就不了世界强国。这需要领导力。他进一步说道：中国的制度整体上是问题导向型制度。中国正在影响世界，而且影响会越来越大。我们必须理解中国的思维方式。中国有一位强有力的领袖。[①]

政府在公共教育事业发展负有主体责任，这种主体责任不仅反映在政府投资的主体责任，更体现了教育发展组织行为的主体责任，正确引领社会需求，凝聚社会力量，共同发展教育事业。进入新世纪以来，全国教育经费从 2 700 亿元，增长到 2018 年的 46 135 亿元，增长了 16.08 倍；其中国家财政性教育经费为 36 995.77 亿元，占总经费的 80.19%，即近 20% 的教育经费来自于企业、社会和学习者个人。科学地引导人民群众的教育需要，不是在学前教育实行免费，而是更加精准地助学，实现更高水平的教育公平。这既充分体现了政府的主体地位和主导作用，更体现了在解决公共教育发展经费方面的中国方案和中国智慧。

7. 有序发展

中国是一个礼仪之邦，礼之核心是讲秩序，中国现代化成功的要义是有序发展。中国幅员广阔，人口众多，发展基础和发展水平差异巨大，发展历史、发展资源、发展水平各不相同，不平衡现象十分严重。同时，发展的政策资源、财政资源不足，不可能一下子实现所有地区、所有人群的同步发展。

“发展之门”就那么大，不可能一下子“通过”太多的人。中国必须走，也只有走“让一部分人先富起来”的路子，经济社会发展的龙形战略在统一领导下，分而治之是最好的方法。最为关键的是要发挥先行者的示范引领作用，要让后继者看到自己的未来机会，只有这样才能保持社会长期稳定和有序发展。

---

① 印度外长：印应借鉴中国的“问题导向”思维模式［EB/OL］.（2020-01-08）［2020-05-06］. https://www.sohu.com/a/365499210_14911 .

习之堂

新疆的飞行，将远距离划分为短距离，是航空业重要的管理模式。除国际航班外，中国国内航班飞行距离一般不超过 2 500 千米，就要进行检查与修整，这样大大消除了人员疲劳和机械事故的发生率。更加严格的要求是，一旦遇有恶劣的天气，宁可延迟起飞、少起飞、禁止起飞，也要保障安全第一。

发展中国家教育水平滞后，任务艰巨。不同群体对于教育发展水平与质量的需要和期望不尽相同。既要坚持以人民为中心的发展理念，在教育改革和发展中体现人民意愿，又能够客观对待不同群体的教育需求；既要尽全力满足人民群体的愿望，又要考虑自身能力和财政支付水平，正确引导需求，量力而行。随着国家综合实力不断增强，有些学者提出将学前教育纳入义务教育的想法。教育部门客观分析了中国作为发展中国家，中国处于社会主义初级阶段的特点，正确引导社会教育需求，不在学前教育提免费，而是更加精准地助学。

（1）分段而行是量力而行的重要内涵。在中国，量力而行是一个褒义词。表面上，它是指考量自身力量，做自己能力范围之内的事情。而更深层次的含义是将组织与个人的力量，与其要完成的任务相互考量，集中力量、集中精力、集中时间，一段时间干好一件事情。要从一个人口大国到一个现代化强国，是一个十分漫长的历史过程。中国领导人在小的时候大都读过也十分懂得荀子所说“积土成山，风雨兴焉；积水成渊，蛟龙生焉”的哲学道理，并在推进国家现代化特别是教育现代化进程中，融会贯通地运用积土为山，积小胜为大胜的战略智慧。

中国经济社会发展特别是教育规划制定与实施正在采用“分段而行”的原则。分段而行与集中力量办大事相结合，从更深层次体现了中国智慧和社会主义制度优势性。

（2）集中优势兵力是量力而行的重要模式。毛泽东是一位伟大的政治家、思想家，更是一位伟大的战略家和军事家。中国共产党从最初的 50 多名党员，发展成为拥有约 9 200 万党员的世界第一政党；中国军队从一支农民武装，不断发展壮大，打败了日本帝国主义和国民党反动派，打出了一个新中国，很重要的一条经验是集中优势打歼灭战。打歼灭战是毛泽东确立的十大军事原则之一，即要集中最大兵力于主要作战方向，坚决反对全线出击，四面应敌和“两个拳头打人”。具体打法并不是将兵力堆积一处，而是要分路合击一个目标，也就是分进合击作战方法。他的一句名言是："对于人，伤其十指不如断其一指；对于敌，击溃其十个师不如歼灭其一个师"。这种策略被成功地转化和移植到中国国家发展和建设过程中，依然取得了很好的效果。"十二五"和"十三五"期间连续10年，中央政府面向中西部贫困地区实施了"义务教育薄弱学校建设工程"，这是我国义务教育学校建设史上中央财政投资最大的单项工程，覆盖全国2 600多个县近22万所学校。全国2 379个县（市、区）通过义务教育发展基本均衡督导评估，约占全国总数的81%，11个省份整体通过验收，比较彻底地解决了中西部地区特别是贫困地区的基本办学条件问题，全面提升了中小学办学能力，极大地促进了教育机会公平，为提高贫困地区教育质量奠定了坚实基础。

（3）以项目带动教育现代化发展。在教育现代化演进过程，中国政府既重视教育战略规划和宏观政策的作用，更重视通过针对性、实效性的政策工具解决教育改革和发展中的热点难点问题，逐步扫除发展的障碍，让人民切身受到教育改革和发展带来的实惠。中国建立了一整套具有指导性、有执行力、有经费支持、便于监督检查的政策链条：战略规划—五年规划—年度计划—专项政策—重大工程。在《国家中长期教育改革和发展规划纲要（2010—2020年）》制定之后，进一步将政策目标落实到《全国教育事业第十三五规划》，后续的是教育部及各省级政府的年度工作要点，并出台学前教育、义务教育、高中阶段教育、高等教育、职业教育、终身教育相关专项政策，并配之以重大工程项目。特别是在义务教育发展方面，近来推进和实施了"义务教育学校标准化工程""农村学前教育推进工程""民族教育发展工程""特殊教育发展工程"和"家庭经济困难学生资助工程"等国家项目。

（4）梯度发展是量力而行的实施策略。梯度推进应该成为中国教育发展长期坚持的战略选择。均衡发展与非均衡发展始终是发展中国家面临的主要战略矛盾之一。由于地理、历史、文化和发展水平等诸多原因，中国经济和社会发展形成了东、中、西三大板块。三大区域教育发展的不平衡性，是影响国家整体教育发展和人力资源开发的重要因素，需要在政策、资金和人力方面加大对西部贫困地区的支持。但是，我国教育发展不平衡性是历史形成的结果，改变这一现象也需要一个历史过程。在一定历史时期内，梯度推进战略仍然是中国教育发展应该坚持的长期战略选择。无论是扫除文盲，还是普及九年义务教育；无论是实现高等教育普及化，还是实现教育现代化，中国采取的主要策略都是梯度推进。

非均衡发展是后发国家经济、社会和教育发展的共同特征，也是后发国家实现跨越发展的必经之路。局部跨越时期的发展战略是一种非均衡发展战略。正确处理教育均衡发展与非均衡推进的关系。非均衡发展和均衡发展是实现教育事业发展与进步的两种手段和政策工具，这两种工具没有绝对好和绝对不好之分，只有教育决策者和管理教育运用得好与不好之别。均衡是相对的，不均衡是绝对的。促进发达地区教育发展是国家教育政策的重要责任。

今后 10～15 年，中国教育发展正处于从局部跨越发展到整体跨越发展的重要阶段。要科学、谨慎地处理好均衡发展与非均衡发展的关系：我们既不能忽略数十年来教育发展的巨大成就，失去促进区域内均衡发展的机会；也不能人为地放慢发达地区教育发展的速度，拉大我国发达地区教育与发达国家之间的差距。在全面实现对发达国家整体赶超的过程中，发达地区依然要发挥先导性的引领作用。

8. 市场力量

适应并服务于社会转型是中国教育成功的重要秘诀。社会转型为中国教育发展提供了巨大的转型能量。与拉美国家社会转型相比，中国社会转型的规模前所未有，深度前所未有，难度更是前所未有。中国社会转型成功的关键在于有一个具有战略领导力和政策执行力的政党；有支撑社会转型并为其做出巨大贡献的 14 亿善良勤劳的人民以及由此产生的巨大的人力资源优势；有一种优秀的集体主义文化传统以及在新形势下所创造出的现代制度优势、文化优势，特别是有这种文化优势所产生的转型韧力。

社会转型期，教育发展迅速、需求多样、关系复杂、结构调整、质量更高，这对领导者提出更高的要求。战略领导者手中“把握着未来”，要进一步增强使命感和责任感，科学把握社会经济发展特点和教育发展规律，提高谋划能力和治理能力。社会转型是一种自觉的社会结构变化过程，是可以通过社会自觉结构的可控性加以调整、改革和控制的。只有保持教育目标的一致性、教育政策的统一性、教育改革的连续性，才能保证教育事业健康、稳定和持续发展。

正确处理公共教育服务的基本性与多样性的关系。公共教育服务可以分为基本公共教育服务和多样化服务两种形式。为人民提供基础公共教育服务是政府的重要责任，各级政府应该通过财政拨款、直接购买等形式加以实现。在全面建设小康背景

习之堂

为满足人民群众日益增长的对高质量、多样化的教育需求，通过政府和市场提供双重服务，不断扩大教育服务的多样性，增加教育服务的丰富性，满足教育服务的选择性。

下，“人们思想活动的独立性、选择性、多样性明显增强，教育文化需求日趋旺盛和丰富”①。

1980 年 4 月，邓小平先生会见世界银行行长麦克纳马拉先生。1980 年 5 月 15 日，中国恢复了在世界银行的席位。1980 年 9 月 3 日，世界银行理事会投票同意将中国在该行的股份增加到 12 000 股。1981 年，世行贷款 2 亿美元支持 28 所重点高校的大学发展项目，这是中国接受的世界银行第一笔贷款。

中国教育的发展离不开世界，世界教育发展也离不开中国。中国在引入国际教育经验与资源方面为发展中国家树立了榜样。2010 年，时任世界银行行长的佐利克先生撰文赞扬：中国明智地应对国内各种新的挑战，包括在储蓄与消费之间实现进一步平衡，努力规避可能危及繁荣的“中等收入陷阱”，构建惠及全民的和谐社会等。世界银行可以通过分享知识和经验来助中国一臂之力，我们共同获得的经验对其他发展中国家也有益处。

改革开放 40 多年来，联合国教科文组织、儿童基金会、世界银行等国际组织给予了援助与支持，在减少贫困、不平等和社会排斥，推动城镇化均衡发展，保障农村生活，扩大基本社会服务和基础设施服务等方面发挥了示范引领作用。对此，中国政府和人民深表感谢！教育部部长陈宝生指出：“坚持统筹国内国际两个大局、用好国际国内两种资源，教育对外开放工作全方位推进，成为我国日益走近世界舞台中央的一张亮丽名片。”②

---

① 胡锦涛．高举中国特色社会主义伟大旗帜，为夺取全面小康社会新胜利而奋斗：在中国共产党第十七次全国代表大会上的报告（2007 年 10 月 15 日）[EB/OL]．(2007-10-26)[2020-05-10]．http://news.sina.com.cn/c/2007-10-26/102412791115s.shtm．

② 教育部党组书记、部长陈宝生在全国教育工作会议上的讲话[EB/OL]．(2018-02-07)[2020-05-10]．http://edu.china.com.cn/2018-02/07/content_50438638.htm．

9. 政策成长

1948 年，毛泽东做出一个重要论断，即“政策和策略是党的生命”，并完整地提出新民主主义革命的总路线和总政策。1978 年，邓小平做出一个重要论断，即“实践是检验真理的唯一标准”，提出把全党工作着重点和全国人民的注意力转移到社会主义现代化建设上来的战略决策。2018 年，习近平做出一个重要论断，即“中国特色社会主义进入新时代”，开启了全面建设社会主义现代化国家的新征程。

整体而言，教育政策包括法律、法规、规章、制度。政策制定的目的是为了解决问题，随着时间的推移和事物的发展，旧的问题解决了，还会出现新问题，新问题就需要新办法、新方案和新政策。《中华人民共和国义务教育法》是 1986 年制定和实施的重要法律，具有教育基本法的地位。20 年之后，中国社会持续转型，工业化、城镇化进程加快，教育内容和教育方式不断变化。2006 年，全国人民代表大会常务委员会重新审议并通过了新的《中华人民共和国义务教育法》，进一步修改了国家教育方针，关注教育质量，增加了义务教育公平公正、均衡发展；家庭贫困学生、进城务工子女、残疾儿童平等受教育权等内容。根据建立义务教育经费投入保障机制，促进义务教育均衡健康发展需要，进一步修改和完善了法律。更为重要的是，新修订的《义务教育法》进一步明确政府对义务教育经费负总责，由各级政府共同负担；对义务教育经费不仅要做到预算单列，而且要确保“三个增长”。这些重要的法律内容，对于保障中国义务教育基本普及发挥了至关重要的作用。

无论是中国的高层领导者，还是低层的一般干部，大家都懂得抓主要矛盾，抓矛盾的主要方面的哲学道理。中国政府为教育发展提供高效的战略规划与政策服务，提供及时准确的政策指导。

（1）以点带面的工作方式。改革是一场革命，更是一次制度创新，涉及深层次的矛盾与利益调整。中国教育所采取的策略是，以改革试点为引领，通过试错方式，找到最佳的路径。更为重要的是，注重教育改革的整体设计，分步实施，从点到线，从线到面，通过渐进式改革，逐步扩大范围，加大改革力度和改革深度，避免大面积的失误和广泛损失，这是提高服务效率的重要策略。

20 世纪 50 年代，新中国扫除文盲之初，首先在个别工厂和乡村形成扫盲试点，探索了有效的“速成识字法”。在试点并取得经验的基础上，从 1952 年到 1956 年，党和政府采取各种措施，推广速成识字法，在广大人民群众中有组织地开展识字运动，在全国范围内有计划、有步骤地展开大规模的扫除文盲运动。

1955 年起，为了在少数民族地区推广普通话，国家民族事务委员会与教育部共同配合，研究方案，召开多次民族学院院长座谈会听取意见，在不同民族地区设立试点，不断调整方案，持续60多年开展推广普通话运动，取得良好效果。

1980年，山东平度先行提出并实践了“人民教育人民办”的口号，《中国教育报》总结、宣传和推广了平度的试点经验。1987年，教育部在全国逐步推广了平度“人民教育人民办”的经验，广大中小学特别是农村中小学办学条件得到了普遍改善。

1986年，《中华人民共和国义务教育法》正式颁布实施，到2000年中国初步实现“两基”战略目标，再到2011年全面完成“两基”战略任务，经过长期努力和不断探索，从东部到中部，再到西部地区，中国全面完成普及九年义务教育和扫除青壮年文盲的战略目标。

2010年，中央成立教育综合改革领导小组，在管理体制、办学机制以及各级各类教育中设立了427个改革试点，进一步将教育改革引向深入，探索“深水区”教育改革的路径、方法和策略。成功的改革持续在更大范围内推进，有问题的持续试点，问题突破的进一步总结经验、完善方案。综合改革取得了明显效果。

（2）因地制宜的政策创新。中国地域广阔，人口众多，情况复杂，没有也不存在放之四海而皆准的教育政策。地方政府和教育行政部门在国家教育大政方针的指导下，紧密结合本省、本市、本县、本乡和本土的实际，形成一种本土化政策创新机制，不断创造性地进行政策创新，创造性地执行政策，从而在很大程度上减少了政策成本，提高政策效益。

尽管中国政府强调统一管理，但是中国没有统一的教师工资制度，没有统一的学校建设投入标准，没有统一的学生生均公用标准，这就为地方政府在把控教育投入标准、管理成本和提高效率方面留有足够的空间。如果不顾国情、省情、市情和县情，盲目地采取一刀切的办法，不仅不切实际，还会造成极大的教育浪费。

10. 高效服务

学术界有一种普遍的观点认为，高效服务是中国经济快速发展、改革顺利进行的支撑要素。其实，高效不但是中国经济发展的重要特征，而且更是中国社会发展的内在要求。为教育发展提供优质高效的政策服务、资源支撑和环境创设是推进教育现代化的重要保障。

中国教育节约高效的发展模式。坚持以服务经济社会发展和人的全面发展为根本导向，低成本支出和高效管理是中国教育实现快速发展及快速追赶目标的重要策略之一。教育经费不足是一个世界性问题，作为一个发展中人口大国，中国教育经费占GDP比重长期徘徊在2%～3%之间，与发达国家存在很大差距，甚至比不上许多发展中国家。但是，中国以占世界7%～8%的公共教育经费支撑了超过世界20%人口的公共教育体系，其成功的关键在于低成本支出和高效管理。

一是中国教育在人力、物力支出方面具有低成本比较优势。总体而言，与发达国家相比，中国具有教师劳动力成本低的相对比较优势。1980—1990年，中国生产力水平、消费水平和物价水平整体不高，教师岗位因其稳定性吸引了一大批高素质、低成本的优秀人才，成为中国教师队伍的主力军。这一点在中国改革开放之初，表现得尤为明显。

二是建设基础教育强国，需要转变教育发展模式，需要在进一步提高教育投入水平、扩大教育资源，补齐中小学、幼儿园基本条件建设短板的同时，将未来基础教育资源的战略重点放到优化配置上来。从长期而言，要改变传统的教育资源配置方式，构建与教育强国相适应的投资体制；改变以规模增长为主的传统教育投资方式，建立以人的发展为主的教育投资模式。

任何事物都具有两面性特点。改革开放以来，我国公办中小学教师工资增长了20多倍，教育成本持续上升，比较优势越来越不明显，单纯依靠教师工资低水平的比较优势难以持续提高教育教学质量。必须坚持投入于人，树立投资于教师就是投资于教育质量的观念。另一方面也必须指出，中国教师工资水平不高，教育劳动力成本低的比较优势是一个相对概念，也必须控制在一定条件和范围内才能发挥作用。部分地区由于教师工资水平太低，而招不到优秀人才，一定程度上也影响了教育质量和管理效率。

三是中国教育在行政管理与学校运行方面具有的功能优势。高效服务不仅包括高效地提供资源，更为重要的是为组织提供高效运行的机制。在教育资源不足的情况下，中国政府充分利用自身所拥有的行政资源和人力资源优势，通过提高行政效率来减少浪费、提高资源的使用效率，达到弥补教育资源相对不足的目的。

提高管理水平和管理效能，成为中国教育行动和学校管理的重要手段。从中央到地方教育行政部门，吸收了众多拥有高学历、高智商的公务员队伍，支撑国家与地方教育行政管理体系，服务教育体系和学校体系，服务教育教学水平的提高。甚至教育行政部门常常依靠加班加点的方式，尽可能地发挥人力资源优势，以人力资源的高投资弥补教育经费的低投入。

（四）中国将成为世界级学习强国

2 500多年前，战国时期的荀子在《劝学》篇开宗明义地提出“学不可以已”，成为最早倡导持续学习、终身学习的思想家。20世纪70年代以来，联合国教科文组织、经合组织和欧盟相关机构，倡导“学习是终身性活动，而且所有教育都应该围绕这一原则组织展开”。终身学习是实现人类可持续发展的基本保障，构建终身学习体系是新时代教育的战略任务。构建终身学习体系，建设学习型社会成为新时代中国教育发展的必须选择和战略任务。习近平总书记在党的十九大报告中明确提出：“推动建设学习大国。”《中国教育现代化 2035》将建成服务全民终身学习的现代教育体系作为战略目标的第一条，并明确提出建成服务全民终身学习的现代教育体系和人人皆学、处处能学、时时可学的学习型社会，进一步凸显终身学习体系建设在教育现代化建设中的核心战略地位，对于未来中国教育改革和发展具有重要的引领作用。中国正在建立覆盖人的一生的现代教育体系，2019 年 5 月 9 日，国务院办公厅印发《关于促进 3 岁以下婴幼儿照护服务发展的指导意见》，0 到 3 岁婴幼儿也被纳入政府视野。

现代化进程，需要国家整体生产能力和创造能力的解放，而这种解放必须建立在每一个个体的学习能力之上。建设 21 世纪“学习型世界”的思想基础是共同发展。生存权和发展权是人类最根本的权利，共同发展是学习型社会和学习型世界的核心价值追求。学习型社会是工业化后期、知识经济背景下的一种新的社会形态，是人类社会发展中一种高级形态的社会存在。建构教育法中的基本体制，建立 21 世纪知识社会的新教育体制——开放教育社会、终身学习社会。2050 年，中国教育将进入都市型教育，其主要特点是：第一，城乡教育格局基本定型。到 2050 年，中国城乡格局达到成熟阶段，城乡经济社会发展差距很小，并将形成比较完善、一体化的城乡教育格局。第二，农村地区教育全面普及高质量。农村教育在普及层次、发展水平和教育质量方面，达到城镇发展水平。第三，城乡教育差距全面消除。城乡人口受教育年限差距明显缩小，终身教育和终身学习体系整体覆盖。城乡教育基本实现权力公平、机会公平和结果公平。

建设学习型社会是国家目标和人民意愿。党的十六大报告提出：“形成全民学习、终身学习的学习型社会，促进人的全面发展。”党的十七大报告明确要求：“终身教育体系基本形成”，“建设全民学习、终身学习的学习型社会”。《国家中长期教育改革和发展规划纲要（2010—2020 年）》确立了三大战略目标：“到 2020 年，基本实现教育现代化，基本形成学习型社会，进入人力资源强国行列。”党的十八大报告进一步要求：“完善终身教育体系，建设学习型社会。”

形成服务全民终身学习体系是新时代教育发展的国家战略。《中国教育现代化 2035》科学规划了全民终身学习的现代教育体系的基本框架和学习型社会未来建设框架：一是在正规教育体系上，包括基础教育、职业教育、高等教育和继续教育的一体化学习；各级各类的培养目标、课程体系、质量标准、资源安排要相互衔接、协同一致、统筹安排。二是在人生的时间维度上，包括学前教育、学历教育、非学历教育和职后教育乃至老年教育的持续学习；培养全体公民持续学习的习惯和能力，促进人的全面发展和人力资源的持续开发。三是在教育发展的社会空间上，终身学习体系包括学校教育、社会教育、家庭教育的协同学习，体现了学习的全民性、全方位、全系统和全过程特征。即通过十几年的努力，建立起以终身教育思想为理念，以现代信息与通信技术为基础，符合国际教育标准，与经济社会发展相适应，能够充分满足全体国民终身学习需要的开放的、立体的、现代化的终身学习服务体系，实现学习目的、学习方式、学习资源和学习质量的变革与提升。

从理论上分析，全民终身学习体系是“实现了全民学习、终身学习，同时学习有效促进了个人全面发展和社会发展”的教育与培训体系。其主要特征：一是学习的社会化，全民学习、终身学习成为一种社会文化，形成了保障全体社会成员参与学习的体制、机制和制度；二是社会的学习化，学习成为社会发展的核心动力和基本活动，社会各部门广泛参与全民学习、终身学习的提供和支持；三是各种学习成果能得到恰当的承认，并有效促进个人的发展和社会的可持续发展。

从实践上分析，全民终身学习服务体系，以学习者为中心，建立渠道更加畅通、方式更加灵活、资源更加丰富、学习更加便利的终身学习体系，形成全民积极向学、随时随地可学的制度环境，推进全民终身学习，建设世界一流的学习强国。构建全民终身学习体系可以采取以下策略。

一是构建全民终身学习的制度体系。制度是保障，是建设全民终身学习体系的法律基础、制度基础和政策基础。早在 1988 年，日本文部省就设立了终身学习局，1990 年通过了《终身学习促进法》，率先在国家层面构建终身学习管理机构和法律框架。我们建议，尽快研究制定具有中国特色的《终身学习促进法》，整体设计全民终身学习的制度框架和政策体系，为全民终身学习提供法律保障。

二是以构建全民终身学习的资源体系。各级各类学校既是教育的细胞，也是构成国家终身学习体系的基础。截至 2018 年，据统计，全国有幼儿园 26.67 万所，小学 16.18 万所，初中 5.20 万所，普通高中及职业高中 2.44 万所，普通高校 2 663 所。城乡中小学要面向社会、面向社区办学，为学习者提供良好的学习空间；各级各类职业学校要建立持续终身的教育与培训体系，为学习者提供教育与技能提升空间；中央和地方高等学校要发挥知识库、资源库和人才库的重要作用，为全民终身学习提升持续不断的学习资源。

三是以构建全民终身学习的组织体系。社区是一个统称，包括以行政区划为主的乡镇（村落）机构，也包括以人居为群体的非行政机构。据统计，全国城市社区超过 10 万个；全国约有 261.7 万个自然村，其中全国范围行政村总数为 691 510 个。这些以人居为基础的城乡社区，是人类生存、生活和发展的重要环境。建立以城乡社区为主体的现代终身学习网络体系，是促进全民终身学习的组织保障。

四是以构建全民终身学习的资源平台。进入新世纪以来，人工智能、大数据、区块链等技术迅猛发展，现代信息技术网络是学习型社会从理想走向现实的重要推手。2018 年，德国实施国家继续教育战略，构建 12 个能力中心和全国性能力中心网络，联邦政府计划到 2025 年，投入 30 亿欧元，带动各州、经济界及科学界共同投入，力争最终使投入实现翻番。中国《教育信息化 2.0 行动计划》明确提出：“建立健全教育信息化可持续发展机制，构建网络化、数字化、智能化、个性化、终身化的教育体系，建设人人皆学、处处能学、时时可学的学习型社会，实现更加开放、更加适合、更加人本、更加平等、更加可持续的教育。”

中国正在排除万难，实现国家现代化的转型升级，迈入现代化发达国家。战略规划是一种高效的治理工具，可以在明确教育改革和发展目标的基础上，更高效地配置资源和使用资源，从而实现高效管理的目标价值。

习之堂

从中长期发展的战略高度分析，2049 年中国将成为全球最重要的教育中心之一，其核心标志是：教育思想创新中心，教育改革引领中心，一流人才培养中心，优质资源供给中心和国际教师培训中心。

1. 教育思想创新中心

中国是人类文明的三大轴心之一，也是最为重要的教育思想创新中心。有教无类是孔子最重要的教育思想，也是世界教育公平思想的重要起源之一。霍尔巴赫曾说：“欧洲政府必须以中国为模范。”从十七八世纪耶稣会派的传教士把孔子介绍到欧洲，特别是美国学者孟录将孔子的教育思想作为“东方教育”的代表。1974 年出版的《新不列颠百科全书》称“孔子似乎是中国第一个私人教师”。美国学者顾立雅将孔子称为“世界最伟大的人物之一”和“民主主义的先驱者”，高度赞扬孔子尊崇道德教育的理念与方法，“中国发展的民主主义思想比欧洲和美洲早了几千年”。在教育方面上，孔子提出举一反三、触类旁通等教学与思维模式。

伴随着中华民族伟大复兴的历程，中国和世界将重新认识儒家思想和儒家教育思想的价值。在中国特色社会主义新时代，中国各级政府和广大教育工作者，将不断总结教育改革和发展的成功经验，创新发展理论、发展思想和发展模式，成为教育思想创新中心，担当起一个负责任大国的国际教育责任，为建立全球教育共同体贡献中国教育智慧，提出中国教育方案，共同探索21世纪世界教育现代化新实践、新路径、新方略。

2. 教育改革策源中心

中国政府始终是教育改革的倡导者、组织者和推进者。进入21世纪以来，中国教育改革越来越受到世界教育界的高度重视。新中国成立70年特别是教育持续改革40年，中国教育经历了从一个半殖民地半封建国家，到一个独立自主国家；从一个以模仿学习为主，到制度体制机制创新为主；从一个教育弱国到一个教育大国，再到一个教育强国，走出了一条发展中人口大国实现教育现代化的成功道路。中国教育改革的历程、经验、成功与教训，具有共同价值和普遍意义，中国教育改革思想为世界提供思想动力，中国教育改革经验为世界提供范例，中国教育教学改革为世界提供样板。中国教育成功日益受到世界各国的广泛赞扬，中国教育的发展模式受到世界各国的广泛关注。

未来中国将是人类教育改革最大的“试验场”和教育改革重要的发源地。中国教育将发挥自身所具有的传统优势、规模优势、体制优势、制度优势、资源优势、多样化优势，进一步改革教育管理体制、办学体制、治理模式，为世界教育发展提供中国方案和中国经验。

（1）在教育体系方面，探索在人口大国实现教育体系现代化的路径，探索适应知识社会、现代信息社会背景下，国际化现代城市群、现代乡村教育发展的新规划、新布局。依据现代产业发展，探索职业教育4.0模式；改革高等教育育人模式，加强高水平大学建设，促进人类知识创新和文明进步。

（2）在教育公平方面，坚守教育初心，以促进人的全面发展为目标，探索在复杂社会经济环境中实现区域均衡发展、城乡均衡发展、校际均衡发展的模式，探索不同民族、不同阶层实现教育公平的政策、手段、方法和路径。

（3）在教育内容方面，将根据现代社会、现代科技和现代人培养的素质要求，注重从知识、技能、态度、价值观方面，持续研究制定课程标准、课程体系、课程方案、课程内容，满足学生个性发展、多样化发展需求。

（4）在未来学校方面，伴随着互联网、大数据、现代信息技术、脑科学和学习科学的发展，推动学习方式、评价方式、课程形态、课堂模式和教育管理变革；建立多种样态的学习中心，改变学习的认知空间和组织空间，拓展和提升学习空间整体功能；推进课程再造、项目式学习、实践性学习，科学构建教学框架，实现课堂改革。

积极引入可持续发展思想，促进人与自然、人与社会和人的可持续发展。

3. 一流人才培养中心

一流人才创造一流国家。高等教育加速发展，进一步满足了人民群众接受高层次、高水平和高质量教育的需求，是教育为人民服务思想的重要体现。更重要的是为经济和社会发展提供了更多、更好的人才，为全面建设小康社会提供了人力资源储备。这种变化的第一个特点是硕士、博士研究生培养规模空前扩大。2002 年在学研究生总数为 500 980 人，其中硕士为 395 543 人、博士为 108 737 人。近年来，我国学位制度不断健全和完善。中国每年培养近千万大学毕业生和数百万高级人才，已经初步成为世界科技人才、工程人才、管理人才和教育人才培养基地，2035 年中国将成为世界一流人才培养中心。中国教育要主动担当起为中华民族伟大复兴、为人类文明进步培养一流人才的历史重任，全面落实立德树人根本任务，以文育人，以文化人，培养一代又一代拥护中国共产党领导和社会主义制度、立志为中国特色社会主义奋斗终身的有用人才和担当振兴民族复兴大任的时代新人。一流人才培养中心包含以下三个层面。

习之堂

2035 年中国将在诺贝尔奖上取得重大突破，科学研究成果与中国强国地位相适应，与国际竞争力、影响力相匹配。

一流研究人才培养中心。各类研究生培养规模世界第一，博士研究生培养规模在 2025 年达到世界第一。拥有世界最大规模、一流的研究队伍，基础研究取得重大突破，应用研究世界领先。社会科学研究实现重大理论突破，学术能力和影响力持续增强。

一流建设人才培养中心。适应中国从生产大国到制造业强国转变需要，倡导工匠精神，培养世界一流的应用技术人才，培养一批又一批一流的工程人才、技术大师和工艺大师，有力支撑制造业强国建设。积极参与国际工程标准制定、课程建设和人才培养。面向世界，推广“鲁班计划”，为发展中国家培养建设人才和制造人才。

一流国际人才培养中心。面向世界，培养一流国际人才，是中国现代化建设的需要，也是中国教育的重要责任。在进一步学习借鉴国际先进理念的基础上，从知识、技能、态度、价值观维度，构建具有中国特色、国际标准的人才培养架构。大学、职业院校和研究机构能够培养大批直接进入国际组织、国际企业任职的一流国际化人才。培养世界最优秀的管理人才。到2035年，中国将成为世界各国特别是发展中国家培养国际化人才的重要基地。

4. 优质资源供给中心

当今世界教育是一个以内容为王的时代。要集教育发展优势、人才优势和创新优势，将中国建设成为世界性优质教育资源供给中心。发挥中国制度业优势，为世界提供优质的教育教学设施设备；发挥中国教育质量优势，为世界提供优质的课程体系和优秀教材；发挥中国教育信息化优势，为世界提供丰富多彩的学习资源；发挥中国教学研究优势，为世界提供优质的教学质量监控与评价系统。

创新理论，用别人听得懂的语言讲好中国基础教育的故事。建议实施“中国基础教育理论创新计划”，立足中国，放眼世界，科学总结新中国成立70年、改革开放40年中国教育发展经验和成功实践。同时，针对中国和世界基础教育发展的重大理论问题进行深入研究，提高教育理论研究的科学性、系统性和完整性，重点提升理论的可接受性，要用别人听得懂的语言、愿意接受的方式把中国基础教育的故事讲出去，从而提升中国特色社会主义基础教育理论自信。要从中国基础教育改革发展实际出发，发掘教育改革实践规律，总结改革经验，形成改革理论。进一步扩大基础教育开放，推进“双向教育国际化”，制定和完善中国基础教育学校建设标准、课程标准、教师标准、课堂标准和质量标准，为世界教育质量提供范本。

2017—2020年预计将出生1 500万～1 700万新生儿。今天的儿童是中国2030年人力资源的重要力量，是2040年的中国科技创新的主力军，是2050年中国现代化建设的核心力量。2014年5月4日在北京大学师生座谈会上的讲话时，习近平总书记强调指出：“现在在高校学习的大学生都是20岁左右，到2020年全面建成小康社会时，很多人还不到30岁；到本世纪中叶基本实现现代化时，很多人还不到60岁。也就是说，实现‘两个一百年’奋斗目标，你们和千千万万青年将全过程参与。”新加坡亚洲问题专家马凯硕指出，中国已经成功建立了一个既强大又可持续、既不脆弱也不易被攻破的治理体系。更令人印象深刻的是，这种以规划为基础的体系给中国带来了最好的领导集体。甚至，这个星球的稳定和可居住性将越来越取决于中国和其他国家的坚如磐石的领导人。[①] 法国前总理拉法兰在评论中国发展时说：近半个世纪

① 西媒：中国“高速发展马拉松”震撼世界［EB/OL］.（2019-10-08）［2020-10-05］. http://news.ifeng.com/c/79b4LRQQhRQ.

以来，我见证了令人赞叹的发展变迁。中国的快速发展“得益于发展政策的高效执行，中国重返世界强国行列，这给我留下深刻印象”。他坚信，中国将在 2049 年实现既定发展目标。

2049 年是新中国成立一百周年的日子，中国人民有智慧、有定力、有能力实现第二个百年目标，定将成为真正的世界强国，如期实现中华民族伟大复兴的中国梦！